Michael Smulkis und Fred Rubenfeld
Sternenlicht-Elixiere
Heilung durch kosmische Schwingungen

☆ ☆ ☆ ☆ ☆ ☆ ☆ ☆ ☆

Michael Smulkis und
Fred Rubenfeld

Sternenlicht-Elixiere

Heilung durch kosmische Schwingungen

☆☆☆☆☆☆☆☆☆

Die in diesem Buch vorgestellten Informationen sind sorgfältig recherchiert und wurden nach bestem Wissen und Gewissen weitergegeben. Dennoch übernehmen die Autoren und der Verlag keine Haftung für Schäden irgendwelcher Art, die direkt oder indirekt aus der Anwendung oder Verwertung der Angaben in diesem Buch entstehen.
Krankheiten und Krankheitssymptome sind hier genannt, um ihren Zusammenhang mit dem menschlichen Bewußtsein zu verdeutlichen. Die Informationen in diesem Buch sollen nicht zur Selbstdiagnose und -behandlung von Krankheiten ermutigen und keinesfalls den Besuch eines Arztes oder Heilpraktikers ersetzen.

Das Umschlagfoto zeigt den etwa 3.000 Lichtjahre entfernten Egg-Nebel (CRL 2866). Foto von Raghvendra Sahai und John Trauger.

Die Originalausgabe erschien unter dem Titel
Starlight Elixirs and Cosmic Vibrational Healing
bei C.W. Daniel Company Limited, Großbritannien
© Michael Smulkis and Fred Rubenfeld 1992

© für die deutsche Ausgabe
Edition Sternenprinz, Verlag Hans-Jürgen Maurer

Alle Rechte vorbehalten

Übersetzung: Manuela Pervez
Umschlaggestaltung: signature, Freiburg
Herstellung: Edition Sternenprinz

www.sternenprinz.de

Edition Sternenprinz, Postfach 228, D-79002 Freiburg
info@sternenprinz.de

ISBN 3-934647-36-7

Danksagung
✩ ✩ ✩ ✩ ✩ ✩ ✩ ✩ ✩ ✩

Hiermit möchten wir uns bedanken bei:

All den fühlenden Wesen,
ohne deren beständige, geduldige Unterstützung, Liebe
und Anleitung dieses Projekt niemals entstanden wäre.

All denen, die uns erlaubt haben,
unseren Teil dazu beizutragen, der Menschheit diese
Informationen und Erfahrungen zugänglich zu machen.
Deki Fox und Ted Denmark und natürlich der Energie,
die wir als Hilarion kennen.

Anmerkung des Verlags
☆☆☆☆☆☆☆☆☆☆

Liebe Leserin und lieber Leser,

dieses Buch ist durch den Ingenieur Jon C. Fox von dem nicht-inkarnierten Meister Hilarion gechannelt worden. Der Text ist eher von einem Sprachduktus gekennzeichnet als von der in Büchern üblichen Schriftsprache. Außerdem bedient sich Hilarion eines atlantischen Sprachstils, der eher um eine konkrete Information herumkreist.
Viele der Informationen in diesem Buch sind abstrakt und fordern auf, zwischen den Zeilen zu lesen, bzw. die Resonanz der Informationen im eigenen Geist intuitiv zu erfassen und zu interpretieren.

Die Namen der Sterne sind in der englischen Schreibweise wiedergegeben, um Mißverständnisse bei der Zuordnung zu den Sternenlicht-Elixieren zu vermeiden, die unter den englischen Bezeichnungen vertrieben werden. Für beschreibende Namen wie z.B. „Hantelnebel" und für die Sternhaufen schien uns dies aber nicht sinnvoll. Wenn Sie Elixiere dieser Raumobjekte erwerben möchten, orientieren Sie sich bitte an der jeweiligen Numerierung (z.B. M23).

Bitte heißen Sie dieses einzigartige Pionierwerk der Schwingungsheilung ungeachtet aller Eigenheiten als Arbeitsbuch zu einer neuen Bewußtseins-Technologie willkommen.

Ihre Edition Sternenprinz

Inhaltsverzeichnis
☆ ☆ ☆ ☆ ☆ ☆ ☆ ☆ ☆ ☆

Einleitung		9
Vorwort von Jon C. Fox		11

Teil Eins – Einführung

Kapitel Eins	Der Einfluß der Sterne	17
Kapitel Zwei	Wie man mit den Energien der Sterne arbeitet	27
Kapitel Drei	Wie die Sternenlicht-Elixiere in der Vergangenheit verwendet wurden	37
Kapitel Vier	Die Befruchtung der Erde	40

Teil Zwei – Die Eigenschaften der Sterne

Kapitel Fünf	Die hellsten Sterne	49
Kapitel Sechs	Sterne der zweiten Größenordnung	80
Kapitel Sieben	Sterne der dritten Größenordnung	157
Kapitel Acht	Sterne der vierten und fünften Größenordnung	196
Kapitel Neun	Die hellsten Sterne in der südlichen Hemisphäre	206
Kapitel Zehn	Objekte aus dem tiefen Raum	
	Klasse I: Galaxien	225
	Klasse II: Offene Sternhaufen	235
	Klasse III: Nebel	250
	Klasse IV: Kugelsternhaufen	257

Teil Drei – Ein erweiterter Einblick in andere Zivilisationen   267

Teil Vier – Anhang

Ein Interview mit Hilarion	321
Astrologie und die Sternenlicht-Elixiere	328

Sterne mit negativem Einfluß	330
Die Hauptsterne jedes Tierkreiszeichens	331
Affirmation	332

Sternenkarten

Frühling	334
Sommer	336
Herbst	338
Winter	340
Entfernter südlicher Himmel	342

Bibliographie	344
Register der Sterne	345
Allgemeines Register	348
Bezugsquellen	359

Einleitung
☆☆☆☆☆☆☆☆☆

Der Zweck dieses Buches

In dem Maße, wie sich die Menschen entwickeln, beginnen sie zu erahnen, daß sie möglicherweise Teil der galaktischen Bevölkerung sind oder, was noch wichtiger ist, Teil einer lebendigen Galaxis und daß sie möglicherweise ein intergalaktisches Bewußtsein und ein tieferes Verstehen über das Universum als lebendiges Wesen erlangen können. Es geht dabei um Energien, die über das individuelle Bewußtsein, über die Menschheit und über das Sonnensystem hinausgehen. Diese Energien können wir uns durch individuelle Erfahrung viel eingehender bewußtmachen, als wenn wir Bücher über Sterne lesen. Über einen Stern zu meditieren oder ein Sternenlicht-Elixier einzunehmen kann Menschen in einen umfassenderen Bewußtseinszustand versetzen, durch den sie mit jener stark erweiterten Bewußtseinssphäre in Kontakt treten können. Und für jeden Menschen wird sich diese Erfahrung ganz einzigartig gestalten.

Aus allen Teilen dieser Galaxis bekommt die Menschheit von so vielen Wesen immer wieder diesen Gedanken zugeschickt: „Schließt euch uns an. Findet Frieden. Wachst in eurem Verständnis, damit wir an eurer Liebe teilhaben können und ihr an unserer Liebe teilhaben könnt." Dies ist eine Einladung, und viele Menschen nehmen sie unbewußt wahr. Sie suchen nach Erfahrungen, die ihnen Antworten auf die ungeklärten Fragen geben können: „Woher kommt diese Energie?" „Wieso fühle ich mich zu den Sternen hingezogen?" „Welche Verbindung besteht zwischen ihnen und mir?"

Im menschlichen Bewußtsein entsteht gerade ein tieferes Verständnis über seine Verbindung zum galaktischen Bewußtsein. Und dies hilft den Menschen dabei, ihre Schwierigkeiten zu überwinden, die auftreten, wenn sie ihre Welt verstehen wollen.

Wenn Menschen begreifen würden, daß sie in Frieden und Harmonie leben, sich mit anderen eine Welt teilen und mit Mutter Erde zusammenarbeiten sollen, dann wären sie in Übereinstimmung mit den Grundsätzen ihrer Galaxie. Wesen, die schon viel länger existieren als die Menschheit, haben diese Grundsätze für sich angenommen und auf vielen Ebenen von ihnen profitiert. Unbewußt versucht die Menschheit, sich diesen galaktischen Idealen anzuschließen. Es könnte der Menschheit helfen, wenn man ihr bestimmte Erfahrungen ermöglichte. Die Wesen, die die Entwicklung der Sternenlicht-Elixiere und die Meditationen der Menschen über die Sterne überwachen, erkennen, daß viele Menschen dieses unbewußte Bedürfnis haben. Und ihrerseits haben diese Wesen den Wunsch, den Menschen dieses Bedürfnis zu erfüllen. Die Entwicklung der Menschheit kann schneller fortschreiten, wenn sie ihr Verständnis über die physischen und feinstofflichen Ebenen auch auf den Weltraum ausdehnt, den sie ja mit vielen anderen Wesen und Formen der Intelligenz teilt, die ihnen jetzt noch nicht bewußt sind.

Vorwort von Jon C. Fox
☆ ☆ ☆ ☆ ☆ ☆ ☆ ☆ ☆

Ich entspanne mich, atme tief und stelle mir vor, durch das dritte Auge zu atmen. Innerlich intoniere ich im Rhythmus des Atems „Hong, sau, hong, sau". Nach etwa einer Minute spreche ich laut ein Schutzgebet, mit dem ich den allmächtigen Gott, Christus, Babaji, Krishna, Maria und Hilarion anrufe. Ich entspanne jeden Teil meines Körpers und lasse zu, daß mein Atem rhythmisch und gleichmäßig wird. Ich sehe mich selbst in einem leeren Filmtheater. Was auch immer auf der Leinwand erscheinen mag, welche Töne auch immer aus den Lautsprechern kommen: Alles ist okay. Dann sage ich in Gedanken: „Ich bitte darum, daß Hilarion durchkommt."

Sofort spüre ich ein Kribbeln, das sich entlang meiner Wirbelsäule auf und ab bewegt, und einen leichten Druck in der Mitte meiner Stirn. Warme, freundliche Wellen der Liebe durchströmen mich. Ganz leise höre ich eine Stimme (meine eigene) sagen: „Ja, das ist die Energie, das Wesen, die Schwingung, die ihr Hilarion nennt!" Ich richte meine Aufmerksamkeit darauf, weiterhin meinen Körper zu entspannen. Ich fühle, wie ich wegdrifte. Ich erfahre ein angenehmes und dennoch energetisches Gefühl des Schwebens.

Während des Channelings nehme ich Geräusche, Bewegungen und Bilder wahr, doch ich erfahre sie mehr wie im Traum. Mein Fokus ist ganz anders als im Wachzustand. Emotionen wie tiefe Liebe oder Trauer kommen und gehen sehr schnell. Manchmal empfinde ich kurz ein Gefühl der Leere, wie ein weicher, grauer Nebel. Dann fühle ich wieder helles Licht und die Anwesenheit von Intelligenz. Ich höre mehrmals „OM" – und es ist vorbei. Ich strecke mich, bedanke mich bei Hilarion und stehe auf.

Manchmal erinnere ich mich am nächsten Tag oder nach einem Schlaf an die Sitzungen. Bilder von wunderschönen transparenten Lichtwesen, wirbelnden Sternengalaxien, einer Art Kathedrale in den Wolken oder einer Stadt aus klarem Quarzkristall. Ich spüre auch die Freundschaft zwischen mir und Hilarion und freue mich über meine Beziehung zu ihm.

Obwohl es leichter ist, sich auf Hilarion als ein einzelnes, männliches Wesen zu beziehen, besteht Hilarion darauf, als Gruppe betrachtet zu werden. Ich habe mich über die Jahre hinweg daran gewöhnt und schlage vor, du tust das gleiche. Obwohl die Gruppe zur Zeit durch mehrere Menschen mit uns in Verbindung tritt, liefert sie möglicherweise spezielle technische

Informationen durch mich, da ich einen technischen Beruf habe und fähig bin, leicht in Trance zu gehen.

Von früher Kindheit an war ich ein Bastler und Tüftler, später wurde ich Elektroingenieur. Ich liebe es, Geräte zu erfinden, wissenschaftliche Experimente durchzuführen, Metall maschinell zu verarbeiten, zu schweißen und technische Sachbücher zu lesen. Im Jahre 1982 stieß ich zufällig auf kanadische Forschungsarbeiten zu Edelgasen (Helium, Argon, Krypton und Xenon). Ich führte einige der beschriebenen Experimente durch und baute einige Geräte nach, die diese Gase enthalten. Diese Gase existieren in unserer Atmosphäre und werden in jedem Augenblick von uns eingeatmet. 1983 besuchte ich ein Medium, um mehr über diese Geräte zu erfahren, die für mich wissenschaftliche Kuriositäten darstellten.

Sie channelte einen Geistführer, der sagte, daß sie die von mir gewünschten Informationen nicht von Hilarion erhalten könne, ich selbst jedoch dazu in der Lage sei! Das Medium fragte mich, ob ich das Channeln erlernen wolle, und ich sagte ja. Sie kam aus ihrer Trance, hypnotisierte mich, und fünf Minuten später channelte ich zum ersten Mal. Dies war der Wendepunkt. Es begann ein Prozeß, wodurch zwischen mir sowie meiner technischen Ausbildung und dem nicht-physischen und erweiterten Bewußtsein Hilarions eine Brücke geschlagen wurde.

Ich werde oft gefragt, wie es ist, wenn man channelt. Und einige möchten es selbst erlernen. In den letzten paar Jahren habe ich viele Menschen beim Channeln beobachtet, und ich bin beeindruckt, wie unterschiedlich ihre Erfahrungen und Techniken sind. Wenn du dich selbst dazu hingezogen fühlst, schlage ich vor, daß du verschiedene Channeling-, Intuitions- und Meditations-Methoden ausprobierst, dann jedoch deinen eigenen Weg gehst. Versuche nicht, dein Channeling mit dem von anderen Menschen zu vergleichen. Es ist wichtig, daß du dich ganz der gechannelten Energie, so wie sie durchkommt, hingibst und ihr vertraust. Es gilt, eine Beziehung herzustellen, und dies wird in erster Linie eine Entdeckungsreise sein, die von Herausforderungen und Überraschungen gekennzeichnet ist.

Ich werde oft gefragt, woran man ein gutes Channeling erkennt und woher man weiß, welchen Medien oder Geistwesen man vertrauen kann. Hilarion hat mir ganz am Anfang gesagt: „An ihren Früchten sollst du sie erkennen." Ich empfehle den Menschen, auf ihre eigene Art mit Informationen umzugehen, besonders auf eine Resonanz in ihrem Herzen zu achten und zu schauen, ob die übermittelten Konzepte und Ideen einer Überprüfung standhalten. Ich schenke weder der Persönlichkeit des Mediums noch dem Namen des gechannelten Wesens, noch der Stimme oder dem Akzent, in dem das Medium spricht, große Beachtung. Ich finde es auch nicht wichtig, wie die Person channelt (in Trance oder bewußt) oder ob sie intuitive Eindrücke empfängt. Stattdessen frage ich mich, ob mir die Erfahrung geholfen hat, ob sie mein Verständnis oder mein Wissen erweitert, etwas Neues in mir eröffnet oder meine Beziehungen verbessert hat.

Wir leben in einer Zeit intensiver Veränderung auf der Erde. Die zunehmende Aktivität der Vulkane, der Abbau der Ozonschicht, die Umweltverschmutzung und die gesellschaftlichen Probleme der Armut, der Gewalt, des Drogenmißbrauchs und der zerrütteten Familien sind überall sichtbar. Zu der Notwendigkeit, die wir verspüren, den Sinn und Zweck unseres Daseins zu finden, gehört die Verantwortung, manchmal die Grenzen des Bekannten zu überschreiten, und die Bereitschaft, einen neuen Kontext herzustellen. Channeling eröffnet uns andere Perspektiven und viele bislang unbekannte Alternativen.

Als ich anfing, mit Hilarion zu arbeiten, erfreute sich das Channeln nichtphysischen Bewußtseins zu dem Zweck, eine Hilfestellung zum Verständnis der physischen Welt zu bekommen, noch keiner großen Akzeptanz. Heutzutage gibt es Tausende von Publikationen und die Pionierarbeit von Individuen, die diesen intuitiven Sprung gewagt haben. Daß wir uns der Herausforderung scheinbar nicht zu beantwortender Fragen stellen, hat uns auf unserer Reise durch den Kosmos viele neue Horizonte eröffnet.

Das Buch, das du in der Hand hältst, hat seine eigene Entstehungsgeschichte. Es ist Teil eines Entdeckungsprozesses, der uns unsere Beziehungen zum Universum immer umfassender zu bestimmen hilft. Der Astrologe und Astronom Ted Denmark, der sich von dem Buch *Tapestry* (Hilarion gechannelt von Maurice B. Cooke, Marcus Books 1985, Seite 65) hatte inspirieren lassen, fragte Hilarion im Jahre 1987 durch mich, ob es Empfehlungen gäbe, wenn man über die Sterne meditieren wolle. Hilarion sagte, daß man ein Teleskop verwenden könne, um das Licht eines Sterns in Wasser hineinzuleiten. Schwingungsqualitäten des Sternes sowie sein Bewußtsein würden das Wasser imprägnieren. Ein paar Jahre später begann Ted, sich mit dieser Idee näher zu beschäftigen. Mit der unglaublichen Unterstützung von Fred Rubenfeld sowie der Geduld und den beharrlichen Nachforschungen von Michael Smulkis begannen wir mit unserem Projekt. Während Michael die präparierten Teleskope von Ted zur Herstellung der Elixiere verwendete, channelte ich Hilarion, um Informationen über die Sterne und ihre Bedeutung zu bekommen. Fred kümmerte sich um den geschäftlichen Bereich, damit wir die Elixiere der Welt zur Verfügung stellen konnten.

Jahrtausendelang haben wir Menschen zu den Sternen emporgeschaut und immer gewußt, daß sie weit mehr als Widerspiegelungen unserer eigenen Projektionen sind. Die Sterne inspirieren und ermutigen uns, in unseren kollektiven Lernprozessen voranzuschreiten. Und sie schlagen uns einen Kurs vor, dem wir auf unserem Lebensweg folgen können. Nun können wir uns durch Verwendung der Sternenlicht-Elixiere auch ihrem Wissen und ihrer Liebe öffnen.

Beim Lesen dieses Buches wirst du lernen, daß jeder Stern eine eigene Geschichte hat und ein Bewußtsein zum Ausdruck bringt, zu dem du eine Beziehung herstellen kannst. Während wir uns kollektiv darauf vorbereiten, diesen großartigen Wesen zu begegnen, bin ich selbst von der Zeitlosigkeit dieses Projekts überzeugt. Ich hoffe, du kannst die Schwingungen der Sterne in deinem Leben mit der gleichen Freude und der Liebe willkommen heißen, mit der ich es inzwischen tue.

TEIL EINS
EINFÜHRUNG
☆☆☆☆☆☆☆☆☆☆

Kapitel 1
★☆☆☆☆☆☆☆☆☆

Der Einfluß der Sterne

Werde dir bewußt, daß die Sterne während deines ganzen Lebens als vertrautes, aber wenig beachtetes Element am Himmel stehen. Im irdischen Alltag schenkst du dem Himmel über dir wenig Beachtung. Und obwohl du die Sterne nachts vielleicht wahrnimmst, richtest du normalerweise deine Aufmerksamkeit nicht bewußt auf sie. Dennoch strömen ihre Energien, ihre Strahlung, ihre Liebe und Erbauung ständig auf dich ein. Es sind Energien mit multidimensionalem Charakter, die für alle Menschen, Tiere und Pflanzen und für die Erde selbst grundlegende Schwingungsänderungen herbeiführen, und an diese Energien schließt du dich zumeist unbewußt an. Der Prozeß, den Sternen gegenüber bewußter zu werden, sie auf verschiedene Weise einzusetzen und ihre Symbolik verstehen zu lernen, ist der Beginn einer inneren und äußeren Reise. Vieles, was die Sterne symbolisieren, existiert seit Jahrtausenden im menschlichen Bewußtsein, und die Menschheit hat die Entwicklung von Symbolen und Legenden selbst beeinflußt. Du kannst von einem Stern Energien und Schwingungen empfangen, und er wird dir Aspekte deiner selbst spiegeln. Und wenn du um diese Hilfe bittest, kann dies dich unterstützen, ein neues Lebensgefühl zu entwickeln, einen neuen Lebenssinn zu finden und dein Zusammenwirken mit anderen Menschen, Pflanzen, Tieren und der Erde neu zu gestalten.

Sterne kann man als Teil ihrer Sternbilder betrachten, man kann ihre Bedeutung im Tierkreis studieren oder ihre legendäre oder symbolische Bedeutung erforschen. Doch sei dir bewußt, daß die Sterne einzigartige Energien ausstrahlen, die in den meisten Fällen eine Entsprechung in uns finden. Dies gilt besonders für die helleren Sterne. Seit dem Beginn der Zivilisation auf der Erde ist die relative Helligkeit der Sterne konstant geblieben. Sicher hat es geringfügige Veränderungen gegeben, doch würde man in der Zeit zurückgehen, würde der Sternenhimmel weitgehend so aussehen wie heute. So haben wir also diesen gleichbleibenden Einfluß, der sich durch die Geschichte der Menschheit zieht und das kollektive Unbewußte beeinflußt.

Die helleren Sterne üben den größten Einfluß aus. Darüber hinaus sind die Sterne mit größerer Helligkeit von verschiedenen Zivilisationen ausgewählt worden, um als Strahlkörper für die Ideen zu dienen, die in diesem Buch beschrieben werden. Einige von ihnen wurden von mehreren Zivilisationen beeinflußt, andere nur von ihrer Heimat-Zivilisation. Doch üben nicht nur die helleren Sterne bzw. nur die mit einem Teleskop sichtbaren Sterne einen überwiegend positiven Einfluß aus, sondern auch alle sonstigen kosmischen Energien.

Jedem, der dazu bereit ist, sich auf sie einzustimmen, bieten die Sterne Führung, Erbauung, Einsicht, Verständnis und eine Veränderung des Bewußtseins.

Sei dir bewußt, daß die miteinander verbundenen und untereinander kommunizierenden Sterne aus sich selbst heraus existierende Entitäten sind. Jede Entität hat eigene Wesensmerkmale – bestimmte energetische Spiralformen oder Interferenzmuster, die du als Lichtpunkte wahrnimmst. Du kannst dir diese Lichtpunkte wie Chakren oder Netzstrukturen vorstellen. Dies wird dir helfen, deine eigene Schwingung so einzustellen, daß du die Energien der Sterne aufnehmen kannst. In diesem Buch wirst du entsprechende Techniken kennenlernen und Hinweise darauf bekommen, mit welchen Energien du anfangen könntest. Die Beschreibungen in diesem Buch sind jedoch nur ein Anfang.

Du kannst dich für die Aufnahme neuer Energien und eine Veränderung deines Bewußtseins öffnen, indem du dich mittels eines Sternenlicht-Elixiers oder einer Meditation auf einen Stern einstimmst, oder einfach dadurch, daß du dir bewußtmachst, daß seine Energie ein wichtiger Bestandteil deines Lebens ist. Die in diesem Buch aufgeführten Beschreibungen sind weder vollständig, noch sollen sie dich einschränken. Sie laden dich vielmehr dazu ein, die sich in dir offenbarenden und entfaltenden Energien zu erforschen.

Die Menschheit geht momentan durch eine Phase großer Veränderungen. Das einzelne Individuum wächst, aber auch in den sozialen und gesellschaftlichen Strukturen finden große Veränderungen statt: Es entstehen neue Regierungsformen, neue Lebensgemeinschaften und neue Strukturen in Familien und Beziehungen. Neben dem seit Jahrtausenden wirkenden Einfluß der Sterne sind zur Zeit weitere Energien verfügbar. Sie stammen von den stellaren Zivilisationen, die ein Interesse am Fortschritt und am Erwachen der Menschheit haben. Etwa bis zum Jahr 2025 werden den Menschen große Mengen zusätzlicher Energien von den Sternen zur Verfügung stehen. Die Sterne werden einen wachsenden Einfluß auf immer mehr Menschen auf der ganzen Welt haben (ob dieser bewußt aufgenommen wird oder nicht).

Stell dir vor, du befindest dich an einem wunderschönen Ort. Du bist in der Lage, den Kontext, in dem du die Dinge verstehst, zu verändern, und sie unbefangen zu betrachten, frei vom Einfluß vergangener Ereignisse. Dieser Ort könnte sich in den Wolken, auf einem anderen Planeten oder in einer anderen Galaxie befinden. Dieser Ort, den du in deiner Imagination geschaffen hast, ist losgelöst von Raum und Zeit. Imagination ist auf vielerlei Weise wichtig für dein Leben, denn sie kann dir z.B. zeigen, wie du etwas akzeptieren und kreativ damit umgehen kannst. Dadurch erhältst du ein vollständigeres Bild. Die Menschen betrachten Imagination häufig als etwas, das von der Realität losgelöst ist, doch sie kann diesen anderen, umfassenderen Gesichtspunkt liefern.

Es ist faszinierend, über den Lebenszyklus eines Sternes und sein Bewußtsein nachzudenken. Wir möchten dich daher bitten, daß du dir Milliarden von Jahren vorstellst und überlegst, was sich ein Stern wohl wünschen könnte. Was würde in seinem Leben eine Rolle spielen? Wenn du dir vorstellst, selbst ein Stern zu sein (da du ja aus Licht bist), fühlst du dich auf natürliche Weise mit anderen Sternen, mit den Planeten, die du erschaffen hast, mit den Zivilisationen, die mit dir zusammengearbeitet haben, und mit allen Bewußtseinsebenen verbunden. Wenn du dir bewußt bist, Licht zu sein, kannst du möglicherweise ein Ausdehnen spüren, als wärst du in allen Dimensionen mit allen existierenden Dingen verbunden. Diesem Gefühl der Verbundenheit entspringt ein interessantes Paradoxon: Du spürst diese Verbindung, obwohl immense Entfernungen zwischen den Sternen bestehen. So kannst du durch deine Imagination verstehen, welch raumübergreifende Erfahrungen ein Stern macht. Wenn du ein Gefühl für die Milliarden von Lebensjahren eines Sterns entwickelst, kannst du vielleicht die Transzendierung der zeitlichen Dimension nachempfinden.

Irdische Physiker haben die Theorie aufgestellt, daß im Zentrum eines Sternes Gravitation, Zeit und Raum ganz anders beschaffen sind, als sie momentan bekannt sind. Der Grund dafür liegt einerseits an den ungeheuren Druckverhältnissen und Energien, die dort herrschen, andererseits jedoch auch an der ungeheuren Intelligenz dieses Wesens, das Stern genannt wird. Sterne besitzen ein solch umfassendes Bewußtsein, eine solch starke Kreativität, daß sie die Quelle sind, von der alle bedeutsamen Veränderungen auf physischer und anderer Schwingungsebene ausgehen.

Stelle dir vor, wie du als ein Stern bewegst, daß du seine Geduld besitzt, seine Bewußtheit von Zeit und den Verbindungen zu anderen Sternen, Wesen und Energien.

Neben deiner Vorstellungskraft gibt es noch eine weitere Verbindung zwischen dir und deinem Stern, der Sonne. Obwohl sie so kraftvoll und mit so vielen Himmelskörpern verbunden ist, kann die Sonne dich schätzen und kennen wie du dich selbst. Wenn du nachts über die Sterne meditierst, kannst du dir die Sonne auf der anderen Seite der Erde vorstellen. Die Sonne kann eine kraftvolle Kommunikationsverbindung zu anderen Sternen herstellen und so Energie zu dir übertragen. Setze deine Sonne dafür ein, deinen Platz im Universum besser bestimmen zu können.

Es gibt viele interessante Dinge, die man über Sterne sagen kann, jedoch entzieht sich die Herrlichkeit dieser Wesen jeglicher Beschreibung. Weitaus nützlicher ist es, den Menschen zu zeigen, wie sie selbst etwas über die Sterne herausfinden können. Indem sie sich dem Licht eines Sternes öffnen und für einen Augenblick der Stern sind, können die Menschen durch die gewonnenen Einsichten eigenes Wissen ansammeln.
   Dies ist die grundlegende Botschaft, die auch durch das Studium und Verstehen der Sterne vermittelt werden soll. Es ist nicht einfach eine rein intellektuelle Beschäftigung, es geht nicht nur um die Wirkungen, die jede Sternenschwingung hat. Es geht darum, sich auf eine natürliche Seinsform einzustimmen, die untrennbar mit dem menschlichen Überleben verbunden ist.
   Zellen sind aus Licht gebaut. Alle Dinge, die auf der Erde wachsen, stammen vom Licht. Dieses Licht wird chemisch, physikalisch und biologisch umgesetzt. Doch am wichtigsten ist es, wie sich die Liebe, die du ausstrahlst, als Licht manifestiert. In deiner Vorstellungskraft, durch dein intuitives Verstehen kannst du jetzt schon erkennen, daß das Studium und Verstehen eines Sterns, das Spiel mit seinem Wissen und dem Bewußtsein, dir mehr als seine Energie gibt, die ja alle anderen dir bekannten Energien weit übersteigt. Dieses Licht liegt den Kräften zugrunde, die Dinge wie Nahrung, Wasser und Luft erschaffen.

Wir hoffen, daß ihr mittels der Elixiere und der Meditionen mit den Sternen arbeiten werdet, sie verstehen lernt und daß ihr schließlich euer neues Verständnis von Liebe an andere Zivilisationen, an die Sterne und an eure Sonne weitergeben werdet.
   Da ihr mittels eurer Imagination Raum und Zeit transzendieren könnt, könnt ihr die Entfernung zwischen weit auseinanderliegenden Orten überbrücken. Diese Möglichkeit wurde auf der Erde bisher kaum praktisch umgesetzt. Es gibt zwar erleuchtete Wesen auf der Erde, die das regelmäßig tun, die meisten Menschen beschränken sich jedoch darauf, Fahrzeuge physischer Natur als Transportmittel zu verwenden. Dies ist also ein Vorgeschmack auf das, was der Menschheit bevorsteht. Grundsätzlich gibt es drei verschiedene Transportmethoden, die von Wesen wie euch im Universum verwendet werden. Diese am weitesten entwickelte Methode sieht so aus, daß man einfach an einem Ort verschwindet und an einem anderen wieder auftaucht. Dies wird nicht nur durch Willens- und Vorstellungskraft

erreicht, sondern mittels einer Kombination von magnetischen, elektrischen, elektromagnetischen und anderen Energien in Verbindung mit mentalen Kräften (die noch in Entwicklung sind). Auf der Erde wäre es möglich, daß es durch Mitgefühl, das Licht der Sonne, Energieaspekte der Erde und euer eigenes Seelenzentrum vonstatten geht. Wenn diese Aspekte miteinander verschmelzen, findet augenblicklich eine Übertragung durch den Raum statt.

DIE STERNE UND IHRE ZIVILISATIONEN

Die Sterne gibt es schon seit sehr langer Zeit. Viele von ihnen entstanden, lange bevor es die Erde gab, einige vor eurer Sonne oder eurer Galaxis. Sterne sind lebendige Wesen, die einen eigenen Lebenszyklus haben und umfangreiche Entwicklungsmuster durchlaufen, für die sie Millionen oder gar Milliarden von Jahren benötigen. Diese Entwicklungsmuster hängen mit den individuellen Eigenschaften der Sterne zusammen, die wiederum mit den Komponenten wie den Metallen, Gasen und anderen Elementen im Innern der Sterne zu tun haben. In ihren Wachstumsstrukturen, in ihren Beziehungen zu anderen Sternen und in ihrer Gestalt wird das Zusammenspiel dieser Komponenten sichtbar, und sie ergeben das, was man (wenn man es auf einen Menschen übertragen würde) als Persönlichkeit bezeichnen könnte. Diese Persönlichkeit beeinflußt die Zivilisation, die im Umfeld dieses Sterns entsteht bzw. von ihm genährt wird. Zivilissationen, die sich in einem Sonnensystem entwickeln und dessen Sonne sich durch das Vorkommen ungewöhnlich großer Mengen eines speziellen Minerals, Metalls oder einer anderen Substanz auszeichnet, werden in einem gewissen Maß auch die Eigenschaften dieser Substanz ausstrahlen und von dieser Substanz geprägt sein.

Zivilisationen, die mit den verschiedenen Sternen in Verbindung stehen, leisten einen wichtigen Beitrag zu den Schwingungen, die die Erdenmenschen empfangen. Da ein Stern ein lebendiges Wesen ist, wird er von der Zivilisation beeinflußt, die sich auf ihm entwickelt. Wenn es sich nun um mehrere Zivilisationen handelt, werden auch mehrere charakteristische Eigenschaften auf den Stern übertragen. Fortgeschrittene Zivilisationen machen sich die Energien ihres Sternes zunutze, indem sie sie modulieren oder ihnen gewisse energetische Komponenten hinzufügen. Die positiven Eigenschaften des Sterns werden nicht nur zur Erde übertragen, sondern auch in die ganze Galaxis gestrahlt. Die Energien der Sterne werden von der Aura der Sonne gefiltert. Diese Aura erstreckt sich bis zur Umlaufbahn von Pluto. Die Energien, die letztlich die Erde erreichen, sind daher speziell auf Menschen zugeschnitten.

Solche Vorgänge überschreiten die Grenzen der Zeit. Sind die Sterne weit entfernt, dauert es sehr lange, bis ihr Licht euch erreicht. Doch das Licht, das vielleicht vor 1.000 Jahren die Entwicklung einer Zivilisation beeinflußt hat, bleibt in dieser Zivilisation stets gegenwärtig. Es ist heute noch das gleiche Licht. Die Energien, die den Menschen geschickt werden, sind nicht in Raum und Zeit gefangen und korrespondieren daher mit der Zivilisation auf ihrer heutigen Entwicklungsstufe.

Man findet die Elemente eines Sterns auch auf seinen Planeten in den dort lebenden Zivilisationen vor. Die Natur der Energien, die euch von diesen Wesen gesandt wird, ist nicht in Raum und Zeit gefangen und entspricht daher der momentanen Entwicklungsstufe solch einer Zivilisation. Diese Energien werden von den Elementen des Sterns moduliert und besitzen daher die Charakteristik der Zivilisation und deren Verwendung der Elemente.

Was ist es, das ihr von einem Stern empfangt? Ist es einfach Licht in einer bestimmten Farbe, das man auch mit verschiedenen Filtern oder Lasern herstellen könnte? Nein, es ist nicht einfach das Licht. Das Licht ist wie ein hübsches Sichtzeichen, ein Leuchtfeuer, ein Hinweis, auf den man sein Bewußtsein einstimmen kann. Die Quelle der Inspiration ist in Wirklichkeit die Zivilisation, die mit diesem Stern verbunden ist, es ist die Energie dieser Wesen, mit der du dich auf der Ebene der Gedanken, des ätherischen und spirituellen Körpers verbinden kannst, wodurch du empfängst, was sie zu geben haben. Dies wird auf einer ätherischen Ebene übertragen, während das Licht einfach deine Aufmerksamkeit auf diesen Ort lenkt und dich auf die Charakteristika einstimmt, die diese Zivilisation verfügbar macht.

Doch ihr solltet die Grundidee dabei nicht aus den Augen verlieren: Wenn ihr euch auf das Wesen eines Sterns einstimmt, arbeitet ihr einerseits mit den Energien, die mit diesem Stern verbunden sind (da bestimmte Zivilisationen mit diesem Stern gearbeitet haben) und andererseits mit essentiellen Qualitäten des Sterns selbst. Dies sind die Energien, die in euch hineinfließen, entweder durch die Augen oder durch energetisiertes Wasser. Dabei stimmt ihr euch nicht auf das Licht selbst ein.

Wenn du mit Sternenlicht als Elixier oder in einer Meditation arbeitest, gehst du schon einen Schritt weiter. Die Schwingungen, die dadurch in dir stimuliert werden, wirken auf die Drüsen deines Körpers und erhöhen deine Fähigkeit, Schwingungen zu empfangen. Dann geht es darum zu erkennen, ob eine Schwingung verwandt, harmonisch oder von der eigenen Schwingung völlig verschieden ist. Was geschaffen wurde, ist eine Schwingungsbrücke, die wirklich mit deinem Wesen, deiner Essenz, arbeitet, d.h. mit jenem Teil von dir, der jenseits von Zeit und Raum existiert. Wenn du dich auf diese Energie einläßt, setzt du tief in dir etwas frei, das sich auf eine ähnliche Schwingung fokussiert, die dann wiederum übertragen wird. Wenn die

Wesen, die diese Schwingung übertragen, in dir etwas erwecken können, wird das auch geschehen. Was immer geschieht, es geschieht, da die Zeit reif ist, da du dazu bereit bist. Die Energie dieser Wesen ist dabei nur ein Auslöser. Das Bewußtsein und die Interaktion einer Zivilisation mit euch beeinflußt euer Leben und eure Entscheidungen. Ihr merkt nicht viel davon, da die ungeheuer kraftvollen Zivilisationen, die auf die Erde einwirken, dies auf möglichst positive Weise tun und gleichzeitig versuchen, sich möglichst wenig einzumischen. Die meisten Zivilisationen, die mit den Sternen in Verbindung stehen, zählen zu diesen hellen Wesen, die spirituelle Hilfestellung geben können. Folglich zwingen sie anderen auch nicht ihren Willen auf. Sie sind fähig, ihre Energien so anzubieten, daß sie leicht aufgenommen werden können. Wenn ihr euch den Sternen öffnet, die segens- und hilfreich sind, öffnet ihr euch ihren Energien.

Es ist unmöglich, eine Zivilisation und ihren Stern unabhängig voneinander zu betrachten. Die Technologie auf der Erde könnte in ein paar Jahrhunderten so weit sein, daß die Menschen direkt in Wechselwirkung mit der Sonne treten und sie beeinflussen können. Zivilisationen, die technologisch lange genug in solchen Bereichen gearbeitet haben, haben auch Einfluß auf ihre Sterne ausgeübt. Diese Art von Wechselwirkung ist viel zu komplex, um allgemeine Aussagen darüber treffen zu können. Doch man wird viele verschiedenen Wirkungen spüren, wenn man mit den Grundtendenzen eines Sterns arbeitet.

Wenn man sich mit den größeren Sternengruppierungen beschäftigt – Galaxien, Kugelsternhaufen, ungewöhnlichen Objekte usw. –, steht man vor der schwierigen Frage, worin die allgemeine Übereinstimmung der Energien so vieler Zivilisationen liegt. Es sind eher die charakteristischen Merkmale, die „Handschrift" des Himmelskörpers, die es dem einzelnen erlaubt, sich auf die Energien einzustimmen und mit ihnen zu arbeiten. Dabei hat man auch die Wahl, auf welche Eigenschaft des Himmelskörpers man sich einstimmt.

Man muß nicht alle Aspekte einer Sache verstanden haben, um mit ihr zu arbeiten. Es reicht völlig aus, bewußt und offen zu sein und zu absorbieren, was nützlich erscheint. Wer ein Elixier einnimmt, auf einen Stern meditiert oder auf eigene Art mit den Energien arbeitet, verspürt leicht ungewöhnliche Wirkungen. Man nimmt sich selbst anders wahr und fühlt sich anders. Dies ist dann die eigentliche Wahrheit.

Auf der Erde entwickelt sich schnell die Fähigkeit, den eigenen Platz im Universum zu erkennen. Dies ist eine natürliche Folgeentwicklung der Arbeit mit Edelstein-Elixieren und den Blütenessenzen. Wenn die Menschen mit den Energien der Sterne arbeiten, wird ihnen gezeigt, daß es tatsächlich möglich ist, mit weit mehr zu arbeiten als mit den theoretischen Daten der Sterne. Dies stimuliert in ihnen einen wichtigen Aspekt.

Aufgrund der zahlreichen Entführungen durch UFOs und ähnlicher Ereignisse, die den Menschen Sorgen machen, wird die sehr berechtigte und wichtige Frage gestellt, wie sicher es ist, sich auf diese Energien einzustimmen. Unsere Antwort ist: Stimmt euch einfach auf die Energien ein, die zweckmäßig sind. Viele Menschen, die channeln, haben betont, was viele Erdenbewohner im Herzen längst wissen: Die meisten Zivilisationen in der Galaxis (das sind die meisten im Nachthimmel zu sehenden Sterne) sind förderliche oder zumindest neutrale Zivilisationen. Viele Zivilisationen, die sich über die Stufe der Menschen hinausentwickelt haben, sind nicht auf drei, vier, fünf, sechs oder sieben Dimensionen beschränkt.

Aufgrund von Reisen, die sie mit Überlichtgeschwindigkeit durchgeführt haben, und aufgrund des Wissens, das gleichbedeutend mit dem Licht ist, das durch sie fließt, haben sie erkannt, daß Lichtgeschwindigkeit keine Grenze für sie darstellt. Der Wissenschaftler in dir könnte jetzt sagen: „Wie kann das Licht eines 2.000 Lichtjahre entfernten Sterns überhaupt etwas mit mir zu tun haben, da es, wenn es mich jetzt erreicht, bereits 2.000 Jahre alt ist?" Selbst einen Stern, der nur wenige Lichtjahre entfernt ist, würdest du nicht als gegenwärtig empfinden. Doch Gedanken transzendieren Raum und Zeit. Diese Wesen und ihre Gedanken werden augenblicklich zu dir übertragen, so wie deine Gedanken zu ihnen übertragen werden können. Die Wesen, die du als nützlich oder hilfreich erkennst, z.B. die Bewohner der Plejaden, sind für ihr Verständnis von der Erde nicht auf die Fernseh- und Radioübertragungen aus vergangenen Jahrzehnten angewiesen. Sie verstehen über Gedanken, über Bewußtheit im gegenwärtigen Augenblick. Und du kannst die Energien der Sterne auf die gleiche Weise verstehen.

Um die Sterne begreifen zu lernen, mußt du anfangs logisches Denken einsetzen. Später, wenn du genügend Daten gesammelt hast und verstehst, worum es geht, kannst du dich vom logischen Denken lösen. Erlaube den Energien dieser Wesen, dieser Elixiere, dieser Meditationen, in dir zu sein, und du wirst möglicherweise entdecken, daß ein seit langer Zeit schlafender Teil von dir bereit ist aufzuwachen. Aus diesem Grund werden diese Informationen jetzt freigegeben. Wir sind nicht der einzige Kanal, der über diese Dinge spricht, andere werden nach uns kommen. Ein Beispiel wären die zum Heilen eingesetzten Sternen-Elixiere aus Tolkiens *Der Herr der Ringe*. Es geht darum, daß sich Altes und Neues in euch berührt, es geht um die Fähigkeit, Verwandtschaft wahrzunehmen. Diese Verwandtschaft stammt aus dem Licht. Dazu kommen menschliche Werte, und Dinge, die ihr für eure persönliche Transformation oder für eure eigenen Probleme als wichtig erachtet. Wesen in anderen Sternsystemen sind bereits mit Problemen fertig geworden, vor denen ihr jetzt steht, auch wenn sie sie nicht auf die gleiche Art gelöst haben, wie ihr es versucht. Oft haben sie sich mit mächtigen Energien wie der Atomkraft auseinandergesetzt, durch die ihre Heimat unbeabsichtigt zerstört wurde. Andere haben eine Rückbildung sozialer Werte erlebt, so daß Gier und Macht an die Stelle von Harmonie und Wahrheit getreten sind.

Das Gesetz der gegensätzlichen Entsprechung scheint in der gesamten Galaxis und im größten Teil des Universums zu gelten. Daher mußten die meisten Zivilisationen, die eine gewisse Bewußtseinsebene erreicht haben, sich mit ihren eigenen negativen Aspekten auseinandersetzen, das Schattenselbst transzendieren und alle lichten und dunklen Aspekte ihrer selbst verstehen lernen. Es liegt in der Natur des Bewußtseins, Dinge ans Licht zu bringen. Daher ist es stets förderlich, sich mit den negativen Aspekten auseinanderzusetzen. Nur selten war es einer Zivilisation vergönnt, „mit Leichtigkeit" durch verschiedene Formen der Achtsamkeit und Bewußtheit fortzuschreiten. Es gibt tatsächlich immer Phasen von Kampf und Schwierigkeiten, Phasen, in denen man Schritte zurückgehen muß, um welche vorwärts machen zu können. Daher können euch diese Wesen etwas geben: Energie, die euch sagt: „Ihr könnt diese Probleme durch die Liebe, die wir in euch sehen, lösen."

Die meisten Zivilisationen, die einen gewissen Grad bewußter Achtsamkeit, eine gewisse spirituelle Reife oder technologische Entwicklung erreicht haben, sind sich der Erde als Zivilisation bewußt. Die Menschheit sendet über Radio und Fernsehen viele Informationen über sich in das Universum. Ebenso durch kraftvolle Gedankenformen und gewalttätige Aktivitäten auf der Erde. Es wäre für andere Zivilisationen schwierig, die Erde nicht zu bemerken. Die Zivilisationen, die der Erde aufbauende und hilfreiche Energien zur Verfügung stellen, tun dies entsprechend ihrer natürlichen Veranlagung. Und Zivilisationen (von den helleren Sternen), die besondere und kraftvolle Botschaften haben, werden diese sehr kraftvoll zu den Menschen leiten.

Die Menschheit hat noch nicht die Ebene erreicht, auf der sie bewußt aussenden will, was sie gelernt hat. Sie sendet, um Einfluß auf eine Beziehung zu nehmen, um über Radio und Fernsehen Produkte zu verkaufen, um Geld zu verdienen, um etwas mitzuteilen oder um andere zu manipulieren. Es ist die Natur aller Wesen, auszustrahlen, was sie sind. Dies ist ein wichtiger Bestandteil des Daseins. Und so strahlen auch die Wesen in anderen Sternensystemen bewußt oder unbewußt aus, wer sie sind. Die meisten mit den Sternen verbundenen Zivilisationen, die für die Menschen förderlich sind und die der Menschheit helfen wollen, strahlen sehr besonnen und bewußt aus und übertragen dabei nur das Förderliche. Ihrer Natur gemäß strahlen sie sowieso aus. Jedoch geht es auch darum, dies bewußt zu tun.

Nachdem ihr solchen Wesen begegnet seid bzw. das Licht ihrer Sterne gespürt habt, erinnert ihr euch nicht nur daran, was sie getan und bewirkt, sondern auch, was sie euch gefragt haben. Sie fragen nicht: „Warum macht ihr euren Planeten kaputt?" Sie fragen: „Warum liebt ihr nicht mehr? Warum geht ihr nicht auf eine tiefere Ebene, die kraftvoller und klarer ist? Dies könnte es möglich machen, eure liebevollen Aspekte einzusetzen, damit ihr Probleme liebevoll gemeinsam lösen könnt." Diese Frage ist nicht unbedingt wörtlich zu nehmen. Je mehr man in ihre tieferen Schichten vordringt, um so mehr fühlt man die Fragen, die dahinterliegen, wie z.B. nach den natürlichen Ressourcen des Planeten und wie sie angemessen verteilt werden könnten. Möglicherweise bekommt ihr sogar eine Vision, wie dies bewerkstelligt werden kann.

In der Galaxis geht momentan eine große Veränderung vor sich, die der Menschheit nicht bewußt ist und an der sie auch nicht teilnehmen kann. Dabei ist ein Einfluß am Werk, der seit der Gegenwart des Christus-Bewußtseins auf der Erde sehr stark zugenommen hat. Dieses Bewußtsein hat vielen Wesen ein tieferes Verstehen ihrer potentiellen Fähigkeiten vermittelt. Es ist wie ein Puzzle, dessen Einzelteile zumeist schon an richtiger Stelle liegen. Es gibt noch ein Teil, das allergrößte Bedeutung hat und das von der Menschheit beigetragen werden wird. Dieses Stück ist weder größer noch einflußreicher, doch weil es das ganze Bild vervollständigt, wird es, wenn es soweit ist, eine unglaubliche Energie aktivieren. Daher ist der menschliche Beitrag so bedeutungsvoll. Durch die Vollendung des Ganzen wird für alle sehr viel aktiviert.

Wenn sich ein Individuum mit einem bestimmten Stern besonders in Einklang fühlt, ist es unter Anwendung des Gesetzes der Hilfe möglich, den Stern um Hilfe und Einwirkung zu bitten. Man kann sich auf den Stern einstimmen, indem man auf ihn meditiert oder das Sternenlicht-Elixier nimmt. Wenn man dann um Hilfe bittet, kann die Energie dem Wesen dann selbst zur Verfügung stehen, wenn es sich dabei auch nicht unbedingt um die Energie handeln muß, die diese Zivilisation von sich aus anbietet. Es ist wirklich einfach. Das Bewußtsein eines Individuums ist sehr mächtig, und es ist in der Tat in der Lage, Millionen von Lichtjahren zu überbrücken, um eine Verbindung mit dem Bewußtsein einer Gruppe oder eines Einzelwesens an einem anderen Ort herzustellen. Die Fähigkeit, über große Distanzen hinweg Bewußtsein zu teilen, ist eine der wichtigen Eigenschaften des Denkens. Darüber hinaus kann man ein Bewußtsein auch durch das Verstehen der Essenz miteinander teilen. Denn tatsächlich übersteigt Essenz Zeit und Raum und liegt jenseits der meisten dimensionalen Beschränkungen. Und auch du bist durchaus in der Lage, an diesem Prozeß teilzunehmen.

Kapitel 2
★★☆☆☆☆☆☆☆

Wie man mit den Energien der Sterne arbeitet

Sternenlicht-Elixiere werden den meisten Menschen helfen. Wenn dir jedoch der Anblick eines Sternenhimmels nichts gibt, dann werden dir Sternenlicht-Elixiere wahrscheinlich auch nichts bringen.

Viele Menschen werden hier eine gewisse Verwandtschaft untereinander feststellen. Wie viele von euch können sich einen Sonnenuntergang anschauen, ohne von ihm berührt zu sein? Ihr teilt ein gewisses Bewußtsein miteinander, da ihr in früheren Leben die Sterne verstanden und mit ihnen gearbeitet habt. Während einer Hälfte eures Lebens ist es Nacht, und ob ihr euch die Sterne anschaut oder nicht, sie haben einen Einfluß auf euch. Und viele von euch haben sich schon viele Leben lang die Sterne angeschaut. Daher werdet ihr wahrscheinlich einen großen Nutzen aus der Arbeit mit diesen Energien ziehen.

Wenn ihr euch einen Stern anschaut, stimmt ihr euch auf seine Schwingungen ein. Diese Schwingungen können entweder mit der Zivilisation zu tun haben, die mit dem Stern gewachsen ist, oder mit dem Stern selbst. Der Punkt ist, daß diese Energien zugänglich sind, wenn man sich ihnen einmal geöffnet hat. Wasser ist die Substanz, die man auf der Erde am leichtesten in Schwingung versetzen kann und die Schwingungen auch speichert. Deshalb leiten wir Sternenlicht in Wasser. Die pranischen Kräfte des Wassers sind unter allen Stoffen auf der Erde einzigartig. Zusammen mit den einzigartigen physikalischen Eigenschaften des Wassers bilden sie die Grundlage allen Lebens auf der Erde. Wasser speichert einen Großteil der Schwingungen und Charakteristika anderer Substanzen, denen es ausgesetzt ist. Auf diesem Prinzip beruhen Homöopathie, Blüten- und Edelsteinessenzen.

Bei den Sternenlicht-Elixieren erlaubt man dem Licht des Sternes, im Wasser zu schwingen. Dieses Licht repräsentiert ganzheitlich die Energie des Sternes und seiner Zivilisation. Sie werden auf Wasser übertragen, das diese Schwingungen wiederum an das Wasser im Körper der Menschen überträgt.

Die Idee der Übertragung von Schwingungen auf die feinstofflichen Körper ist ausführlich in den Büchern *Heilung durch die Schwingung der Edelsteinelixiere* von Gurudas gechannelt worden.

Diese Schwingungsübertragung hat mit den mikrobiologischen und physikalischen Eigenschaften von Wasser zu tun, und nicht zuletzt damit, daß Wasser der Erhalter aller Lebensformen auf der Erde ist.

Die Übertragung der Schwingung kann noch lange nach der Einnahme des Wassers vor sich gehen, und eine Veränderung macht sich möglicherweise erst langsam bemerkbar. Sie geschieht in dem Maße, wie die Übertragung fortschreitet und sich von einem Wassermolekül zum nächsten durch den ganzen Körper hindurch fortpflanzt. Wenn solche Veränderungen ins Gehirn gelangen, kommt es normalerweise zu einer Veränderung des Bewußtseins. Das trifft auch auf Veränderungen zu, die vom Herzen oder der Wirbelsäule beeinflußt werden. Während diese Veränderungen immer stärker ins Bewußtsein der Person treten, werden einige der charakteristischen Merkmale des Sternes auf sie übertragen.

Wir haben die schwierige Aufgabe, euch mitzuteilen, welche dieser Eigenschaften auf die Menschen übertragen werden. Wir müssen dazu das Potential des Sterns auf der Grundlage der Zivilisation sowie der Persönlichkeit des Sternes einschätzen. Dann müssen wir abschätzen, welche dieser Schwingungen von eurem Teleskop wahrgenommen werden. Das wird von den Umweltbedingungen, den Bedingungen in der oberen Atmosphäre, von der ätherischen Energie der Erde beeinflußt. Dann müssen wir abschätzen, wie gut diese Schwingungen vom Wasser aufgenommen werden, welche bleiben, welche nicht, und welche Eigenschaften auf die meisten Individuen übertragen werden.

Bestimmte Personen, die eine größere Gruppe eurer Zivilisation repräsentieren, sind aufgerufen, bei diesem Prozeß mitzuhelfen. Es werden Menschen gebraucht, die ein tieferes Verständnis ihrer eigenen Geschichte haben.

Es ist jedoch auch wichtig, die allgemeinen Merkmale zu erwähnen, die von einem Großteil der Menschheit empfangen werden. Es ist sehr einfach, diese Informationen zu empfangen und zu extrahieren. Man muß sich nur anschauen, wie Menschen von den Sternen beeinflußt werden und welche Form dieser Einfluß im kollektiven Unterbewußtsein der Menschen annimmt. Es stehen viele Informationen zur Verfügung. Eine Zivilisation hat eine ausgedehnte Geschichte, in der sie sich mit sehr vielen Dingen auseinandergesetzt hat. Ein Stern könnte schon seit Milliarden von Jahren existieren und viele Zivilisationen und Wesen beeinflußt haben.

Viele werden jetzt wissen wollen, wer an diesem Projekt beteiligt ist. Einige Aufgestiegene Meister gehören dazu, und eine Menge Wesen, deren spezielle Aufgabe es ist, Wissen zusammenzutragen. Dann gibt es auch noch die persönlichen Geistführer der Fragesteller, zu denen auch Fred und Michael gehören. Hinzu kommt eine gewisse Zahl von Geistführern, die mit den Menschen in Verbindung stehen, die dieses Material in Zukunft lesen werden. Auch diese Geistführer haben Einfluß auf den Prozeß. Wer von euch dieses Buch „einfach so" in die Hand genommen hat, möge bitte den Einfluß der Geistführer anerkennen und sie bitten, euch ihre Erfahrungen zu den hier gegebenen Informationen zu schildern. Dadurch könntet ihr tiefe Einsichten und ein umfassendes Verständnis erwerben. Euer Geisthelfer scheint bereits um diese Dinge zu wissen und euch die Information durch die Lektüre dieses Buches näherbringen zu wollen.

Darüber hinaus gibt es noch Faktoren, die ihrem Wesen nach rein mathematisch sind. Sie betreffen Fragen wie: Woher bekommt man Informationen und wo sind sie gespeichert (z.B. in Kugelsternhaufen, in speziellen Kristallmatrizen, in verschiedenen Aufzeichnungen aus Atlantis usw.). Die meisten Erdenwesen haben solche Fähigkeiten, halten sie jedoch unter Verschluß oder lassen sie brachliegen, weil sie noch nicht bereit sind, darauf zuzugreifen. Jedoch halten wir es für sehr wahrscheinlich, daß schon bald mehr und mehr Wesen diese Fähigkeiten in sich entdecken werden.

Die Energien der Sonne haben während dieses Prozesses den wichtigsten Einfluß. Dieses auch Helios genannte Wesen ist in der Lage, den Vorgang zu überwachen und uns direkt darüber zu informieren, welche der Energien für Erdenmenschen unpassend sind und welche Energien in diesem Sonnensystem nicht benötigt werden.

Alkohol fixiert diese Schwingungen im Wasser, da er verhindert, daß das Wasser wieder in seinen neutralen Zustand zurückkehrt. Außerdem verringert Alkohol die Wirkung von Tageslicht, das sich auf einige der feineren Sternenschwingungen störend auswirkt.

Wenn man Sternenlicht-Elixiere mit Blütenessenzen und Edelstein-Elixieren kombiniert, erhält man ein besonders feines Elixier, da es optimal vor Licht geschützt ist und die größte Menge an Alkohol enthält. Daher ist es ratsam, Blütenessenzen, Edelstein- oder Edelgas-Elixiere mit in das Fläschchen des Sternenlicht-Elixiers zu geben.

Wenn wir von feinen Elixieren sprechen, meinen wir damit nicht, daß sie uneffektiv und kraftlos sind. Das Gegenteil ist der Fall. Gerade wenn das Elixier eine solche Feinheit besitzt, kann man die bestmögliche Übertragung auf die Person beobachten. Die feinsten Blütenessenzen (z.B. Lotus und Silversword) und die zartesten Edelstein-Energien (z.B. Diamant) sind auch gleichzeitig die kraftvollsten. Nehmt aber aus diesem Grunde etwas mehr

Alkohol, laßt mehr Sorgfalt bei ihrer Konservierung walten. Diese Energien bewegen sich durch vielfältige Ebenen des Daseins hindurch und verbinden sie kraftvoll miteinander. So wird ihre Dichte herabgesetzt – das ist es, was mit Feinheit gemeint ist.

Da diese Energien gegenüber verdichtenden Einflüssen wie starken Magnetfeldern, stark riechender Substanzen (z.B. Kaffee) und natürlich Sonnenlicht sehr empfindlich sind, sollte man die gleichen Regeln beachten wie z.B. bei homöopathischen Mitteln. Darüber hinaus sollte man den Substanzen aus dem Weg gehen, die petrochemischen Ursprungs sind, da sie sich immer störend auf Schwingungsheilmittel auswirken.

Was die Dosierung und die Anwendung der Elixiere anbelangt, geht man intuitiv vor. Im allgemeinen gibt man eine Schwingung mehrmals, wobei man ihr Zeit läßt, absorbiert zu werden. Empfehlenswert ist, die Schwingung mehrmals am Tag zu verabreichen. Wer möchte, kann dabei Zahlensymbolik anwenden. Drei oder sieben Tropfen sowie Kombinationen davon, verbunden mit einer zehnminütigen oder zweistündigen Aufbewahrung der Tropfen unter einer Pyramide oder einem Tetraeder. Zwei Stunden stellen ein Zwölftel des Tages dar, zehn Minuten sind 1/144 des Tages. Ein Tag ist eine essentielle Einheit, da er einen Bezug zu grundlegenden inneren Zyklen herstellt, z.B. zum Tages- und Nachtrhythmus, den alle Menschen wahrnehmen.

Es ist schwer, die Elixiere zu überdosieren, wenn man sie aus dem Vorratsfläschchen nimmt. Vielleicht liegt eine Überempfindlichkeit gegenüber einem speziellen Elixier vor. Wenn dies der Fall ist, sollte die Person das Elixier in einer höheren homöopathischen Potenzierung zu sich nehmen. Geeignet ist möglicherweise D12, eine gute, neutrale homöopathische Potenz. Diese nimmt man ein paar Wochen lang und geht dann wieder dazu über, Tropfen aus den Vorratsfläschchen zu nehmen.

Da die Elixiere Schwingungen verstärken, muß man sich nicht so sehr auf Reinigung und Veränderung vorbereiten, wie man es vielleicht bei Blütenessenzen tun würde. Bei den meisten Sternen besteht nur eine geringe Wahrscheinlich für eine Heilkrise. Es kann zu großen Veränderungen kommen, doch sie werden eher im Bewußtsein als im Körper stattfinden.

Die beste Vorbereitung auf den Umgang mit den Sternenenergien besteht darin, innere Ruhe herzustellen. Begib dich nach draußen und schaue die Sterne an. Bringe etwas über ihre Eigenschaften in Erfahrung und heiße ihre Energien willkommen. Wenn du nachts draußen bist, empfindest du innere Ruhe – möglicherweise auch dann, wenn du dich in einer geräuschvollen Umgebung befindest. Finde diese innere Ruhe, egal durch welche Methode. Möglicherweise bedeutet das für dich Bewegung oder Tanzen. Durch innere Ruhe wirken die Sternenlicht-Elixiere intensiver.

Wähle die Elixiere sorgsam aus. Wähle sie so, daß du von ihnen in eine Richtung geführt wirst, wo du bereit bist, dich zu verändern. Sage innerlich: „Ich bin bereit." Eine solche Aussage wird dir helfen, denn sie lenkt deine Aufmerksamkeit auf die Tatsache, daß du wirklich bereit bist. Dies gilt für alle Schwingungs-Heilmittel, besonders aber für Sternenlicht-Elixiere. Diese Aussage kann dir helfen, dir deine tiefsten Fragen bewußtzumachen. Vielleicht arbeitest du jahrelang mit den Elixieren, bevor du die erwartete Wirkung spürst und bekommst, was du brauchst. Nimm die Elixiere, schaue dir die Fragen an und finde die Antwort in dir selbst. Die Antwort könnte sehr wohl mit der Anwendung von Liebe in deinem Leben zu tun haben.

MEDITATION AUF DIE STERNE

Schaue dir einen Stern an und stelle dir vor, du würdest ihn in dir aufnehmen. Wenn du visuell orientiert bist, dann versuche, das Bild des Sterns in dir zu erschaffen. Wenn du eher auditiv orientiert bist, stimme dich auf einen Ton ein, den der Stern möglicherweise in dir zum Klingen bringt. Körperlich orientierte Menschen möchten den Stern möglicherweise zu sich holen, sich vorstellen, daß er ihren Körper wärmt und ihn in sich aufbewahren. Wer andere Vorstellungen hat, tut einfach, was ihm angemessen erscheint.

Dann schließe die Augen und richte deine Aufmerksamkeit auf den innersten Aspekt des Sternes. Sitze einfach eine Weile da und halte die Wahrnehmung im Inneren aufrecht. Dies kann eine halbe Sekunde dauern oder fünf bis zehn Minuten. Fühle nach, was für dich angemessen ist. Dann öffne die Augen, schaue dir den Stern nochmals an und nehme die zum Stern gehörigen charakteristischen Merkmale auf. Du mußt vorher nichts über den Stern wissen. Öffne dich einfach und laß es in dich einfließen. Eigentlich ist dies eher eine Nicht-Technik als eine Technik.

Hier hast du dieses helle, mächtige, energetische und strahlende Objekt. Sein Licht scheint zwar schwach zu sein, doch es erreicht dich trotzdem. Und so überzeugt dich dieses Wesen von seiner großen Macht, vor allem, wenn du dir bewußtmachst, wie weit es eigentlich entfernt ist. Und so wirst du dieser Energie einfach vertrauen können. Entscheide, daß diese Energie kraftvoll und nützlich ist und deinem Bewußtsein genug entspricht, um dir gut zu tun. So ist es leichter, in den Genuß der Vorteile dieses Lichtes zu gelangen, und man muß gar nicht weiter grübeln. Es geht darum, sich zu öffnen und es in sich aufzunehmen.

Wenn du dich einem Stern aussetzt, indem du ihn länger betrachtest, wirkt sich das auf viele Ebenen des Körpers aus. Die Idee ist, die Schwingungen auf den Körper als holistisches Ganzes zu übertragen. Diese Schwingungsübertragung wird vom Bewußtsein durch direkte Einstimmung auf den Stern bewirkt. Aus diesem Grund ist es ratsam, daß eine Person, der es schwerfällt, sich auf die Schwingung eines Sterns in Natur einzustimmen, aber dennoch mit seinen Aspekten arbeiten will, das Sternenlicht-Elixier anwendet. Für eine solche Person könnten die Schwierigkeiten mit der Temperatur oder den Umweltbedingungen zusammenhängen, oder vielleicht ist der Stern schwer zu lokalisieren. Möglicherweise hängen die Probleme aber auch mit der Energie des Sternes selbst zusammen. Eine Begegnung auf bewußter Ebene kann einer Person schwerfallen und stellt möglicherweise eine Überforderung dar.

Während sich die Sternen-Energie durch den Körper des Menschen bewegt, geschieht eine Übertragung auf das Körperwasser. Im Anschluß an die Meditation auf den Stern ist es ratsam, ein oder zwei Minuten lang dein Bewußtsein auf das Wasser deines Körpers zu richten. Dies wird helfen, die Schwingung des Sterns zu bewahren. Auch wenn man auf eine Blume oder einen Edelstein meditiert, kann man das Wasser des Körpers als Speichermedium verwenden.

Am wichtigsten ist, wie du die vom Bewußtsein des Sterns verursachte Schwingungsveränderung willentlich in alle Bereiche deines Lebens, in dein Verstehen, in deine Wahrnehmungen deiner Beziehungen und in deinen physischen Körper einfließen lassen kannst. Das neu entstehende Bewußtsein wird dein Selbstverständnis verändern. Ausschlaggebend hierfür können sowohl das Elixier als auch die Meditation sein, denn bei beiden bewegt sich die Energie auf ähnliche Weise durch dich hindurch. Die Veränderung findet statt, wenn die Schwingung des Sterns mit deiner eigenen Schwingung in Berührung kommt. Wenn sich jemand durch Meditation auf einen Stern eingestimmt hat, auf diese Weise schon einen gewissen Weg zurückgelegt hat und dann das Elixier nimmt, verstärkt sich die Wirkung. Umgekehrt trifft dies auch zu. Kombiniert man diese Methoden gleichzeitig, setzt man dadurch zwei Mechanismen ein, um Bewußtsein in das Vehikel der Person zu bringen. Ein Teil wird durch direkte Bewußtheit, ein anderer durch Veränderung der Gedankenformen und des Bewußtseins auf die Person übertragen. Dies geschieht auch durch die Aufnahmefähigkeit des Wassers, das die Energien an höhere Bewußtseinsebenen weitergibt. So arbeitet man sich scheinbar gleichzeitig von zwei Seiten in Richtung Mitte, was für die meisten Menschen der effektivste Weg sein dürfte. Es handelt sich hier um einen ganzheitlichen Prozeß, der viele Aspekte des Individuums gleichzeitig beeinflußt.

Es gibt Menschen, die könnten während einer Meditation auf die Sterne unter freiem Himmel eine sinnliche Überreizung erleben. Dieses Problem läßt sich lösen, wie z.B. laute Musik. Man macht sich durchlässig, klar und hält an nichts fest. So kannst du auch die Energie der Sterne durch dich fließen lassen. Zunächst stimmst du dich scheinbar auf alle Sterne gleichzeitig ein, dann fühlst du, wie du durchlässig wirst, so daß das Licht dieser Sterne einfach durch dich auf die Erde fließt. Während du dich dann auf einen einzigen Stern konzentrierst, gestattest du diesem Stern, dich zu erfüllen. Siehe, wie du mit dem Licht dieses Sternes angefüllt bist und leuchtest. In deiner Vorstellung ist das Licht eines Sterns vielleicht heller als das der anderen. Dann stelle dir vor, wie deren Licht entweder durch dich oder scheinbar um dich herum fließt. Es ist, als würde das Licht des Sternes, das dich erfüllt, das andere Licht abstoßen. Versuche nicht, dir das Bewußtsein der anderen Sterne fernzuhalten, sondern erlaube den Energien in deiner Visualisation einfach, durch dich hindurchzufließen, ohne eine Wirkung auf dich zu haben, ohne daß du auf sie fixiert bist.

Wenn man einen Stern beobachtet, fokussiert man die Augen auf ihn. Schaut man in die Unendlichkeit hinaus, ist es natürlich möglich, sich auf viele Dinge gleichzeitig einzustimmen. Wenn dir das auffällt, schließe die Augen und stelle dir vor, wie sich das Licht des Sternes, den du gerade betrachtet, in dich ergießt, als ob es dich von innen heraus erleuchten wolle. Vielleicht wird es dir so vorkommen, daß das Licht einen bleibenden Eindruck auf deiner Netzhaut hinterläßt. Vielleicht hast du das Gefühl, daß sich das Licht in deinem Geist, in deinem Herzen oder in deinem physischen Körper einprägt. Jeder muß herausfinden, was das Beste für ihn ist.

Wenn es einem schwerfällt, sich der Sterne zu erwehren, da einem viele so vertraut sind, kann man auch noch andere Methoden anwenden, um sich zu schützen. Man kann sich ein einfaches Gerät mit einem kleinen Loch bauen, um damit nur den Stern seiner Wahl zu beobachten. Man kann auch die Umgebung entsprechend herrichten oder Bäume im Wald auf geeignete Weise einsetzen.

STERNENLICHT-ELIXIERE UND TRÄUME

Ganz allgemein wird man feststellen, daß jede Art von Schwingungswerkzeugen, die eine Wirkung auf die höheren Körper habe, diese auch auf die Träume ausüben. Wenn du träumst, ist dir der Unterschied zwischen Astralkörpererfahrungen und Traum nicht besonders bewußt. Eine solche Unterscheidung ist auch nicht nötig. Viele der Zivilisationen, höheren Kräfte und Wesen, deren Energien durch die Sterne den Menschen zur Seite stehen, werden vom bewußten Verstand daran gehindert, ihre Wirkung zu entfalten.

Wenn allerdings der Verstand ein wenig schläft, kommen die Energien auch in großem Maße durch. Das ist einer der Gründe, warum Schwingungswerkzeuge, die einen auf Energien höherer Intelligenzen einstimmen (und die dem Menschen normalerweise nicht zur Verfügung stehen), ihre Wirkung im Traum schneller und kraftvoller entfalten.

Hinzu kommt, daß im Traumzustand nicht nur der bewußte Verstand aus dem Weg ist, sondern das Individuum auch oft bereit ist, verschiedene Arten von Informationen zu verarbeiten, die auf emotionaler, ätherischer und physischer Ebene übermittelt werden. Dies kann sehr wichtig sein, wenn man sich auf eine Quelle einstimmt, mit der man bereits in einem früheren Leben Kontakt hatte. Es könnte so aussehen, daß man sich einer speziellen Zivilisation bewußt wird, indem man sich dort aufhält oder von solchen Wesen unterrichtet wird.

Auch wenn du vielleicht keinen bewußten Zugang dazu hast, kannst du mit den mächtigen emotionalen Themen, die bei einer Einstimmung auf höheres Wissen entladen werden, viel leichter im Traumzustand fertigwerden. Die Weisheit deines Körpers bestimmt, wie diese Energie und die Informationen hereinkommen. Sobald du dich im Schlafzustand auf diese Dinge eingestimmt hast, wirst du entdecken, daß deine Träume sehr viel lebendiger werden. Dann werden dir viele Werkzeuge gegeben, mit denen du im Wachzustand arbeiten kannst. Du solltest dich darin üben, dich an deine Träume zu erinnern, verschiedene Methoden zur Interpretation von Träumen einsetzen und Wege suchen, dir willentlich bewußter zu machen, was du im Traum empfangen hast. Stelle immer wieder einen Zusammenhang zwischen deiner Interpretation, deinem Gefühl und dem Stern her. So erreichst du eine noch intensivere Einstimmung auf die Zivilisation des Sterns und wirst dir auch mehr deiner eigenen Probleme und Fragen bewußt, die der Stern aufgeworfen hat.

STERNENLICHT-ELIXIERE UND CHANNELING

Die Bewohner der Erde sind gerade dabei, sich mehr und mehr an das Channeling zu gewöhnen. Der Grund dafür ist, daß Energie aus so vielen Quellen auf sie einströmt. Die Botschaft ist: „Ihr seid so viel mehr als ihr glaubt zu sein, so viel mehr als das, woran Ihr euch erinnern könnt." Gruppen, die sich auf Außerirdische mit einer positiven Wirkung einstimmen wollen, wenden die Sternenlicht-Elixiere etwas anders an. Die Gruppe sollte einem Brennpunkt wählen, d.h., ein Gruppenmitglied übernimmt das Channeling. Diese Person stimmt sich auf den Stern ein, den die Gruppe ausgesucht hat. Die ganze Gruppe nimmt dann das Sternenlicht-Elixier ein und meditiert auf den Stern. Dann wird mit dem Channeling begonnen. Es wird ausdrücklich darum gebeten, mit einem Wesen von dieser Zivilisation Kontakt aufnehmen zu können. Während einer Channeling-Sitzung werden sich die Schwingungen aller Personen erheblich verbessern. Und wenn man sich auf eine einfließende Energie einschwingt, kann dieses Phänomen erstaunliche Ausmaße annehmen. Die Person, die das Channeling übernommen hat, wird ihre Arbeit als sehr einfach empfinden. Es wird am besten funktionieren, wenn alle Teilnehmer an dem ausgesuchten Sternensystem interessiert sind und wenn sie darin übereinstimmen, daß es positive Wirkungen hat und für die Evolution aller förderlich ist.

Die Tatsache, daß man sich durch den Prozeß des Channelns transformieren, verändern und eine Schwingungserhöhung hervorbringen kann, ist heutzutage sehr wichtig, und es geschieht am besten in einer Gruppe. Dafür kann jedes Sternenlicht-Elixier eingesetzt werden, vielleicht sogar mit besserem Ergebnis als mit Blütenessenzen, Edelstein-Elixieren oder homöopathischen Produkten. Mit den Sternenlicht-Elixieren stimmt man sich auf sehr intelligente Kräfte, auf eine hochentwickelte Zivilisation ein

EINE KURZE BESCHREIBUNG, WIE STERNENLICHT-ELIXIERE HERGESTELLT WERDEN – VON FRED UND MICHAEL

Die meisten Elixiere werden in der Nähe des Calaveras Big Trees State Park, in den Ausläufern der Sierra-Nevada Berge in Kalifornien, hergestellt. Dort gibt es kaum Lichtverschmutzung, da sich in der Nähe keine größeren Städte befinden. Das Haus wird mit Solarenergie versorgt, und so gibt es keine störenden Einflüsse von Starkstromleitungen. Wir verwenden ein Schmidt-Cassegrain Teleskop, dessen Spiegel mit Silber beschichtet sind. Das Licht des Sterns wird in reines Wasser eingefangen, das in Quarzfläschchen gefüllt direkt vor dem Okular hängt. Das Teleskop besitzt einen Motor mit Zeitschaltuhr. Dadurch vermag es jedem beliebigen Stern in seiner Bewegung zu folgen und ihn innerhalb des Sichtfeldes zentriert zu halten. Die Quarzflasche ist wie ein dreidimensionaler Sichtschirm, und im Wasser zeigt sich ein interessantes Muster aus Sternenlicht. Wir setzen Edelgas-Vorrichtungen ein, um eine Verunreinigung mit negativen Gedanken zu verhindern. Nach zwei Stunden wird das schwingungsveränderte Wasser in einen lichtundurchlässigen Behälter gestellt. Als Konservierungsmittel der stellaren Energie fügen wir reinen Getreidealkohol hinzu.

Was die Einnahme der Sternenlicht-Elixiere anbelangt, empfehlen wir, einen bis sieben Tropfen direkt einzunehmen oder in Wasser aufgelöst zu trinken. Vermeide es unbedingt, eine offene Flasche dem Sonnenlicht auszusetzen. Ein Sternenlicht-Elixier kann maximal drei Sekunden lang direktem Sonnenlicht ausgesetzt werden. Verwendest du das Elixier in geschlossenen Räumen, verlängert sich die Zeit, in der die Flasche im Licht sein kann, auf ca. eine bis fünf Minuten. Anschließend könnte auch das Licht im Haus einen Einfluß auf das Elixier haben. Die beste Lösung wäre, das Elixier zwei Stunden nach Sonnenuntergang einzunehmen oder an einem Ort, an den nur wenig Licht kommt, am besten bei völliger Dunkelheit. Während des Neumondes oder nach Untergang des Mondes kann das Elixier auch draußen während der Beobachtung des Sterns eingenommen werden.

Man kann die Sternenlicht-Elixiere auch zum Massieren oder beim Baden verwenden. In so einen Fall wäre die beste Beleuchtung indirektes Licht von natürlichen, ungefärbten und unparfümierten Kerzen. Durch ein Bad in reinem Wasser, dem man einige Tropfen des Elixiers zugegeben hat, kann die Energie des Sterns alle feinstofflichen Körper durchdringen. Möglicherweise kommen bei einem Baderitual auch Erinnerungen hoch, da während besonderer Initiationszeiten das Licht der Sterne z.B. in Ägypten und Atlantis in große Badekammern hineingeleitet wurde. Je nach Initiationsstufe wurden spezielle Sterne eingesetzt. Wir sind jetzt in der Lage, einige der uralten Techniken wieder zum Leben zu erwecken, indem wir das Sternenlicht als Elixier einnehmen und darüber hinaus in ein kosmisches Bad hineintauchen.

Die flüssigen Originalmixturen werden in eine Konzentration für Vorratsfläschchen gebracht, indem sieben Tropfen der Mutteressenz in eine Mischung aus reinem Wasser und 40%igem Getreidealkohol gegeben werden.

Kapitel 3
★★★☆☆☆☆☆☆

Wie Sternenlicht-Elixiere in der Vergangenheit verwendet wurden

Die Lemurier haben auf vielerlei Weise mit den Sternen gearbeitet: Sie haben sie beobachtet, sind astral zu ihnen gereist und haben sie in nächtlichen Ritualen eingesetzt, wenn eine bestimmte Eigenschaft oder Ausrichtung benötigt wurde. In der Regel handelte es sich dabei um mondlose Nächte, manchmal gehörte jedoch auch der lunare Einfluß zum Ritual. Die Atlanter wollten Wissen erwerben. Sie waren an der spirituellen Essenz und dem Potential der Sterne interessiert. Sie entwickelten daraufhin Technologien, mit denen sie diese hervorheben, intensivieren und ihnen eine bedeutsamere Form verleihen konnten. Viele der von ihnen verwendeten Techniken verursachten Probleme, daher werden wir sie hier nicht beschreiben. Normalerweise erzeugten die Atlanter mit schwingenden Kristallen ein ätherisches Gitternetz, das die Energie eines Sterns so umformte, daß sie auf verschiedene Art aufgefangen werden konnte. Dazu benutzten sie z.B. schwingende Kristallmatrizen. Die gleichen Prinzipien wurden auch zur Erzeugung von Energien verwendet, die später zum Bewegung spezieller DNS-Strukturen eingesetzt werden konnten.

Als die technologische Entwicklung in Atlantis noch in ihren Kinderschuhen steckte, wurden einfachere Techniken benutzt. Dazu gehörte auch das Auffangen dieser Sternenlicht-Energien in Wasser oder ähnlichen Substanzen. Einige Lemurier fanden das nicht akzeptabel. Sie sagten: „Ihr begreift das Wesentliche nicht. Es fehlt das Ritual, das Bewußtsein, die direkte Verbindung zu diesen Sternen." Sie konnten nicht verstehen, daß viele Menschen in Atlantis ihre innere Verbindung zu ihrem Willen, zur Erde und zu ihrem Selbstverständnis als Erdwesen verloren hatten. Folglich benötigten die Atlanter tiefere und kraftvollere spirituelle Erkenntnisse, und die konnten sie nur mittels dieser subtileren Methoden erlangen. Einigen Atlantern reichte es daher nicht, einfach nur auf die Sterne zu meditieren.

Beiden Kulturen mangelte es jedoch an etwas. Die Lemurier hätten den Atlantern vergeben müssen, doch dazu waren sie nicht fähig. Den Atlantern fehlte es an Willenskraft und an Verbundenheit mit ihren Wurzeln und mit der Erde. Sie konnten sich diese Eigenschaften nicht leicht aneignen und integrieren.

Menschen, die Blütenessenzen, Edelstein-Elixiere, homöopathische Mittel, Kräuter und Sternenlicht-Elixiere anwenden, werden sowohl mit der Qualität ihres Willens als auch mit ihren seelisch-geistigen Kräften in Berührung kommen, und sie werden die vielen charakteristischen Eigenschaften ihres Lebens, ihrer Persönlichkeit und ihres spirituellen Bewußtseins viel deutlicher erkennen. Setzt man verschiedene Schwingungsmittel ein, gibt es keine Trennung, keine innerliche Spaltung. Wenn aber jemand ausschließlich mit Sternenlicht-Elixieren arbeitet, könnte er dazu neigen, übermäßig spirituelle Prinzipien ohne die nötige Willenskraft zu entwickeln, d.h. den Alltag zu vernachlässigen.

Die Lemurier haben eine erhöhte Sensibilität und Bewußtheit für die charakteristischen Eigenarten der Sterne entwickelt. Sie fingen zunächst damit an, mit dem Stern zu meditieren. Dann griff der Lemurier mit seinem Bewußtsein nach dem Stern. Die Erdbewohner legten großen Wert auf die Verbindung zur Zivilisation eines Sterns. Wenn die ausgesandte Energie ihren Höhepunkt erreichte, wurde sie von der Zivilisation oder dem Stern erwidert. Diese Reaktion trat zunächst bei den hellsten Sternen auf.

Vega ermöglichte eine großartige Entwicklung der Musik, Capella ein tieferes Bewußtsein und Heilung, Polaris sandte die Fähigkeit, sich stärker zu konzentrieren und mentale Energien zu fokussieren. Diese Gaben der Sterne haben sich mit der Zeit leicht verändert, da sich ätherische Eigenschaften verändert haben und die Rotationsachse der Erde verlagert hat. Das Bewußtsein dieser Sterne übermittelte den Lemuriern, daß sie nicht allein waren.

Die Menschen aus Atlantis sehnten sich nach dem gleichen Verstehen, doch sie waren nicht immer fähig, dem lemurischen Weg des Wissens zu folgen. Die konzentrierte Schwingung der Sterne half aber den Atlantern, einen Großteil dieses inneren Bewußtseins wiederzuerkennen. Bei der Herstellung der Elixiere fanden lediglich die Grundprinzipien des Teleskops Anwendung, doch die Atlanter entwickelten Techniken, die weitaus mehr leisteten als ein gewöhnliches Teleskop.

Die bedeutsamste Nutzung der Sternenenergien war im Rahmen einer großen Feierlichkeit, die der Transformation eines Individuums galt. Diese Feierlichkeiten fanden während der ersten atlantischen Epoche statt. Man setzte einen großen reflektierenden Gegenstand ein, z.B. ein Objekt aus

Kristall, eine Halbkugel aus Metall oder einen achsenverschobenen Parabolspiegel, um das Licht eines Sternes in ein Bad zu leiten, in dem die betreffende Person saß. Bei dieser wundervollen Meditationserfahrung wurde das Wasser auf kraftvolle Weise gereinigt. Es wurde anschließend zur Aufzucht von Pflanzen verwendet, die über spezielle, mit diesem Stern zusammenhängende Fähigkeiten verfügten. Die Person konnte die Pflanze essen, verbrennen und an den Rückständen riechen oder sie als Blütenessenz zu sich nehmen. Es gab noch viele andere Methoden, die den lemurischen Grundsätzen ähneln. Aufgrund der Tatsache, daß mit diesen Dingen nur nachts gearbeitet wurde, lösten sich einige Atlanter von den tieferen Wurzeln. Sie machten zwar sehr schöne Erfahrungen, setzten sie im Nachhinein jedoch nicht auf der physischen Ebene um. Und so nahmen die Probleme ihren Anfang.

Auch ihr könntet diese Methode in der heutigen Zeit anwenden. Sie ist aber sehr teuer, und wahrscheinlich bekämt ihr nicht genügend Licht zusammen, um eine Badewannenfüllung mit Wasser so stark wie damals zu energetisieren. Ihr könntet durch Einnahme einiger Tropfen des Sternenlicht-Elixiers ähnliche Erfahrungen machen. Man nimmt einige Tropfen zu sich und stellt das Fläschchen ans abgedunkelte Bad. Verwendet nur Kerzenlicht, wobei die Kerze möglichst so abgeschirmt ist, daß nur das von der Wand reflektierte Kerzenlicht sichtbar ist. Dann steigt man in die Badewanne und meditiert über die Eigenschaften des Sterns, nachdem man ein paar Tropfen des Elixiers in die Badewanne gegeben hat.

Alle Kulturen haben über die Sterne meditiert. Jede Kultur hat ihre Lieblingssterne, hat eigene Methoden, mit ihnen zu arbeiten, und ein eigenes Bewußtsein dieser Dinge. Die jahreszeitlichen Attribute der Sterne spielten dabei eine wichtige Rolle. Die Mayas hinterließen besonders viele Überlieferungen, sie hatten umfassendes Verständnis der Sterne. Die Mayas wurden auf der feinstofflichen Ebene von den Lemuriern beeinflußt, und das tiefe Wissen um diese Dinge stellt einen bedeutsamen Aspekt der Maya-Kultur dar. Die Ägypter verfügten auch über Techniken, um mit den Sternen zu arbeiten. Sie entwickelten verschiedene Methoden, um die unterschiedlichen Energien der Sterne als Bestandteil ihrer Rituale heranzuziehen. Die Entwicklung aller Kulturen hat auch damit zu tun, wie sie den Himmel wahrnehmen und wie weit den Menschen bewußt ist, daß sie trotz ihrer Erdgebundenheit immer noch mit dem Licht verbunden sind, das sie am Firmament sehen.

Kapitel 4
★★★☆☆☆☆☆

Die Befruchtung der Erde

Am Anfang war ein Licht. Dieses Licht brach hervor. Es war die Sonne. Ihre Energie war so gewaltig, daß Zeit, Raum und Gravitation nicht existierten. Stattdessen gab es die große Frage: „Was wird sein?" Diese Frage hallte in der Sonne nach, und es flossen Energien aus vielen Zeiten und Räumen ein. Dann kamen die Energien vieler anderer Sterne, die zu sagen schienen: „Laßt diesen Stern etwas anderes sein." Als die Erde aus der Sonne geboren wurde, war dies auch die Geburt der Frage, wie Liebe Form annehmen könne. Gottes Energie ist die Energie aller Kräfte aller Milliarden Galaxien, die ihrerseits aus Abermilliarden Sternen bestehen. Diese Energie fragt: „Kann dies ein Planet sein, der die Liebe fördert?" Zu jenem Zeitpunkt war die Antwort darauf noch unbekannt, doch schien der Wurf gelungen zu sein.

Während die Erde Gestalt annahm, sah man, daß für die Entwicklung der Emotionen viel Wasser förderlich sein würde.

Um die Erde zu befruchten, wurden viele Arten von Energien herangezogen. Es war eine Fremdbefruchtung seitens vieler Zivilisationen und Wachstumstechnologien. Energien, die ausschließlich auf der Mental-Ebene wirksam waren, wurden zur Sonne reflektiert, damit genetische Strukturen für die Hervorbringung von Leben erschaffen werden konnten.

Es ist unschwer zu erkennen, daß sich die Menschheit von den anderen Lebensformen auf der Erde in vielerlei Hinsicht unterscheidet. Solche Unterschiede kann man nicht ausschließlich auf den darwinistischen Evolutionsprozeß zurückführen. Es gibt zu viele Unterschiede, was die DNS-Strukturen, die Intelligenz, das Bewußtsein und gewisse Fähigkeiten anbelangt, die der menschliche Körper besitzt, um sie durch Zufall oder Mutationsprozesse erklären zu können. Die menschlichen Körperhaare sind z.B. so ausgerichtet, daß Bewegungen im Wasser möglichst effektiv vonstatten gehen, es ist jedoch noch nicht gelungen, ein aquatisches Stadium zu bestimmen. Kein anderer Primat hat diese Eigenschaft mit dem Menschen gemein. Das Fell von Schimpansen und anderer Primaten fördert nicht effektive Bewegungen im Wasser. Wenn man sich das Ganze von einem rein evolutionären Standpunkt aus anschaut, bleiben viele Fragen offen. Die Evolution der Menschheit läßt sich auch nicht anhand des Wunders der Schöpfungsgeschichte erklären, nach der Gott gewisse Wesen auf die Erde setzte, die bereits ihre Gestalt besaßen und bereit waren, ihre vorbestimmten Funktionen zu erfüllen.

Die Evolution des Menschen wurde bestimmt von der Vorgeschichte und dem mächtigen Einfluß vieler Sternen-Zivilisationen. Die wirkliche Antwort auf diese Frage des genetischen Einflusses und der Befruchtung liegt in deinem eigenen Wesen, in den Zellen deines Körpers, in deinen DNS-Strukturen. Dort findet man die wirkliche Antwort auf die Frage nach der biologischen Herkunft des Menschen. Die irdischen Wissenschaftler haben dieses Rätsel noch nicht entschlüsselt. Viele Einflüsse, die auf die Menschen wirken, können auf mächtige außerirdische Energien zurückgeführt werden. Die Strukturen dieser Energien hängen mit den entsprechenden Zivilisationen zusammen. Gewisse genetische Aspekte wurden durch bestimmte Technologien entfernt, verändert oder abgewandelt.

Da sich all dies während eines langen Zeitraums zutrug, macht es nicht den Eindruck, als sei eine einheitliche Vorgehensweise entwickelt worden, an die man sich während der ganzen Evolution der Menschheit gehalten hat. Da verschiedene Zivilisationen einen Beitrag leisten wollten, wurden viele Veränderungen vorgenommen. Ursprünglich kamen die direkten Einflüsse von einem Bund von Zivilisationen, die vom höchsten Bewußtsein im Zentrum der Galaxis angeleitet wurden. Hier gab es ein Zusammenwirken mit mächtigen Energien, die keinerlei Ähnlichkeit mit menschlichen oder organischen Lebensformen aufwiesen.

Als jedoch auch andere Zivilisationen das Potential der Menschheit erkannten, wirkten auch einige von ihnen mit. Einige der Beiträge wurden ohne die Zustimmung und die Mitwirkung der Geistführer der Menschheit, der Menschheit selbst und der anderen Wesen geleistet, die bislang mit der Befruchtung zu tun gehabt hatten. Es ist daher wichtig zu erkennen, daß solche Beiträge nicht immer von Wesen geleistet wurden, denen die höchsten Interessen der Menschheit am Herzen lagen. Letztlich sind die meisten dieser Aspekte der Menschheit zugute gekommen – zum Verdruß der beteiligten Zivilisationen und zur Freude derjenigen, die der Menschheit das Höchste und Beste wünschen.

Die Menschheit stellt in der Tat eine Synthese vieler irdischer und außerirdischer Einflüsse dar. Als wahrer Schmelztiegel solcher Energien läßt sich die Menschheit nicht so leicht von anderen Zivilisationen unterscheiden, auch wenn sie eigene, für sie charakteristische Merkmale besitzt. Die meisten Menschen auf der Erde stellen eine Komposition der Merkmale verschiedener Wesen dar, die in vielen Formen auf anderen Planeten gelebt haben. Und die Menschen haben sich an die Erde angepaßt. Ihre Lungen mußten sich an die höheren Konzentrationen verschiedener Substanzen anpassen. Dies gilt auch für Dinge, die auf der Erde einzigartig sind, z.B. die Schwerkraft, an die sich der Körperbau angepaßt hat. Daher sind die Menschen nicht so groß wie einige der Wesen, die an der Befruchtung teilgenommen haben. Die Erdbewohner verfügen über ein genetisches Gedächtnis, das ihnen sagt, daß die Dinge auch anders sein könnten, daß man Luft nicht nur auf eine Art einatmen muß, daß man viel größer sein und viel länger leben kann. Diese Informationen sind genetisch eingepflanzt und ermöglichen es den Menschen, sich zu verändern.

Die besagten Zivilisationen haben die Strukturen der DNS, der Zellen und der Anatomie, des Verdauungssystems, der Haut, Haare, Nägel sowie der physischen Erscheinung, Größe, Gestalt und die Form des menschlichen Körpers stark beeinflußt. Die Fähigkeit der Individuen, auf unterschiedliche feinstoffliche Arten zu kommunizieren, nicht nur mittels Sprache oder in geschriebener Form, sondern auch mittels Telepathie, Psychometrie und durch die Weitergabe von Informationen durch heilige Rituale und viele andere Dinge – all dies ist von vielen Zivilisationen beeinflußt worden, zwischen denen die unterschiedlichsten Wechselbeziehungen bestehen. Die damit verfolgten Absichten sind natürlich von Zivilisation zu Zivilisation ebenfalls unterschiedlich.

In einigen Fällen versuchten die Zivilisationen, der Menschheit mittels ihres Einflusses zu helfen oder sie zu erheben. In anderen Fällen mußten die Menschen lernen, Emotionen und den Tod zu verstehen. Außerdem sollten die Menschen an sich arbeiten und ein Verstehen entwickeln, das zur Überwindung von Begrenzungen führt. So wird die Menschheit ein Bewußtsein der Liebe erlangen, ohne sich vergangener Leben bewußt zu sein, in denen Liebe etwas Selbstverständliches war. Der Wunsch der Menschheit, Liebe zu verstehen und mit ihr zu arbeiten, konnte nicht ohne gewisse Begrenzungen erfüllt werden. Dennoch wird die Menschheit ein tiefes Verstehen von Krankheit und von den mit dem Tod verbundenen Vorgängen erlangen, so daß sie auf angemessene Weise mit ihnen arbeiten kann. Dies führt dazu, daß der Mensch immer umfassendere Liebe und Mitgefühl empfindet sowie ein größeres Verständnis entwickelt. Diese Gedanken sind vielleicht schwer zu verstehen, aber sie haben mit der Evolution und dem Ziel der Menschheit zu tun. Deshalb fällt es vielen schwer, den Sinn und Zweck der Menschheit zu akzeptieren.

Welche Bedeutung und Macht die Menschheit besitzt, kommt jedoch rasch zum Vorschein, wenn man beginnt, sich für einige dieser Gedanken zu öffnen. Die Menschheit wurde von anderen Zivilisationen auf sehr unterschiedliche Weise beeinflußt. Einige der Einflüsse aus jüngster Zeit sollen in der Menschheit das Bewußtsein der Unsterblichkeit stärken sowie dem einzelnen ein Gefühl der Verbundenheit mit seinen alten Wurzeln vermitteln. Dies ist der Einfluß der Plejaden, die die Menschen schon im alten Griechenland durch Legenden beeinflußt haben. Sie sind über viele Wege, z.B. über Rom und die katholische Kirche, in einige unserer heutigen Rituale gelangt. Feste wie Maria Lichtmeß, Ostern und Weihnachten üben seit langer Zeit Einfluß aus. Diese Rituale und dieses Bewußtsein sind jedoch nicht nur irdischen Ursprungs. Wenn man in der Geschichte weit zurückblickt, entdeckt man die kraftvollen Einflüsse vieler anderer Zivilisationen, z.B. von Sirius, Arcturus, Aldebaran, Fomalhaut und Procyon.

Wenn man in der Geschichte zurückgeht, stößt man auf die unterschiedlichsten Einflüsse, wie z.B. mittels der genetischen Manipulation. Durch eine Kreuzung von Wesen anderer Planeten und Sterne wurden bestimmte DNS-Stränge eingeführt. Bei einigen Einflüssen handelt es sich um feinstoffliche Dinge wie Ideen oder Gedankenformen, die in die Menschheit hineingegeben wurde, um zu sehen, ob sie sie annehmen oder zurückweisen würden. Die Beeinflussung fand auch auf indirekte Weise statt, z.B. durch Erzeugung neuer Pflanzenarten auf genetischer Ebene. Die Eigenschaften dieser Pflanzen hatten dann einen Einfluß auf die Menschen, wie das bei Mais und Amaranth der Fall war. Einzelpersonen können jedoch auch anders beeinflußt werden, z.B. durch Methoden, die auf der feinstofflichen Ebene ansetzen. Eine andere Möglichkeit ist, die Individuen dazu einzuladen, an ihrer eigenen genetischen Veränderung teilzuhaben, wie es während der ersten Zeit in Atlantis der Fall war. Wir sehen also, daß solche Einflüsse unterschiedlichste Formen annehmen können.

Die Entwicklung des Lebens auf der Erde muß man verstehen, wie sie vor sich gegangen ist. Man kann sie nicht auf Einmischung von außen und auf die Tatsache reduzieren, daß sich die Wesen nicht immer einig darüber waren, wie dies vor sich gehen sollte. Es ist wichtig zu erkennen, daß es im Innersten der Menschen eine Energie gibt, der diese Wesen wirklich nichts anhaben können. Dieser Kern beruht auf der Existenz der Erde und auf den genetischen Strukturen der Menschen. Das wichtigste ist jedoch, daß dieser Kern aus einer Energie besteht, die dem Licht ähnelt. Dies ist die Fähigkeit des Menschen, zu lieben und dieser Liebe zu erlauben, zu einem kraftvolleren und bedeutungsvolleren Teil seines Lebens zu werden. In dieser Eigenschaft des Menschen spiegelt sich Gott wider – der Ursprung des Menschen. Bevor du die Form eines Berges, eines Dinosauriers oder eines menschlichen Wesens angenommen hast, warst du Sternenlicht: jene große Explosion der Liebe, durch die die Erde Gestalt annahm. Da die Erde ein Teil deiner selbst ist, kann sie diese Energie in dir zum Leben erwecken.

Es ist noch ungewiß, welche Form diese Liebe annehmen wird. Es gibt viele Ideen dazu, viele Wege, die erforscht werden können. Aber es gibt auch viele Dinge, die man nur durch die Liebe selbst in Erfahrung bringen kann. Die Vergangenheit ist wichtig. Es ist wichtig, Fehler nicht zu wiederholen und die eigene Herkunft zu verstehen. Doch die Vergangenheit zeigt einem die eigenen Fähigkeiten. Beim bewußten Gestalten der Zukunft der Menschheit werden diese Fähigkeiten extrem wichtig sein, damit die Menschheit nicht blindlings in die Zukunft hineinstolpert, sondern mit drei weit geöffneten Augen auf sie zugeht.

Sich mit diesem Thema zu beschäftigen, bedeutet, sich diese Dinge langsam, aber sicher auf geistige Art anzuschauen. Sobald du jedoch damit anfängst, beginnst du, all diese Energien in dir selbst wachzurufen, da dein Körper das Vehikel deines Bewußtseins ist und aus den Mustern besteht, die mit jenen besagten anderen Schwingungen zusammenhängen. Dein Verstehen der genetischen Einflüsse, denen die Menschheit unterworfen ist, wird sich aus deinem Bewußtsein deiner DNS, deinen eigenenn auf natürlichem Wege erworbenen Eigenschaften entwickeln. Je mehr die Menschheit über diese Kerneigenschaften und die vielen Einflüsse auf die DNS weiß, um so weniger werden die besagten Zivilisationen in der Lage sein, die Menschheit zu beeinflussen, wenn die Menschheit diesen Einfluß zurückweist. Wenn ein solches Verstehen mit den derzeit beschleunigten Energien auf der Erde zusammentrifft, ist es sehr wahrscheinlich, daß die Menschheit bald ihre eigene genetische Entwicklung selbst steuern wird, indem sie bestimmte Einflüsse auswählt und ihnen Vorrang gibt. Die Wirkungen werden bereits innerhalb einer einzigen Generation zu sehen sein. Das alles wird zu den Veränderungen führen, die sehr wahrscheinlich in den nächsten Jahrzehnten zu beobachten sein werden. Der Menschheit würde es sehr zugute kommen, wenn sie akzeptieren würde, daß sie sich selbst gestalten und sich selbst beeinflussen kann.

Wenn eine fremde Rasse ähnliche genetische Strukturen hat wie die Menschen (und daher z.B. eine Ähnlichkeit im Aussehen oder in bestimmten Funktionen aufweist), kann man davon ausgehen, daß es sich um eine Rasse handelt die bei der Befruchtung der Menschheit eine Rolle gespielt und daß sie einen starken Einfluß auf die menschliche Struktur gehabt hat. Sie hat dabei ihr Bestes gegeben.

Dies hat nichts mit wissenschaftlicher Genmanipulation zu tun. Es handelt sich vielmehr um eine Methode der Übertragung von liebevollen und hilfreichen Faktoren auf die Menschheit. Das kann die Fähigkeit in den Menschen erwecken, zu akzeptieren, wer sie wirklich sind. Während ihr in euch viele Anteile aus anderen Sternsystemen erkennt, spürt ihr möglicherweise auch unterschwellig, daß diese Wesen ein Teil von euch sein möchten. Es ist, als ob sie sagen wollten: „Es gibt Hoffnung, es gibt Liebe, und ihr seid es wert." In der Tat ist die göttliche Liebe in den Menschen stark genug, um die positiven Energien dieser unterschiedlichen Wesen anzuziehen. Diese Wesen möchten auf diese Weise ihren Beitrag leisten, da die Menschheit als Rasse ein so enormes Liebes-, Wandlungs- und Bewußtseinspotential besitzt. Und ihr Potential ist groß, diese Fähigkeiten auch anderen Wesen im Universum zu vermitteln.

DIE BEFRUCHTUNG DER ERDE MIT PFLANZEN, TIEREN UND MINERALIEN

Die unglaubliche Vielfalt pflanzlicher und tierischen Formen auf der Erde ist nicht nur das Produkt der natürlichen Fülle der Natur auf der Erde selbst. Eine sich entwickelnde Zivilisation braucht viel, wovon sie zehren kann. Einige Pflanzen kommen aus anderen Welten und sind genetisch verändert, um in die irdische Umgebung zu passen, wie z.B. Mais und Amaranth. Viele Pflanzenarten wurden verändert, um den Menschen Veränderungen zu bringen. Und viele von ihnen überlebten nicht. Andererseits brachten die, die überlebten, auch nicht immer die gewünschten Veränderungen für die Menschen hervor. Es wurde klar, daß die Menschen dies durch telepathische Einflüsse besser selbst bewerkstelligen konnten. Außerirdische und Menschen wirken beständig darauf hin, die Vielfalt zu erweitern und die Entwicklung auf vielerlei Ebenen zu fördern. Das war besonders den Lemuriern klar, die viele Pflanzen, viele Arten von Devas und andere Dinge schufen, die in der Zukunft der Menschheit neue genetische Eigenarten hervorbringen konnten. Zuerst versuchten die Lemurier ihre eigenen Methoden, bevor sie die Außerirdischen bei Schwierigkeiten um Hilfe baten.

Was jedoch den Aufbau gewisser Energien anbelangte, die sich auch auf die genetische Struktur der gesamten Rosenfamilie und in geringerem Ausmaß der Orchideen auswirken sollte und auch die Art beeinflußte, wie Quarz von vielen Zivilisationen manipuliert und verwendet wurde, so war diesbezüglich ein sehr bewußter und absichtlicher Einfluß seitens einer Reihe extraterrestrischer Zivilisationen im Spiel, zu denen auch Sirius, Alcyone und Aldebaran zählten. Es ging darum, gewissen Energien eine Form zu geben, damit die Menschen mit ihnen arbeiten konnten.

Mit Mineralien verhält es sich ein wenig anders. Hier nahm das, was man als Aussäen oder Befruchtung bezeichnen kann, viele Jahrtausende in Anspruch. Vor vielen Millionen von Jahren, lange bevor es ein konkretes Verstehen oder ein Bewußtsein des Potentials einer Rasse wie der Menschheit gab, wurden bei der Formation einer Reihe von Mineralien interessante

Übertragungsenergien eingesetzt. Statt einer direkten Einpflanzung des Steines wurde vielmehr das Bewußtsein einer Energie, aus der dieser Stein tief im Inneren der Erde hervorgehen würde, eingepflanzt. Es ging dabei darum, ein Potential zu erschaffen, aus dem eines Tages vielleicht Zivilisationen, schöne oder nützliche Dinge hervorgehen würden. Man verfolgte mit dieser Arbeit kein unmittelbares Ziel. Es ist mehr die Schönheit der Mineralien, die sie zu einem wichtigen Glied in der Kette macht. Diese Wesen brachten sich auf eine Art zum Ausdruck, die eine Ähnlichkeit mit dem Arrangieren von Blumen oder dem Beschneiden eines Bonsai-Baumes hat. Sie glichen ihre Energie zu einem gewissen Grad den vulkanischen und anderen, tief in der Erde wirkenden Kräften an, damit diese Substanzen entstehen konnten. Diese ursprünglichen Energiepotentiale, die positiv und qualitativ hervorragend waren, gelangten mit der Zeit in spätere Zivilisationen. Diese wurden wiederum mit telepathischen, kreativen und manifestierenden Fähigkeiten befruchtet. Wie die Menschheit diese Potentiale und Steine jedoch verwenden würde, war nicht vorhersehbar.

So fungieren viele der älteren Steine – besonders diejenigen, deren Entstehung Millionen von Jahren in Anspruch nahm – nach wie vor als Brücke und Verbindungsglied zwischen den Menschen und Wesen aus anderen Zivilisationen. Gewisse Mineralien, auch bestimmte in der Erde zu findende Quarzarten, werden noch immer von anderen Zivilisationen benutzt. Sie werden von der Erde geholt und zur Befruchtung anderer Zivilisationen mit bestimmten höheren menschlichen Fähigkeiten eingesetzt.

Da die Erde ein empfänglicher Schmelztiegel für so viele Energien (incl. ihrer eigenen) ist, die so verschieden sind und von so vielen verschiedenen Orten stammen, ist die Befruchtung der Erde mehr ein Tohuwabohu als eine geplante Konzentration. Und in den Entwicklungsbereichen, in denen Zivilisationen mit im Spiel sind, die mit Zeitreisen arbeiten, geht die Befruchtung der Erde noch nicht einmal auf lineare Weise vor sich.

TEIL ZWEI
DIE EIGENSCHAFTEN DER STERNE
☆☆☆☆☆☆☆☆☆☆

Kapitel 5
★★★★★☆☆☆☆☆

Die hellsten Sterne

SIRIUS
(Alpha Canis Majoris)

[-1,45^m] Ein Doppelstern in 8,6 Lichtjahren Entfernung. Alle 49,5 Jahre erreichen der blau-weiße Stern und der weiße Zwerg den Punkt größter Nähe zueinander.

Durch die Einnahme des Sirius-Elixiers kann es zu einer harmonischen Resonanz der feinstofflichen Körper miteinander kommen. Durch den parallelen Einsatz von Visualisation läßt sich dieser Zustand mit jeder Meditation oder jeder Einnahme des Elixiers vertiefen. Wir empfehlen, sieben Tage hintereinander mit Sirius zu arbeiten, um diesen Effekt so tief und anhaltend wie möglich zu machen. Man kann während dieser sieben Tage entweder auf den Stern meditieren oder sieben Tage lang das Sternenlicht-Elixier einnehmen oder beides beliebig miteinander kombinieren.

Sirius kann den Austausch zwischen den feinstofflichen Körpern intensivieren. Dieser wird bei den meisten Menschen bei Krankheit oder Problemen reduziert. Die Kommunikation zwischen dem physischen und dem ätherischen Körper und in einem geringeren Maß zwischen dem Äther- und dem Emotionalkörper wird erhöht. Wer heilend tätig ist, wird von Sirius stark profitieren.

Sirius kann nützlich sein, wenn der Heiler mit einer Form von sympathischen, empathischen oder symbolischen Heilmethoden arbeitet. Bei diesen Techniken nimmt der Heiler bewußt oder unbewußt die Krankheit oder die negative Gedankenform des Klienten auf und arbeitet anschließend auf einer feinstofflichen Ebene damit. Der Heiler kann das Sirius-Elixier einsetzen, um das Problem in sich rasch beseitigen zu können.

Findet die Arbeit mit Sirius auf einer höheren Ebene statt, wird die tiefere Bedeutung der Krankheit zum Vorschein kommen. Möglicherweise gibt es Schwierigkeiten dabei, den Grund für die Beeinträchtigung zu verstehen, weil es im Leben der Person einen vergessenen Aspekt gibt. Auf einer Ebene leugnet die Person etwas, hat Probleme beim Erlernen ihrer Lektionen, versteht einen Aspekt ihrer Persönlichkeit falsch oder hat Informationen aus einem vergangenen Leben nicht vollständig angenommen. Während der Arbeit mit diesem Stern kann es zu einem Umschwung kommen, bei dem Informationen von den feinstofflichen Körpern den Menschen einen anderen Gesichtspunkt einnehmen lassen. Die Person bekommt eine klarere Vorstellung der betreffenden Lebenslektion bzw. dessen, was ihr fehlt. Entfaltet Sirius seine Wirkung noch stärker, kann die Person sogar erkennen, welche Aspekte sie leugnet, doch sie muß das wollen.

Die Zivilisation des Sirius blickt auf eine lange Geschichte zurück. Auf einer tiefen, unbewußten Ebene wissen die Menschen um diese Zivilisation, die ihrerseits viel Liebe und Fürsorge für die Menschheit empfindet. Die Wesen vom Sirius waren an der Aussaat einiger der genetischen Gebilde beteiligt, aus denen die DNS-Strukturen hervorgingen, die auf der Erde die Vererbung beeinflussen. Die Wesen vom Sirius sind sich bewußt, aus welcher Schwingung diese genetischen Komponenten hervorgehen, und ihre Zivilisation hat sich von diesem Bewußtsein leiten lassen. Sie haben auf vielen energetischen Ebenen Gemeinsamkeiten mit der Menschheit. Möglicherweise zählen die Wesen des Sirius zu den Zivilisationen, mit denen die Menschheit in unmittelbarer Zukunft zusammenarbeiten wird, vielleicht schon demnächst, zwischen 2015 und 2025.

Die grundlegende Botschaft von Sirius ist, daß die Transformation des physischen Körpers wichtig ist. Menschen, die das Wesen des physischen Körpers und ihre eigene genetische Struktur verstehen wollen und wissen wollen, wer sie wirklich sind, könnten so etwas wie eine Kluft empfinden. Möglicherweise spüren sie eine energetische Mauer, ein unüberwindliches Hindernis, oder sie haben den Eindruck, daß etwas fehlt. Durch Einnahme des Sirius-Elixiers kann die Kluft überbrückt werden, so daß die Person Zugriff auf zusätzliche Informationen hat, die blitzartige, für den Abschluß des Heilungsprozesses notwendige Erkenntnisse ermöglichen. Das könnte sich auf alle physischen und feinstofflichen Heilmethoden auswirken, die angewendet werden, und die Heilung effektiver machen. Es wird auch eine direkte Auswirkung auf die Assimilation haben. Da die Komponenten deines Körpers von der Erde stammen, ist der letztendliche Schlüssel zum Verständnis der Gesundheit des physischen Körpers die Erkenntnis, daß du ein Teil der Erde bist.

Das Sirius-Elixier kann auch mit anderen Elixieren und Schwingungsmitteln kombiniert werden, um spezielle heilende Eigenschaften in den physischen Körper zu leiten. Die Person muß sich diese Heilung auf einer tiefen inneren Ebene wünschen. Sie sollte bereit sein, die Heilung auf der tiefstmöglichen Ebene zu empfangen, indem sie sich die Heilung auf Zellebene, auf der Ebene der feinstofflichen Körper und über die Chakren bewußtmacht.

Kurz vor dem Einschlafen ist eine ausgezeichnete Zeit, dieses Sternenlicht-Elixier zu sich zu nehmen. Während des Schlafes sind die Selbstheilungskräfte des Körpers erhöht, und er vermag heilende Energien besser aufzunehmen. Möglicherweise hast du auch einen Traum mit Erkenntnissen, der dein Bewußtsein der betreffenden Lebenslektionen vertieft. Unter Umständen kannst du dich nach Einnahme des Sirius-Elixiers besser an diesen Traum erinnern.

Auf der höchsten Ebene könnte den Menschen durch die Arbeit mit Sirius mehr Energie zur Verfügung stehen, um ihre Schwingungen zu verändern. Man kann Schwingungsveränderungen des physischen Körpers vornehmen, damit die Schwingungen besser zur Seele oder zu höheren Dimensionen passen. Wenn man sich in der Gegenwart Außerirdischer befindet, kann einem der Einfluß von Sirius helfen, das eigene Bewußtsein besser zu beherrschen und mit den Energien der Außerirdischen besser umgehen zu können. Das gilt besonders für den Kontakt zu Außerirdischen, die sich förderlich auf deine Evolution auswirken. Solche Wesen haben oft Schwierigkeiten damit, mit Individuen zusammenzusein, die ihre eigenen Schwingungen nicht leicht verändern können. Wenn du regelmäßig auf den Sirius meditierst oder das Elixier zu dir nimmst, kann das eine Schwingungsveränderung für dich hervorrufen.

VISUALISATION

Wenn du mit Sirius arbeiten willst, stelle dir folgendes vor:

Mit jedem Einatmen nimmst du die Energie dieses Sterns in dir auf und konzentrierst sie in dem Körperteil, den du beeinflussen möchtest. Beim Ausatmen sieh, wie negative Energie aus dem beeinträchtigten Körperteil durch den Körper und durch die Haut nach außen in die feinstofflichen Körper fließt. Während du diesen Vorgang in deiner Meditation wiederholst, visualisierst du die Verbindung zwischen dem physischen, dem ätherischen, dem emotionalen, dem mentalen und dem astralen Körper. Visualisiere die Energieübertragung durch diese Körper, indem du dir vorstellst, wie einer nach dem anderen aufleuchtet. Die Reihenfolge der Körper ist nicht wichtig. Ebenso die Art, wie du diese Vorstellung erzeugst. Es geht einfach nur um die Idee dieses Energietransfers.

Nach zwei, drei Minuten dieser Meditation stelle dir ein zweites Abbild deiner selbst vor, das sich an einen Ort großen Wissens begibt, wo du Informationen erhalten kannst. Dies kann z.B. eine Bibliothek sein oder ein Ort großen inneren Friedens, ein besonderer Platz im Wald, bei einem Wasserfall oder am Meer. Wenn du dich innerlich ganz gelassen fühlst, dann stell dir vor, daß dieses Abbild deiner selbst diese Informationen bekommt, indem es sie durch Nachschlagen in Büchern oder während eines meditativen Prozesses aufnimmt.

Beim Einschlafen könntest du um einen Traum bitten, der dir hilft, zu einem tieferen Verständnis dieser Informationen zu gelangen. Du könntest auch Kontakt zu einem Therapeuten aufnehmen, der in der Lage ist, dir beim Verstehen einiger Aspekte der Körpersymbole und der betroffenen Lebenslektionen behilflich zu sein.

ARCTURUS
(Alpha Bootis)

[-0,06^m] Ein 36 Lichtjahre entfernter gelber Riese.

Es ist von großem Nutzen, den Mechanismus zu verstehen, mit dem Arcturus die Transformation feinstofflicher Energie fördert. Dieses Verständnis wird mit der Zeit neue Möglichkeiten eröffnen. Die Energie von Arcturus beeinflußt die Verbindung zwischen dem Ätherkörper und dem physischen Körper. Bei jeder Art von heilender Tätigkeit dehnen sich die feinstofflichen Körper des Heilers in die seines Patienten aus. Der Einfluß von Arcturus wird diese Energie reinigen und so umformen, daß alles miteinander resoniert. Die Heilungsenergie wird in der Regel von der Person, die geheilt wird, deutlicher wahrgenommen. Sie erkennt sie, fühlt sie und nimmt sie besser auf. Dies gilt auch für die orthodoxe Medizin, nur ist hier diese feinstoffliche Verbindung zwischen dem Heiler und Klienten keinem der Beteiligten bewußt. Die meisten Heilkundigen sind sich der wahren Natur dieser Verbindung nicht bewußt. Der Schlüssel zu jeder Art von Heilung ist die Fähigkeit, die feinstofflichen Körper zu stärken.

Im ätherischen Körper findet die letzte Stufe der Transformation feinstofflicher Energie in physikalische Energie statt. Daher hat der ätherische Körper einen starken Einfluß auf die Heilenergien von Medikamenten, Anwendungen sowie feinstofflichen Heilungsphänomenen. Normalerweise kommt es während des Heilungsprozesses zu mehreren Phasen, in denen sich beide Parteien in einem kraftvollen Zustand des Gleichschwingens befinden. Während einer solchen Phase verlängert und vertieft Arcturus die aufgebaute Verbindung und ermöglicht, daß die Energie auch andere Teile des physischen Körpers und der feinstofflichen Körper erreicht. Dies fördert den Heilungsprozeß ungemein.

Arcturus kann einem Heiler die innere Sensitivität vermitteln, die nötig ist, um die wahre Natur von Heilung zu verstehen. Der Heiler nimmt unbewußt Verbindung zu den Menschen auf, die er heilt. Oder er könnte auch eine Verbindung zu einer Person in seiner eigenen Vergangenheit aufbauen, die ähnliche Strukturen wie der augenblickliche Klient hat. Die Energie könnte, ohne daß der Heiler es weiß, in viele Richtungen gehen. Durch Arcturus kann der Heiler seine Bewußtheit und seine Fähigkeit steigern, auf tiefer Ebene mitzuschwingen. Das kann ihm helfen, die Fähigkeiten und wichtigsten Eigenschaften der Patienten zu erkennen, so daß er mit ihren bereits vorhandenen Energien und Potentialen arbeiten kann. Arcturus fördert die Übermittlung von Informationen, die Veränderung von Gesichtspunkten sowie das Bewußtsein für Energie, die sich während des Gleichschwingens von Heiler und Klient einstellt. Je stärker die Resonanz, d.h. das Gleichschwingen ist, um so leichter findet eine solche Übermittlung statt. Der Heiler kann seinem Patienten auf diese Weise helfen, sich das zu holen, was er braucht.

Die konventionelle Medizin verfügt über mächtige Interventionstechniken, zu denen Medikamente, chirurgische Eingriffe, Bestrahlungen und verschiedene andere Methoden gehören. Arcturus kann in Verbindung mit einer solchen Intervention sehr nützlich sein, da die Person immer noch zu einem klareren Verständnis der Krankheit gelangen und sich möglicherweise sogar mit einigen Nebenwirkungen der Interventionstechnik auseinandersetzen muß.

Wenn das Arcturus-Elixier von beiden an diesem Prozeß beteiligten Personen (Heiler und Klient) eingenommen wird, werden dem Heiler mehr Fragen gestellt und zwischen Heiler und Patient mehr Energien ausgetauscht werden, auch wenn herkömmliche medizinische Methoden zum Einsatz kommen. Die Rolle des Arztes geht weit über solche Interventionen hinaus. Zu seinen Aufgaben gehören auch die Erziehung des Patienten, die Prävention und die Förderung des Verstehens des anderen Individuums. Diese Rolle mag dem Arzt nicht immer bewußt sein, auf einer seelischen Ebene sind jedoch die meisten Ärzte, Heilpraktiker und Heiler (welcher Richtung auch immer) motiviert, andere zu verstehen und mit ihnen zu arbeiten. In den meisten Fällen ist dies der Grund, warum sie sich zur Heilkunst hingezogen fühlten.

Wer nicht im Bereich der Heilkunst tätig ist, dem wird bei jeder Lebenslektion eine gewisse Hilfestellung geleistet, die mit der Übertragung von Energie zwischen dem ätherischen und dem physischen Körper zu tun hat. Bei den meisten Menschen geht es in dabei um gesundheitliche Belange. Möglicherweise wird Selbstheilung gefördert, doch muß ein resonanter Zustand hinzukommen, sonst wird sich diese Auswirkung schnell wieder verlieren. Diese resonante Verbindung kann zu einem Freund, Berater, Lehrer oder vielleicht sogar zu einem der großen Heiler der Vergangenheit hergestellt werden, der sich auf einer feinstofflichen Ebene verkörpert hat. Man verwendet Arcturus am besten dann, wenn zwei Parteien beteiligt sind, die Erkenntnisse, Verstehen und Energie miteinander teilen sowie miteinander in Resonanz treten können.

Man kann sich die Wesen des Planetensystems Arcturus als große Heiler vorstellen. Doch stimmt das nur vom höchsten spirituellen Standpunkt aus betrachtet. Sie können hervorragend Energie von einem resonanten Zustand in den nächsten übertragen. Das ist das Grundprinzip des Heilens. Sie haben schon vor langer Zeit damit aufgehört, durch Krankheiten auf einer körperlichen Ebene Lernprozesse zu durchlaufen.

VEGA
(Alpha Lyrae)

[0,04ᵐ] Blau-weißer Stern, 26 Lichtjahre entfernt.

Im Vega-System gibt es mehrere Planeten, deren Zivilisationen sich seit sehr langer Zeit auf Verbundenheit und musikalischen Ausdruck verstehen. Einen Teil dieser Energie haben sie zur Erde projiziert. Vega kann den meisten Menschen das Wesen der gegenseitigen Verbundenheit bewußtmachen, da alles einen gemeinsamen Ursprung hat. Dieser Grundlage entspringt auch Musik. Das Bewußtsein der charakteristischen Schwingung der eigenen Seele leitet sich ebenfalls aus dieser allgemeinen Verbundenheit der Menschen untereinander her. Die Energie von Vega hat nicht nur mit Musik zu tun, sondern mit Schwingungen, mit der Verbundenheit von Seelen und mit Verbindung auf tiefen Ebenen.

Vega kann Menschen mit diesen grundlegenden Prinzipien in Einklang bringen. Vega bringt das Bewußtsein für die inspirierenden Quellen der Musik. Einige Menschen, die sehr gerne mit Musik arbeiten möchten, deren Fähigkeiten jedoch stark blockiert sind, könnten sehr von Vega profitieren, da dieser Stern den Kontext verändert, in dem sie mit Musik arbeiten. Vega kann in gewissem Umfang nützlich sein, wenn ein Individuum, das scheinbar kein musikalisches Gehör hat, seine Fähigkeit verbessern möchte, Musik wertzuschätzen und kennenzulernen. Die Fähigkeit wird verstärkt, musikalische Phänomene richtig einzusetzen. Die Interaktion in einer Gruppe wird gefördert, wenn das gemeinsame Ziel besteht, ein bestimmtes Wesensmerkmal oder ein Bewußtsein einer musikalischen Quelle herauszuarbeiten. Daher kann Vega klassische Musikgruppen so inspirieren, daß sie in der Lage sind, das Wesen des Komponisten, dessen Stück sie gerade spielen, mit zum Ausdruck zu bringen. Vega läßt sich leichter für Einzelarbeit einsetzen. In einer Gruppe muß Vega bewußt mit den höchsten spirituellen Grundsätzen angewandt werden.

Die Seelennote ist eine essentielle Schwingung, die mit der eigenen Seelenfamilie zu tun hat. Die Seelennote steht auch mit den Wurzeln dieser Seelenfamilie im größeren Ganzen, der Menschheit, in Verbindung. Während der atlantischen Kultur gab es eine Zeit, da versuchte man sich auf die eigene Seelennote einzustimmen, indem eine Gruppe auf Vega meditierte und anschließend eine Astralreise in das System der Vega durchgeführt wurde. Will man seine eigene Seelennote bestimmen, meditiert man am besten auf Vega oder man verwendet das Elixier zusammen mit anderen Techniken. Mit Vega fällt es leichter, mit dieser Note oder ihrer harmonisch verwandten Variation zu musizieren.

Vega kann eine bessere Einstimmung auf die Seelennote, auf den Zweck sowie die Schwingung der eigenen Seele bewirken und bei einigen Individuen auch die Verbindung zur eigenen Seele stärken. Das könnte durch eine Einstimmung auf die universelle Sprache, eine Art interdimensionale Verständigung vonstatten gehen. Die Sprache der Musik kann zwischen den Ideen der dritten Dimension, der Verbundenheit der vierten Dimension, der Zeitverschiebung der fünften Dimension und der Fähigkeit zu erschaffen der sechsten Dimension verbindend wirken. Menschen, die länger mit Vega arbeiten, stellen fest, daß sie den multidimensionalen Facetten ihres eigenen Daseins gegenüber sensibler werden und daß es ihnen leichter fällt, mit anderen Menschen zu kommunizieren.

Die universelle Sprache ist anders als die Sprache der Menschen, um ausdrucksbetonte Informationen zu kommunizieren. Die universelle Sprache beruht einerseits auf expressiven Grundideen, auf Prinzipien der universellen Verbundenheit sowie auf einem Bewußtsein, das die interkulturellen, intergalaktischen, interstellaren und interdimensionalen Grenzen transzendiert. Menschen, die sich auf den universellen Geist einstimmen möchten, können dies auf viele Arten tun. Eine Möglichkeit ist der musikalische Ausdruck. Viele Menschen fühlen sich verbunden, wenn sie gemeinsam Musik hören oder mit anderen Musik machen. Vega fördert dies und hilft den Menschen, ihren Ursprung besser zu erkennen. Wer Vega einsetzt, um das Gefühl des Einsseins zu erzeugen, wird sich ganz von selbst zur Musik hingezogen fühlen. Wenn du dich auf die universelle Quelle einstimmst, kannst du dich mit allem verbunden fühlen, dir anderer Wesen bewußt werden und dich mit ihnen in einem gemeinsamen Bewußtseinsraum wiederfinden. Das hat weniger mit der Musik zu tun, sondern damit, daß Musizieren ein Weg ist, eine gemeinschaftliche Erfahrung zu machen.

Die Menschen sind auf seelischer Ebene miteinander verbunden, d.h. auf der Ebene der einen gestaltlosen und mit sich selbst verwobenen Entität, die man den Lebensstrom der Menschheit nennt. Von ihrer Natur her transzendiert diese kollektive Seele die gewöhnlichen Raum- und Zeitschranken. Vor endlosen Zeiten erschien diese Energie, aus der sich die Menschheit entwickeln sollte, zum ersten Mal auf der Erde. Es war ein Lichtfunke, ein Stückchen dieses göttlichen Materials, das nicht viel mehr sagte als: „Ich bin". Diese Energie war in der Lage, mit den Energien anderer Rassen, anderer Gedankenformen und der Erde selbst in Wechselwirkung zu treten, die ihr halfen, eine Form anzunehmen. Im Laufe der Zeit kam es zu einer Differenzierung dieser Formen, und die Individuen entstanden, die als menschliche Wesen bekannt sind. Jedes dieser individuellen Wesen hat noch immer diese tiefe Verbindung zu einem ganzen Lichtpool, zu Bewußtheit und einem Verstehen, das weit über jede individuelle Form hinausgeht. Daher geht es nicht nur darum, eins zu werden, sondern zu wissen, einst eins gewesen zu sein.

Meditation: Verbundenheit mit allem

Schließe deine Augen und stelle dir vor, daß du vor langer Zeit auf der Erde gelebt hast. Die Erde ist wunderschön. Um dich herum nimmst du unvergleichliche Naturstimmen wahr – Vögel, Insekten und andere Tiere. Diese Stimmen scheinen sich aufeinander abzustimmen und zu einem besonderen musikalischem Ausdruck zu verschmelzen. Du atmest ein und aus und empfindest die Musik der Natur. Dabei vergegenwärtigst du dir die physische Natur deines eigenen Körpers, der Erde und der Luft, die dich umgibt. Dabei fällt dir auf, daß du viele Realitäten gleichzeitig erfährst. In ein und demselben Atemzug erlebst du, wie viele Wesen sich mit der Erde, diesen Tönen, mit dir und miteinander in Einklang bringen. Dieser Einklang, der von Moment zu Moment stärker wird, vermittelt dir das Gefühl zu atmen, als seist du mit allem eins. Du atmest mit den Lungen und den Körpern vieler Tausender die gleiche Luft ein und aus. Diese Erfahrung nimmt an Intensität zu, bis du beginnst, als die Erde selbst zu atmen. Bisher hattest du mit geschlossenen Augen Atmung und Bewußtsein aufeinander abgestimmt. Jetzt öffnest du deine Augen, und ein unvorstellbares Licht ergießt sich aus den Augen vieler. Dieses Licht taucht die Erde in ein wundervolles Meer von Licht, das sie liebevoll fließend umhüllt. Dieses Licht enthält gleichzeitig das Bewußtsein und das Gewahrsein all dieser Wesenheiten. Dies ist die energetische Essenz der Seele, die zwar mit der Zeit eine individualisierte Form annimmt, die wir uns jetzt jedoch lediglich als dieses wunderschöne Licht vorstellen wollen. Erkenne, daß sich aus diesem Licht die verschiedensten Körper, Seelen und Strukturen als individualisierte Erfahrungsmöglichkeiten herauskristallisieren. Doch gerade dadurch, daß sich dieses wundervolle Lichtmeer so untrennbar mit der Erde verbindet, kann so viel Potential, Energie und Liebe daraus hervorgehen. Sieh nun, daß dieses Licht Eigenschaften besitzt, die jegliche Begrenzungen transzendieren, und daß dieses Licht jetzt existiert. Auch wenn du dir nicht deiner alten lemurischen Wurzeln und der alten Zeit, als die Menschen eine Seele bildeten, bewußt bist, solltest du dir klarmachen, daß dieses Licht nach wie vor existiert.

Es ist paradox, doch nur, weil unsere Wahrnehmung von Zeit beschränkt ist. Es scheint tatsächlich so zu sein, als existiere die Zeit eines Wesens in Einklang und gleichzeitig mit der Zeit vieler Wesen. Reflektiere eine Weile über diesen wichtigen Gedanken. Atme diese Vorstellung ein, halte den Atem einen Augenblick lang an und laß die Vorstellung beim Ausatmen los. Laß dein Bewußtsein wieder zu deiner Realität zurückkehren und diese Ideen auf dich wirken.

CAPELLA
(Alpha Aurigae)

[0,08ᵐ] Vier gelbe Sterne, 46 Lichtjahre entfernt.

Dieses Sternensystem kann Menschen helfen, spirituelle Ideen in eine Form zu bringen, die praktikabel ist und sich gut in der Welt umsetzen läßt. Die Energie dieser Sterne hat mit Resonanz und Verbundenheit zu tun. Auf die menschliche Ebene übertragen, kann man diese Energien am besten dadurch zum Ausdruck bringen, indem man liebevoll, hingebungsvoll und verständnisvoll mit anderen zusammenarbeitet. Capella kann familiäre Bindungen und Beziehungen stärken sowie in der eigenen biologischen Familie ein größeres Bewußtsein darüber hervorrufen, welche Verbindungen bereits in früheren Leben bestanden. Dadurch können sich die Beziehungen innerhalb der Familie verbessern.

Die Energien des siebten Chakras haben mit religiösem Verstehen, mit unserem persönlichen Gottesbewußtsein bzw. jeder anderen spirituellen Eigenschaft zu tun, je nach Verständnis des jeweiligen Menschen. Diese spirituellen Energien mögen nicht immer klar, bewußt und verständlich sein. Manche Menschen brauchen etwas, worauf sie ihre Aufmerksamkeit richten können, um sie verstehen und mit ihnen arbeiten zu können. Sie müssen diese Energien in eine Form bringen oder etwas mit ihnen tun, auch wenn es sich nur darum handelt, einem Kind die eigene Vorstellung von Gott zu vermitteln. Es ist für die Menschen wichtig, einer ursprünglich formlosen Energie eine Form zu geben.

Die Energie deiner Seele möchte, daß du dich selbst kennst, doch sie stellt dir dieses Wissen nicht direkt zur Verfügung. Du erfährst etwas über diese spirituelle Essenz, indem du sie in eine selbstgewählte Form bringst und mit ihr experimentierst. So bringst du tatsächlich etwas über dich selbst in Erfahrung. Es ist wichtig, daß es sich dabei nicht nur um Wissen handelt, das du mitteilen kannst, sondern um Wissen, das verinnerlicht wird. Wenn die Verinnerlichung abgeschlossen ist, wird ein Aspekt deines physischen Wesens auf einer bestimmten Schwingungsebene davon beeinflußt werden. Vielleicht werden deine Beziehungen davon betroffen, wahrscheinlich aber dein Gehirn. Wenn dein Gehirn sich ein bißchen verändert, wird dein Drittes

Auge in der Lage sein, deiner Seele das Bewußtsein zu übermitteln, das du auf der Experimentalebene über diese spirituelle Kraft gewonnen hast. Dadurch wird der Kreis geschlossen, und als Folge wächst die Seele. Noch wichtiger ist aber, daß zwischen der Seele und ihrem Teil, der sich abgespalten hat, um als physischer Körper zu dienen, eine starke Verbindung entsteht.

Diese Verbindung zur Seele kann gestärkt werden, wenn man wiederholt Capella benutzt. Capella ist sehr kraftvoll, wenn es darum geht, Verbindungen herzustellen. Daher vermag dieses Elixier im Laufe eines Lebens den Austausch zwischen der Seele und der physischen Form allmählich zu intensivieren. Dadurch verringert sich die Wahrscheinlichkeit, daß in einem späteren Leben ein Teil der Seele abgespalten wird und verloren geht, indem es in einen Zustand der Dunkelheit oder in Schwierigkeiten gerät.

Unter anderem haben das höhere Selbst, das bewußte Selbst, das überbewußte Selbst, das unbewußte Selbst, das physische Selbst und das astrale Selbst einen Einfluß auf die physische Form. Diese Beispiele verdeutlichen, daß eine Trennung stattgefunden hat und daß die Gesamtheit deiner Seelenessenz nicht problemlos auf deine physischen Aspekte übertragen werden kann. Capellas Einfluß kann dein Verständnis so erweitern, daß du erkennst, wie viele Möglichkeiten dir offenstehen, der Essenz deiner Seele Form zu geben.

Die Energie, die deiner Seelenessenz entspringt, ist einzigartig – du bist diese Energie. Gleichzeitig ist auf wundervolle und kraftvolle Art eine Brücke geschlagen, die dich durch Gott mit dem restlichen Universum verbindet. Es liegt an dir, die Erfahrung zu machen, die spirituelle Energie gemäß deinen persönlichen Erkenntnissen in eine gewisse Erscheinungsform zu bringen. Dabei könnte es sich um eine intuitive, physische oder emotionale Erscheinungsform handeln, aber auch um ein inneres Wissen oder ein inneres Gefühl von Befriedigung. Welche Form entsteht, ist letztlich egal. Wenn man sich auf der Suche nach dem rechten Weg zur Erschließung der eigenen intuitiven Quellen befindet, benötigt man viel Hilfe. Capella wird das Bewußtsein der Menschen so erweitern, daß sie erkennen, welche Hilfsquellen ihnen offenstehen.

Die Sternensysteme von Capella werden von verschiedenen Wesenheiten bewohnt, die viel über diese Interaktionsformen im Universum wissen. Einige von ihnen waren und werden für Tausende von Jahren inaktiv. Wenn sie wieder erwachen, erwacht mit ihnen eine einzige, klare und gebündelte Vorstellung. Sofort stimmen sich alle Wesen dieses Sternsystems auf diese Idee ein. Die mächtige Energie, an der alle Wesen teilhaben, wächst immer mehr, und ihre Schwingung wird so stark, daß sie Hunderte von Jahren bestehen bleiben kann. Verschiedenen Ebenen dieser Schwingungsfaktoren stehen auf einer feinstofflichen Ebene im gesamten Universum zur Verfügung

– frei für alle, die sie verstehen möchten. Der Einsatz von Capella ist für die Menschheit ein Weg, um dieses Prinzip zu verdichten. Ein kleiner Teil dieser Energie könnte so für Menschen nutzbar gemacht werden, die auf einer bestimmten Ebene einen Teil ihrer tieferen Erkenntnisse manifestieren möchten.

Eines dieser Wesen, das sich für längere Zeit zum „Winterschlaf" zurückgezogen hatte, hat sich erst kürzlich fortgepflanzt und sendet diese Botschaft der Verbundenheit aller Wesen nun wieder hinaus ins Universum. Fortpflanzung findet für die Wesen von Capella auf einer Schwingungsebene statt. Wesen, deren Schwingung ähnlich ist, treffen sich an einem Ort der Resonanz, der Klarheit, der Vollkommenheit, der Liebe und des Verstehens. Dort nehmen sie das Höchste und Beste von sich und, in einem Bruchteil einer Sekunde können sie es zu einer mächtigen Energie verschmelzen, die fast identisch mit dem Höchsten und Besten ihrer selbst ist. Dadurch entsteht ein Seelenfunke, aus dem ein Wesen, ein Planet, eine Galaxie oder der Ursprung einer neuen Idee oder der Keim einer Veränderung hervorgehen kann. Diese wunderschöne Idee wurde zum ersten Mal im August 1949 gesendet.

Für die Menschen gibt es hierzu viele Parallelen. Diese Idee ist schon in weite Kreise der Gesellschaft vorgedrungen. Den Menschen wird immer bewußter, daß in einer Familie Belastungen gemeinsam getragen und Probleme auf den verschiedensten Ebenen gemeinsam gelöst werden können. Das trifft sowohl auf die seelische als auch auf die physische Familie zu. Wenn du die Verbindung zwischen dir und deiner Seele stärkst, wird dadurch ebenfalls durch Resonanz die Verbindung zu deiner Seelenfamilie gestärkt. Wo eine karmische Verbindung besteht, wird auch deine biologische Familie davon betroffen sein. Mit vielen deiner Familienmitglieder hast du auch eine seelische Beziehung. Dieser mächtige Schwingungsaspekt deiner selbst spiegelt sich ja in den Mitgliedern deiner Familie wider. Manchmal können sich Familienangehörige auf einer tieferen Ebene erreichen, als andere Wesen es können. Familienmitglieder kommunizieren mit dir nicht nur durch Worte oder Ideen, sondern ihre Kommunikation ist vielmehr in Gefühlen, Assoziationen und Erfahrungen aus früheren Leben verwurzelt. Familiäre Verbindungen rücken durch die Arbeit mit Capella mehr in den Mittelpunkt.

PROCYON
(Alpha Canis Minoris)

[0,35^m] Ein weißer Halbriese, 11,2 Lichtjahre entfernt, der von einem weißen Zwerg begleitet wird.

Procyon schärft unsere mentalen Funktionen, so daß eine Verbesserung der Konzentrationsfähigkeit auftreten kann. Das könnte die Fähigkeit nach sich ziehen, den physischen Körper kräftigen zu können. Es kommt zu einer Stimulierung intuitiven Wissens um die Reflexpunkte des physischen Körpers. Wer sich mit Reflexologie beschäftigt, täte gut daran, dieses Sternenlicht-Elixier zu nehmen. Procyon kann auch die Fähigkeit fördern, auf direktem Wege Energie von Pflanzen, der Erde und der Sonne aufzunehmen. Während eines Heilungsvorgangs wird die Person, die die Heilungsenergie empfängt, feststellen, daß sie mehr davon aufnimmt.

Procyon kann die direkte Umwandlung von Licht in Bewußtsein verstärken und hat einen positiven Einfluß auf alle Denkfunktionen. Dazu gehören auch die Auflösung von Anhaftungen an Gedanken, der richtige Einsatz von Gedanken als Form des Ausdruckes und ein Bewußtsein der richtigen Anwendung logischer Verfahren. Das Bewußtsein der telepathischen Verbindung mit anderen Wesen kann zunehmen, besonders bei denen, die einem nahestehen oder aus der eigenen Familie stammen. Procyon kann das Zusammentragen von Informationen unterstützen, die von der Beobachtung und der Einstimmung auf viele verschiedene Aspekte des Lichts herrühren. Das wird für diejenigen unter euch von Nutzen sein, die meditieren, direkt mit dem Sonnenlicht arbeiten oder sich auf Sterne oder leuchtende Objekte einstimmen. Wer viel mental arbeitet, wird von diesem Stern profitieren, da er neue Informationen, neue Energien und eine neuartige Umwandlung von Licht in Gedanken mit sich bringt.

Die meisten Individuen kennen den wahren Zweck des Denkvermögens nicht und wissen nicht, wie leistungsfähig es ist. Procyon wird dein Denkvermögen stärken doch diese Aussage geht am eigentlichen Punkt vorbei. Da Gedanken direkt aus dem Licht kommend in ein Wesen eintreten, ist der bewußte Umgang mit Gedanken ein wichtiger Bestandteil eurer Entwicklung auf der Erde.

Personen, die Procyon zu sich nehmen, erfahren Kontextverschiebungen. Sie werden sich neuer Gedankenformen bewußt und entwickeln ein neues Selbstverständnis. Sie empfinden anders und können auf eine Art kommunizieren, die sie zuvor nicht für möglich gehalten hätten. Dies sind alles Beispiele für richtiges Denken. Der höhere Zweck dieses Sterns besteht darin, den Kontext zu verändern, in dem Informationen wahrgenommen, verwendet und zum Ausdruck gebracht werden.

Deine eigene Schwingung wird durch den Gebrauch von Procyon geringfügig verändert, so daß du auf vielen Ebenen leichter feinstoffliche Energien aufnehmen und mit ihnen arbeiten kannst. Die kraftvollste Energie, die versucht, mit Menschen in Kontakt zu treten, ist die Energie eurer Sonne. Die Sonne besitzt viele verschiedene Schwingungseigenschaften. Die meisten Pflanzen, Tiere, Menschen und die Umgebung filtern und übertragen diese Energien, sofern sie der Sonne ausgesetzt sind. Nicht alle Menschen absorbieren diese wunderschöne Energie immer gut.

Sie wird intensiver aufgenommen, wenn Procyon vorübergehend die eigene Schwingung verändert und euch eins miteinander werden läßt.

Zwischen Procyon und der Sonne existiert eine klare Verbindung. Sie treten miteinander in Beziehung durch eine Energie, die Raum und Zeit transzendiert. Dabei handelt es sich nicht um eine direkte physikalische Verbindung wie das Licht, das von eurer Sonne ausstrahlt. Diese Verbindung existiert vielmehr auf einer feinstofflichen Schwingungsebene, auf der die Sonne sagt: „Ich liebe dich, ich kümmere mich um dich, ich teile mit dir mein Licht und mein Leben." Dies ist die verbindende Energie zwischen diesen beiden großartigen, wunderbaren Wesen, und dies ist die gleiche Energie, die auch einer Person von Procyon zur Verfügung gestellt wird.

Man könnte das Procyon-Elixier mit dem Sonnen-Elixier kombinieren. Dies ist hilfreich, wenn jemand eine tiefere Verbindung zu den anderen Reichen herstellen möchte, z.B. zum Reich der Devas oder der Naturgeister. Man sieht sie nicht nur, sondern fühlt sie tatsächlich, weiß mehr über ihre Lebensaufgaben und was diese Aufgaben mit dem eigenen Leben zu tun haben.

ALTAIR
(Alpha Aquilae)

[0,77^m] Blau-weißer Stern in 16 Lichtjahren Entfernung. Enthält Magnesium, Eisen und Titan.

Altair kann Menschen darin unterstützen, die Phänomene Widerstand, Potential und Fluß zu verstehen. Wenn man sich einem schwierigen Hindernis gegenübersieht, symbolisiert es in der Regel einfach nur, daß man das Potential besitzt, den Widerstand zu überwinden, den Gesichtspunkt im Umgang mit dem Widerstand zu wechseln, ihn in sich selbst auf neue Art zu verstehen oder ihn nach draußen, in die Welt hinaus zu spiegeln. Altairs mächtiger Einfluß kann einem Menschen die Wahrheit dieses Prinzips aufzeigen. Oft empfindet man diesen Einfluß lediglich als mehr Kraft und Mut, um den Widerstand zu konfrontieren.

Auf einer feinstofflicheren Ebene werdet ihr den Widerstand verstehen. Möglicherweise ist ein höheres Verständnis nötig, um auf Dauer genug Motivation, Kraft und Willen zu haben, die Lektionen zu lernen bzw. sich mit diesen Energien zu beschäftigen. All dies führt nicht immer zur Auflösung des Widerstandes. Man könnte sich jedoch stark genug fühlen, um zu verstehen, was sich durch diesen Widerstand zum Ausdruck bringt, wovon er verursacht wird, und man könnte erkennen, daß die Überwindung dieses Widerstandes zum eigenen Wachstum beiträgt.

Saturn kann uns mit einer großen Lernaufgabe konfrontieren, deren Früchte wir dann ernten, wenn wir unsere eigenen Hindernisse überwinden und den Mut haben, weiterzugehen. Altair kann unser Verständnis dieser Zusammenhänge auf einer viel höheren Schwingungsebene erweitern. Es ist vorteilhaft, das Altair-Elixier mit dem Saturn-Elixier zu kombinieren, wenn man sich mit Angelegenheiten auseinandersetzt, die nicht nur physischer Natur sind, sondern die auch einen spirituellen Widerstand beinhalten. Er könnte mit einem tieferen Verstehen der eigenen Muster oder einer sich immer wiederholenden schwierigen familiären Situation in Zusammenhang stehen. In solch einem Fall fühlst du dich möglicherweise nicht nur bestärkt, sondern bist dir auch der betroffenen höheren Prinzipien bewußter.

Auf der höchsten spirituellen Ebene kann dir Altair die Fähigkeit vermitteln, eine schwierige Situation zu transformieren, indem du einen Schritt tust, der völlig außerhalb deines normalen Verhaltenskontexts liegt. Ein solcher Schritt darf erst nach eingehender Betrachtung der Gesamtsituation sowie mit Bewußtsein aller Aspekte des eigenen Wesens erfolgen, die mit dieser Gesamtsituation in Wechselwirkung stehen. Normalerweise ist es in problematischen Situationen schwierig, einen Sprung zur höchsten Betrachtungsebene zu machen, vor allem, wenn man Kraft und Ermutigung benötigt. Doch man wird dabei sehr stark von den eigenen Geistführern unterstützt. Jene Führer, deren Fähigkeit es ist, dem Individuum ihr eigenes Erfahrungswissen bezüglich einer mutigen Herangehensweise zur Verfügung zu stellen, werden es unter dem Einfluß Altairs sehr viel leichter haben, diese Energie zugänglich zu machen. Möglicherweise kommt es auf dieser hohen spirituellen Ebene auch zu einer Angleichung der Energie zwischen dem Individuum und dem Geistführer.

Die Zivilisationen, die in der Vergangenheit mit Altair in Verbindung standen, entwickelten die Fähigkeit, feinstoffliche Energien zu übertragen. Die Wesen erkannten, welch mächtige Kreativität ihnen zur Verfügung steht und sind häufig damit beschäftigt, Universen und Galaxien zu erschaffen. Die Überreste dieses Bewußtseins wirken als ein Leuchtfeuer für andere. Während sie die notwendigen Schritte unternehmen, um sich durch ihre selbstgeschaffenen Muster hindurchzuarbeiten und Energie und Information in ihr Leben zu bringen, erinnert es sie daran, daß auf der anderen Seite Freude, Bewußtsein, Kraft und Kreativität auf sie warten. Diese Arbeit kann auf unterschiedlichste Weise getan werden, und in ihrer Weisheit war diesen Wesen klar, daß dies nicht festgelegt werden sollte. Individuen wie auch Zivilisationen, die möglicherweise Kontakt mit diesem Leuchtturm hatten, sollten auf ihre eigene Weise den Weg zu mehr Kraft und Bewußtsein finden. Eure Zivilisation nutzt diese Energie, der Notwendigkeit zu entkommen, Widerstand als Weg zu gegenseitigem Verständnis einsetzen zu müssen.

BETELGEUZE
(Alpha Orionis)

[0,8ᵐ] Gelb-orangefarbener Überriese, 650 Lichtjahre entfernt. Die Helligkeit ist Schwankungen zwischen 0,4 und 1,3ᵐ innerhalb einer 6-jährigen Periode unterworfen. Der Stern schwankt auch in seiner Größe um 20 Prozent, und 90 Prozent seiner Energie liegt im infraroten Spektrum.

Dieser Stern kann eine beträchtliche Steigerung der Kommunikation mit physischen Energien bewirken, besonders mit den Erdenergien. Das Wurzelchakra wird stimuliert und die Verdauung gefördert. Betelgeuze kann in beträchtlichem Maße die Fähigkeit steigern, den Unterschied zu erkennen zwischen Energien, die mit Überleben zu tun haben, und wahrhaft spirituellen Energien. Infolgedessen empfindet man weniger Angst und erkennt den Ursprung von Ängsten besser. Man wird sich bewußter, welchen Zweck diese Ängste im eigenen Leben erfüllen sollen. Betelgeuze läßt sich übrigens gut mit dem Mars-Elixier kombinieren.

Diese Wirkung von Betelgeuze beruht auf einem Prinzip, das man „spirituelles Recycling" nennen könnte. Dabei werden Energien auf viele Arten im Universum übertragen und kehren schließlich wieder zu ihrem Ausgangspunkt zurück. Sie bringen dabei das Gelernte, die Schwingungseigenschaften, die sich verändernden Eigenarten der betroffenen Wesen und die Einflüsse höherer Kräfte mit sich. Wie diese Übertragung jeweils vor sich geht, hängt von den charakteristischen Eigenschaften der entsprechenden Zivilisation ab. Bei menschlichen Wesen gibt es ein intensives Recycling im Rahmen des höchsten spirituellen Bewußtseins, das in der Vergangenheit mit der Verbindung zwischen dem Kronen- und dem Wurzelchakra zusammenhing. Heutzutage sind das zwölfte Chakra und das Wurzelchakra daran beteiligt. Diese Energieübertragung stellt ein kosmisches Wunder dar, da eine solche Energie erst in viele Dimensionen übertragen werden muß, bevor sie wieder zur physischen Form zurückkehrt.

Normalerweise geht ein Individuum durch mehrere Phasen, in denen es diese Vorgänge zunehmend wahrnimmt und damit zu arbeiten vermag. Die erste Phase hat etwas mit der Energie des Wurzelchakras zu tun. Mit ihm sind das Bewußtsein des physischen Überlebens verbunden sowie die Fähigkeit, diese Energie auf die wichtigsten Körpersysteme zu übertragen: Fortpflanzung, Verdauung, einige Funktionen des Nervensystems sowie die strukturellen Systeme, die in der Wirbelsäule ihren Sitz haben. Den meisten Menschen wird in der zweiten Lebenshälfte bewußt, daß viele der Dinge, die sie glaubten, zum Überleben zu brauchen, gar nicht nötig sind. Sie werden sich bewußt, daß ihre Seele, die höhere Essenz des Wesens, überleben wird: Das Wesen kann gar nicht sterben. Es gab in der Vergangenheit schon viele Situationen, in denen sie zwar ihr Leben verloren, sie als Wesen jedoch weiterlebten.

Je klarer das erkannt wird, um so mehr offenbart sich die wahre Natur des Überlebens als Entscheidung, eine physische Form anzunehmen. Es gibt verschiedene Zeiten im Leben, in denen ein Individuum diese Entscheidung noch einmal fällen muß, z.B. in Zusammenhang mit einer Krankheit oder einer Disharmonie im Körper. Auch während der hormonellen Veränderungen, die in der sogenannten Midlife-Crisis auftreten, kann das Individuum diese Energie wieder neu beleben und sich aufs neue entscheiden, ob er hier sein will oder nicht.

Dieser Stern kann sicherlich das Verständnis der Person bezüglich dieser Angelegenheiten erweitern, denn Betelgeuze beherrscht kosmisches Recycling wirklich gut. Er vermag die verschiedensten Energieformen wiederzuverwerten, wobei in der Regel größere Mengen infrarotes Licht freigesetzt werden. Im Vergleich zu sichtbarem Licht, ultraviolettem Licht, kosmischer Energie und Röntgenstrahlen ist infrarotes Licht weniger energetisch und verursacht weniger Veränderungen. Es ist dichter und nicht so feinstofflich wie diese anderen Energien. Da dieses mächtige, Betelgeuze genannte Wesen fähig ist, viele verschiedene Energieformen zu übertragen, fällt normalerweise auch etwas an, was man als energetischen Müll bezeichnen könnte. Es handelt sich dabei um Energie, die keine Intelligenz mehr überträgt. Dieser energetische Rest ist infrarotes Licht. Die Wesen auf der Erde können mit dem Stern zum Zwecke der Beeinflussung dieses Prozesses zuammenarbeiten. Dann besitzt die übrigbleibende infrarote Energie inspirierende Eigenschaften, auch wenn es sich um unterschwellige, sanfte und unbestimmte Eigenschaften handelt. Dieses starke infrarote Licht kann sich überall in der Galaxis ausbreiten und ein gewisses Maß an Veränderung hervorrufen. Das ist wahres Recycling, bei dem sogar die „Abfall"-Energien eines Prozesses auf anderen Ebenen wertvoll sind und gebraucht werden.

Auf euch Menschen kann diese Energie dahingehend inspirierend wirken, daß ihr mehr mit euren Überlebensinstinkten, dem wahren Grund für euer Hiersein und mit eurer persönlichen Form des Umgangs mit diesen Energien in Berührung kommt. Mit der Zeit werdet ihr vielleicht in der Lage sein, anderen euer Verständnis dieser Dinge zugänglich zu machen, damit auch sie verstehen, daß ihr eigenes Überleben nicht von dem abhängig ist, was sie ursprünglich dachten oder was man ihnen möglicherweise beigebracht hat, als sie Kinder waren.

Die meisten Menschen besitzen ein tief in der genetischen Struktur verwurzeltes zähes Festhalten am Leben. Dies stammt aus einer lang vergangenen Zeit, als den Primaten genetisches Material entnommen, Energien hinzugefügt und Energien verändert wurden, um daraus eine menschliche

Form zu schaffen. Eine wichtige Komponente, die belassen wurde, war die Anlage des Überlebenstriebes. In die betroffenen Gene wurde eine Zeit des Wandels eingebaut. Dabei handelt es sich um eine energetische Explosion, die die Person auf vielerlei Art nutzen kann. Die meisten Menschen erleben so etwas mindestens einmal im Leben. Während die Menschen durch Phasen des Wandels gehen, können sie Überleben als eine Entscheidung, eine materielle Form annehmen, wahrnehmen oder für sich nutzen. Wem jedoch durch diesen Stern zusätzliche Energien und Hilfen zur Verfügung stehen, erkennt möglicherweise das wahre Potential dieser Energie. Auf der höchsten Ebene steht sie in Zusammenhang mit der Entscheidung, Gott zu sein, mit der Entscheidung, auf allen Ebenen bewußt zu sein und sich selbst zu kennen, was es auch immer kosten möge. Das kann ein großer Vorteil sein, weil der Mensch dadurch den wahren Zweck der Wiedergeburt, des Karma, der Entwicklung des Universums und der besagten Verbindung zwischen dem höchsten Chakra und dem Wurzelchakra erkennt.

ALDEBARAN
(Alpha Tauri)

[0,85^m] Ein 70 Lichtjahre entfernter gelber Riese.

Dieser Stern verbreitet eine liebevolle Energie, deren Ursprung lange zurückliegt. Das Wesen, das sich auf eurem Planeten als Christus verkörperte, und die Wesen von diesem Sternensystem standen einst miteinander in Kontakt. Christus ging dort vor langer Zeit in einem seiner früheren Leben durch eine Ausbildungsphase. Die Wesen von Aldebaran sind sich auf mitfühlende Weise sehr über die wahre Natur des Todes bewußt sowie über die Schwierigkeiten, die es mit sich bringt, auf die Art mit Verlusten umzugehen, wie die Menschheit es tut. Die mit diesem Sternensystem in Verbindung stehenden Wesen haben mit dem Tod, mit Verlust und Zerstörung gearbeitet und haben sich von ihnen gelöst, da ihnen klar wurde, daß sie völlig unnötig sind. Durch den Einsatz mächtiger Techniken gegenseitiger mentaler Beeinflussung, durch kosmische Bewußtheit und durch Technologie konnten sie während einer schwierigen Phase an einen Punkt kommen, an dem sie die wirkliche Natur von Kummer, Trauer und Verlust verstanden. Ihre Transformation versetzte sie in die Lage, die Prinzipien zu verstehen, ohne daß weitere Emotionen entstanden. Ein solches Verständnis von Leid und Verlust haben die Menschen auf der Erde noch nicht entwickelt. Infolgedessen schicken diese Wesen den Menschen viel Mitgefühl und Güte.

Entsprechend der energetischen Eigenart dieses Sterns und seiner Verbindungen zu anderen Lebensformen und Sternen ist hin und wieder ein Netzwerk, bestehend aus vielen anderen Sternen, um die Erde herum aufgebaut worden. Diese Wesen wissen, wie unnötig Verluste sind. Dennoch senden sie eine Energie zur Erde, die euch vermitteln soll, daß es mutig von euch ist, dies zu einem Lernprinzip zu erheben. Es ist bewundernswert, und ihr müßt die Erfahrung machen. Doch wenn ihr die Lektionen daraus gelernt habt, müßt ihr sie auch wieder abschaffen.

Die Verwendung von Aldebaran beschleunigt und unterstützt jeden Trauerprozeß. Wer mit dieser mitfühlenden Energie in Berührung kommt, kann dadurch Zugang zu seiner eigenen inneren Liebe und Kraft finden. Man empfindet eine Art von Trost und ist sich bewußt, daß die Trauer in die wahre Natur der betroffenen Lektion überführt wird. Wenn du etwas verloren hast, könnte dir der eine oder andere Grund einfallen, warum du es gar nicht benötigst und wie du diese Energie in Bewegung setzen könntest. Wenn du um einen Menschen trauerst, wird dir möglicherweise bewußt, daß auch der Tod einen Zweck hat und daß der Tod gewiß ist. Dir wird klar, daß der Tod ein transformierender Vorgang ist, bei dem du dich genauso veränderst wie die andere Person. Diese tiefere Erkenntnis weicht mit der Zeit einem Gefühl der Ruhe und des Friedens. Wenn du erkennst, daß die Toten und die Lebenden, die Dinge, die du besitzt, nach denen du dich sehnst und die du nicht mehr brauchst, eine Einheit bilden, empfindest du auch wieder ein Gefühl der Hoffnung und einen positiven Energiefluß. Dann wird dir bewußt, daß du auf eine mächtige Energie zurückgreifen kannst, die dir einfach vermittelt: „Du bist, du existierst, und das ist genug. Dies ehren und lieben wir." Das ist die grundlegende Botschaft dieses Sternes.

Viele Menschen haben bereits in der Trauerarbeit von der Einnahme des Edelstein-Elixiers Smaragd profitiert. Es läßt bei vielen Menschen gewisse Aspekte in den Vordergrund treten, und Trost wird leichter zu finden sein. Man kann das Edelstein-Elixier gut mit diesem Stern kombinieren und auf vielerlei Art einsetzen. Die Kombination von Smaragd und Aldebaran gibt Menschen, die in einem Trauerprozeß stecken, zusätzliche Kraft.

ANTARES
(Alpha Scorpii)

[0,85ᵐ] **Gelb-orangefarbener Überriese in 400 Lichtjahren Entfernung.**

Antares kann Zustände aus vergangenen Leben in unser Bewußtsein bringen, in denen wir uns sehr schlecht fühlten. Dazu können unter anderem Selbstmord-Situationen gehören, Mißverständnisse in Beziehungen oder die Beschäftigung mit dunklen Energien. Je zugänglicher diese Informationen werden, um so eher sind wir in der Lage, das Schattenselbst zu erkennen, es zu verstehen und Bestandteile daraus zu erlösen. Auf einer tieferen Ebene erkennen wir, wie andere mit ihrem Schattenselbst kämpfen, was sich wiederum intensivierend auf Gruppenmeditationen auswirken kann. In einem bestimmten Umfang kommt es auch zur Auflösung negativer Gedankenformen.

Die Wesen, die in der Nähe dieses Sternes leben oder von sehr weit her gereist sind, um mit ihm zu arbeiten, tun dies, um verschiedene energetische Aspekte in niederdimensionalen Formen zu verdichten. Ursprünglich fand dieser Vorgang in höheren Dimensionen statt und brachte die Energien dann in die vierte Dimension. Eure Zivilisation beginnt, die vierte Dimension zu verstehen. Dazu gehört die Fähigkeit, Informationen zu verstehen, die euch normalerweise im Traumzustand oder in meditativen Zuständen zugänglich sind. Antares kann diese Energien allen Wesen auf allen Ebenen verfügbar machen, die auf sie zugreifen möchten.

Viele andere Zivilisationen haben erkannt, daß die Arbeit mit dem Gesetz der gegenteiligen Entsprechung auf der dreidimensionalen Ebene – wobei Negatives produziert wird, damit das Positive sich selbst verstehen kann – nur Karma verursacht. Dieses Karma kann eine Tendenz aufweisen, über endlose Leben hinweg oder durch endlose Wechselbeziehungen, Verflechtungen mit sich selbst zu schaffen, wodurch sehr wenig erreicht wird. Dieses Verhalten besitzt keine emotionale Basis, da die Bereitschaft zu lieben die letztendliche Lösung für dieses Karma darstellt. Die von diesem Stern übermittelte Energie vermag diesen Vorgang unter Umständen so zu beeinflussen, daß stets Liebe und auf eine bestimmte Art auch spirituelle Entwicklung und ein Annehmen des Christus-Prinzips zum Gesamtbild dazu gehören. Der Stern kann einen negativen Einfluß auf die Zivilisationen und Wesen ausüben, die die Liebe in ihrem Universum, aus ihrem Verständnis und ihrer Tätigkeit ausklammern möchten. Solche Wesen haben folglich einen guten Grund, sich von dieser Energie abzuwenden und sie nicht zu nutzen. Möglicherweise nutzen solche Zivilisationen den Stern als Übertragungsort oder Wissensspeicher, doch sie verwerten die Energie des Sternes nicht direkt.

In eurer Zivilisation auf der Erde könnt ihr Liebe einsetzen, um euch die tieferliegenden, versteckten Teile eurer selbst bewußt zu machen, die eurer spirituellen Entwicklung im Wege stehen. Diese Aspekte können durch Liebe geheilt oder verändert werden. Die Transformation des Schattenselbst durch Vergebung erzeugt ein magnetisches Licht, das Gelegenheiten zum Ausgleich von Karma anzieht und manifestiert, die die Ursache des Problems korrigieren können. Der Stern hatte eine starke Wirkung auf das Verständnis dieses Vorgangs, wenn man ihn von einem kosmischen Gesichtspunkt aus betrachtet.

Antares ist nützlich, wenn du an tiefgreifenden psychologischen Themen arbeitest und bestimmte Aspekte deiner selbst verändern möchtest, die deiner Ansicht nach für deinen Fortschritt und deine Evolution nicht zuträglich sind. Jedes Mal, wenn du diesen Stern einsetzt, wirst du eine ganze Reihe von Ereignissen auslösen. Sie können sich über einen Zeitraum von fünf Jahren erstrecken, obwohl es bei den meisten Menschen so ist, daß die anfängliche Wirkung bereits nach zwei Wochen nachläßt. Möglicherweise fällt dir während einer solchen Phase auf, daß sich karmisch vieles beschleunigt. Ereignisse aus deiner Vergangenheit, Wesen, die du gekannt hast, oder Wesen, die dich an uralte Dinge erinnern, werden in deine Sphäre treten. Das ist ein Zeichen dafür, daß du jetzt mehr Kraft besitzt, um mit ihnen zu arbeiten. Du hast scheinbar eine Wahl. Du kannst eine positive Wirkung erzeugen, indem du Karma auflöst, verzeihst, etwas veränderst, wodurch sich mehr Liebe manifestiert oder indem du auf eine andere Art lernst und dadurch dem Schattenselbst seinen wahren Platz zuweist. Du kannst aber auch mehr Karma für dich selbst erschaffen, indem du diesen Einfluß aus der Vergangenheit benutzt, um andere zu kontrollieren, Schwierigkeiten zu produzieren und die Dummheit und die Mißverständnisse zu vergrößern. Antares beeinflußt den Augenblick kurz vor unserer Entscheidung auf eine wundervolle Art. Wenn du dich auf diese Energie einstimmst und mit Liebe in deinem Herzen darum bittest, daß dir der höhere Weg gezeigt wird, wird es so sein. Gelegenheiten dafür können sich auf unerwartete Weise ergeben.

SPICA
(Alpha Virginis)

[0,96^m] Bläulichweißer Riese bzw. Halbriese, 250 Lichtjahre entfernt. Der Riese wird von seinem Begleiter alle 4 Tage leicht verdeckt, wodurch sich seine Helligkeit verändert.

Spica kann die Bewußtseinsübertragung vom Überbewußtsein zum Wachbewußtsein fördern. Es werden nicht, wie bei einigen anderen Sternen, neue Informationen vermittelt, sondern die bereits zur Verfügung stehenden Informationen werden sehr viel klarer und gelangen sehr viel leichter in unser Bewußtsein. Das kann vermehrt zu luziden Träumen führen und mediale Fähigkeiten, z.B. Psychometrie, Levitation mittels rein mentaler Energie, und die Fähigkeit, entfernte Orte zu sehen (Remote Viewing), fördern. Spica könnte den physischen Körper auch im Bereich der Halswirbelsäule kräftigen. Der Hals steht oft symbolisch für die Trennung zwischen dem Physischen (dem Rumpf), und dem Mentalen (dem Schädel). Diese Wirbel sind oft starken Belastungen ausgesetzt, da sie bereits während der Evolution der Menschheit bei früheren Säugetier-Lebensformen vielen unterschiedlichen Zwecken gedient haben. Dieser Bereich steht auch symbolisch für alles, was mit Ausdruck zu tun hat, daher erinnert Spica uns daran, daß ein liebevoller und heilsamer Ausdruck zur Überbrückung dieser Kluft und zur Auflösung einiger Trennungsideen beitragen kann.

Spica hilft jenen, die ganz in einer einzigen Schwingung aufgehen möchten, die mit einem bestimmten höheren Schwingungsaspekt ihrer selbst zusammenhängt, bzw. eine Zeitlang mit ihrem höheren Selbst eins werden möchten. Wer sein höheres Selbst channeln möchte, könnte einen positiven Einfluß von Spica spüren und einen solchen Zustand etwas länger aufrechterhalten.

Diese Energien beruhen alle auf einem Modell der Trennung, in dem ihr euch vorstellt, daß es ein Wesen losgelöst von euch gibt, das ihr Überbewußtsein, höheres Selbst, Seele oder Gruppenseele nennt. Es ist, als ob ihr durch Spica ein integrierteres Wesen werdet, indem ihr mehr Informationen heranzieht und bereitwilliger Bewußtsein von diesen losgelösten Wesen annehmt. Was Spica wirklich verursacht, ist, daß Energie leichter zwischen den losgelösten Teilen des Selbst ausgetauscht werden kann. Der Punkt ist, daß es gar keine Trennung gibt. Schwingungen stellen eine Umwandlung eines Zustandes in einen anderen dar. Die höheren Aspekte eures Wesens haben die höchste Schwingungsrate, sie verändern sich am schnellsten. Dort, wo die Geschwindigkeit der Veränderung am schnellsten ist, findet ihr das, womit ihr die größten Schwierigkeiten habt. Dadurch, daß ihr euch künstlich von diesen höheren Aspekten losgelöst habt, habt ihr zugelassen, daß ihr auf irdische Attribute konzentriert seid.

So vieles auf der Erde spiegelt euch höheres Bewußtsein. Die Herrlichkeit der Natur zeigt euch, daß auf vielen Ebenen Kraftvolles und Energetisches miteinander in Wechselbeziehung steht. Und so wird die Illusion der Getrenntheit immer deutlicher. Spica kann euch helfen, liebevoll zu akzeptieren, daß ihr diesen Weg der Trennung gewählt habt, um das irdische Dasein und die Natur der Form besser kennenzulernen. Das kann dazu führen, daß ihr die besagten höheren Schwingungseigenschaften nicht mehr als getrennt von euch betrachtet. Ihr habt euch vielmehr aus freien Stücken dafür entschieden, nicht so oft auf diese Aspekte zuzugreifen, wie ihr möglicherweise auf die alltäglicheren Ebenen des Wachbewußtseins zugreift.

Durch den Einfluß von Spica gelangt man mehr in Fluß, so daß das Modell des Getrenntseins immer unbrauchbarer wird. Da diese Aspekte eurer eigenen höchsten Schwingung nun leichter Gestalt annehmen, könnte man sagen, das höchste Selbst wird zugänglich gemacht. Bei Personen, die mit Spica arbeiten, kann man feststellen, daß ihr aurisches Feld langsam zunimmt und ihre Fähigkeit langsam wächst, mit höheren spirituellen Kräften und Energien umzugehen. Das geschieht in dem Maße ganz von selbst, wie sie das Gefühl des Getrenntseins auflösen können.

Mit der Zeit wird das ganze Modell der Trennung zusammenbrechen, denn ihr seid ja ein Wesen. Dies ist die grundlegende Botschaft großer

Lehrer wie Buddha, der lehrte, daß sich diese Einheit weit über die Individualität und die Einzigartigkeit der Form hinaus in die Einheit mit dem Universum und mit den höchsten Aspekten aller Wesen erstreckt. Spica kann in den Menschen dieses Bewußtsein der Einheit fördern.

FOMALHAUT
(Alpha Piscis Austrini)

[1,16ᵐ] **Ein bläulichweißer Stern in 23 Lichtjahren Entfernung.**

Dieser Stern besitzt die außergewöhnliche Fähigkeit, Wesen aus Suchtzuständen zu befreien, indem er ihnen den Zweck von Süchten und Abhängigkeiten bewußtmacht. Das schließt die Abhängigkeiten von Beziehungen, vom Denken, von Sex oder Substanzen mit ein. Wenn man diesen Stern wiederholt verwendet, werden einem auch die Verbindungen zu früheren Leben bewußt, die solche Abhängigkeiten zwanghaft hervorrufen. Fomalhaut kann auch die Fähigkeit stärken, Verhaltensmuster zu verändern, die Suchtkomponenten beinhalten. Für die meisten Menschen auf der Erde ist die Einnahme dieses Elixiers für die psychologische Ebene jetzt angebracht. Je mehr die innere Anhaftung an das Denken abnimmt, nimmt die innere Ruhe zu. Ihr versteht nicht wirklich, daß eine Abhängigkeit von Denkprozessen ein Problem darstellt. Um dies wirklich zu verstehen, muß klar sein, daß Sucht die Selbstwahrnehmung und die eigene Einstellung zu Kernfragen des Überlebens und der Verweigerung verändert.

Möglicherweise glaubt ihr, daß suchterzeugende Quellen etwas ausschließlich Irdisches sind. Die meisten Zivilisationen haben viele Methoden zum Umgang mit Süchten probiert. Sie haben erkannt, daß dies wichtig ist, um bestimmte Bewußtseinsformen in Wesen hervorzurufen. Sucht ist vom Prinzip her nichts anderes, als an eine bestimmte Form dessen gefesselt zu sein, was man als die einzig mögliche Realität und Existenzform zu akzeptieren bereit ist. Der Zwang, haben zu müssen, wonach man süchtig ist, hängt mit einem falschen Verständnis von Überleben zusammen. Jedes Mal, wenn ein Wesen das Abhängigkeitsprinzip verstanden hat, kommt auf der nächsthöheren Ebene ein Gefühl für das eigene Sein und die eigene Einzigartigkeit zum Vorschein. Aufgrund des Gesetzes der gegenteiligen Entsprechung zeigt die Abhängigkeit dem Individuum, was es nicht ist. Das Individuum ist nicht die Abhängigkeit, auch wenn es glaubte, sie zu sein.

Dieses Prinzip vermittelt der Stern im Rahmen seiner Arbeit mit den verschiedenen Zivilisationen. Am bedeutsamsten waren die Zivilisationen, die von der Energie Fomalhauts selbst abhängig waren. Daraus entwickelte sich eine symbiotische Beziehung, die mit der Zeit großes Verständnis, Mitgefühl und Bewußtheit hervorbrachte. Die Energie des Sonnenlichts auf der Erde wird zur Schaffung von Formen verwandt, die auf Chlorophyll basieren. Diese wiederum liefern schließlich die Energie für das restliche Leben auf der Erde. Stell dir nun vor, daß du dich entscheidest, dem menschlichen Schicksal und der physischen Evolution des Menschen eine andere Richtung zu geben, so daß der Mensch direkt von der Sonne Energie aufnehmen kann. Während du diese Energien unmittelbar von der Sonne aufnimmst, empfindest du große Freude, fühlst dich sehr bewußt und nimmst das Leben in seiner Fülle wahr. Möglicherweise glaubst du, dies wäre eine sehr spirituelle evolutionäre Reise. In dem Augenblick, in dem du mit diesen Energien und diesem Bewußtsein in eine vollständige Abhängigkeit von der Sonne geraten bist, erkennst du plötzlich, daß du einen Fehler gemacht hast. Dieser Fehler hat dazu geführt, daß du dich lediglich in eine höhere Form der Abhängigkeit, nämlich der direkten Abhängigkeit vom Sonnenlicht, begeben hast.

Die Wesen auf dem vierten Planeten von Fomalhaut gaben sich dieser Situation bis zum äußersten hin. Dabei verwendeten sie Technologien und verschiedene Methoden, mit dem Stern selbst tatsächlich zusammen zu sein, um ein ähnliches Bewußtsein zu bekommen. Gänzlich jenseits der euch bekannten Ebenen von Bewußtsein haben diese Wesen direkt mit der Energie ihrer Sonne gearbeitet und sie direkt absorbiert. Die Wesen von Fomalhaut hatten damals keine physische Form, wie ihr sie kennt. Der Stern konnte selbst mit diesen Wesen kommunizieren und ihnen sagen: „Schaut, was ihr tut. In Bewußtsein meiner Energie wendet ihr euch von der höchsten Energie ab, die Gott Euch direkt zuteil werden läßt." Das verstanden sie nicht. Stattdessen arbeiteten sie eine ganze Weile lang mit dem Prinzip, so gut sie konnten. Schließlich holte sich der Stern Hilfe und Unterstützung von anderen Sternen. Verschiedene mächtige Einflüsse wurden auf die Wesen ausgeübt, um sie abzulenken und ihnen zu zeigen, daß es auch noch andere Ideen gab. Mit der Zeit kam das Gefühl auf, daß sie sich verrannt hatten und sich nicht weiterentwickeln konnten.

Während sie mit der Energie ihrer Sonne arbeiteten, erkannten sie alle fast augenblicklich, daß sie sich von einer mächtigen Energiequelle abgewandt hatten. Ihr würdet sie als eine liebevolle Energiequelle ansehen. Für sie war es die innere Essenz, die das Universum erschaffen hatte. An dieser ungeheuerlichen Erkenntnis starben die meisten jener Wesen. Die wenigen Überlebenden gruppierten die Zivilisation um und fanden heraus, wie sie die Energie ihrer Sonne richtig einsetzen und die höhere Energie auf die richtige Weise absorbieren konnten, um sich spirituell weiterentwickeln zu können. Von dort aus kehrten sie wieder zur Quelle zurück und lernten die Energie Gottes auf ihre eigene Art kennen. Allmählich verwandelte sich ihre Zivilisation. Im Verlauf dieser Transformation wurden ihre wesentlichsten und besten Charaktereigenschaften in die nächste Dimension transportiert, in die sie Eingang gefunden hatten. Während dieses Prozesses wurden weit entfernt von eurem Universum mehrere andere Galaxien geschaffen. Es blieb genügend Energie übrig, so daß sie ihre Erfahrungen wieder mit dem Stern verschmelzen konnten. So wurde Fomalhaut beeinflußt, daß folgender wesentlicher Grundgedanke als zentrale Schwingungseigenschaft des Sterns aufgetreten ist: „Ich liebe euch so sehr, daß ich eure Transformation sehe und eure Abhängigkeiten auflöse."

Die Geschichte dieser Zivilisation steht beispielhaft für eine Reise durch unterschiedliche Energie- und Bewußtseinsebenen, bei der man an einen Punkt gelangt, wo das eigene Überleben selbst auf dem Spiel steht. Der größte Teil dieser Zivilisation hätte nicht sterben müssen. Doch nach ihrer Meinung war dies, angesichts der begrenzten Umstände, die sie für sich selbst geschaffen hatten, ihre einzige Möglichkeit. Sucht, wie ihr sie versteht, ist zutiefst abhängig von Verleugnung. Man muß sich dafür entscheiden, die wahre Quelle der eigenen Energien nicht wahrzunehmen. Wenn man diese Dinge leugnet, wenn man sich dafür entscheidet, sich das größere Bild nicht anzuschauen, kann man abhängig bleiben. Manchmal reicht es bereits, die Wahrheit zu erkennen und das Verleugnen einzustellen. Doch auch das Gegenteil ist wahr. Wenn ihr ein umfassenderes Verständnis von der Abhängigkeit erlangt, schmilzt auch manchmal das Verleugnen dahin.

Viele Menschen machen sich auf einer tiefen Ebene vor, daß ihr Überleben von bestimmten Vorstellungen oder Ideen abhängt, die eigentlich einengend sind. Wenn die Menschen diese Begrenzungen verstehen lernen und erkennen, daß Überleben sich nicht so gestaltet, wie sie glauben, gibt es plötzlich viele Methoden, um Abhängigkeiten anzugehen. Der Einsatz dieses Sterns beschleunigt den ganzen Prozeß. Unter Umständen entsteht eine Bereitschaft, sich diese Wahrheiten anzusehen, sie zutage treten zu lassen und mit dem Leugnen aufzuhören. Der Grund hierfür liegt nicht nur darin, daß diese Wesen ihr Wissen und ihre Erfahrungen im Stern niedergelegt haben und diese dann wie mit einem Leuchtfeuer in Form von Schwingungen überallhin ausgestrahlt werden. Es liegt auch daran, daß der Stern für diese Wesen eine ganz besondere Liebesschwingung hervorgebracht hat, als ob er sagen wollte: „Ich sehe, welche Rolle ich in diesem Prozeß spiele, und liebe euch so, daß ich euch diese fürsorgliche, mitfühlende und transformierende Energie schicke, damit sie euch verwandelt. In sie lege ich große Kraft." Dieses Gefühl, sehr kraftvoll zu sein, ist eine Eigenschaft, die der Stern auch den Menschen bringt, daß sie sich verändern können. Möglicherweise ist es den Betroffenen unklar, wie dies vonstatten gehen wird, was sie tun sollen, worauf sie achten sollen oder was es ist, das sie nicht mehr leugnen sollen. Sie können dabei die sie durchfließende Hoffnung und Kraft wahrnehmen, die ihnen zu sagen scheint: „Du hast tatsächlich die Wahl."

POLLUX
(Beta Geminorum)

[1,15ᵐ] **Ein gelber Riese in 35 Lichtjahren Entfernung. Pollux ist der erdnächste Riesenstern.**

Pollux wirkt sich auf die intuitive, nicht-dominante Gehirnhälfte aus. Allerdings ist dieses Gehirnmodell etwas unzulänglich, wenn es darum geht, höhere Vorgänge zu erklären. Was mit einem Elektroenzephalogramm (EEG) beobachtet werden kann, ist die Stimulation der verschiedenen Nerven in der betreffenden Gehirnhälfte. Man nimmt daher an, daß Denken durch Bildung elektrischer Impulse geschieht. Doch das ist ganz und gar nicht der Fall. Gedanken manifestieren sich auf vieldimensionalen Ebenen und werden anschließend durch Empfängermechanismen auf die physische Form übertragen, wo sie sich als elektrische Aktivität manifestieren. Von den feinstofflichen Energien gehen gewisse Teile beim Übertragungsprozeß verloren. Diese verlorenen Anteile sind noch immer verfügbar, da Gedanken von ihrer wahren Essenz und Form her nicht den gleichen Beschränkungen bezüglich Zeit unterliegen wie dreidimensionale Prozesse, wozu auch elektrische Aktivitäten im Gehirn gehören. Folglich können Gedanken, die nicht vollständig empfangen wurden, dem Individuum ohne zeitliche Beschränkung zugänglich sein, sobald sich die Person auf sie einstimmt.

Wer Pollux regelmäßig anwendet – möglicherweise sogar über einen längeren Zeitraum hinweg nur einmal monatlich – kann dadurch vielleicht neue Gedanken empfangen, Gedanken, die mit vergangenen Handlungen zusammenhängen, oder Energien, die unvollständige Gedanken vervollständigen. Dies findet auf der Ebene des Bewußtseins ohne zeitliche Einschränkungen statt. So steigt die Kreativität. Die Fähigkeit, mit neuen Ideen arbeiten zu können, nimmt zu, genau wie die Fähigkeit, Informationen aufzunehmen und sie in eine neue Form zu bringen. Manche Menschen fühlen sich vielleicht auch einfach mehr im Einklang mit ihrer Vergangenheit, ihrer Zukunft und ihren Beziehungen, als ob sie diese besser empfinden und stärker spüren.

Wenn wir von Gedanken sprechen, müssen wir sie von dem abgrenzen, was ihr vielleicht als ständiges inneres Geplapper oder als Abhängigkeit vom Denkprozeß bezeichnen würdet. Wir meinen damit die Energien, die dem tatsächlichen Vorgang elektrischer Aktivität vorausgehen. Dabei handelt es sich häufig um herrliche und wundervolle inspirierende Energien. Bei den meisten Individuen gehen sie jedoch verloren. Pollux kann dazu beitragen, daß ein wenig mehr von dieser Energie aufgenommen wird, sie ein wenig besser umsetzbar wird.

DENEB
(Alpha Cygni)

[1,25ᵐ] Bläulichweißer Übergigant, 1.600 Lichtjahre entfernt. Einer der leuchtendsten Sterne am Firmament.

Deneb kann in Menschen Zustände starker Inspiration hervorrufen, ein Bewußtsein für die Lehren der Meister schaffen und den Channeling-Prozeß fördern, durch den eine Verbindung zu nicht-physischen, liebevollen Lichtwesen und Helfern hergestellt werden kann. Die höheren Aspekte, die mit den Lungen und dem Kreislaufsystem zusammenhängen, können intensiver stimuliert werden. Die Menschen erlangen unter Umständen auch ein gründlicheres Verständnis von Pranayama-Yoga und den Kampfkünsten. Wenn dieser Stern regelmäßig bei Gruppenmeditationen eingesetzt wird, können die Gruppenmitglieder ihre Aufmerksamkeit beim Meditieren leichter auf eine einzelne Idee gerichtet halten. Beim Gebrauch dieses Elixiers wird man feststellen, daß es einfacher wird, aus Äther Materie zu erschaffen.

Deneb ist ein multidimensionales Wesen. Seine wichtigsten Dimensionsaspekte und Realitäten liegen jenseits eurer dritten Dimension. Die relativ konstante Übertragung verschiedener Energien und Wesenheiten führt zur Entstehung einer energetischen Struktur auf der drei-dimensionalen Ebene, die ihr als Stern wahrnehmt. Die außergewöhnlichen Gravitationskräfte, die durch die intensive Bewegung von Energie aus anderen Galaxien durch diesen Verbindungspunkt entstehen, rufen Kräfte und Übertragungen hervor, die ganz eindeutig auf Systemen basieren, die jenseits der Zeit liegen, wie ihr sie versteht. Deneb kann Raum und Zeit auf eine relativ ungefährliche Art beeinflussen, die euch wie ein konstantes Licht vorkommt, eine besondere Erscheinungsform, die Denebs Einfluß auf eure drei-dimensionale Welt darstellt.

Deneb wurde und wird von vielen Zivilisationen als kraftvoller Übertragungspunkt eingesetzt. Durch diese mächtigen Energien steht Deneb mit vielen Galaxien in Verbindung. Da der Stern am Transfer von Wesen von einem physischen Ort zum nächsten sowie an der Übertragung von Energie beteiligt war und ist, hat er auch sehr viel mit der Übertragung von Informationen zu tun. Deneb übt einen bedeutungsvollen Einfluß auf die Überführung formloser Energie in eine Energieform aus, durch die das Wesen Informationen bezieht.

Nur die Wesen, die zumindest eine gewisse Beziehung zu ihrer eigenen Evolution (dem Weg zurück zu Gott) haben, sind sich überhaupt der höheren

Eigenschaften dieses Sterns bewußt. Nur die Einflüsse, die sich von höheren Schwingungsebenen auf ihrem Weg in niedrigere Ebenen bahnen, werden überhaupt einen Einfluß auf diese Übertragung von Schwingungen haben können. Der Einfluß verschiedener Meister und die Energie von Lichtwesen sind ein natürlicher Bestandteil dieses Vorgangs. Deneb stellt seine Energie Individuen zur Verfügung, die sie für ihr eigenes höchstes Wohl einsetzen wollen. Es ist unmöglich, sie auf schädliche Art einzusetzen. Diese selbstregulierende Eigenschaft steht in Harmonie mit der Methode der Überführung von Energie in wertvolle und nützliche Informationen.

Immer wenn ein solcher Prozeß abläuft, entsteht eine Sekundärschwingung, die sich vom empfangenden Wesen wieder zurück zum Stern und dann zum Ausgangspunkt bewegt. Die Meister sind so sehr an eurer Evolution interessiert, daß sie ein selbstverständlicher Teil dieses Vorgangs werden, und es scheint, als wollten sie eure wahre Natur, eure Fähigkeiten sowie das, womit ihr in der Welt arbeiten könnt, stärker aus euch hervorlocken. Das Deneb-Elixier wirkt sich auf eure Meditationen, eure spirituelle Evolution, die Evolution eurer Seele und Gruppenseele auf mannigfaltige Weise aus, indem es die Übertragung energetischer Prinzipien bewirkt. Er tut das bei Leitprinzipien, die sehr kräftig und aufgrund ihrer Feinheit sehr wirkungsvoll sind.

Dieser Stern hat einige Evolutionszyklen abgeschlossen, in denen er sich auf multidimensionale Weise von seinen Verbindungen zu anderen Sternenwesen in dieser und in anderen Galaxien bewußt geworden ist. Diese Informationsübertragung geschieht auf harmonische und schöne Weise. Jedoch wird sie von einer Macht bestimmt, die weder urteilt noch voreingenommen ist, noch mit Konzepten oder Regeln arbeitet, die den euch vertrauten ähneln. Das entspricht der Eigenart der Evolution dieses Wesens. Es hat einen hohen Zustand erreicht, in dem keine Notwendigkeit mehr besteht, zu vergleichen oder zu beurteilen. Deneb ist hundertprozentig in Einklang mit der mächtigen Quelle, die die Übertragung der Energie gestattet. Diese Quelle bringt dies zum Ausdruck: „Wir geben euch Wissen. Wir hoffen, daß ihr dieses Wissen in Weisheit verwandeln werdet. Wir hoffen, daß ihr diese Weisheit in Liebe verwandeln werdet und eure einzigartige Seinsform erkennt." Dies ist eine sehr schlechte Übersetzung. Ein besserer Ansatz zum Verständnis wäre über die alte chinesische Vorstellung des Wu Wei möglich. Dieser Eigenschaft, die von Deneb übermittelt wird, darf das Wesen durchdringen und eine neue Kraft schaffen. Zu Beginn des Prozesses ist noch nicht bekannt, wie die Kraft freigesetzt werden wird. Anschließen kehrt diese Kraft auf dem gleichen Weg zurück zu ihrem Schöpfer.

In diesem Prozeß gibt es eine seltsame Tatsache. Mehr als jeder andere Stern reagiert Deneb auf dich. Deneb empfängt sofort deine Gedankenform, wodurch Deneb um deine Einzigartigkeit bereichert wird. In gewisser Weise stellt dies für den Stern eine Form von Nahrung dar, und er dient als Bibliothek oder als Speicher für einen Teil dieser Gedankenform. Mit der Zeit integriert er sie und läßt andere auch an ihr teilhaben. Daher ist er nicht nur ein Knotenpunkt, was interstellare Reisen und interdimensionale Positionsveränderungen anbelangt, sondern er ist durch die Art, wie er zu anderen Wesen und ihrem Bewußtsein beiträgt, auch ein zentraler Informationsknotenpunkt. Bei Einnahme des Elixiers findet die beidseitige Beeinflussung nur in geringem Maße statt. Daher wird zur Förderung dieser beidseitigen Kommunikation bevorzugt auf den Stern meditiert. Wenn du dich inspiriert fühlst oder Unterstützung für deinen körperlichen Zustand erfahren hast und du Deneb daran teilhaben lassen willst, solltest du den Stern im Nachthimmel ausfindig machen und ihm liebevolle Gedanken senden. Mehr mußt du nicht tun, doch ist es gut, den Stern in diesem Falle eine Weile zu betrachten.

Deneb hilft mit den Lungen, indem er den Prozeß beeinflußt, durch den du Energie aufnimmst und entscheidest, wie du sie einsetzt. Da die Lungen für Energie stehen, kann diese Energie leicht mißbraucht oder auf Arten eingesetzt werden, die möglicherweise unverständlich sind. In Elixierform kann Deneb Personen helfen, die mit Lungenproblemen zu kämpfen haben, besonders wenn Lebenslektionen damit verbunden sind, wie bei ernsthaften oder chronischen Lungenproblemen, z.B. Emphysemen, Asthma und Lungenkrebs. In solchen Fällen können die Betroffenen neue Erkenntnisse haben und außerdem auch inneren Frieden finden. Die einzigartigen Energien und Informationen, die sie in ihrem Leben aufgenommen haben, könnten in etwas umgesetzt werden, das für andere wertvoll und nützlich ist.

Die verschiedenen Disziplinen der Kampfkunst können auf mehrfache Weise Informationen und Verstehen übermitteln. Einmal ist da der Weg über den Körper, durch den man neue Methoden des Umgangs mit dem Körper erlernt. Es gibt aber auch den meditativen Weg, durch den man in die Lage versetzt wird, den Gesichtspunkt zu verändern, sich an einen Ort der Ruhe zu begeben, den Körper einfach tun zu lassen, was er tut, und empfänglich zu sein. Darauf hat Deneb Einfluß. Eigentlich handelt es sich dabei auch um den Kern jeder Kampfkunst. Obwohl auch bei dieser eigentlich darum geht, einen bestimmten Zustand zu erreichen, nimmt dieser über den körperlichen Weg Form an. Sobald sich diese Form manifestiert hat, wird sie augenblicklich auf den Körper zurückübertragen. Dadurch hat man dann ein unmittelbares Feedback: Man sieht, daß der Körper bessere Leistungen bringt, und sieht die Ergebnisse, die man sich wünschte. Infolgedessen erkennt man den immanenten Wert eines höheren Bewußtseins in

Verbindung mit den Bewegungen der Kampfkunst. Deneb wirkt sich in diesem Bereich so aus, daß er zur Stärkung dieses Kerns in den meisten Menschen beiträgt.

Dies alles ist nur ein Bruchteil der Informationen, die über dieses Wesen zur Verfügung stehen. Die Zivilisationen, die mit diesem Wesen gearbeitet haben, tun das nicht mehr auf konkrete Weise. Es gibt keine Zivilisation, die mit Deneb verbunden ist, da er ein wichtiger Treffpunkt für multi-dimensionale und andere Energien sowie ein Knotenpunkt physikalischer Positionsveränderungen ist. Etwa alle 11.000 Jahre findet jedoch eine Art Feier statt. Eine Verbindungsenergie entsteht, mittels derer dem Stern eine singuläre Gedankenform übergeben wird, damit eine noch kraftvollere Übermittlung seitens vieler Zivilisationen simultan durch den Stern vor sich gehen kann. Grob gesagt ist dies für den Stern sehr zufriedenstellend und befriedigend und für seine Evolution hilfreich. Eine solche Feier ist für den 11. Mai 2007 vorgesehen. Zu diesem Zeitpunkt wäre es sehr wertvoll, wenn ihr Deneb eure eigenen liebevollen Gedanken übermitteln würdet.

REGULUS
(Alpha Leonis)

[1,35^m] Bläulichweißer Stern, begleitet von zwei Zwergsternen. 85 Lichtjahre entfernt.

Regulus kann tiefsitzende unterbewußte Muster freilegen. Zunächst empfindet man mehr Ausdauer, größere emotionale Stabilität und eine Bereitschaft hinzusehen. Nach ein paar Tagen regelmäßiger Arbeit mit diesem Stern beginnt man jedoch zu spüren, wie man selbst in diese Muster paßt. Es könnte immer noch sein, daß man die Muster selbst eine Zeitlang nicht beobachten kann. Wenn man das Gefühl hat, daß es sich um wichtige Muster handelt, kann es dazu kommen, daß man mehr Geduld entwickelt und ihnen gegenüber aufgeschlossener wird. Während sich das eigene Bewußtsein vertieft, kommt es zunehmend zu einem natürlichen Verstehen dieser Muster. Möglicherweise kann man sie zum Ausdruck bringen, lernen, in welchem Verhältnis sie zu den Mustern anderer stehen oder basierend auf den Hinweisen anderer Menschen etwas von ihnen lernen. An diesem Punkt angekommen, ist der Mensch jedoch in der Regel in der Lage, dafür dankbar zu sein, es anzunehmen und es selbst zu erkennen.

Schwierig wird es, wenn man damit beschäftigt ist, ein schon seit langem existierendes Muster zu erkennen, und ein anderer offenbart es einem. Diese Beobachtung könnte völlig zutreffend sein, vollkommen logisch und auf allen Ebenen Sinn machen, und dennoch kann man es einfach nicht akzeptieren. Manchmal kommt das daher, daß das Muster zwar richtig beschrieben wurde, jedoch die Gründe, warum man dieses Muster überhaupt erst angenommen hat, einem im Wege stehen. Diese lassen sich durch psychologische Methoden wie therapeutische Arbeit an Emotionen, verschiedene Formen der Körperarbeit, Tiefenbewegung und andere Methoden beseitigen. Wenn man jedoch zu früh mit solchen Mustern konfrontiert wird, kann es manchmal auch geschehen, daß man sich mit zu vielen Emotionen auseinandersetzen muß und sich deshalb lieber abwendet. Das ist eine ganz natürliche Reaktion des Bewußtseins. Wenn das betreffende Muster etwas mit Suchtmustern wie z.B. Drogen oder Abhängigkeitsbeziehungen zu tun hat, könnte sich die Person diesen wieder zuwenden, und dadurch verhindern, daß sich ihr Bewußtsein vertieft und Verständnis geschaffen wird. Wenn die Person das Muster selbst erkennen kann oder zumindest emotional darauf vorbereitet ist, die Information von einer anderen Person zu empfangen, kann sie weitaus mehr Gewinn daraus ziehen.

Es gibt viele Gründe, warum der Stern selbst diesen Vorgang beeinflußt. Ein Grund ist, daß Wesen, die lange Zeit mit dieser Energie gearbeitet haben, die Experimente zur Entwicklung von Liebe gesehen haben, sie sahen tieferes Bewußtsein und mächtige mentale Fähigkeiten in vielen anderen Zivilisationen in der Galaxis. Man könnte sagen, daß diese Wesen schon vieles kommen und gehen sahen. Sie empfinden diesen Dingen gegenüber eine große Wertschätzung und sind dadurch sehr geduldig und bewußt. Noch wichtiger aber ist, daß ihnen bewußt ist, daß vieles in Mustern abläuft. Innerhalb dieser Muster gibt es unvorhersehbare Mikro-Muster, die für die Entwicklung der Persönlichkeiten, der Menschen, der Wesen, die Intelligenzen und letztendlich für die Planeten selbst wichtig sind. Infolgedessen haben diese Wesen erkannt, daß dort, wo einer Zivilisation der Impuls für ein umfassenderes Bewußtsein gegeben werden kann, diese tendentiell länger existiert, Transformation zugeneigt ist und die Dinge manifestiert, mit denen sie arbeiten will. Diese Erkenntnis ist noch relativ frisch, da die betroffenen Wesen erst etwa seit 21.000 Jahren bewußt mit diesen Dingen arbeiten. Da dies eine Entwicklung aus jüngster Zeit ist, sind die betroffenen Wesen noch nicht besonders sattelfest. Sie möchten diese Unsicherheit zu einem gewissen Grad mit Mitgefühl für die Menschheit und die Erde kompensieren. Obwohl sie sich nicht in die Angelegenheiten einer anderen Zivilisation einmischen werden, lassen sie viele verschiedene Energien in ihre Sonne fließen, in die von ihnen entwickelten Sendesysteme, um anderen zu ermöglichen, mit Mustern zu arbeiten.

Der Erfolg eines Experiments führt normalerweise zu Ergebnissen, die über die erwarteten hinausgehen. Dies ist der Punkt, an dem die wissenschaftliche Methode ungenau ist, da sie nicht berücksichtigt, daß sich normalerweise eine ganze Menge verändert, wenn eine Hypothese bewiesen wird. Es kommt zu einer veränderten Einstellung, einer Bewußtseinserweiterung und vielen daraus folgenden Anwendungen. Sollte die Menschheit ihr Bewußtsein ihrer selbst vertiefen, das Prinzip der Vergebung manifestieren und einen friedvollen Weg finden, sich zu verändern (mit mehr Liebe anstatt durch Kampf) wird es möglich sein, dies zu übermitteln, zu transformieren und andere Zivilisationen daran teilhaben zu lassen – auch die Wesen vom Regulus. Schließlich wird es dadurch allen besser gehen. Sie haben sich entschieden, in der physischen Form zu bleiben, um mit ihr zu arbeiten. Statt den Weg einiger ihrer Brüder in den höheren Zivilisationen zu gehen, was z.B. bedeuten kann, das Zentrum einer Galaxie zu werden, verschiedene andere Systeme zu erschaffen oder eine bedeutsame Dimensionsveränderung hervorzurufen, haben sie sich dafür entschieden, ihr eigenes Bewußtsein und Verstehen aller Facetten des Daseins zu erweitern. Der Aspekt der Liebe ist die kostbarste Facette, an der die Menschheit sie teilhaben lassen kann, zumindest langfristig über die nächsten 21.000 Jahre betrachtet.

Kapitel 6
★★★★★★☆☆☆

Sterne der zweiten Größenordnung

ADHARA
(Epsilon Canis Majoris)

[1,48^m] Bläulichweißer Riese in 650 Lichtjahren Entfernung, der Silizium, Magnesium und Sauerstoff enthält.

Dieser Stern kann die Aufnahme von Mineral- und Nährstoffen im physischen Körper fördern. Die spirituelle Eigenschaft, die mit der Zeit durch diese erhöhte Absorption entstehen kann, ist die Fähigkeit, mit den aufgenommenen physikalischen Substanzen eins zu werden. Das kannst du dir als ätherisches Licht vorstellen, das sich zwischen dir und den aufgenommenen Substanzen hin und her bewegt. Mit der Zeit werden durch Verwendung dieses Sternes Verdauungsstörungen, Beläge auf der Schleimhaut des Darmes und andere Dinge beseitigt, die einer guten Absorption im Wege stehen. Adhara strahlt die höheren Schwingungen der in ihm enthaltenen Substanzen aus. Diese Schwingungen bewegen sich in einem Schwingungsband jenseits jeglicher meßbarer elektromagnetischer Schwingung bzw. Spektralschwingung. Die erhöhte Aufnahme von Mineralstoffen, Sauerstoff und Vitaminen kann zur Ausscheidung toxischer Substanzen beitragen. Die Fähigkeit, die eigene Schwingung zu verändern und sich dieses Prozesses bewußt zu sein, kann Menschen in die Lage versetzen, mit allen möglichen Pflanzen, Tieren, Steinen, Mineralien und in einem etwas geringeren Maß mit den Schwingungen von Menschen und Wesen anderer Zivilisationen eins zu werden.

Die Zivilisationen, die auf dem sechsten, siebten und später auf dem ersten Planet Adharas existierten, hatten sich lange darum bemüht zu lernen, wie sie die elektromagnetische Energie ihrer Sonne direkt aufnehmen könnten, ohne über die Zwischenstufe der Photosynthese gehen zu müssen. Als sie diese Energie ertragen konnten, zogen einige dieser Wesen auf einen benachbarten Planeten um, der näher bei ihrer Sonne liegt, damit sie ihre Energie unmittelbar aufnehmen konnten. Schließlich wurden diese Wesen mit ihrer Sonne eins und haben dadurch Adhara mit dieser Eigenschaft versehen, im Bereich der Absorption seine Wirkung zu entfalten. Als Teil des

Bewußtseins von Adhara versuchen diese Wesen jetzt, die Energien anderer Zivilisationen zu absorbieren und mit ihnen zu arbeiten.

Auf einer höheren spirituellen Ebene können spirituelle Ideen leichter aufgenommen werden, die sonst schwerer verständlich wären bzw. Blockaden in der Person aktivieren würden. Das mit diesen Blockaden zusammenhängende Bewußtsein wird zunehmen. Daher werden die Menschen Bereiche erkennen, die sie verleugnen, und daß sie diese bewußt und leicht verändern können. Sowohl Adhara als auch die Wesen, die mit diesem Stern gearbeitet haben, besitzen Humor, was für sämtliche Vorgänge wertvoll sein kann, die absorptionsabhängig sind. Wenn man mit diesem Sternenlicht-Elixier arbeitet oder auf diesen Stern meditiert, stellt man manchmal fest, daß man über die Themen und Blockaden im eigenen Leben lachen kann, die gerade im Vordergrund stehen.

Dieses Sternenlicht-Elixier läßt sich gut mit Therapien kombinieren, die Ozon oder stabilisierten Sauerstoff einsetzen. Jede Form der Sauerstoff-Therapie wird wirksamer sein und größeren Nutzen bringen, wenn gleichzeitig dieses Sternenlicht-Elixier eingenommen wird.

CASTOR
(Alpha Geminorum)

[1,58-2,6^m] Drei Doppelsterne, 46 Lichtjahre entfernt.

Castor beeinflußt die logischen Denkvorgänge und die verschiedenen Aspekte, die mit der normalerweise dominanten linken Gehirnhälfte sowie der rechten Körperseite verbunden sind. Castor fördert die verschiedensten biologischen Funktionen innerhalb der Gehirnstruktur. Das geschieht zunächst so, daß auf einer zellulären bzw. Stoffwechselebene die Aufnahme kleinerer Mengen an Mineralien bewirkt wird, die für diese Vorgänge benötigt werden. Calcium, Magnesium, Chrom und Selen sind für diese Gehirnfunktionen wichtig. Mangan wird auf höheren Ebenen der Gehirnfunktion wichtig. Die Wirkung dieses Minerals im Gehirn wird von der Anwendung von Castor als Schwingungswerkzeug noch intensiviert.

Nun geschieht folgendes: Diese Mineralien werden vom Gehirngewebe so verwendet, daß eine hierarchische Organisation entsteht. Diese Organisation ist eine natürliche Funktion der dominanten Gehirnhälfte, da sie für die Interaktion in einer hierarchisch organisierten Gesellschaft wie eurer nötig ist. In solchen Hierarchien kommt es auf den feinstofflichen Ebenen immer zu Übertragungen. Die viele Leben dauernden Vorbereitungszeiten wirken genauso auf diesen Prozeß ein wie das gegenwärtige Leben. Sie machen es leichter, die hierarchische Organisation der holographischen Phänomene aufzubauen, die als Gehirnfunktionen bezeichnet werden. Bei vielen Menschen kann sich der Stern so auswirken, daß sie in der Lage sind, solche Hierarchien leicht aufzubauen und nach Bedarf mit ihnen zu arbeiten. Dadurch wird der Hierarchie innerhalb des Gleichgewichts im Gehirn die richtige Position zugewiesen: Sie wird verwendet, wenn sie benötigt wird, und ansonsten unberücksichtigt gelassen.

Wenn du dich zum logischen Denken hingezogen fühlst, wird dieses von Castor gestärkt. Castor fördert auch die Fähigkeit, Informationen hierarchisch strukturiert zu vermitteln, damit andere Menschen in geeigneter Weise mit ihnen arbeiten können. Der Stern kann auch das Ausmaß der Vernetzung innerhalb des Gehirns beeinflussen. Gewisse logische Funktionen werden beschleunigt. Dennoch gehören nicht sämtliche mathematische und logische Funktionen in diesem Zusammenhang. Die sehr schnell ablaufenden mentalen Funktionen finden im intuitiven Gehirn statt. Daher sind solche Funktionen wie die Fähigkeit, eine vierstellige Zahl augenblicklich mit einer anderen vierstelligen Zahl zu multiplizieren, ein Zusammenspiel von Faktoren, die im linken Gehirn nur ihren Anfang nehmen und dort auch enden – der Rest findet auf der intuitiven Seite statt.

Es ist wichtig zu erkennen, daß die Einnahme des Elixiers nicht zwangsweise Funktionen verbessert. Du wirst dadurch nicht logischer. Du hast einfach die Möglichkeit, dir dieser Denkprozesse bewußter zu werden, und bekommst mehr Freiheit, dich zu entscheiden, wie du sie einsetzen willst.

SHAULA
(Lambda Scorpii)

[1,62^m] Bläulichweißer Unterriese, 350 Lichtjahre entfernt.

Durch die Arbeit mit diesem Stern rücken unterdrückte Emotionen ins Bewußtsein, und man beginnt, sie zu verstehen. Diese Emotionen können freigesetzt, und die Energie mit anderen Aspekten des eigenen Lebens in Einklang gebracht werden. Das fördert unter Umständen die Erinnerung an emotionale Blockaden, die in der Kindheit oder in früheren Leben empfunden wurden. Die Ursachen der Emotionen können besser verstanden werden, und man kann leichter verzeihen. Bei manchen Menschen könnte diese Arbeit mit den Emotionen zyklischer Natur sein und mit der fünfstündigen Periode dieses Sterns übereinstimmen.

Gruppen-Interaktion mit diesem Stern war ein wichtiger Aspekt dieser Zivilisation. Ihr Verständnis von Emotionen unterschied sich sehr von dem auf der Erde entstandenem Verständnis. Da dieser Stern eine Beziehung zu vielen Bewußtseinsebenen hat, ist ein wichtiges Merkmal dieses Sterns die Fähigkeit, emotionales Bewußtsein mit freiem Willen zu koordinieren. Wie die Menschen diesen Stern nutzen werden, ist abhängig von der Tatsache, daß die Emotionalkörper der Menschen im engen Austausch miteinander stehen. Die Fähigkeit der Menschen, auf unterschiedliche Art mit Emotionen zu arbeiten, hat zu einem gemeinsamen, geteilten Emotionalkörper der Menschheit geführt, der Gefühle und Emotionen ausstrahlt, die sich auf die Erde störend auswirken. Dies trägt zu geophysikalischen Veränderungen bei, z.B. Vulkanausbrüchen und Erdbeben, die ein wichtiger Reinigungsaspekt der Erde sind. Auch die Sonne wird hiervon beeinflußt. Im Rahmen ihrer Kommunikation mit anderen Sternen kann die Sonne sozusagen um Hilfe bitten und diese Informationen auch der Erde übermitteln. Dadurch ist eine enge Verbindung zwischen der Sonne und der Erde auf einer emotionalen Ebene entstanden. So hatte Shaula Gelegenheit, in gewissem Umfang hilfreiche Energien zu eurer Sonne zu projizieren.

In vieler Hinsicht ist es für die Evolution der Menschheit von Bedeutung, daß ihr gemeinsamer Emotionalkörper zur Reife gelangt. Der karmische Sinn der Beziehung zwischen Shaula und der Sonne liegt darin, daß diese Energien auf ihre Weise Reife, tiefgreifendere Erkenntnisse, Bewußtheit sowie Entscheidungsfreiheit fördern können. Dadurch sollen weder Emotionen unterdrückt werden, noch die Art verändert werden, wie sich Menschen auf ihre Emotionen beziehen. Sie sollen sich vielmehr bewußter werden, wie ihre emotionale Beteiligung, ihr emotionales Verstehen und wie diese Emotionen in der Welt am besten mit anderen geteilt werden, noch bewußter werden. Die Verwendung dieses Sternes (Elixier oder Meditation) wird die Fähigkeit eines Individuums verbessern, mit Emotionen umzugehen, indem er dem Mentalkörper, dem Ätherkörper und dem physischen Körpern bewußt emotionale Energie und Information zukommen läßt.

Die Wesen von Shaula gehen mit dem, was ihr als Emotionen bezeichnet, völlig anders um als ihr. Dennoch besteht genügend Übereinstimmung, so daß die Energie dieses Sterns für die weitere Evolution der Menschheit sehr nützlich ist. Seine Zivilisation ist in der Lage, Energie auf verschiedenen Energieebenen zu transformieren. Jedoch findet diese Zivilisation die meisten Energien der Erdbewohner zu primitiv und uninteressant – bis auf die Energie des gemeinsamen Emotionalkörpers der Menschheit. Er hatte einen Einfluß auf die Entwicklung ihrer Emotionen, und sie erwidert den Gefallen, indem sie die Kommunikation zwischen diesen beiden Sternen fördert, damit den Menschen geholfen wird, mit ihren Gefühlen zu arbeiten.

BELLATRIX
(Gamma Orionis)
[1,64^m] Dieser 300 Lichtjahre entfernte bläulichweiße Stern stößt einen Teil seiner Atmosphäre in eine expandierende Wolke aus.

Die Verwendung dieses Sterns kann dazu führen, daß man Auras sehen lernt und ihre Bedeutung bei sich und bei anderen besser verstehen kann. Der erste Schritt ist, sich die eigene Aura anzusehen und sie gut kennenzulernen. Dabei handelt es sich um die Fähigkeit, die eigene Aura zu verstehen, die Farben und die Form der Aura wahrzunehmen sowie sie klären und kräftigen zu können. Das bezieht sich auf Energien, die zum größten Teil gesehen, in einem geringeren Ausmaß gefühlt und zu einem viel geringeren Maße gehört werden können. Man nimmt diese Energien normalerweise in einem Radius von etwa 90-120 cm um den physischen Körper entfernt wahr. Die Fähigkeit, die Auras anderer Menschen zu sehen und mit ihnen zu arbeiten, nimmt ebenfalls zu.

Man vermag auch mit negativen Gedankenformen zu arbeiten, die einen lange Zeit geplagt haben. Mit der Zeit findet man mehr über sie, ihren Zweck und ihre Symbolik heraus. Dabei handelt es sich im wesentlichen um Gedankenformen, die mit anderen Menschen zu tun haben, und manche könnten sie auch als „medialen Angriff" interpretieren. Sie stellen jedoch keinen medialen Angriff dar, sondern einfach Energien, die ein Individuum als Folge seiner Interaktion mit einem anderen Menschen angezogen hat.

Die Wesen von Bellatrix haben sich jahrtausendelang mit dem Bewußtsein von Hellsehern und deren Aktivitäten beschäftigt. Sie haben Wege entdeckt, sich genetisch so umzukonstruieren, daß sie mehr vom Spektrum der elektromagnetischen Kräfte und der Gravitation wahrnehmen. Außerdem sind sie in der Lage, Energien aus feineren Dimensionen wahrzunehmen, die man als vier- und fünfdimensional beschreiben könnte. Wenn sich die Erdbewohner diese Themen genauer anschauen, geschieht eine unbewußte Übertragung, die die Grenzen von Raum und Zeit transzendiert und diese Wesen um Hilfe bittet. Wenn man Auras studiert oder sich damit befaßt, feinstofflichere Dinge zu sehen bzw. das Dritte Auge zu öffnen, spürt man normalerweise eine gewisse Traurigkeit. Diese Traurigkeit entspringt der gleichen Quelle, aus der auch diese Bitte um Hilfe stammt. Nach dem Gesetz der Hilfe heißt dies, daß die Hilfe auch gewährt werden muß. Stell dir vor, wie frustriert deine Helfer sein müssen, wenn sie versuchen, dir beim Aurasehen und beim Öffnen des dritten Auges zu helfen. Sie können auf der physischen Ebene nichts tun, sehen aber selbst Auras mit Leichtigkeit.

Die Menschheit hat die Fähigkeit des feinstofflichen Sehens in der frühen Epoche von Griechenland verlernt. Damals wurden Abgesandte dieses Sternes geschickt, um den Menschen zu helfen, wenn sie auf diesem Gebiet weiter lernen wollten, was stark zu den verschiedenen Mysterienschulen beigetragen hat. Diese Besuche trugen auch zur Entstehung anderer Methoden bei, die das Aurasehen auf der Erde bewahrten. Das Sternenlicht-Elixier ist diesbezüglich hilfreich, da es Menschen an vergangene Leben erinnert, in denen sie diese Fähigkeiten besaßen.

Auf Bellatrix zu meditieren, kann dazu beitragen, eine direkte Verbindung zu dieser Zivilisation herzustellen. Beim Meditieren kannst du deine Augen

Sterne der zweiten Größenordnung . . . .

schließen und dir eine Verbindung zwischen deinem dritten Auge und diesem Stern vorstellen. Dadurch gestattest du Bellatrix, dir Energie zukommen zu lassen, was eine ganz klare Form der Nutzung des Gesetzes der Hilfe ist. Dies könnte das dritte Auge öffnen, und wenn du erfolgreich bist, wirst du anfangen, dir mit deinen eigenen feinstofflichen Sinnen ein Bild dieses Sterns zu machen. Das heißt nicht, daß du nur hellsichtig vorgehst, du könntest den Stern auch erfühlen oder vielleicht durch innere Töne erfahren.

Bei Intensivierung des Kontakts zu Bellatrix neigen die Menschen zur Bewußtseinsveränderung. Obwohl die Wesen von Bellatrix ihre visuellen Fähigkeiten sehr weit entwickelt haben, war es für sie nicht immer einfach, das, was sie sahen, zum Wohle anderer einzusetzen. Daher geht es nicht nur um die diagnostische Hilfe, die der Einblick in die Aura eines anderen liefern kann, oder darum, mit der Wahrnehmung des hereinkommenden Strahls zu arbeiten, um anderen Menschen zu helfen, sich für einen Beruf oder eine Richtung zu entscheiden. Je mehr Menschen sich dieser feinstofflichen Energien bewußt werden, um so mehr stimmen sie ganz von selbst miteinander überein und kommunizieren auch durch Farben und Fühlen, und nicht nur durch Worte, Taten und Töne. So kommunizieren die Wesen von Bellatrix. Sie stimmen sich auf die Menschen ein und erkennen, wie die Emotionen, die Liebe und andere wundervolle Heilaspekte zur Zivilisation von Bellatrix beitragen können.

Die Aura der Sonne reicht nur etwa 3 Millionen Meilen über den entferntesten Punkt der Umlaufbahn Plutos hinaus. Außerhalb dieses Gebietes ist die primäre Aura der Sonne kaum zu spüren. Die Auras der meisten Sterne reichen bis zu ihren äußersten Planeten. Es ist ganz bewußt versucht worden, die Aura von Bellatrix so zu intensivieren, daß sie Millionen von Lichtjahren hinaus in den Raum reicht. Dazu neigt dieser Stern schon von Natur aus, und die Wesen, die mit ihm zusammengelebt haben, haben einfach einen Weg gefunden, dies noch zu verstärken. Daher gibt es Zeiten, während derer seine Aura die Erde umschließt und ein Teil der Erde ist. Dies kann Menschen helfen, eine Verbindung zu Bellatrix herzustellen.

EL NATH
(Beta Tauri)

[1,65^m] **Randstern der Plejaden. Bläulichweißer Riese in 200 Lichtjahren Entfernung.**

Die Energie von El Nath kann Individuen bei der Entwicklung der Fähigkeit helfen, mehrdimensional wahrzunehmen. Dazu können auch sehr inspirierte Channeling-Zustände gehören. El Nath ist besonders für ein tieferes Verständnis der Grundideen der Mathematik, der Physik und der Wissenschaft wichtig. Die Ideen der Form und der Geometrie, die etwas mit Multidimensionalität zu tun haben, können bis zu einer bestimmten inneren Ebene verstanden werden. Die Fähigkeit nimmt zu, intuitiv kosmische Prinzipien und Ideen wahrzunehmen. Diejenigen, die sich bereits mit Rechnen oder einfacher Mathematik plagen, werden sehr wahrscheinlich vom Einsatz dieses Sterns profitieren. Der Einfluß von El Nath fördert auch Einsichten in das I Ging.

Die Wesen auf El Nath haben eine hohe Stufe interdimensionalen Wirkens erreicht. Sie waren an Befruchtungsvorgängen, Liebes- und Expansionsprozessen beteiligt, die für viele andere Zivilisationen sehr inspirierend waren. Die genetische Befruchtung, die der Befruchtung der Erde vorausging, ist ein Aspekt, der alle Erdbewohner tief berührt. Einige der genetischen Strukturen, die die Wesen von El Nath an viele andere Zivilisationen weitergegeben haben (u.a. an die Wesen von den Plejaden, von Zeta Retikuli und Sirius), sind bei der genetischen Beeinflussung der Menschen angewandt worden, um einen kontinuierlichen genetischen Strang zu erzeugen. Einige grundsätzliche Entdeckungen und wesentliche Verbesserungen der genetischen Strukturen, die von feinstofflichen Energien beeinflußt werden (besonders durch die Verbindung zum ätherischen Körper), waren Pionierarbeiten der Wesen von El Nath. Übrig geblieben ist von der Arbeit dieser Wesen die Fähigkeit, genetische Strukturen zu beeinflussen – das ist wichtig, um Menschen innere Informationen zukommen zu lassen. Viele derer, die mit der plejadischen Zivilisation etwas zu tun hatten, kannten sich damit sehr gut aus. Und als sie selbst zur Befruchtung der Menschheit beitrugen, gab es einige bewußte Versuche, den Menschen einige Gene zu geben, die sich auf den Verstand, den Mentalkörper sowie auf Filter in bezug auf frühere Leben bezogen. Dabei handelte es sich um Gene, die fast identisch mit den von El Nath entwickelten Genen waren. Diese Dinge reichen in der Genetik Millionen von Jahren zurück. Menschen, die sich für spirituelle Fähigkeiten und ein tieferes Verständnis ihrer selbst sowie dem Verstehen Außerirdischer hingezogen fühlen, werden von El Nath sicherlich profitieren. Schon allein deshalb, weil ein Teil von ihnen eine Verbindung zu El Nath hat, kann die Arbeit mit El Nath viele Menschen daran erinnern, wer sie wirklich sind, auch wenn sie sich nicht bewußt auf El Nath eingestimmt haben oder ein Verständnis feinstofflicher Energien besitzen.

Diese Zivilisation von El Nath hat einen ausgewogenen Weg gefunden, wissenschaftlich zu arbeiten. Auch heute strahlt sie noch eine sehr wichtige Botschaft über den Gebrauch und Mißbrauch von Technologie und Wissenschaft aus. Mathematik und wissenschaftliche Bewußtheit in all ihren Facetten kann für Menschen zum Verständnis ihres Universums sehr wichtig sein – jedoch nicht auf rational-wissenschaftliche Art, sondern auf eine emotionale und anerkennende Art, die auf Bewußtsein beruht und dem Universum Achtung entgegenbringt. Einstein ist ein führendes Beispiel für ein Bewußtsein, das bei der Arbeit mit und im Verstehen der Natur in ehrfürchtiges Staunen verfällt.

Welche Sprache könnten Zivilisationen zur Kommunikation untereinander verwenden, wenn sie sich über sehr große Distanzen und sogar über mehrere Galaxien hinweg etwas über Gene und die Entwicklung physischer Formen mitteilen wollten? Diese Frage war für die Wesen von El Nath lange Zeit von größter Bedeutung. Die Antwort darauf kam in Zusammenhang mit einer tiefen Dankbarkeit und einem tiefen Verständnis des Universums und der kosmischen Gesetze, die im wesentlichen auf Mathematik beruhen. Diese Gesetze beruhen nicht auf Vorstellungen oder Ideen von Wesen, sondern auf den Sternen und den Aktivitäten des Kosmos selbst. Die Bereitschaft, sie als universelle Sprache anzuerkennen, nimmt ganz von selbst zu, wenn man mit El Nath arbeitet. Ganz wunderbar auf die irdische Ebene gebracht wurde sie in Form des I Gings. Dies ist eine Wahrsagemethode, die nicht auf einer irdischen Technologie beruht, sondern die in der Tat durch viele Ebenen des Bewußtseins zur Erde gelangt ist, einschließlich der von El Nath. Menschen, die sich ganz und gar nicht zu solchen Dingen wie Wissenschaft oder Mathematik hingezogen fühlen, können viel Freude und Erkenntnis aus der Arbeit mit dem I Ging ziehen. Dabei stimmen sie sich auf universelle Prinzipien ein und erinnern sich selbst daran, diese als eine mächtige universelle Sprache einzusetzen. Dies ist auf höchster Ebene die eigentliche Idee der Mathematik. Wie jeder ausgebildete Mathematiker euch bestätigen kann, ist Mathematik ein Weg, mit dem Universum zu kommunizieren und es zu verstehen.

ALNILAM
(Epsilon Orionis)

[1,70^m] **Bläulichweißer Übergigant, 1.600 Lichtjahre entfernt.**

Dieser Stern kann die Fähigkeit steigern, Verantwortung zu tragen. Schultern und die Nackenmuskulatur werden gekräftigt und unterstützt. Die Fähigkeit, Abkürzungen wahrzunehmen, die einem dem Ziel der eigenen Aufgaben in der Welt näherbringen, steigt, und es wird dafür gesorgt, daß man diese Abkürzungen nehmen kann, ohne daß es einem schadet oder man in Schwierigkeiten gerät. Hinzu kommt eine Verbesserung der Fähigkeit, Ziele und Mittel ins Gleichgewicht zu bringen und sie so zu sehen, wie sie sind. Das Thema „persönliche Verantwortung" ist für die Menschen auf der Erde im Augenblick sehr bedeutsam.

Alnilams Bewohner teilten sich in zwei Rassen auf. Die beiden Rassen hatten eine Reihe von Auseinandersetzungen, bewältigten sie aber mit der

Zeit, indem sie gemeinsam Verantwortung übernahmen. Sie befruchteten sich gegenseitig, und es entstand eine dritte Rasse, die alle Fähigkeiten der beiden anderen besaß. Diese neue Rasse besaß die natürliche Fähigkeit, ohne Raumschiffe durch den Raum reisen zu können, und zwar auf eine sehr ethische, verantwortliche und bewußte Art. Dadurch wirken sie gelegentlich als Führer und Helfer für die Erdbewohner oder als Führer und Helfer der Geistführer derselben. Sie beschäftigen sich auch damit, Informationen zu vermitteln, mit denen Menschen daran arbeiten können, sich angemessener zu verhalten.

Ihre Art, das Universum zu verstehen und mit ihm umzugehen, unterscheidet sich sehr von der Art der Menschheit. Sie können die Botschaft nicht verstehen, die die Menschheit bezüglich Eigenverantwortung aussendet. Wie können sich Wesen nur gegenseitig bekämpfen, ihren Planeten zerstören und für sich selbst eine Umgebung schaffen, die nicht nur sie töten wird, sondern auch all die wunderschönen Lebensformen, die mit ihnen zusammenleben? Warum trachten sie nicht nach Wissen und Erkenntnis ihrer Umwelt, der Menschen, die sie umgeben, und ihres Daseinszwecks? Sicherlich verstehen diese Wesen von Alnilam, daß in der genetischen Zusammensetzung der Menschen gewisse Aspekte fehlen und es daher schwierig ist, diese Dinge in Erfahrung zu bringen. Und sie verstehen auch sicherlich, daß es durch die Entstehung vieler voneinander getrennten Kulturen zu Kriegen kommt. Doch in ihnen ist da dieses Grundgefühl. Es handelt sich dabei nicht um eine Emotion. Wenn man dieses Gefühl auf einen Menschen übertragen würde, wäre es so etwas wie Abscheu gegenüber der menschlichen Rasse. Doch da diese Wesen eigenverantwortlich sind und ethisches Bewußtsein als Technik und Mittel erlangen wollen, um ihrem Universum Mitgefühl, Verstehen und Weiterentwicklung zu geben, müssen sie sich natürlich mit diesem Problem auseinandersetzen. Dadurch wird ihre Aufmerksamkeit auf die Erde gezogen, denn das Wesen, das die größte Menge an Schwierigkeiten projiziert, kann als Lehrer dienen und einem viel über sich selbst lernen lassen. Die Erdbewohner fungieren daher als Spiegel für diese Wesen. Je mehr die Menschheit Verantwortung für sich selbst übernimmt, wird sich auch die Aufmerksamkeit dieser Wesen von ganz alleine woandershin verlagern.

Im Schulterbereich werden vorübergehend Energien gespeichert, die später in Form von Armbewegungen freigesetzt werden sollen. Diese Energien stehen von Natur aus mit Verantwortung in Verbindung. Da diese Wesen stark ethisch motiviert sind, würden sie sich niemals einmischen. Sie werden jedoch euren Geistführern Wissen und Informationen zur Verfügung stellen. Sollten auf der Erde Atomwaffen benutzt werden, werden die

Sterne der zweiten Größenordnung . . . .

Wesen von Alnilam dazu beitragen, diese Energie umzugestalten, damit die Galaxie dadurch keinen großen Schaden nimmt.

Auf einer sehr hohen spirituellen Ebene stehen diese Wesen direkt als Lehrer zur Verfügung. Man könnte im Traum auf einen Lehrer treffen, der einem sagt: „Dies ist der richtige Weg und dies der falsche." In vielen Fällen hast du vielleicht gedacht, daß es sich dabei um dein eigenes Gewissen handelt. Dies kann auch der Fall sein. Manchmal handelt es sich jedoch um eine Energie, die aus dieser anderen Welt stammt, die dir im Traum durch den Schleier eines Bewußtseins erscheint, das du sie annehmen kannst oder nicht.

ALIOTH
(Epsilon Ursae Majoris)

[1,78^m] **Bläulichweißer, pulsierender Stern im magnetischen Spektrum, der kräftige Europium- und Chromlinien aufweist.**

Dieser Stern kann die Fähigkeit steigern, sehr liebevolle Zustände hervorzurufen und Liebe auf eine angemessene Art zu kommunizieren. Wir empfehlen dieses Elixier Beratern, die mit Menschen arbeiten, die unter mentalen und psychischen Störungen einschließlich Schizophrenie und manischer Depression leiden. Dies wird keinen direkten positiven Nutzen für den Patienten haben, sondern soll dem Berater helfen.

Mit Alioth kann man Zucker besser verstoffwechseln, besser mit zuckerartigen Substanzen umgehen und unbewußte Assoziationen verstehen, die mit Süße zu tun haben, so daß man liebevolle Umstände im Gleichgewicht halten und die mit Gewichtsverlust verbundenen Prinzipien verstehen kann. Hilfreich ist der Stern auch bei einigen Individuen, die unter Bulimie oder unter Magersucht leiden. Es ist schwierig, Liebe in die Herzen der Menschen zu bringen. Das liegt an den Barrieren, die erzeugt werden durch die negativen Kräfte auf der Erde, durch Krieg, durch die Energien der negativen Gedankenformen der Menschen, durch Krankheitsmuster, Verleugnetes aus vergangenen Leben und vielen anderen Dingen. Daraus sind Gedankenformen entstanden, die sagen, daß man nur einen Menschen auf einmal lieben kann, und wenn man mehrere liebt, entwickelt sich daraus ein großer Kampf. Andere sagen, daß Liebe immer etwas Persönliches sein muß, etwas, das einen nährt und wodurch man Selbsterfüllung erfährt. Es ist nicht klar, daß Liebe etwas Expansives und Universelles ist, etwas, das eurem Planeten hilft. Es fällt Menschen schwer, über diese Liebe zu kommunizieren, da die Sprache selbst nicht kunstfertig genug ist und die Mittel dazu nicht bereitstehen. Die Wesen von Alioth möchten einfach nur helfen und unterstützen, wo es möglich ist. Sie haben jedoch herausgefunden, daß diese Energie alles abblockt, was sie tun würden, daher fällt es ihnen äußerst schwer, der Menschheit beim Lernen ihrer Lektionen zu helfen. Ihre eigentliche Fähigkeit ist es, jeder Zivilisation beim Herausarbeiten ihrer eigenen Lektionen behilflich zu sein. Da es für die Menschheit so wichtig ist, etwas über die Liebe zu lernen, haben diese Wesen ihre Energie auf die Erde gerichtet.

Christus, Mohammed und Konfuzius haben alle eine gewisse Zeit in jenem Planetensystem verbracht. Es ist ein ungewöhnliches System, das aus drei Monden und einem zentralen Planeten besteht. Sie kommen sich so nahe, daß die Liebesenergien und die anderen von diesen Wesen eingesetzten Energien die Gravitationsfelder verändern, was zur Folge hat, daß die drei Monde in einem stabilen Orbit bleiben. Obwohl dies nicht so vorgesehen war, stellte es einen Weg dar, mit den Gravitationskräften zu arbeiten und die ätherischen Energien zu begreifen, die diesen Wesen zueigen waren. Menschen von der Erde haben sich im Traum- oder Trancezustand kurzzeitig in diesen Welten aufgehalten. Einige der erleuchtete Wesen auch physisch. Bislang war es jedoch noch nicht von Erfolg gekrönt, die Energien zur Erde zu transferieren, mit denen die Menschen dort gearbeitet haben.

Bleibt nur noch die Methode, diese Energie zur Erde zu beamen. Die Idee war, eine Brücke zu erschaffen, indem man das im Stern enthaltene Chrom in Oszillation versetzte. Chrom besitzt im Rahmen des menschlichen Verständnisses und ihrer Arbeit mit Liebe auf vielen Ebenen eine übergeordnete Funktion. Das kommt teilweise von dem Aspekt der Süße, den die Liebe hat und der bei den meisten Menschen eine vorrangige Stellung einnimmt. Die richtige Verwertung von Glukose, eine angemessene Insulinproduktion, das Gleichgewicht des Blutzuckerwertes bezüglich Hyperglykämie und Hypoglykämie werden alle stark von Chrom beeinflußt. Die Idee war, daß dieser Stern eine Schwingung projiziert, die auf die charakteristische Handschrift des Chroms aufgesetzt worden ist, so daß sie auf diese Weise auf die Erde gelangen würde. Diese Wesen haben ganz besonders liebevolle, mitfühlende und bewußte Energien gebündelt, auf ihren Stern übertragen und so auf die Chromschwingung übertragen, daß sie zur Erde transferiert werden konnten.

Es ist für diese Wesen sehr frustrierend, daß auf der Erde gegenwärtig der Erdboden ausgelaugt wird. Zu den ersten Mineralien, die verschwinden, gehört auch Chrom. Die meisten Menschen sollten Chrom zumindest in kleinen Mengen als Nahrungsergänzungsmittel zu sich nehmen, da es immer weniger aus den natürlichen Quellen bezogen werden kann. Zu den natürlichen Quellen zählt z.B. das Gras, welches von den Kühen gefressen wird. So gelangt es dann in die Milchprodukte. Diese Produkte, in denen heutzutage kaum noch Chrom enthalten ist, waren für die meisten Menschen die letzte Chromquelle. Möglicherweise ist es vorteilhaft, wenn man Chrom in wässriger Lösung dem Sternenlicht aussetzt. Das gleiche gilt für den Fall, wenn man einen Tropfen des Sternenlicht-Elixiers in ein Fläschchen Chrom in wässriger Lösung gibt. Man kann viel leichter mit der Schwingung jeder Substanz arbeiten, wenn sich diese in einer wässrigen Lösung befindet, da Wasser ein wichtiger Umwandler und Überträger vieler Energien ist.

MIRFAK
(Alpha Persei)

[1,80^m] Weißer Übergigant, 500 Lichtjahre entfernt.

Dieses Elixier reinigt den Verstand und verbessert die mentalen Funktionen. Das Individuum kann die natürliche Reinigungsfunktion seines Strahls besser in sich aufnehmen, und der Strahl wird dadurch kraftvoller. Das Individuum kann negative Gedanken und Verhaltensmuster besser loslassen. Die Ausscheidung gewisser Stoffe, besonders toxischer Metalle, wird ebenfalls gefördert. Es wäre klug, die Einnahme mit der Visualisation eines Wasserfalles zu verbinden, der von Kopf bis Fuß durch den Körper braust und der durch den Stern enorm gesteigert wird.

Die Energie dieser Zivilisation und der Stern sind miteinander verbunden. Vor circa 570.000 Jahren gab es ein Problem, als den Wesen, die bislang friedlich mit ihrem Stern zusammengelebt hatten, auffiel, daß die Flare-Aktivität (Flares sind kurzzeitige Energieentladungen, bei der energiereiche Elementarteilchen aus der Sonne herausgeschleudert werden – Anm.d.Ü.) ihrer Sonne immer mehr zunahm. Als die Flares stärker und größer wurden, entwickelte sich daraus ein großes Problem. Sie erkannten, daß sie die Möglichkeit hatten, diese Energien abzulenken oder sich mit Schutzschilden zu behelfen. Aber es wurde ihnen klar, daß dies hinsichtlich der karmischen Absicht ihres eigenen Planeten und für das Bewußtsein ihrer Zivilisation nicht der beste Weg war. Stattdessen sahen sie es als wertvoller an, den höheren Aspekt des Geschehens zu akzeptieren: eine Zerstörung bereitet der Schöpfung von Neuem den Weg. Sie erkannten, daß die Sonnenflares selbst eingesetzt werden konnten, um psychologischen Schutt und feinstoffliche Energien hinwegzufegen, die in ihrer Zivilisation nicht mehr benötigt wurden.

Diese Wesen von Mirfak haben die Ureinwohner Amerikas, sowohl im Norden als auch im Süden, gewisse Individuen in Skandinavien sowie die Eskimovölker im Gebiet der ehemaligen Sowjetunion, der nördlichsten Gebiete von Nordamerika wie Alaska und die kanadischen Rocky Mountains, beeinflußt. Abgesandte von Mirfak kamen auf die Erde, um Reinigungsmethoden zu lehren. Dabei handelt es sich um sehr wichtige Techniken, die von diesen eingeborenen Kulturen angenommen wurden und mit denen sie sehr lange arbeiteten. Zu den kraftvollsten der weitergegebenen Techniken gehören die Schwitzhütte und die Sauna. Wenn man sich in einer Schwitzhütte oder Sauna befindet, wird man sich oft ganz von selbst etwas Ähnliches wie einen kühlenden Wasserfall vorstellen, nicht nur wegen der Hitze, sondern auch wegen seiner reinigenden Qualität.

Wenn sich die Menschen auf diese reinigenden Energien einstimmen, lernen sie sich selbst etwas besser kennen. Man akzeptiert dabei die natürlich auftretenden Energien und setzt sie nach den eigenen Fähigkeiten bestmöglich ein. Diese Eigenschaft haben diese Wesen in sich selbst entwickelt, und sie läßt sich nicht so einfach an die Erdenmenschen weitergeben. Man sah den ganzen Prozeß ganz wunderbar im Wasserfall versinnbildlicht. Möglicherweise fällt es Menschen, die mit indianischen Geistführern kommunizieren können, leichter, dies zu tun, wenn sie sich neben oder in einem Wasserfall sehen. Möglicherweise stellen sie auch fest, daß ihnen die Visualisation eines Wasserfalls helfen kann, sich auf Mirfak und seine Zivilisation einzustimmen. Viele Menschen werden davon profitieren, das Sternenlicht-Elixier einzunehmen, wenn sie auf einer tieferen Ebene mit den Geistern der amerikanischen Ureinwohner kommunizieren wollen.

Die Wesen von Mirfak vermochten die scheinbar destruktiven Sonnenflares als eine positive, reinigende Einrichtung zu nutzen. Auf die gleiche Art können Menschen scheinbar negative Energien verwenden, sie klären und erkennen, was ihre Botschaft ist. Das gilt z.B. für Vergiftungen, Toxine, Vorgängen im physischen Körper, bei denen ein Prozeß nicht zu Ende gebracht werden kann, und Vorgänge, bei denen etwas verstopft ist. Man heißt eine neue Energie willkommen, indem man das beseitigt, was nicht benötigt wird. Das ist die grundlegende Botschaft dieser Wesen. Ein Wesen aus diesem Sternensystem hat sich direkt auf der Erde verkörpert: das Wesen, das im Hinduismus als Shiva bekannt ist. Durch die Heiligengeschichten über dieses Wesen fungierte es als Symbol für diese Art von Reinigung und Zerstörung, die dann den Weg für wunderbare Energien bereitet, die für die Evolution der Menschen nötig sind.

KAUS AUSTRALIS
(Epsilon Sagittarii)

[1,81^m] **Bläulichweißer Unterriese in 150 Lichtjahren Entfernung.**

Dieser Stern verstärkt die Fähigkeit, sich angemessen auszudrücken und die Stimme so zu modulieren, daß man die gewünschte Antwort erhält. Er kann auch die Fähigkeit verbessern, anderen genau zuzuhören und zu verstehen, was sie sagen, ohne ihnen die eigenen Ideen aufzudrängen. Die Hellhörigkeit nimmt zu. Man kann anderen Menschen aufrichtig und ausgeglichen Dinge mitteilen, auch wenn sie möglicherweise die andere Person erschüttern.

Der Stern selbst pulsiert und projiziert Energien auf sehr feinstofflichen Ebenen, die man fast Oktaven-Übersetzungen verschiedener Frequenzen ätherischer Energie nennen könnte. Wer sich auf musikalische und gesprochene Formen einstimmt, wird sie natürlich in verschiedene Töne übersetzen. Es handelt sich hier um ein repetitives Muster, das zwar nicht besonders musikalisch klingt, jedoch für Menschen, die mit Tönen arbeiten, sehr inspirierend ist. Der Stern projiziert die Fähigkeit in die Menschen hinein, die Macht der Stimme verstehen zu können. Diese Energie kann auf viele Menschen eine mächtige Wirkung haben. Sie kann ihnen Alternativen aufzeigen, Menschen auf ihre Stärken aufmerksam machen und, was noch wichtiger ist, ihnen zeigen, daß der Stern eine ätherische Erscheinung projiziert, die sagt: „Ich bin". Die natürlichen Schwingungen dieses Sternes sollen uns an die große Macht des Gesetzes der Sprache erinnern. Dieses Gesetz besagt, daß die Sprache selbst außerordentlich fähig ist, zu durchdringen und Veränderung zu bewirken. Zivilisationen, die nach der Energie dieses Sternes gesucht haben, haben viel von ihr gelernt. Kaus Australis hat zwar keine Planeten, aber über Schwingungen Kontakt zu anderen Wesen, die zu ihm kommen, um etwas über diese Energien zu lernen.

In der Vergangenheit wurde Kaus Australis eingesetzt, um Töne zum Heilen und zur Bewegung von Objekten hervorzubringen. Es hat auch viele andere Aktivitäten im Zusammenhang mit diesem Stern gegeben. Auch die Methoden, mit denen man durch Worte anderen Schaden zufügen konnte, kamen von ihm. Sie brachten jedoch keine förderlichen Ergebnisse hervor. Die verschiedenen, eng mit der irdischen Evolution verbundenen Wesen, haben ihre Energien mit dem Stern koordiniert, um die Energien zu filtern, die jetzt von Kaus Australis auf die Erde gelangen, damit sie genau auf die Menschen zugeschnitten sind. Es werden nur noch Energien von diesem Stern projiziert, die den Menschen die höchsten und besten Einsatzmöglichkeiten der Sprache und die besten Gesangsformen zeigen, mit denen sie ihre Stimme kennenlernen können. Der wichtigste Aspekt dieser Energie ist allerdings, daß sie den Menschen auch die Wahrheiten zeigen, die ganz von selbst zutage treten, wenn die Stimme auf angemessene Art eingesetzt wird.

DUBHE
(Alpha Ursae Majoris)

[1,8-1,9^m] **Gelber Riese in Begleitung von drei anderen Sternen in 105 Lichtjahren Entfernung.**

Diese Sterne können die Fähigkeit stärken, heilende, wärmende und regenerierende Energie aus dem Herzen zu projizieren. Die Person kann diese Energie bewußter in sich selbst, eine andere Person, die Welt als Ganzes, Tiere, Steine oder Pflanzen hineinleiten. Eine besonders gute Anwendungsmöglichkeit wäre, diese Energie in einen klaren Quarzkristall hineinzuleiten und ihr zu erlauben, kraftvoller zu werden und von sich aus zu schwingen. Die Verbindung von freiem Willen und Liebe kann anderen besser vermittelt werden. Diese Sterne können auch gewisse Zustände hervorrufen, in denen du bereit bist, Menschen, von denen du abstammst, umfassender zu vergeben, seien das deine Eltern, Großeltern oder andere Vorfahren.

Diese Sterne können auch die Entstehung einer Energie fördern, die unabhängig von liebevollen Umständen existieren kann, die von Menschen geschaffen wurden. Dabei handelt es sich um eine kraftvolle Methode der Bereitstellung von Liebesenergie, deren unabhängige Existenz den Menschen einen freien Willen zugesteht und ihnen die Wahl überläßt, mit dieser Energie auf geeignete Weise zu arbeiten oder nicht. Diese Methode wurde von einer Gemeinschaft mehrerer Zivilisationen entwickelt, die auf mehreren, die Sterne umkreisenden Planeten gelebt haben. Im Lauf der Zeit haben sie Methoden des Umgangs mit freiem Willen ausgearbeitet. Die Erforschung dieser Methode ist jedoch noch nicht abgeschlossen, und diese Zivilisationen werden sehr daran interessiert sein, wie sie sich entwickelt, wenn Menschen sie kennenlernen.

Während der Frühphase der lemurischen Kultur erkannten die Wesen von Dubhe, daß die Arbeit an der Erhöhung der Schwingung des Goldes eine wichtige Methode ist, es den Menschen zu ermöglichen, noch intensiver über die Liebe zu kommunizieren. Man machte sich an den Versuch, und einige Überreste davon sind heute noch vorhanden. Gold als Material hat für die Person, die es bei sich trägt, großen Nutzen, und das Gold-Elixier trägt sicherlich zur Öffnung des Herzens bei. Man sah jedoch auch, daß Menschen Gold mißbrauchten, da es relativ selten auf der Erde vorkommt. So konnten gewisse Aspekte der Gier und andere Dinge mit dem Gold ihren Anfang nehmen. So entstand ein Problem, und die Lemurier, die die Zukunft der Menschheit sahen, begannen, mit anderen Wesen darüber zu kommunizieren. Dieser Prozeß war erst in der mittleren Periode der ägyptischen Kultur abgeschlossen, und die Ergebnisse wurden zunächst in bestimmten begrenzten Gebieten umgesetzt. Die Kulturen, die etwa zwischen 200 und 500 n.Chr. auf der Erde lebten, erfuhren wichtige Veränderungen in ihrer Beziehung zu Gold. Die Inka-Kultur und verschiedene primitive Kulturen in Südamerika verstanden, welchen Wert Gold besaß, doch hätten sie es niemals mit Gier in Verbindung gebracht. Gleichzeitig gab es gewisse Kulturen in Westeuropa, die bereit waren, für Gold zu töten.

Man erkannte, daß es notwendig war, eine neue Energie zu erschaffen, die die Menschen finden konnten und durch die sie an die Liebe erinnert werden würden. Als Ausgangspunkt für diese Energien setzte man auf der

Erde das Gold ein. Die Energie des Goldes wurde nicht wesentlich verändert, sondern eine neue Energie wurde hinzugefügt.

Individuen, die sich auf die Energie der Liebe einstimmen, sie jedoch auch außerhalb ihrer selbst als eine unabhängig Schöpfung erfahren wollen, können sich diese Liebe tatsächlich als eine heilende Kraft vorstellen, die in eine andere Person, in einen Kristall oder eine Schüssel Wasser gegossen werden kann. Man kann diese Energie in vielerlei Weise verwenden.

Die Wesen von Dubhe werden den Menschen diese Energie weiterhin zur Verfügung stellen, sich aber nicht einmischen. Sie werden den Menschen ihren freien Willen lassen sowie die Möglichkeit, sich abzuwenden, wann immer sie es möchten. Dies gibt uns einen weiteren Hinweis auf die Anwendung dieses Elixiers – nämlich etwas anders als andere Elixiere. Man kann es Menschen ohne ihren ausdrückliches Wunsch schenken. Es kann daraus kein Schaden entstehen. Sie werden zu keiner Entscheidung gezwungen, sondern werden einfach als Folge davon, daß sie dem Elixier ausgesetzt waren, eine natürliche Gelegenheit bekommen, ihrem freien Willen entsprechend etwas mehr Liebe in ihr Leben zu lassen.

ALNITAK
(Zeta Orionis)

[1,8-2,1^m] Bläulichweißer Doppelstern in 1.500 Lichtjahren Entfernung. Alnitak A ist ein Übergigant, Alnitak B ein bläulichweißer Riese mit einer starken ultravioletten Strahlung.

Diese beiden Sterne können ein Potential freisetzen, das mit höheren medialen Fähigkeiten zusammenhängt, die auf viele verschiedene Arten eingesetzt werden können. Im allgemeinen werden sie jedoch zu einer signifikanten Veränderung der Schwingungen der Person führen. Das wird sowohl diese medialen Fähigkeiten stärken, als auch mehr Energie für den Einsatz dieser Fähigkeiten bereitstellen. Zu den betreffenden medialen Fähigkeiten gehören Fernwahrnehmung, Translokationen, die Duplikation von Materie, Levitation, Präkognition und die Fähigkeit, innere Organe sehen zu können. Auf Alnitak zu meditieren oder mit dem Elixier zu arbeiten kann die Medialität auf vielen Ebenen stimulieren. Dabei wird es zu einer allmählichen und subtilen Befähigung kommen, die nicht direkt die Medialität intensiviert.

Die Wesen, die mit den Planeten des Alnitaksystems in Verbindung stehen, haben Methoden zur Fortbewegung entwickelt, die auf feinen Schwingungsenergien beruhen. Zu diesen feinen Energien zählen auch die euch bekannten medialen Energien, Energien der vierten und fünften Dimension und Kräfte, die ihr vielleicht als übernatürlich bezeichnen würdet. Als sie in der Frühphase der Befruchtung (die ruhige Phase zwischen den Dinosauriern und der Entwicklung der Menschheit) auf die Erde kamen, wurden die Pflanzen und Tiere beeinflußt. Allein durch ihre Anwesenheit stellte man eine gesteigerte telepathische Aktivität fest. Dies wurde in die genetischen Strukturen der Menschen eingebaut und führte zur Entstehung verschiedener Genotypen, die die Entwicklung der Medialität in Menschen aufgrund ihres Erbgutes fördern können. Die Wesen von Alnitak überwachten diese Vorgänge und projizieren eine Energie, die die genetischen Strukturen der Menschen auf natürliche Art stimulieren und in Schwingung versetzen, damit es zu einer graduellen Manifestation dieser Fähigkeiten kommt. Durch die Verdichtung der Äther der Erde ist es dazu gekommen, daß diese verschiedenen Talente sehr flüchtig sind und es schwer ist, mit ihnen zu arbeiten. In der Zwischenzeit haben die Wesen aufgehört, einen direkten Einfluß auszuüben und konzentrieren ihre Bemühungen auf Alnitak selbst.

Für Alnitak war es einfach, diese Energien auszustrahlen, nachdem man ihn überzeugt hatte, daß die tieferliegenden Bewußtseinsfunktionen der Menschen seinem Bruder Sonne zugute kommen würden. Diese Energien werden den Menschen übermittelt, wenn sie sich ihrer Verbindung zur Sonne bewußt sind. Manche Menschen haben Blockaden in bezug auf ihre Medialität. Sie wissen, daß diese Begabungen in ihnen schlummern, doch sie können sich einfach nicht darauf einstimmen. Möglicherweise stellt sich die Mischung des Alnitak- mit dem Sonnenlicht-Elixier als mächtiges Werkzeug bei der Lösung solcher Blockaden in Menschen heraus.

WEZEN
(Delta Canis Majoris)

[1,84^m] Weißer Übergigant,
2.000 Lichtjahre entfernt.

Durch die Verwendung von Wezen vermag man die Wahrheit anderer besser zu sehen, besonders wo sie mit Zuständen unterdrückter Liebe oder gewissen Potentialen zu tun hat, für die Liebe eine Bedingung ist. Man kann solche Schwierigkeiten auch besser bei sich und anderen erkennen und kennt das wahre Potential anderer. Man ist mehr in der Lage, andere bei der Verwirklichung ihres höchsten Potentials zu unterstützen. Bei körperlichen und sportlichen Aktivitäten in der Gruppe verbessert sich die Koordinationsfähigkeit. In einem gewissen Ausmaß steigt auch die Fähigkeit, den physischen Körper in ausschließlich kreativen Zuständen zu bewegen, wie z.B. beim Tanzen oder wenn man gerade anfängt, verschiedene Kampfkunstdisziplinen zu erlernen.

Wezen ist auch in gewissem Rahmen in der Lage, in Menschen die Transformation lang vergrabener Energien zu ermöglichen. Dabei handelt es sich um wichtige Aspekte, die in den früheren Leben der Menschen allgemein bekannt waren. Es waren Zeiten, als sie sich größer und wichtiger

Wahrheiten bewußt waren. Das war der Fall nach einer großen Wissensexplosion in der Frühphase der atlantischen Kultur sowie in der Zeit, als in Ägypten die großen Pyramiden in Gizeh fertiggestellt wurden und den Menschen das Wesen der Erde sehr bewußt war. Und es ist auch die Zeit gemeint, als den griechischen Orakeln und ihrer Fähigkeit, vom damaligen Geistführer Pallas Athene übermittelte Information und Energie zu transformieren, höchste Anerkennung zuteil wurde. All diese Energien sind von Wezen stark beeinflußt worden, denn immer, wenn die Erdbewohner mit ihrem eigenen Verständnis von Kulturen arbeiteten, wurde eine Schwingung erzeugt, die von Wezen und seiner Zivilisation leicht bemerkt werden konnte. Die Schwingung erzeugte eine Resonanz, und der Stern produzierte daraufhin kleinere Flares, damit er heller, klarer und fähiger wurde, den Menschen auf der Erde Energie zurückzuprojizieren. Er könnte in der Zeit des großen Übergangs entweder um 2012 oder um 2026 etwas heller werden. Macht euch an dieser Stelle keine Sorgen um die Lichtgeschwindigkeit, da diese Dinge zeitlich genau so geplant sind, daß sie zu einem für die Entwicklung der Menschheit angemessenen Zeitpunkt stattfinden.

Deshalb gibt es in allen Menschen, die sich in einem früheren Leben dieser größeren Wahrheiten und der Expansion von Kulturen bewußt waren, eine grundlegende Verbindung zu diesen Bereichen des Unterbewußtseins. Dieser Stern strahlt in der Tat eine sehr erdzentrierte Energie und eine erdbezogene Wahrheit aus. Sie sollen daran erinnern, was es bedeutet, auf der Erde zu leben, Menschen zu kennen und das Wesen eurer Zivilisation zu verstehen. Wezen erinnert die Menschen daran, was sie brauchen und wer sie wirklich sind.

In Zeiten wie diesen, in denen vergrabene Wahrheiten wieder zum Vorschein kommen, die für die Menschheit sehr wichtig sind, entsteht ein gewisser emotionaler Funke, der als mächtiger Wegweiser dienen soll. Er wird im Astralkörper festgehalten, der ausgesprochen geeignet ist, Informationen aus vergangenen Leben zu speichern. Dieser Funke wird dann in Gegenwart des Sterns in Richtung dieser Person freigesetzt, wodurch sie an alte Zeiten erinnert wird. Dies waren Zeiten, die ‚von damals aus betrachtet, Pforten in die Zukunft waren, daher bekommt man einen kurzen Einblick in große und wichtige Wahrheiten, die einen selbst betreffen, wenn man solchen Informationen ausgesetzt ist.

Es ist sicherlich nicht besonders wichtig, diese Wahrheiten auf einer verbalen, bewußten oder einer artikulierbaren Ebene zu verstehen. Der Astralkörper kommuniziert nonverbal oder künstlerisch. Möglicherweise kommt der Verstand durch körperliche Bewegung zur Ruhe, so daß man diese innerlichen Zustände bewußter wahrnehmen kann. Bewegung und Tanz nahmen oft in Zeiten großer Inspiration und großer Bewußtheit ihren

Anfang, und in der Regel kann man durch diese Art von Bewegung und Tanz zu den Wurzeln solcher Energien zurückkehren. Die Wahrheit befindet sich normalerweise in den Zellen, in den Strukturen des Körpers, daher führt die Bewegung dieser Strukturen oft dazu, daß solche Wahrheiten losgelöst und offenbart werden.

Geistführer von diesem Stern haben bei diesem Prozeß der Offenbarung lang vergrabener Informationen über die Sterne und ihre Botschaften mitgeholfen.

ALKAID
(Eta Ursae Majoris)

[1,86ᵐ] Bläulichweißer Stern in 150 Lichtjahren Entfernung.

Dieser Stern kann hilfreich sein, spirituelle Ideen in innere Vorstellungen von Macht, Ausdruck und Emotion zu integrieren. Dadurch können lang vergrabene Emotionen, Machtgefühle und eine gesteigerte Ausdrucksfähigkeit zu Bewußtsein kommen. Erkenntnisse in diesen Bereichen werden eine bessere Integration des Individuums fördern. Das sich daraus ergebende stärkere Gleichgewicht wird eine bessere körperliche Gesundheit sowie ein Gefühl der Wärme im physischen Körper hervorrufen. Menschen, die gerade anfangen, sich vegetarisch zu ernähren, oder Schwierigkeiten haben, Wärme in ihrem physischen Körper zu halten, tun gut daran, diesen Stern zu verwenden.

Alkaid hat auf den drei ihn umgebenden bevölkerten Planeten viele Jahrhunderte lang zu einem Temperaturanstieg geführt. Die Bewohner nutzten diese Energie zunächst zur Steigerung ihrer körperlichen Energie. Als sie sich in den Raum hinauswagten und diese Energien in feinstoffliche Schwingungen umwandeln konnten, entdeckten sie, daß eine Dimensionserschiebung in der sechsten Dimension ihnen ermöglichte, durch den Raum zu reisen, als ob sie von der wärmenden Energie ihres Sternes und ihrer Planeten angetrieben würden.

Diese drei Planeten sind schwingungsmäßig mit der Erde verwandt, da gewisse physikalische Strukturen sehr ähnlich sind. Diese ausgesprochen schönen Planeten, auf denen es eine unglaubliche Vielfalt an Pflanzen- und Tierleben gibt, haben die Schöpfung der Erde selbst beeinflußt. Sie konnten der Sonne bei ihren Entscheidungen bezüglich der Gestaltung der Erde Beistand leisten. Aufgrund dieser schwingungsmäßigen Verwandtschaft ist die Erde mehr als andere Systeme in der Lage, direkt mit den Energien von Alkaid zu arbeiten. Und die Menschen werden infolgedessen eine natürliche Tendenz entwickeln, Schwingungen zu übertragen.

Die Erde selbst ist ein Machtplanet. Sie verändert sich durch große destruktive Prinzipien und durch mächtige schöpferische Prinzipien: durch vulkanische Aktivität, durch Auffalten von Gebirgen und durch die Veränderung der Wetterstrukturen. Die Erde geht gerade durch eine Phase, in der sie Macht verstehen lernt. Wo Macht eine Wahrheit offenbart, eine tiefe innere Verwandlung bewirkt und ein Bewußtsein darüber entstehen läßt, was es bedeutet, lebendig zu sein, hat die Erde Fortschritte gemacht. Wenn ihr mit diesem Stern arbeitet, werdet ihr euch dessen aus eigener Erfahrung bewußter. Ihr werdet euch weniger darüber bewußt, wie die Erde das tut, sondern wie ihr selbst dies vollbringt. Das kommt daher, daß viele der Fähigkeiten, die schwingungsmäßig in der Erde angelegt wurden, anschließend auch als äußerste Fähigkeitsschicht in den meisten auf der Erde lebenden Pflanzen, Tieren und sicherlich auch im Menschen angelegt wurden.

SARGAS
(Theta Scorpii)

[1,86^m] Ein 500 Lichtjahre entfernter bläulichweißer Übergigant, der die Metalle Titan und Eisen sowie Magnesium und Kalzium in ionisierter Form enthält.

Einige dieser Mineralien stehen symbolisch für die verschiedenen Anteile des Willens. Die Verwendung dieses Sternes kann größere Klarheit in den Willen bringen. Manchmal wird dies einen direkten Bezug zum Lebenswillen, zum Überlebenswillen sowie zur Bereitschaft haben, im eigenen Leben tiefgehende Fragen zu konfrontieren, die sich um Überleben oder Selbstmord drehen. Diese Fragen liegen normalerweise tief im Unterbewußtsein verborgen. Bei den meisten Menschen gibt es ein früheres Leben, in dem sich die Kernfrage darum dreht, ob man sich weiter inkarnieren soll oder nicht. Eure Anwesenheit in der Welt zeigt, wie ihr euch entschieden habt. Dieser Stern hat die Eigenart, diese Entscheidung bewußter und klarer zu machen. Auf einer noch tieferen Ebene kann die Arbeit mit diesem Stern den Überlebenswillen stärken und in gewissem Maß Selbstmordtendenzen entgegenwirken. Wenn ihr mit einem Individuum arbeitet, bei dem es um diese Fragen geht, ist es vorteilhaft, Techniken wie u.a. Handauflegen oder Massagen zu verwenden, bei denen mit Berührungen gearbeitet wird. Der Praktiker sollte dabei auch das Elixier einnehmen oder auf den Stern meditieren.

Sargas vermag die Verbindung zwischen der Erde und der Sonne energetisch aufzuladen. Das wird die Menschen mit ihrem eigenen Wurzelchakra und mit ihrer eigenen Fähigkeit in Verbindung bringen, Erdenergie in ihren physischen Körper aufzunehmen. Diese Energien existieren bereits, da der Energiefluß auf Substanzen aufbaut, die im physischen Körper zu finden sind. Die Mineralien, die sich in der Erdkruste befinden, erzeugen eine direkte Schwingungsverbindung zwischen dem physischen Körper und der Erde. Sargas besitzt die Fähigkeit, einige der grundlegenden

Verbindungen zu energetisieren, die bislang weder vollständig anerkannt noch verstanden wurden. Die Menschen sind eher mit der Machtzunahme oder den Kräften vertraut, die mit diesen Energien einhergehen. Einige dieser Energien können Menschen an frühere Leben erinnern, in denen es ihnen schwerfiel, ihre Rolle auf der Erde zu akzeptieren. Ein Teil dieser Energien wird von den Mineralien selbst generiert, ein anderer Teil beruht darauf, daß es infolge des Einflusses dieses Sterns zu einem Erwachen vieler Zellstrukturen im Körper kommt.

Entsprechend der Zellstrukturen, die sich die Seele ausgesucht hat, um Aspekte ihrer selbst zu manifestieren, entsteht eine langanhaltende Schwingungsverbindung. Diese Zellstrukturen werden von Sargas stimuliert, was energetisierend auf die bereits aufgebaute Verbindung zur Erde wirkt. Diese in einer Person vorhandene Vermischung der Seele mit irdischen Aspekten wird Energien aus der Vergangenheit stimulieren. Obwohl diese etwas mit den genetischen Vorfahren zu tun haben, zielen sie meistens auf den Aspekt hin, daß die Seele die Absicht hatte, diese körperliche Erscheinung anzunehmen. Es geht hierbei um die Entwicklung eines inneren Willens. Dieser innere Wille ist im allgemeinen in vollständiger Übereinstimmung mit dem, was man in seinem Leben tut, doch hängt er normalerweise mit einem unbewußten Aspekt in einem zusammen, den man nicht wirklich versteht. Durch Zellveränderungen können diese unbewußten Aspekte in dein Bewußtsein gelangen, da diese Erinnerungen eine Mischung aus Materiellem und Spirituellem sind. Da Mineralstoffe auf den Körper einwirken können, können auch sie die zellulären Erinnerungen stimulieren.

Ein langfristiges Bewußtsein der vielen in diesem Stern zu findenden Substanzen war ein wichtiger Aspekt der Arbeit der Zivilisation und des Sternes selbst, wobei sie auf unterschiedliche, wenn auch auf koordinierte Art daran gearbeitet haben. Daraus entwickelte sich ein Bewußtsein der Wesensart von mineralischen Substanzen. Titan und viele andere Mineralien wurden von dieser Zivilisation zum Bau von Häusern, Raumschiffen, verschiedenen Instrumenten und anderer Strukturen verwandt. Für die Zivilisation von Sargas ergab sich durch das Verstehenn der Schwingungen dieser Materialien ein Resultat, nämlich daß sie auch vom Wesen der Materialien selbst lernte, und nicht nur durch die Funktion der Apparate. Dieses tiefere Bewußtsein führte mit der Zeit zu einer neuen Kommunikationsform, bei der die Schwingungen molekularer Strukturen eingesetzt wurden, um Ideen, Gefühle, Wissen und andere Dinge zu vermitteln, die sich nicht leicht in menschliche Begriffe fassen lassen. Diese Kommunikation entwickelte sich zu einer Methode, die Begrenzungen von Raum und Zeit zu transzendieren, wodurch es dieser Zivilisation möglich war, mit vielen Sternen zu kommunizieren.

Sterne der zweiten Größenordnung

Als die Kommunikation mit der Sonne etabliert war, kam es zu einem sehr intensiven Energieaustausch. Diese Wesen erkannten einige der Unvollkommenheiten der menschlichen Rasse, der Tiere, Pflanzen und Mineralien. Sie erkannten, daß bisher unbewußte oder mißverstandene Ausdrucksformen durch ein bewußtes Mitschwingen mit dem Mineralreich stimuliert werden konnten. Damit sind lange ungenutzte Kommunikationsfähigkeiten gemeint, bei denen die Schwingung dieser Mineralien eingesetzt wird. In Lemurien war es allgemein üblich, mit den mächtigen Wesen von Sargas innig verbunden zu sein und in direktem Bewußtseinsaustausch mit ihnen zu stehen. Einige der Techniken, die den Lemuriern in der Arbeit mit Edelsteinen, Mineralien und allen möglichen metallischen Strukturen bekannt waren, wurden von diesen Wesen beeinflußt, einige lernten sie sogar unmittelbar von ihnen. Je mehr die Menschen gewisse Aspekte des Unbewußten willkommen heißen, um so größere Bedeutung werden einige dieser Fähigkeiten unter dem Einfluß dieses Sterns erlangen.

ALHENA
(Gamma Geminorum)

[1,93^m] Bläulichweißer Doppelstern in 100 Lichtjahren Entfernung. Einer von ihnen ist ein Unterriese.

Dieser Stern scheint den Menschen die Fähigkeit zur Verfügung zu stellen, rasch die Art ihres Denkens verändern und den Bezugsrahmen wechseln zu können. Dadurch können sie manches auf neue Art sehen, die Informationen von einem neuen Gesichtspunkt aus nutzen oder ihre Meinung auf eine Art verändern, die ihrer eigenen Entwicklung angemessen ist. Dies kann bedeuten, eine Angelegenheit von allen Seiten zu betrachten und sich von ihr wirklich berühren zu lassen, so daß man sich der Situation wirklich bewußt wird. Dadurch ist Alhena für Entscheidungsprozesse sehr nützlich. Bei Verwendung des Sternenlicht-Elixiers werden die Fuß-Chakren stimuliert.

Dieses Sternsystem ist ein Doppelstern, das wechselnde Schwingungen zulassen kann, während sich die beiden Sterne umkreisen. Die evolutionären Prozesse auf den Planeten laufen stark beschleunigt ab. Veränderungen in den pflanzlichen und tierischen Strukturen finden innerhalb weniger Stunden in rascher Folge statt. Die dortigen Bewohner fanden das sehr interessant: Die Farben, ihre Wahrnehmungen, die Pflanzen und biologischen Spezies schienen sich ständig zu verändern. Die Wesen auf einem der Alhena umgebenden Planetensysteme begannen sich in eine neue Richtung weiterzuentwickeln, als sie erkannten, daß sich für sie ein mächtiger Gravitationseffekt im Lauf der Sternbewegungen veränderte. Dieses Bewußtsein führte zu einer neuen Form des Reisens durch den Raum auf einer sub-lichten Ebene. Diese Planeten bildeten im Bewußtsein eine Einheit. Die Fähigkeit, innerhalb der Beziehung zu den eigenen Nachbarn den Bezugsrahmen zu wechseln, war sehr stark ausgeprägt.

Die gegenseitige Befruchtung der Planeten stellte hohe Anforderungen an die Fähigkeit der Wesen, ökologische Strukturen zu bewahren und Gesellschaftssysteme auszuarbeiten. Die Lösung der dabei auftauchenden Probleme fanden sie in ihren Sternen. Während sie mit der Gravitation der Sterne arbeiteten, empfingen sie deren Botschaften. Von dieser Zeit an waren Alhenas Energien stark am Zivilisationsprozeß dieser Wesen beteiligt. Alhena ermutigte sie und half ihnen, Dinge auf neue Art zu sehen. Während der ersten paar Jahrtausende dieser Arbeit wußten sie nicht, daß ihr Doppelstern jedes Mal auch einen Teil ihrer Kommunikation empfing, wenn sie in den Raum hinaus reisten. Sobald diese Form der Kommunikation über den Schwingungstransfer in ausreichendem Maß stattgefunden und das Bewußtsein zugenommen hatte, fing der Stern an, Fragen zu stellen. Ihm wurde klar, daß seine Energie auch für andere sich entwickelnde Zivilisationen in der Galaxie nützlich sein konnte.

Dies führte dazu, daß Alhena diese Energien nun in Form von Ideen ins All ausstrahlt. Bei diesen Ideen geht es darum, den Gesichtspunkt zu verändern und Dinge anders zu sehen. Da vieles hiervon auf der Gravitation des Sternes beruht, erreichen die ausgestrahlten Energien erst mit einer etwa hundertjährigen Verzögerung die Erde. Doch da diese Wesen sehr viel weiter entwickelt sind als die Menschen, ist dies nicht weiter von Bedeutung. Der übermittelten Botschaft ist Kraft, Beharrlichkeit sowie die Fähigkeit zu eigen, vorwärtszudrängen und weiterzumachen, auch wenn der Weg beschwerlich wird. Diese Kraft wird durch die Veränderung des Gesichtspunkts erreicht, durch Wahrnehmung neuer Ideen und dadurch, daß man Dinge auf neue Art tut, so daß man wieder Fortschritte machen kann. Die Beharrlichkeit dieser Energie wirkt sich auf die Sonne aus, die dies dann der Erde übermittelt, die ihrerseits die Füße der Menschen stimuliert.

Da diese Wesen heutzutage anders durch den Raum reisen als früher, haben sie physikalische Transportmethoden weitestgehend abgelegt. Durch ihre Fähigkeit, ihre Schwingungen, ihren Bezugsrahmen und ihr Bewußtsein zu verändern, fiel es ihnen leichter, auf den feinstofflicheren Ebenen zu wirken. Menschen, die zu spirituellen Dingen neigen, oder die bereits durch tiefes Bewußtsein die geistige Fähigkeit haben, den Bezugsrahmen zu wechseln, werden feststellen, daß sie zu diesen Wesen im Traum eine Verbindung herstellen können. Sie erscheinen in der Regel humanoid, haben weiche Züge und ähneln vom Typ her skandinavischen Menschen.

Sterne der zweiten Größenordnung . . . .

ALGIEBA
(Gamma Leonis)

[1,9-2,2ᵐ] Zwei gelbe Riesen, 110 Lichtjahre entfernt.

Die Verwendung dieser Sterne kann Aspekte der Liebe ins Gleichgewicht bringen, die etwas mit der Akzeptanz der männlichen und weiblichen Qualitäten eines Individuums zu tun haben. Menschen, die um ihre sexuelle Identität kämpfen und unsicher sind, wie sie sich auf andere als Mann oder Frau beziehen sollen, täten gut daran, dieses Elixier einzunehmen oder auf diesen Stern zu meditieren. Auf einer tieferen Ebene werden auf der physischen Ebene einige Blockaden entfernt, die hormoneller Natur sind. Daher ist Algieba bei den meisten Menschen gut für das hormonelle Gleichgewicht, was wiederum bei jeglicher Regeneration nützlich ist. Wenn man auf diesen Stern meditiert oder das Elixier einnimmt, wird dies auch den Liebesaspekt in einer Beziehung vertiefen, in der Rollentausch für die Beziehung wichtig ist. Im Falle der Frau, die arbeitet, während der Mann zuhause bleibt, beruht der Rollentausch auf gewissen bewußten Botschaften, die aus der Gesellschaft aufgenommen wurden. Durch Verwendung dieser Sterne versteht man besser, welchen Stellenwert diese Botschaften haben.

Diese beiden Sterne sind trotz der Tatsache, daß sie unterschiedliche Größen und Fähigkeiten haben, in der Lage, ihre Rollen zu tauschen. Algieba hat keine Planeten. Die Sterne entwickelten die Fähigkeit, Energie, Information und Schwingung zu übertragen. Dann fiel ihnen auf, daß es während dieses Transfers ganz von selbst dazu kam, daß sie Lehren, Bewußtsein und Wissen aufnahmen. Bei der ersten Übertragung, vor etwa 4,3 Milliarden Jahren, fand eine drastische Veränderung der Sterne statt. Als diese Übertragungen häufiger wurden, schränkte man die physikalischen Veränderungen ein und ließ nur noch Veränderungen auf feinstofflicher Ebene zu. Vor etwa 1,6 Milliarden Jahren hatten sich die Sterne völlig aneinander angeglichen und besaßen das gleiche Wesen und die gleichen Charaktereigenschaften. Als sie schließlich den Punkt kamen, die Bedeutung der Persönlichkeit verstehen zu können, entwickelten sie individuelle Eigenschaften, um sich voneinander zu unterscheiden. Da sie in der Lage sind, Bewußtsein zu übertragen, haben sie festgestellt, daß sie sehr viel lernen können, wenn sie sich voneinander unterscheiden. Durch das Bewußtwerden, Akzeptieren und Erkennen dieser Unterschiede ist es zu einigen recht dramatischen Veränderungen gekommen. Aufgrund der zwischen ihnen herrschenden enormen Anziehungskraft fällt es den beiden Sternen leicht, die Eigenschaften und Begrenzungen von Raum und Zeit zu transzendieren.

Diesen Doppelstern mußt du in deinem Herzen erfahren und kennen, mit deinem Körper und deinem Geist fühlen, und ganz besonders muß dein innerstes Wesen mit ihm vertraut sein. Algieba kann es Menschen ermöglichen, sich augenblicklich zu transformieren. Dies gilt besonders für Frauen, die sich der Notwendigkeit bewußt sind, das alte patriarchalische System abzuwerfen, zu neuen Lebensformen zu gelangen und sich zu transformieren. Diese Energie steht jedoch auch Männern zur Verfügung, die ein inneres Gleichgewicht durch Verständnis des Zusammenspiels ihrer weiblichen und männlichen Aspekte suchen. Die meisten Menschen werden ihre Einzigartigkeit erkennen, und es wird ihnen bewußt werden, daß sie viele wunderbare Fähigkeiten haben können, die aus einem Zusammenspiel von männlichen und weiblichen Aspekten hervorgehen. Dies wird Blockaden lösen, das Bewußtsein der Liebe verändern und ein Gleichgewicht der männlichen und weiblichen Aspekte des Menschen schaffen. Die Menschheit hat mit der Aufteilung der Rasse in den männlichen und den weiblichen Pol eine recht willkürliche Entscheidung getroffen. Daher wird sich Algieba in den nächsten paar Jahrtausenden auch auf andere Polaritäten auswirken.

Algieba ist von Energiewolken umgeben, die von den Wesen einer bestimmten Rasse von Andromeda stammen, die gegenwärtig etwas von diesem Doppelstern lernen. Möglicherweise werden einige dieser Wesen von Andromeda durch Algieba in etwa 200 oder 300 Jahren erkennen, daß es noch andere Sterne mit Zivilisationen gibt, von denen sie etwas lernen könnten. Wahrscheinlich wird ihre Wahl dabei auf die Erde fallen. Das wird sehr wahrscheinlich den Kontakt zu dieser Rasse intensivieren, die für die Übermittlung von Kommunikationen von Andromeda und anderen Galaxien verantwortlich ist.

MENKALINAN
(Beta Aurigae)

[1,9-2,7^m] Zwei bläulichweiße Unterriesen in 90 Lichtjahren Entfernung. Bedeckungsveränderlicher Doppelstern, dessen Helligkeit alle vier Tage nachläßt, sowie ein dritter kleinerer Stern.

Dieser 4-Tages-Zyklus ist symbolträchtig und steht mit mächtigen Energien in Verbindung, bei denen es um die Fähigkeit geht, aus Traumzuständen stammende kraftvolle Informationen oder mit Astralreisen verbundene Energien umzusetzen. Es handelt sich hierbei um eine Resonanzeigenschaft, die die Menschen an die natürliche Fähigkeit des Körpers erinnert, an den Vorgängen des Hineingleitens des Astralkörpers in den physischen Körper beteiligt zu sein. Es braucht im allgemeinen 72 Stunden, bis diese Arbeit mit dem Astralkörper ins Bewußtsein dringt. Etwa einen Tag später wird das Individuum bei der Anwendung dieser Informationen und Erfahrungen die Früchte seiner Arbeit ernten. Wenn man sich in einer

Sterne der zweiten Größenordnung . . . .

solchen Phase befindet, ist es empfehlenswert, auf den Stern zu meditieren oder das Elixier einzunehmen, am wichtigsten ist jedoch die Zeit unmittelbar nach der Astralreise. Dadurch kann der höchste Bewußtseinszustand des luziden Traumes oder der Astralreise zutage treten. Diese Energien können dann kraftvoller und mit mehr Verständnis in der Welt umgesetzt werden, und der wirkliche Gewinn dieser Erfahrungen wird der Person in der Regel bewußt werden. Die Person wird im Umgang mit den durch diese Erfahrungen aufgeworfenen Fragen mehr Energie zur Verfügung haben.

Es ist auch nützlich, diesen Stern zu verwenden, wenn ein Individuum eine Blockade mit scheinbar zyklischem Charakter wahrnimmt. Der Zyklus muß keine drei, vier oder fünf Tage lang sein oder die Größenordnung des Zyklusses dieses Doppelsterns haben. Es reicht, wenn die Person einfach die zyklische Natur in ihrem Leben festgestellt hat. Es könnte ein Zyklus sein, der Gesundheit und Krankheit betrifft. Es könnte sich um eine regelmäßig wiederkehrende Blockade in einer Beziehung handeln. Zum Beispiel fällt einem auf, daß man während bestimmter Zeiten des Monats seinem Partner nahe ist und in anderen nicht. Bei all diesen Erscheinungen ist es nützlich, über den Stern zu meditieren oder sein Elixier einzunehmen, damit sich die Energie verändern und die Person sich ihr bewußter werden kann. Es kann besonders hilfreich sein, wenn die betroffene Person den Stern verwendet, um einen klareren oder luziden Traumzustand hervorzurufen. Das Elixier kann zusammen mit Krypton eingenommen werden, um ganz allgemein den Traumzustand zu fördern.

MIRZAM
(Beta Canis Majoris)

[1,96^m] **Ein 700 Lichtjahre entfernter bläulichweißer Riese, der geringe Helligkeitsschwankungen in zwei unterschiedlichen, sich überlagernden sechsstündigen Perioden aufweist.**

Die meisten Menschen fühlen bei Verwendung dieses Sterns eine tiefere Akzeptanz gegenüber magischen Phänomenen. Das kann bedeuten, daß man alltägliche Ereignisse in der Welt als Wunder wahrnimmt, oder es kann heißen, daß man die verschiedensten paranormalen, übernatürlichen, überbewußten oder ungewöhnlichen Phänomene akzeptiert. Auch werden Energien ganz natürlicher Phänomene akzeptabler, die eigentlich kein Teil des eigenen Daseins bilden. Das kann mit einschließen, daß man Devawesen und die Aura anderer Menschen wahrnimmt. Mirzam gibt den Menschen Gelegenheit, wunderbare Phänomene in ihrer Umgebung, die wie Channeling oder Heilungen scheinbar die Grundsätze des alltäglichen Lebens umgehen, auf einer tiefgreifenderen Ebene zu akzeptieren. Dieses Elixier eignet sich für Menschen aus dem

Westen, die sich auf eine feinstoffliche Operation oder auf andere Heilmethoden vorbereiten, die man als Wunder oder als paranormal betrachten kann. Zum Beispiel würde ein Mensch von den Philippinen, der schon immer von der dort üblichen spirituellen Heilung weiß, von diesem Elixier nicht profitieren. Es ist eher dann nützlich, wenn man ein kulturelles Phänomen besser verstehen will. Tiefgreifende Wirkungen erzielt man, wenn man Mirzam zum Verstehen und zur Akzeptanz der Wunder in einem selbst einnimmt.

Wunderbare oder magische Phänomene sind einfach nur Dinge, die man noch nicht verstanden hat. Normalerweise empfindet man ihnen gegenüber Ehrfurcht oder Erstaunen. Dadurch unterscheiden sie sich von anderen Dingen, die du zwar ebenfalls nicht verstehst, die dir jedoch Angst machen. Daraus kann sich eine Untersuchungsmethode entwickeln, für die es keinen Kontext gibt. Es ist gerade diese Eigenschaft der Kontextlosigkeit bzw. der Zusammenhangslosigkeit, die die meisten Menschen mit der Qualität des Magischen in Verbindung bringen. Viele der Phänomene, die in einer gegebenen Zivilisation nicht akzeptiert waren, werden jetzt immer zulässiger, da die Menschen sich ganz von selbst aufeinander einstimmen und etwas über die anderen Kulturen und Zivilisationen auf der Erde lernen. In den nächsten 100 Jahren werden sie assimiliert und tatsächlich auch genutzt werden. Daher ist es keine Utopie, sich vorzustellen, daß weltweit Schulen entstehen werden, die, wie auf den Philippinen, Geistheilung unterrichten. Dort können die Menschen geistig heilen, weil es ihnen von frühster Kindheit an beigebracht wurde.

Wenn ihr euch die Geschichte der Menschheit anschaut, hat das einfache Akzeptieren von Magie und Wundern immer eine sehr wichtige Rolle für die Entwicklung der Menschen gespielt. Diese wunderbaren Energien stammen aus dem Bewußtsein aller Kulturen der Erde sowie aus dem zunehmenden Bewußtsein solcher Lebewesen, die etwa in den Meerestiefen oder in ungewöhnlichen ökologischen Nischen zu finden sind. Zusammengenommen ergibt sich daraus ein Bewußtsein dessen, was auf der Erde alles möglich ist. Diese wunderschönen oder ungewöhnlichen Phänomene können einen Menschen tief berühren und ihn zu Worten bewegen wie: „Dies ist also die Welt, in der ich lebe – ich hatte keine Ahnung!" Es ist für die Menschen sehr wichtig, sich diese tiefempfundene Ehrfurcht und dieses Staunen zu bewahren, damit sie stets zu einer Erweiterung ihres Horizonts oder ihres Kontexts angeregt werden können.

Je bewußter sich die Menschen anderer Kulturen und Reiche der Natur werden, um so mehr wird das Bedürfnis nach Wundern auf höheren Ebenen zunehmen. Die nächste Ebene wäre ein Bewußtsein anderer Planeten, sonnennaher Sterne und außerirdischer Zivilisationen. Die Menschen werden sich schwertun, diese neuen Zusammenhänge zuzulassen. Obwohl sie dieses

Bewußtsein brauchen, ist ihnen unklar, wie sie einen Bezug dazu herstellen sollen, da sie auf einer bewußten Ebene nur wenig Übung in solchen Dingen haben. In den nächsten Jahrhunderten wird sich dies aber verändern, da die Menschen das Wissen um andere Zivilisationen immer mehr akzeptieren und veränderte Bezugsrahmen in sich selbst unterstützen werden. Mirzams Einfluß wird im Lauf der Zeit immer nützlicher werden, da die Menschen sich auf Bezugsrahmen einstimmen müssen, die weit jenseits dessen liegen, was sie bereits wissen. Je weiter das Neue entfernt ist oder je wunderbarer es zu sein scheint, desto mehr braucht man ein Schwingungsbewußtsein, um es zu verstehen. Die Unterstützung, die man durch das Mirzam-Elixier oder durch verschiedene Meditationstechniken erfahren kann, unter anderem durch die Meditation auf die Sterne, kann bei der Entstehung dieses Schwingungsbewußtseins sehr hilfreich sein.

ALPHARD
(Alpha Hydrae)

[1,98^m] Ein 100 Lichtjahre entfernter gelber Riese.

Alphard kann die Fähigkeit stärken, Emotionen ins Bewußtsein zu bringen und mit anderen an ihnen zu arbeiten, besonders wenn es um den Umgang mit Wut geht. Möglicherweise spürt man deutlicher, woher die Wut stammt, und kann sie dann leichter loslassen. Menschen, die sich in einer Therapie befinden und bei denen Wut ein wichtiges Thema ist, werden von der Einnahme dieses Elixiers profitieren. Sie werden den Sinn der Wut besser verstehen können. Dieses Elixier und/oder die Meditation auf Alphard machen es leichter, Wut in Enthusiasmus verwandeln. Das Alphard mit dem Mars-Elixier zu kombinieren hat auch seine Vorteile.

Die mit Alphard zusammenhängende Zivilisation geht durch Phasen, in denen sie sich stark auf die Erdbewohner einstimmt und Liebe für sie empfindet. Diese Phase wird von Phasen der Empörung, Abscheu und Angst abgelöst. Dann ist es ihnen scheinbar unmöglich, das Verhalten der Erdbewohner zu verstehen – warum sie ihre Umwelt zerstören, sich gegenseitig zerstören usw. Diese Wesen haben die Menschen auf der Erde beobachtet und dabei in den letzten 2.000 Jahren versucht, ihre höchsten und besten Ideen in ihren Stern zu packen, damit sie ständig ausgestrahlt werden. Dann haben sie sich wieder von jeglicher Kommunikation mit der Erde zurückgezogen. Diese Tendenz weisen diese Wesen schon sehr lange auf, da sie zu verschiedenen Zeiten auch mit anderen Zivilisationen gearbeitet haben.

Nur sehr wenigen Wesen aus dieser Zivilisation wurde gestattet, sich direkt auf Erdbewohner einzustimmen. Diese Wesen stellten fest, daß Mars in vielen Jahrhunderten einen mächtigen Einfluß hatte und daß marsianische Gedankenformen einen permanenten bestimmenden Faktor darstellen. Die

Wesen von Alphard haben sich bewußt darum bemüht, die Energie ihres Sterns so zu verändern, daß er Mars-Energie neutralisieren und den Menschen dabei helfen kann, diese Energie zu verstehen. Grundsätzlich strahlt dieser Stern eine enthusiastische, allmächtige, universelle Liebe aus, die auch von der wunderschönen gelben Farbe des Sterns erweckt wird. Die Wesen haben erkannt, daß es nützlich wäre, die Energie dieses Sternes unter Umgehung (oder durch Transzendierung) der intellektuellen und emotionalen Qualitäten auf der Erde zur Wirkung zu bringen. Diese liebevollen, ermutigenden und enthusiastischen Energien sollen für die Erdbewohner eine umfassende Quelle der Inspiration und Ermutigung sein, sich zu verändern und das Wesen der Wut zu verstehen.

Gegenwärtig haben viele Formen der Wut, der Angst, des Schmerzes und anderer negativer Emotionen auch biologische Grundlagen. Diese Energien haben einen Sinn. Sie können euch zeigen, wo ihr eure Liebe unangemessen auf andere Menschen oder auf euch selbst gerichtet habt. Das kann zu einem Verständnis abstoßender und anziehender Energien führen und zur Fähigkeit, zu verstehen, wie diese in Verbindung mit Naturerscheinungen stehen.

Transformierte negative Emotionen können dazu führen, daß andere emotionale Bewußtseinsaspekte bestärkt werden, die auf universaler Liebe, Mitgefühl, Ehrfurcht, Vertrauen, tiefempfundenen Freude aufbauen. Negative Emotionen können einen Weg zur Transformation aufzeigen. Die meisten Menschen verstricken sich lange Zeit hinweg in negativen Emotionen verstricken, bevor sie erkennen, wie sie die Transformation herbeiführen können. Es funktioniert nicht durch Unterdrückung der Emotion, sondern man muß verstehen, was sie bedeutet und warum sie da ist. All dies bewirkt Alphard auf natürliche Weise durch die Wärme, die Liebe und das Mitgefühl seiner wundervollen goldenen Farbe, durch seine Spiritualität und Resonanz mit der Christusenergie. Alphard kann den Mentalfunktionen der Menschen durch Stimulierung des gelben Strahls zu größerer Klarheit verhelfen.

All diese Dinge können den Menschen bei der Umwandlung von Wut in Enthusiasmus helfen. Die Erde ist ein Planet des Tuns, der Bewegung, des Erschaffens. Die Energie, die Wut auf einer biologischen Ebene erzeugt, ist die, sich schneller zu bewegen, stärker zu sein oder vielleicht zu schreien. Diese Aktivitäten haben eine biologische Grundlage, die von den Primaten stammt und Teil der genetischen Struktur der Menschen ist. Die Menschen sind in der Lage, das zu verstehen und zuzulassen, daß sich diese Energie in Enthusiasmus verwandelt. Alphard kann auch auf viele andere Transformationsprozesse Einfluß nehmen, z.B. auf die Transformation von Angst in eine tiefempfundene Liebe, Mitgefühl und ein Gefühl des Einsseins und auf die Transformation von Schmerz in ein Bewußtsein von Heilung und Veränderung.

Sterne der zweiten Größenordnung . . . .

POLARIS
(Alpha Ursae Minoris)

[1,99ᵐ] Weißer Übergigant in 350 Lichtjahren Entfernung.

Polaris ist mehr als alle anderen Sterne im gegenwärtigen symbolischen Verständnis der Menschheit verankert. Da dies der Polarstern ist, wird er viel zur Navigation eingesetzt. Auf einer tiefen Ebene steht er daher stellvertretend für die unbewußte Fähigkeit der Menschen, sich auf eine gemeinsame Quelle einzustimmen, um Energie durch sich hindurchfließen zu lassen, die in der Welt umgesetzt werden kann. Dies kann zu einer Feineinstimmung auf die göttliche Energie führen, die die Menschheit unterstützt und erhält. Wenn die Menschen dies tief in sich verstehen, kommt mit der Zeit genau diese Einheit zum Vorschein, die sie suchen. Daher kann die Meditation auf diesen Stern oder die Einnahme des Elixiers zu einem umfassenderen Bewußtsein der Einheit aller Menschen führen. Dies fördert die Umsetzung der diesem Einheitsgefühl entspringenden Energien. Dies wird den Menschen helfen, da diese Energien naturgemäß nur in spirituell entwickelten Bedingungen weiterfließen können.

Der Nutzen von Polaris liegt einfach darin, Menschen auszurichten und sie in einen Zustand zu bringen, in dem sie ein gemeinsames Bewußtsein besitzen. Diese gemeinsame Energie kann in jedes gewünschte Projekt einfließen. Während der Umsetzung solcher Energien werden bei den Menschen auch Eigenschaften des kollektiven Bewußtseins entstehen. Diese Eigenschaften werden direkt mit der Frage zusammenhängen, was die Menschen eigentlich zusammenbringt. Die meisten Individuen werden erkennen, daß die Kraft, die die Menschen zusammenbringt, nichts mit Eigennutz oder individuellen Handlungen zu tun hat, sondern daß es die vereinende Gottesenergie ist, die die Menschheit erschaffen hat. Daher kommt es durch die Einnahme dieses Elixiers zu einer beständigen, allmählich zunehmenden Ausrichtung auf höhere spirituelle Prinzipien. Man verwendet diesen Stern am besten in Gruppensituationen, wo etwas getan werden muß, wo allerdings auch die Möglichkeit besteht, daß man in Bereiche gerät, die dem Ganzen nicht dienlich sind bzw. nicht auf höhere universelle Prinzipien ausgerichtet sind. Wenn man das Polaris-Elixier einnimmt, ist die Wahrscheinlichkeit sehr viel geringer, daß man auf solche Abwege gerät.

HAMAL
(Alpha Arietis)

[2,00ᵐ] Gelber Riese in 75 Lichtjahren Entfernung.

Hamal bewirkt eine bessere Konzentration und eine Steigerung der Fähigkeit, einen einzigen Gedanken für längere Zeit im Bewußtsein zu halten und diesen Gedanken telepathisch zu kommunizieren. Wenn der Stern wiederholt eingesetzt wird, kann dies mit der Zeit zu einem Verständnis der wahren Natur des Denkvorgangs führen. Konzentration ist nicht nur Denken, sondern ein entstehendes Bewußtsein, das etwas mit Emotionen, körperlichen Empfindungen sowie subtilen biologischen Vorgängen zu tun hat. Dieser Stern ist für das Verständnis vieler dieser Vorgänge nützlich.

Wesen aus einem höherdimensionalen Raum, der an Hamal angrenzt, besitzen die Fähigkeit, über das Symbolverständnis der Menschen zu wachen. Sie haben zur Entwicklung der Astrologie beigetragen, indem sie ihre Fähigkeit einsetzten, im Bewußtsein der Menschen mächtige Symbole zu schaffen, die aus vielen anderen Zivilisation stammen. Man sah, daß diese Symbole in Zusammenhang mit der Entwicklung der Menschheit in eine neue Form gebracht werden konnten.

Unter Hinzuziehung von Geschichtskenntnissen, gechannelten Informationen, medialen Quellen, dem tiefen Eindringen in ihr Wesen, eigenen intuitiven Eingebungen und dem Einsatz aller anderen Methoden, mit denen man in der Vergangenheit versuchte, Symbole zu verstehen, kann man jedes Symbol verstehen. Benutzte ein Individuum das betroffene Symbol auch als Konzentrationshilfe, indem es seine volle Aufmerksamkeit mit allen Aspekten seines Wesens darauf ausrichtete, folgten daraus immer wundervolle Dinge. Konzentration kann zu der Fähigkeit führen, ein Objekt, ein besonderes Ereignis oder einen besonderen Umstand zu manifestieren, gewisse Emotionen für andere Menschen auszuformen oder Ideen zu kommunizieren. Auf einer inneren Ebene kann dies zu einem tiefen Verstehen, einer stärkeren Verbundenheit, einem Einswerden und einer höheren Intelligenz führen. Die mit Hamal verbundenen Wesen gaben den Menschen die gesamte Idee der Symbole mit freiem Willen, doch sie hinterließen auch noch einen Schlüssel. In der tiefen Konzentration sind Aspekte des freien Willens, umfassender Liebe und der Fähigkeit verborgen, die Welt zum Besseren zu verändern.

Diese Fähigkeit wurde vor langer Zeit auf multidimensionaler Ebene auf der Erde ausgesät. Es handelt sich dabei um eine Fähigkeit, die viele Säugetiere haben – auch wenn die wenigsten von ihr Gebrauch machen – und die den Menschen angeboren ist. Der Stern Hamal ist ein.wundervolles Symbol, das uns an diese Dinge erinnert und gleichzeitig ein Pfad zurück in die Zeit darstellt, wo wir mit kleinen Bruchstücken davon in Berührung kommen können.

ALPHERATZ
(Alpha Andromedae)

[2,03^m] **Ein bläulichweißer Doppelstern in 130 Lichtjahren Entfernung. Einer der beiden** Dieser Doppelstern kann uns ein tieferes Bewußtsein der Zellstrukturen im physischen Körper bringen. Wer meditative Techniken praktiziert oder Edelgas-Essenzen zur Regeneration anwendet, wird feststellen,

> Sterne ist bezüglich seines magnetischen Spektrums veränderlich und enthält Mangan, Gallium und viele andere Metalle.

daß sich die Beziehung zu den Zellen dadurch verbessert. Die Regeneration der Nerven wird beschleunigt. Der physische Körper vermag den Prozeß des bewußten Verstehens besser zu unterstützen. Es empfiehlt sich, diesen Stern nach einer langen chronischen Krankheit einzusetzen.

Die mit Alpheratz zusammenhängenden veränderlichen Magnetfelder wirken sich auf die kleinen Mengen an Edelgasen aus, die in der Atmosphäre dieses Sterns vorkommen. Ihrer Natur nach sind diese Energien viertdimensional und transzendieren daher die Begrenzungen von Raum und Zeit. Menschen können bereits durch die Vorstellung, zu diesem Stern zu reisen, regenerative Energien empfangen und ein tieferes Bewußtsein ihres eigenen Körpers entwickeln. Viele der wertvollsten Elemente im menschlichen Körper spiegeln sich in diesem Stern. Eine solche Reise zu Alpheratz kann stimulierend auf die Freisetzung dieser Substanzen im menschlichen Körper wirken. Die richtige Verwendung dieser Mineralien ist die Grundlage der Fähigkeit des Körpers, sich immer wieder aufs neue aufzubauen.

Kleine Mengen von Xenon, die auf der Oberfläche des Sterns und tief in seinem Kern in Form von „magnetischen Fläschchen" eingefangen sind, können bewirken, daß Energie in die gesamte Galaxis ausstrahlt wird. Das Xenon auf der Erde kann so darauf reagieren, daß neben den bereits bekannten Wirkungen der Regeneration fehlender Körperteile und des Schutzes vor den negativen Energien der Sonne zusätzlicher Nutzen von diesem Gas ausgeht. Es kann Zugang zum Christus-Bewußtsein verschaffen, zu einem höheren Bewußtsein im Kronenchakra und einer Regeneration der Zirbeldrüse. Dies erreicht man, indem man eine Mischung aus dem Alpheratz- und dem Xenon-Elixier einnimmt und sich gleichzeitig einem Xenonstrahl aussetzt. Man kann den Xenonstrahl mit einem Edelgas-Apparat projizieren, der einen Schwellendruck von etwa 300 PSI hat. Einige Hundert Gauß sollten sogar schon zur magnetischen Stimulation ausreichen. Xenon kann auch mit anderen Edelgasen gemischt werden, solange bei diesen Druckverhältnissen auch noch Xenon vorhanden ist. Sind diese drei Einflüsse vorhanden, geht die Regeneration der Zirbeldrüse besser vor sich. Die Zirbeldrüse oder Epiphyse ist eine Drüse, die von den Menschen zur Zeit nicht besonders genutzt wird und im Erwachsenenalter sogar abgeschaltet wird. Es ist aber so, daß ihre Fähigkeiten einfach nicht ausgeschöpft werden. Die Zirbeldrüse kann in den Menschen wieder zu neuem Leben erweckt werden. Diese Technik ist unter anderem deswegen so nützlich, weil die Aktivität der Vulkane auf der Erde zur Zeit zunimmt. Es ist, als ob es auf einer symbolischen Ebene eine Verbindung zwischen der Zirbeldrüse und dem Bewußtsein der Erde gibt, die gerade „aus der Haut fährt". Diese Art von Energie steht den Menschen jetzt zunehmend zur Verfügung.

Über die Jahrhunderte hinweg ist Alpheratz zu einem Ort der Regeneration für Gesellschaften, Beziehungen und Wesen geworden, die einander besser verstehen und kennenlernen wollen. Viele der Wesen, die Regenerationstechniken erlernt haben, haben in diesem Stern und auf einigen der ihn umgebenden Planeten diesbezüglich eine Bibliothek angelegt. Dabei handelt es sich um Energien, die ihr nicht besonders gut verstehen würdet. In Zivilisationen, die den Tod nicht für ihre Lernprozesse benötigen, ist es leichter, Dinge zu tun, die nicht regeneriert, von vorne begonnen, zerstört und wieder neu erschaffen werden müssen. Mit der Zeit wird man diese Regenerations- und Bewußtseinstechniken auch auf der Erde verstehen.

DIPHDA
(Beta Ceti)

[2,04^m] Gelber Riese in 60 Lichtjahren Entfernung, der neutrale Metalle enthält.

Diphda stärkt die Fähigkeit, ätherische Verbindungen zwischen Individuen wahrzunehmen. Die unbewußt zwischen Menschen geknüpften Verbindungen werden ihnen bewußt. Energien des zweiten Chakras, die durch solche unbewußten Verbindungen möglicherweise erschöpft werden, erfahren eine Neubelebung. Generell werden in diesem Bereich Heilungsprozesse gefördert. Darüber hinaus nimmt die Fähigkeit zu, andere Menschen zu berühren und sowohl feinstofflichere als auch grobstoffliche körperliche Energien zu geben und zu empfangen. Dieser Stern kann unterstützend auf Massagetechniken wirken, die mit Bewegung zu tun haben, z.B. auf die sogenannte schwedische Massagetechnik oder auf Shiatsu.

Hierbei werden die feinstofflicheren Energien – die zwar wichtig, den Menschen aber kaum bekannt sind – kenntlicher und verständlicher gemacht. Man könnte die ätherischen Energien auch als „gestaltgebend" bezeichnen, wobei sie in der Regel unbewußt sind. Viele Schwingungswerkzeuge wirken letztlich so, daß die ätherischen Energien geklärt und ausgerichtet werden. Wenn man sein Bewußtsein vertieft hat, erfolgreich heilen, sich gut konzentrieren kann sowie reichlich Selbsterkenntnis besitzt, merkt man unter Umständen, daß der ätherische Körper stark an diesem Prozeß beteiligt und vielleicht sogar für ihn verantwortlich ist.

Diphda vermittelt bezüglich des Umgangs mit Energien einige hilfreiche Fähigkeiten. Wesen, die mit der Zivilisation auf dem Planeten in Verbindung stehen, der Diphda am nächsten ist, haben schnelle Raumfahrttechniken erlernt. Dabei werden elektromagnetische Energien als Träger verwendet, damit eine Fortbewegung mit Überlichtgeschwindigkeit möglich wird.

Sterne der zweiten Größenordnung . . . .

Durch die Fähigkeit, mit viertdimensionalen Eigenschaften arbeiten zu können, haben sie ein umfangreiches Verständnis der vierdimensionalen Daseinsform entwickelt. Wenn sich diese Wesen der Erde zuwenden, sehen sie, daß sich die Menschen der vierten Dimension nicht bewußt sind und daß sie fast kein Verständnis darüber besitzen, wie sie ständig die Äther durch ihre Liebe oder ihren Haß manipulieren. Die Wesen, die dieses Problem bereits seit Jahrhunderten studieren, haben sich in den letzten 300 Jahren ganz bewußt auf diesen einen Bereich konzentriert. Es ist für die Entwicklung der Menschheit wichtig, einen freien Willen zu haben, so daß es nicht weise wäre, wenn sie sich einmischten, indem sie zu viel Wissen über die Natur des Ätherkörpers vermitteln.

Durch diesen Stern kann eine nonverbale Energie in die Menschen gelangen, die den Ätherkörper bei seiner eigenen Selbsterkenntnis unterstützt und den Menschen zu einem tieferen Bewußtsein des Ätherkörpers verhilft. Dazu wird der Ätherkörper gestärkt und seine Energie in eine für die Menschen besser wahrnehmbare Form gebracht. Die Expansion der Menschheit in das Gebiet der Beziehungen stellt einen Weg dar, Ätherkörper miteinander zu teilen. Die in Beziehungen am wenigsten verstandenen Energien sind die des zweiten Chakras. Diese Energien können so verändert und transformiert werden, daß sie positive Farbmuster annehmen, die mit der Farbe Rosa zusammenhängen. Alles, was der Entwicklung des Ätherkörpers zuträglich ist, wird durch die Verwendung dieses Sterns gefördert.

SAIPH
(Kappa Orionis)

[2,05^m] Bläulichweißer Übergigant in 2.000 Lichtjahren Entfernung.

Saiph fördert die Geduld. Dadurch kann man eher abwarten und sich einen Überblick verschaffen. Man kann ein ausgeprägteres Bewußtsein für den richtigen Zeitpunkt bzw. eine korrekte Zeitplanung entwickeln. Man findet heraus, wie man Zeit besser nutzen kann. Möglicherweise erkennt man, wann die richtige Zeit und wo der richtige Ort ist, um sich selbst zum Ausdruck zu bringen und kraftvolle Aktivitäten in der Welt zu entfalten, sei dies in der eigenen Firma, auf politischem, sozialem oder ökonomischem Gebiet. Es wird die zumeist unbewußte Fähigkeit, den größeren Plan wahrzunehmen, gefördert. Daher ist man zur richtigen Zeit am richtigen Ort. Saiph vertieft das Wissen um diesen Plan und darum, wie sich alles entfaltet.

Mit den Wesen von Saiph sind viele Aspekte der Entwicklung der Zeit verbunden. Die meisten von ihnen existierten in einem riesigen Gravitationsfeld, das dem auf dem Jupiter erkennbaren Gravitationsfeld ähnelte. Durch bestimmte Bedingungen waren auf ihrem Planeten optimalere

Lebensmöglichkeiten geboten. Das riesige Gravitationsfeld und die stark eingeschränkte Verfügbarkeit dichter Materialien machten es sehr schwer, die technologische Entwicklung zu durchlaufen, die anderen Zivilisationen offenstanden, z.B. Raumschiffe zu bauen oder Raumschiffantriebe zu entwickeln. Infolgedessen konzentrierten sie ihre technologischen Forschungsarbeiten, die mit ihrer spirituellen Entwicklung Hand in Hand gingen, auf die Zeit. Im Rahmen ihrer dreidimensionalen Form und Erkenntnis dieser Dinge waren sie in der Lage, große Bewußtseinsprünge in ihrer Spiritualität und anderen Funktionen zu machen, wodurch es ihnen gelang, alle Formen der Zeit zu verstehen. Diese Wesen haben gelernt, daß die beliebige Festlegung der Zeit nach dem Ort des Sonnensystems, in dem sich die Erde befindet, vom Bewußtsein leicht verändert werden kann. Ihre Fähigkeiten, Zeit zu verändern und mit der Zeit zu arbeiten, sind so ausgeprägt, daß sie das menschliche Fassungsvermögen übersteigen. Durch diese Fähigkeiten vermochten sie Reisen in den Raum zu unternehmen und andere Zivilisationen zu besuchen. Sie waren in der Lage, einen Teil der großen Anziehungskraft ihres Planeten zu neutralisieren, sich am interstellaren Handel zu beteiligen und mit anderen Wesen zusammenzuarbeiten.

Ihre Erkenntnis bezüglich der Erde war, daß Wesen, die keine Vorstellung von der Natur von Zeitflüssen haben, gefangen sind. Ihr befindet euch eurer eigenen Meinung nach in einem linearen Zeitfeld. Ihr bewegt euch scheinbar auf eine offensichtliche und lineare Art durch Gestern, Heute und Morgen. Ein solcher Zeitfluß erscheint euch natürlich. Für die Wesen von Saiph stellt ein solcher Zeitfluß die Gitterstäbe eines Käfigs dar, der Energie, Lebensform und Bewußtsein gefangenhält. Der in Gefangenschaft geborene Tiger ist sich nicht völlig bewußt darüber, wie ihn die Gitterstäbe seines eigenen Käfigs gefangenhalten. Möglicherweise habt ihr Mitleid mit dem Tiger. Der Tiger kann dies aber weder verstehen, noch erkennt er das Problem. Er besitzt vielleicht nur ein vages Gefühl aus früheren Leben, aus seiner Gruppenseele, das auf die Möglichkeiten hinweist, die bei Entfernung der Gitterstäbe bestehen könnten. Genauso haben die Menschen eine unbestimmte Sehnsucht oder ein verschwommenes Bewußtsein der Fluidität von der Zeit. Je mehr das Bewußtsein der Menschen in Richtung auf fünfdimensionales Bewußtsein zunimmt, um so mehr wird sich ein Verständnis von Zeit, Zeitflüssen und der vollen Wirkung, die diese Dinge auf Wesen haben, entwickeln.

Bis dahin können diese Wesen den Erdbewohnern nur Geduld und ein Gefühl für den wirklichen Zeitraum und den darin enthaltenen Entwicklungsmöglichkeiten vermitteln. Dazu können ein Bewußtsein der Begrenztheit von Zeit gehören, ein Wissen darum, wie man auf angemessene Weise mit Zeit umgeht, und dieNeugier, sie zu erforschen und auf individuelle Art mit ihr zu arbeiten. Das ist wirklich alles, was sie augenblicklich tun können.

Es ist, als ob man mit einem gefangenen Tiger arbeitet. Man weiß, daß man nichts daran ändern kann, daß der Tiger keinen Lebensraum mehr hat. Nachdem man durch Mitleid gegangen ist, liebt man dieses Tier dann einfach, tut sein Bestes, es zu füttern, von ihm zu lernen und mit ihm zu wachsen.

Diese Wesen werden von den gewöhnlichen Raum- und Zeitbarrieren, wie ihr sie wahrnehmt, nicht eingeschränkt. Sie können ihre Energie auf angemessene Weise auf jede sich entwickelnde Zivilisation richten, die sie benötigt. In größerem Umfang tun sie das für die Menschen auf der Erde seit 1918. Damals entstandn die wichtigsten Entwicklungen der Quantenphysik. Obwohl diese Entwicklungen ihre Vorläufer hatten, besaßen die meisten wichtigen Entwicklungen ab diesem Zeitpunkt eine größere Tragweite. Viele der Arbeiten aus dieser Zeit inspirierten Wissenschaftler, die die Zeit auf einer theoretischen Ebene verstehen und mit ihr arbeiten wollten. Der breiten Bevölkerung wurde dies nicht zugänglich gemacht. Wenn du Quantenphysik studierst, könntest du von der Einnahme dieses Elixiers profitieren, besonders wenn es darum geht, Aspekte der Zeit zu verstehen.

MIRACH
(Beta Andromedae)

[2,06^m] Ein 75 Lichtjahre entfernter gelborangefarbener Riese.

Das Hörvermögen und die Fähigkeit, die Stimme einzusetzen und Probleme aufzulösen, die mit gehörten oder erzeugten Tönen zusammenhängen, verbessern sich. Daraus folgt eine tiefere Verbindung zur Körperlichkeit und eine Öffnung des Wurzelchakras. Sehr wahrscheinlich steigt auch die Fähigkeit, die Töne der Natur und der Erde zu hören. Mediale Fähigkeiten, zu denen auch die Fähigkeit gehört, die Rhythmen der Umweltgeräusche wahrzunehmen, verbessern sich ebenfalls. Die Verbindungen zwischen der Schilddrüse und der Hypophyse werden ins Gleichgewicht gebracht. Die Haare des Oberkörpers, besonders die als Antenne fungierenden Haare im Ohr, die die ätherische Energie in physische umwandeln, werden gestärkt. Vielleicht kann sogar Gehörverlust rückgängig gemacht werden.

Dieser Stern erzeugt natürliche Resonanzen mit den Wesen in seiner Umgebung. Diese befinden sich im Äther des Raums, der akustische Schwingungen nicht besonders gut leitet. Wer sich auf Mirach einstimmt, wird Wellen des Lichts empfangen, die die darunterliegenden Energien, die eine harmonische Beziehung zu Tönen und anderen Schwingungen haben, stimulieren. In Lemurien war das Bewußtsein dieses Sterns oft ein Bestandteil von Heilungsritualen, in denen Musik oder Töne eine Rolle spielten. Einige der ersten Entwicklungen auf dem Gebiet der Schwingungsübertragung, aus denen später die Heilungstechniken der Zivilisation des Sirius entstanden, haben von diesem Stern profitiert. So finden wir hier Heilungsenergien, doch es geht im wesentlichen um das Bewußtsein dieser sich gegenseitig durchdringenden Resonanzen und Schwingungen.

Zu verschiedenen Zeiten im Lebenszyklus von Mirach hat dieser Stern Resonanzen mit anderen Sternen aufgebaut, um mit ihnen zu kommunizieren. Der Stern profitierte sehr stark davon, da er ein fünft-, sechst-, siebt- und achtdimensionales Äquivalent zu Freude erfuhr. Wie es oft der Fall ist, wenn man intensive Freude erfährt, wollte der Stern diese Freude teilen. Andere bewußte Wesen, Sterne, Universen und Gott ermutigten ihn dazu. Diese Ermutigung führte dazu, daß Mirach mit speziellen Energien anderer Wesen arbeitete, um diese Freude für viele Zivilisationen erfahrbar zu machen. Die Wesen vom Sirius waren mit Unterstützung der am weitesten entwickelten Denker von El Nath in der Lage, eine Veränderung in den Schwingungseigenschaften des Sternes zu bewirken, um bestimmte Wellenpakete zu erzeugen, die denjenigen zur Verfügung stehen, die sie nutzen möchten. Den Erdbewohnern stehen sie besonders in Form von akustischer Schwingung zur Verfügung. Wenn Menschen mit Klängen und Tönen zu Heilzwecken arbeiten, erfahren sie manchmal ein ganz besonderes Bewußtsein ihrer Heileigenschaften. Hierauf wirkt Mirach sanft ein. Wenn man sich auf den Stern konzentriert oder das Elixier einnimmt, wird man eine Steigerung dieser natürlichen Fähigkeiten bemerken. Der Person werden unbewußte Energien ins Bewußtsein gebracht.

Auf diesem Gebiet gibt es einige Filter. In der Vergangenheit hat die Menschheit manche dieser Techniken mißbraucht. Die atmosphärische Dichte der Erde besitzt eine ausgezeichnete akustische Leitfähigkeit, die vom hohen Wassergehalt der Atmosphäre noch verstärkt wird. Ätherische Energien werden mittels der menschlichen Stimme und anderer Schwingungsformen in akustische und andere Schwingungen umgewandelt und erzeugen Bewegungen, bewirken Heilung und materialisieren und bewegen Objekte. Da einige dieser Möglichkeiten in der Vergangenheit mißbraucht wurden, hat die Menschheit gewisse Filter erzeugt, die eine vollständige Erklärung der Eigenschaften dieses Sterns momentan verhindern. Diese Filter sind stabil und werden weder von der Einnahme des Elixiers noch von der Meditation auf den Stern beeinträchtigt. Daher können wir diesen Stern allen empfehlen, die diese Heilungsfähigkeiten in sich selbst erforschen wollen.

RASALHAGUE
(Alpha Ophiuchi)

[2,07^m] **Bläulichweißer Riese in 60 Lichtjahren Entfernung.**

Rasalhague kann die Übertragung ätherischer Energien in den physischen Körper verbessern. Diese Energien können den physischen Körper kräftigen, wenn verschiedene

Bewegungsformen, Kampfkünste oder Tanz mit Visualisation verbunden werden. Wer sich mit dem Aufbau seines Körpers befaßt und sich möglicherweise zu Substanzen wie Steroiden hingezogen gefühlt hat, die im physischen Körper künstlich Veränderungen herbeiführen, täte gut daran, dieses Elixier anzuwenden oder auf diesen Stern zu meditieren.

Die mit Rasalhague verbundenen Wesen erlernten interplanetarische Reisetechniken durch die Beobachtung von Gravitationswellen. Gravitationswellen stellen eigentlich die Expansion und Kontraktion des Äthers im Raum in der Nähe von Gravitationskörpern wie Sternen und Planeten dar. Sie haben diese Techniken nicht zum Zweck der Erforschung anderer Planeten erlernt, obwohl dies anfänglich geschah und Ressourcen entdeckt wurden. Als sie diese Techniken auch zu Materialisationszwecken, zur Kommunikation und für andere Dinge einsetzen konnten, war es nicht mehr notwendig, zu anderen Planeten ihres Systems zu reisen. Es wurde eher zu einem Tanz oder einer Kampfkunst, vom Prinzip her dem Surfen ähnlich. Sie schienen auf den Ätherwellen zu surfen, und das brachte eine Menge Spaß. Das machten sie eine ganze Weile lang, und es entstand eine wichtige sportliche Attraktion und eine Methode, durch die sie zu anderen Wesen und anderen Sternsystemen eine Beziehung herstellen konnten. Schließlich wurde daraus eine Form des Tanzes, die Wesen, die sahen, was sich auf den höher-dimensionalen Ebenen ereignete, als sehr schön empfanden. Diese Energie ließen die Wesen von Rasalhague zurück, als sie sich zu höheren Ebenen des künstlerischen und kreativen Bestrebens entwickelten. Sie dauert im Stern fort und wird von ihm ins Universum hinausgestrahlt.

Die Menschen können diese Energie einsetzen, um die Vollkommenheit der ineinander verschlungenen ätherischen, physischen, mentalen und emotionalen Körper wertzuschätzen zu lernen. Der Ätherkörper wird zur Gestaltung und Formung der Energien eingesetzt, bevor sie in die physische Form hineinfließen. Dieser Stern kann allen Individuen von Nutzen sein, die sich mit kreativer Visualisation befassen, das heißt mit der Heilung des Körpers durch Manipulation des Ätherkörpers. Er wird auch für jene vorteilhaft sein, die verstehen möchten, welche Entsprechung zwischen physischen Bewegungen und ätherischen Energien existieren, die zu ihnen und in andere Ebenen zurückfließen. Jeder, der etwas mit Bewegung zu tun hat, wird sicherlich von diesem Stern profitieren. Er oder sie versteht möglicherweise, daß eine Bewegung einen Sinn hat, der nicht ausschließlich mit Worten oder intellektuellen Konzepten angemessen definiert werden kann. Dies ist eins der Probleme in den Kunstformen, die mit Bewegung zu tun haben, oder in der Wissenschaft, die Bewegung erforscht. Wer den Bewegungsvorgang verstehen, erklären oder beschreiben möchte, reduziert damit nur die Fähigkeit der Bewegung, Menschen zu erfüllen, zu erziehen und ihnen ein Gefühl für Veränderung zu vermitteln. Wenn sie versuchen, Bewegung zu erklären, schmälern sie lediglich deren Tragweite. In Zusammenhang mit diesem Stern empfindet man eine Art Erweiterung, die zu einer neuen Ausdrucksform führen kann, bei der Bewegung eingesetzt wird, um Grundgedanken zum Ausdruck zu bringen, wie zum Beispiel: „Ich liebe dich" oder „Ich nehme dieses Universum an" oder „Ich bin bereit zu helfen" oder „Ich weiß" oder sogar „Ich bin". Das sind wichtige Grundgedanken, die durch die Sprache der Bewegung ausgedrückt werden sollten, damit man diese Art der Bewegung verstehen lernt. Dies stellt allgemein eine Ermutigung dar, denn das ist es, was diese Wesen getan haben. Durch die Freude, die sie dabei empfanden, sich durch Zeit und Raum hindurch zu bewegen, schafften sie es, Gott diese Energien zu übermitteln.

KOCHAB
[Beta Ursae Minoris]

[2,07^m] Ein 110 Lichtjahre entfernter gelber Riese, der von 1.500 v. Chr. bis 500 n. Chr. einer der Polarsterne war.

Dieser Stern kann Menschen dabei helfen, Informationen aus ihren vergangenen Leben zu erden. So fühlt sich die Person mit ihren früheren Leben wohler, so als ob sie gleichzeitig oder parallel ihrem gegenwärtigen Leben verlaufen würden und positive Auswirkungen auf es haben könnten. Die Fähigkeit, diesen Vorgang zu akzeptieren, sich gut damit zu fühlen, ihn in sich aufnehmen zu können, ihn als wahr zu erkennen, ist weit mehr als bloße Worte oder Gedanken. Diese Fähigkeit kann im betreffenden Menschen ein intensiveres Gefühl der Macht erzeugen.

In Zukunft könnte Kochab den Menschen möglicherweise ihr Schicksal offenbaren. Zum gegenwärtigen Zeitpunkt ist diese Energie im großen und ganzen nicht verfügbar. Unter Schicksal könnte man sich wie ein Sonett vorstellen, bei dem die Form zwar vorgeschrieben ist, die Worte vom Menschen jedoch frei gewählt werden. In bezug auf die individuelle Seele und ihrer Entwicklung ist das dazugehörige Schicksal etwas Einzigartiges. Normalerweise ist es notwendig, die Zeit zu transzendieren, um dies verstehen zu können. Genau wie die bessere Erdung und das umfassendere Bewußtsein der Energien, die dich mit der Erde verbinden, dich für vergangene Leben öffnen können, können sie dich auch zukünftigen Leben gegenüber öffnen. Wer verstehen möchte, welche Entwicklung er bis zum nächsten und zum übernächsten Leben machen wird, kann von der Verwendung Kochabs profitieren.

Diese Fähigkeiten hängen mit den symbolischen Verknüpfungen des Sterns mit früheren Zeiten zusammen. Als Kochab der Polarstern war, war er ein Bezugspunkt, wenn es um Orientierung oder Navigation ging. Kochab hatte während des Niedergangs der ägyptischen Kultur und zu Beginn des

Christentums einen mächtigen Einfluß. Die Sonne war sich Kochabs in gewisser Weise bewußter, und die beiden Sterne konnten Informationen austauschen. In alten Zeiten war dieser Stern ein Symbol dafür, daß man es zuließ, die eigene Verbindung zu Gott zu spüren. Diese Energie wird gegenwärtig von Polaris versinnbildlicht.

NUNKI
(Sigma Sagittarii)

[2,08^m] Ein 250 Lichtjahre entfernter bläulichweißer Stern.

Nunki ist sehr stark auf das Zentrum der Galaxis ausgerichtet. Dieser Stern ist einer derjenigen, die unmittelbar vom Zentrum der Galaxis befruchtet wurden. Zwischen diesem Stern und dem Informations-, Weisheits- und Bewußtseinsknotenpunkt, der das Zentrum dieser Galaxie ist, besteht eine kraftvolle, direkte Verbindung. Ausgehend vom Zentrum der Galaxie findet eine Energieübertragung statt, und die mit diesem Stern in Verbindung stehende Zivilisation hat diese Energie gut assimiliert und gut mit ihr gearbeitet.

Bei Verwendung dieses Sterns wird daher insgesamt die Übertragung von Ideen und Vorstellungen gefördert. Möglicherweise kommt es durch diesen Stern zu einem vertieften Verständnis komplexer ökonomischer, politischer und sozialer Themen. Möglicherweise besteht auch ein Bezug zu verschiedenen Aspekten der Diplomatie und zur Fähigkeit, in nationalen Krisenzeiten gegenseitige Beziehungen herzustellen. Der Austausch kultureller Aspekte zwischen den Ländern wird durch diesen Stern erleichtert. Man wird auch feststellen, daß andere besser dazu motiviert werden können, einige dieser Ideen in die Realität umzusetzen. Einige Künstler, die sich mit großen Ideen oder Vorstellungen abmühen, die den Einsatz von Multimedia beinhalten, werden durch die Meditation auf Nunki oder die Einnahme des Elixiers neue Kraft schöpfen können.

Das Zentrum der Galaxis ist ein Ursprungspunkt für kreative Energien. Nachdem sich diese Energien im Physischen manifestiert haben, bleiben davon noch Leitmotive, sanfte Wirkungen, zusätzliche Ideen und Potentiale übrig, aber nichts, was sich im Bewußtsein aufdrängt. Viele Mittel und Techniken können einen bestärken, mit diesen Dingen zu arbeiten. Man kann Zugang zu Informationen und dem Bewußtsein aus dem Zentrum der Galaxis bekommen, indem man diese Potentiale miteinander verschmilzt, um so einen neuen Bezugsrahmen oder eine neue Idee hervorzulocken oder um sich an eine alte Idee zu erinnern, die sich jetzt auf neue Art ausformen läßt. Diese Dinge sind vielen Sternen übermittelt worden. Einige dieser Sterne befinden sich in der Nähe des Zentrums der Galaxis. Einige von ihnen befinden sich auf einer Linie zwischen der Erde und dem Zentrum der

Galaxis, so daß diese Informationen und Potentiale leichter zu den Erdbewohnern und anderen Wesen gelangen können, die den Menschen helfen und mit ihnen arbeiten. Das Zentrum der Galaxis ist nicht nur an der Erde interessiert, sondern an vielen anderen Wesen, Zivilisationen und Experimenten, die in der Galaxis vor sich gehen. Dieser Stern ist eine der Stellen, die diese Energie, dieses Bewußtsein und dieses Potential übertragen.

Welche Gestalt dies annehmen wird, liegt nicht genau fest. Es handelt sich hierbei um ein Tor zu vielen höheren kreativen Funktionen. Man bekommt einen guten Zugang dazu, indem man bei den Betroffenen die ganze Komplexität der Welt stimuliert und alles, was sie gelernt haben. Wissen, Weisheit, Kunst und all die Dinge, die zu den höchsten und besten Gütern der Menschheit gehören, werden dann in der Person integriert und vereint. Gegenwärtig manifestiert sich dieses Prinzip als Stimulation in Form von kulturellem Austausch. Wenn du etwas über eine andere Kultur oder eine andere Lebensweise auf der Erde erfährst, kann das von vielen Gesichtspunkten aus betrachtet sehr anregend sein. Ein möglicher Gesichtspunkt ist die Betrachtung vom Standpunkt eines früheren Lebens. Du könntest z.B. früher mit dieser Kultur in Verbindung gestanden oder in ihr geboren worden sein. Der Gesichtspunkt ist aber auch aufgrund der Sprache, der Erscheinung der Menschen, der Bräuche und der anderen Dinge, die auf einer unbewußten Ebene stimulierend wirken, z.B. Musik, Tanz und Kunst, doch nicht der gleiche. Zur Zeit besteht ein Einfluß, der die Entfaltung dieser höheren Potentiale der Menschen durch die angesprochenen Aspekte des kulturellen Austausches verstärkt.

Im Augenblick findet eine Stimulation der Wahrnehmung der Galaxis und der vielen anderen Wesen, Gedankenformen und Potentiale statt, die möglicherweise Form annehmen könnten. Ihr begreift noch nicht wirklich, wie unglaublich herrlich das Zentrum der Galaxis ist, samt seiner Fähigkeit, mit den verschiedensten Zivilisationen zu interagieren. Dabei handelt es sich um Formen der Parallelverarbeitung, um alle möglichen kraftvollen und komplexen Ideen festzulegen und auszuarbeiten. Diese Ideen werden dann zur Zivilisation zurückprojiziert, damit diese bewußt oder unbewußt zu jenen Ideen befragt werden kann. All dies kann dazu führen, daß die Zivilisationen ein tiefgreifenderes Bewußtsein ihrer selbst erlangt, woraus dann die Antworten hervorgehen. Es ist, als ob innere Prozesse durch diesen Stern beschleunigt und gefördert werden.

MIZAR
(Zeta Ursae Majoris)
[2,09^m] 5 bläulichweiße Sterne in 90 Lichtjahren Entfernung.

Durch Verwendung dieses Sterns wird möglicherweise die Fähigkeit zu channeln gestärkt, sowie die Fähigkeit, die verschiedenen Anteile

Sterne der zweiten Größenordnung

Mizar A ist ein Doppelstern, Mizar B ein Dreifachstern. der eigenen Persönlichkeit zu strukturieren. Man kann auch die körperlichen, emotionalen und spirituellen Phasen des eigenen Lebens besser verstehen. Bei Individuen, die mit Mizar arbeiten, sieht man oft, daß diese Phasen besser integriert werden können. Die beim Channeling erreichten Zustände sind stabiler und tiefergehend. Infolgedessen wird wahrscheinlich auch mehr Information übermittelt.

Diese wunderschönen, Mizar genannten Wesen besitzen mehr als andere Sterne die natürliche Fähigkeit, mit Menschen über diese Dinge zu kommunizieren. In gewisser Hinsicht ist es so, daß durch alles, was wir darüber sagen, das Bewußtsein dieser Dinge geschmälert wird. Schließlich haben diese wunderschönen Wesen ja ihre eigenen Kräfte. Wenn die Menschen etwas über diese Kräfte erfahren und sie kennenlernen, können sie sich mit Sicherheit selbst auf sie einstimmen. Offensichtlich ist es in diesem Bereich möglich, alle möglichen Energieformen zu kreieren. Die kraftvollen Verbindungen zwischen diesen Sternen sind für viele andere Wesen ein wundervolles Symbol. Die meisten außerirdischen Wesen, die von Erdbewohnern gechannelt werden möchten, gehen in der Nähe von Mizar durch eine Trainings- oder Lehrzeit. Normalerweise gehört dazu eine Zeit, in der sie sich bewußt gegenseitig channeln, wobei sie Energien und Erfahrungen austauschen. Sie kommunizieren dabei nicht einfach anhand von telepathischen Ideen, indem sie dem anderen Wesen Gedanken oder Ideen einpflanzen. Sie arbeiten auf tieferen Ebenen, wobei sie eine natürliche Bewußtseinsübertragung in Gang setzen: ein vielschichtiges Bewußtsein, das Gedanken, Handlungen, Taten, Erinnerungen und Sinneswahrnehmungen umfaßt. Es ist Übung nötig, bevor Wesen, die nicht von der Erde stammen, Erdbewohnern etwas channeln können. Daher ist Mizar ein sehr beliebter Ort für Wesen, die den Menschen etwas channeln möchten. Die meisten Wesen, die sich augenblicklich in der Nähe des Mizarsystems aufhalten, stammen von den Plejaden. Wenn Wesen ihre viertdimensionalen Körper in die Sterne oder an einen Ort zwischen ihnen versetzen, nehmen einige dieser Fähigkeiten dadurch von selbst zu.

Menschen, die ihre Channelingfähigkeiten verbessern möchten, könnten sich vorstellen, wie sie verspielt zwischen diesen Sternen herumsausen. Das kann für das harmonische Zusammenspiel einiger dieser Energien sehr zuträglich sein. An gewissen Punkten halten sich die Gravitationskräfte der Sterne die Waage. Menschen, die sich vorstellen, an einem solchen Punkt zu sein, können sich an einem Ort des Gleichgewichts wiederfinden, an dem sie in jeder Richtung ein ungeheures Potential besitzen. Der Zustand, in dem man channelt, ist ein sehr feinfühliger, entspannter und bewußter Zustand. Die durchkommende Energie kann jedoch sehr mächtig sein und in der

Person, die channelt, wie in den Menschen in ihrer Umgebung, große Veränderungen hervorrufen.

Die Geschichte Mizars ist nicht ganz zugänglich. Teilweise hat das mit dem Channeling zu tun, das Menschen in der Vergangenheit durchgeführt haben. In einigen Fällen ist dies der Aspekt aus früheren Leben, der am meisten vor dem augenblicklichen Bewußtsein der Menschen abgeschirmt wird. Manchmal soll ihnen nur ansatzweise bekannt sein, wie intensiv sich ein solches Channeling auf ihre Leben ausgewirkt hatte, damit sie nicht in alte Muster zurückfallen, die ihnen Probleme bereitet hatten oder den Wunsch in ihnen wecken, Erfahrungen aus der Vergangenheit zu wiederholen. Die mächtigen Gravitationsfelder zwischen diesen Sternen erzeugen eine Quellenenergie, die von Wesen aus der ganzen Galaxis genutzt werden kann. Eine solche Quellenenergie kann leicht in vier-, fünf- und sechsdimensionale Energien umgewandelt werden. Daher ist sie eine natürliche Quelle für jede Form von Channeling-Arbeit.

DENEBOLA
(Beta Leonis)

[2,14^m] Ein 42 Lichtjahre entfernter bläulichweißer Stern, der einfach ionisiertes Silizium, Eisen etc. enthält.

Die ungewöhnliche Hitze im Inneren dieses Sterns sowie seine Fähigkeit, mächtige magnetische Felder zu erzeugen, haben dazu geführt, daß diese unterschiedlichen Elemente in Ionenform vorliegen, was außergewöhnlich ist. Kieselerde hat eine direkte Wirkung auf den Willen und die Führungsfunktionen. Diese Mineralien und die Gegenwart von Denebola aus dem Sternzeichen Löwe führen zu einem tieferen Bewußtsein der Bedeutung von Führerschaft. Möglicherweise wächst die Fähigkeit, die unbewußten Verbindungen zwischen einem Führer und einer Gruppe bewußter herzustellen. Charisma beruht auf der Tatsache, daß ein Mensch zur Stimme vieler Menschen wird und zwar so, wie sich diese nicht artikulieren können. Auf diese Weise wachsen Bewußtsein oder Verständnis zwischen dem Individuum und der Gruppe. Das kann für Individuen in Führungspositionen nützlich sein, die mit ihrer Rolle Schwierigkeiten haben und das Wesen der Führungsqualität genau verstehen möchten. Dieser Stern kann auch immer dann hilfreich sein, wenn sich eine Gruppe auf ein Individuum konzentriert (z.B. bei einer Gruppenheilung) oder eine Person die Energie der Gruppe aufnehmen soll, da die Gruppenenergie in so einem Fall ausgerichtet wird und in einer Person ihren Brennpunkt hat. Möglicherweise empfindet man einen stärkeren Willen und mehr Stabilität. Von diesem Stern können auch Menschen profitieren, die Schwierigkeiten mit manisch-depressiven und schizophrenen Zuständen haben, wenn diese Führungsqualitäten ein bedeutsamer Bestandteil des anormalen Verhaltens sind.

Während der Entwicklung dieser Führungsqualitäten fällt es dem Individuum oft schwer, Zugang zu den tiefen humanitären Empfindungen zu bekommen. Wer mit Charisma arbeitet, muß zu den höheren Ebenen der Güte, des Mitgefühls und der Barmherzigkeit Zugang haben. Wenn man erfolgreich ist, gelangt man durch ein hohes Niveau von Führerschaft in eine Machtposition, und diese höheren menschlichen Qualitäten wie Güte sind normalerweise der Schlüssel dazu, diese Macht auf die richtige Art für die eigene Entwicklung zu nutzen.

In vielen Fällen beeinträchtigt dieser Aufstieg zur Führerschaft bzw. das Bewußtsein charismatischer Quellen aus vergangenen Leben das gegenwärtige Bewußtsein. Dies kommt daher, daß sie keinen Schaden anrichten und ihre Macht nicht mißbrauchen wollen. Die Einnahme des Elixiers gibt mehr als nur ein Bewußtsein des Machtprinzips und des Charismas. Man empfindet auch ein gewisses Wohlwollen, verursacht durch die Gefühle der Bescheidenheit, der Barmherzigkeit und des Mitgefühls – Gefühle, die die Führungsqualitäten erweitern und das Individuum tief in seinem Innern in seiner Führungsfunktion unterstützen. Wer sich in einer Position befindet, die in eine Führungsposition führen kann, sie jedoch scheut oder sie nicht gut annehmen kann, wird von diesem Stern profitieren. Der sanfte Einfluß des Sterns baut die Kräfte der Person auf, wodurch der Betroffene Charisma und Führungsqualitäten entwickeln kann sowie anderen zu helfen vermag. Der Stern vertieft diese Qualitäten auch, so daß aus ihnen menschliche Eigenschaften werden.

Die mit diesem Stern in Verbindung stehende Zivilisation hat wichtige Verbindungen zwischen miteinander in Wechselwirkung stehenden feinstofflichen Körpern geschaffen. Genau das wird auf die Menschen übertragen. Obwohl dies auch einen gewissen Nutzen für die feinstofflichen Körper hat, wird dadurch eher eine Koordination angeborener Fähigkeiten erreicht.

MINTAKA
(Delta Orionis)

[2,19^m] Bläulichweißer Doppelriese in 800 Lichtjahren Entfernung.

Mintaka kann bei den meisten Menschen für einen Ausgleich der als aggressiv oder animalisch betrachteten Energien sorgen. Dies kann dazu führen, daß sich physische Funktionen verbessern. Der Stern kann aber auch dort angewendet werden, wo an die Stelle einer Überbetonung körperlicher Funktionen eine intensivere Einstimmung auf spirituelle Ideale, Ziele und Entwicklung treten soll.

Die Zivilisation von Mintaka mußte während verschiedener Perioden der Auseinandersetzungen und Kriege viel Leid erfahren. Diese führten zu genetischen Kriegen, in denen biologische Technologien verwendet wurden, um mächtige aggressive Tendenzen in den Wesen zur Vollendung zu bringen. Sie sollten bessere Kämpfer sein und ihre Welt besser kontrollieren können. Es gab eine Zeit, in der sie große emotionale Schwierigkeiten hatten. Die gleichen biologischen Gebilde, die ihnen die Aggressivität und die Hypersensibilität verliehen, ermöglichten ihnen nämlich auch zu spüren, was der Feind als nächstes tun würde. So geschah es, daß diese Sensibilität auch ihre Emotionalkörper öffnete, wodurch sie sämtlichen Gefühlen gegenüber sensibler wurden. Dadurch gerieten sie in lange Phasen, die erfüllt waren von Trauer, Selbstmorden und anderen Schwierigkeiten, und gingen durch Krankheiten, die denen auf der Erde ähneln.

Die Folge all dieser Ereignisse war, daß in dieser Zivilisation eine bestimmte Energieform auftrat, die bewirkte, daß die Wesen ihre Waffen niederlegten und ihre Kräfte vereinten. Der Planet war reif für diese Inspiration seitens eines Wesens, das zu Besuch kam und viel Liebesenergie ausschüttete. Dieses Wesen ist euch unter dem Namen Christus bekannt. Christus ist eine Entität und eine Energie, die über mehrere Zeitperioden hinweg existiert. Die beschriebenen Ereignisse trugen sich vor sehr langer Zeit zu. Die Wesen von Mintaka waren bereit für diesen sanftmütigen Einfluß, und anschließend richteten sie ihre Bemühungen darauf, Glück hervorzubringen. Sie kanalisierten die besagten aggressiven Tendenzen in das, was Frieden, Kraft, Bewußtheit und ein Gefühl des Glücks hervorrufen konnte. Dieses Gefühl des Friedens und des Glücks konnten sie in gewissem Umfang genetisch umsetzen, nachdem sie die aggressiven Tendenzen verstanden hatten und angemessen mit ihnen umgingen. In dieser Richtung entwickelte sich diese Zivilisation nach dem Besuch von Christus lange Zeit weiter.

Dieses erweiterte Bewußtsein brachte sie auch dazu, viele Tiere zu entwickeln, die zwar kein höheres Bewußtsein besaßen, dafür jedoch diese Glücksprinzipien in sich trugen. Ihr Bewußtsein der Welt diente nicht der Entwicklung von Spiritualität und Form, sondern der Entwicklung bestimmter Prinzipien wie Freiheit, Aggression, Passivität und dem Erfahren von Gefühlen. Bei der Entwicklung der tierischen Lebensformen auf der Erde wurde das Wissen und das Verstehen dieser Zivilisation genutzt. Es floß bereits bei der Entwicklung der ersten Fische, Amphibien und Reptilien auf der Erde ein. Die Schöpfung aggressiver Tierformen auf der Erde erreichte vor ca. 70.000 Jahren mit der Entwicklung des Eisbären ihren Höhepunkt.

Zwischen diesem Zeitpunkt und der Gegenwart gelangten diese Rassen zu völligem Verstehen und zu totaler Erleuchtung. Ausgehend von den Planeten, die sie besiedelten, und den Wesen, mit denen sie sich befaßten, hat sich in diesem Sternsystem ein Verständnis herauskristallisiert, wie aggressive Energien zu Bewußtsein, Frieden und Verstehen führen können, wofür sie auch große Dankbarkeit empfanden. Sie erkannten, daß es im irdischen System ein großes Problem gab. Bestimmte irdische Gedankenformen waren von marsianischen Energien durchdrungen, die vom Planeten Mars übertragen und verstärkt worden waren, was zu Feindseligkeiten, Haßgefühlen, Wut und aggressiven Tendenzen in den Menschen geführt hat. Zu den besten Mitteln, die den Wesen von Mintaka zur Verfügung standen, um den Erdwesen zu zeigen, wie glücklich sie sein könnten, zählen die tierischen Lebensformen und das Unterbewußtsein der Menschen. Darüber hinaus könnten sie auch Mittel und Wege einsetzen, die die Menschen an ihre Möglichkeiten erinnern, damit sie selbst bezüglich ihres eigenen Glücks Entscheidungen treffen können.

Sie gaben der Erde auch ein Beispiel für eine Form von Wildheit, Macht und Energie, die keinen von den Menschen als wertvoll und nützlich angesehenen Zweck erfüllte, sondern Angst hervorrief. Der Eisbär ist ganz und gar von dieser Energie erfüllt. Wenn ihr dieses Geschöpf studiert, werdet ihr viel über aggressive Tendenzen lernen können, zumal sich der Eisbär in punkto Aggression deutlich von allen anderen Bären unterscheidet. Diese Energien sind für ihn nicht überlebensnotwendig, obwohl sie auf gewissen Ebenen sicherlich nützlich sind. In der einen oder anderen Hinsicht ist dies auch ein Geschöpf, welches sein Glück auch im Bewußtsein der Sonne und in der Energie sucht, die in ihn einfließt. Manchmal bemerken die Menschen, wenn sie bei einer Meditation über ihren Körper in diesen hineinschauen, die Gegenwart eines Tieres. Es wird oft als ein Totemtier angesehen oder als ein Wesen betrachtet, das eine Beziehung zu einem eurer Chakren hat. Es kann sich auch um eine Energie handeln, die sich symbolisch als ein Tier manifestiert. Sollte dein Totemtier der Eisbär sein, solltest du dich für diesen Stern und für dieses Sternenlicht-Elixier entscheiden.

Der Einfluß des umfassenden Bewußtseins dieser Zivilisation, kann in den Menschen zu einem größeren Verständnis dieser Prinzipien führen. Was die Erde anbelangt, so steht den Menschen immer noch die Möglichkeit offen, zu verstehen, welchen Zweck aggressive Tendenzen haben und wie sie zu einem neuen Bewußtsein des Friedens und des Verstehens führen können. Schaut euch Japan als historisches Beispiel an. Dieses Land stellte im 19. Jahrhundert eine starke aggressive Kraft dar. Dies wurde im 20. Jahrhundert transformiert. Der Krieg verwandelte diese Energie zuerst in eine tiefe Passivität und nun in eine ökonomische Vorherrschaft, bei der keine Armeen oder Aggressionen mehr nötig sind und innerhalb derer das Prinzip der Harmonie gilt, welches auf der Erde erreichbar ist. Daran könnt ihr erkennen, wie aggressive Tendenzen in ein tiefes Bewußtsein anderer Grundprinzipien umgewandelt werden können. Im Falle Japans handelte es sich bei diesen Prinzipien um Harmonie und Bewußtsein zwischen Menschen.

ALGOL
(Beta Persei)

[2,1-2,3ᵐ] Bläulichweiß,
105 Lichtjahre entfernt.

Algol kann Menschen sowohl spirituell als auch praktisch auf ein Verständnis ihres Schicksals und ihres Lebenssinns vorbereiten sowie seine Verwirklichung erleichtern. Die meisten Menschen wären in der Lage, ihren Beruf zu verstehen und ihn zu akzeptieren.

Algol kann Menschen mit Harmonien in Kontakt bringen, die tief im Inneren ihres Wesens schlummern. Diese sind teilweise genetisch angelegt, teilweise stammen sie aus früheren Leben. Wichtiger ist jedoch, daß sie eine Einstimmung auf die Gruppenseele des menschlichen Lebensstroms bewirken. Wenn das geschieht, taucht das Bewußtsein des eigenen Lebenssinns, der Lebensrichtung und der Entscheidungen, die die Wesen bezüglich ihrer Entwicklung getroffen haben, ganz von selbst wieder auf. Dem einen oder anderen könnte es schwerfallen, diese Entscheidungen zu akzeptieren.

Die Wesen von Algol haben die Erde in der Vergangenheit schon oft besucht und wollten helfen. Sie lassen ihre Energien auch jetzt in die Menschen hineinfließen, wenn diese sich auf sie einstimmen wollen. Ohne daß sie darum wissen, ist Algols Energie manchmal Politikern zugänglich, wenn ihnen Wege gezeigt werden, wie sie die besten und höchsten Entscheidungen fällen können. Diese Energien begleiten euch ständig. Wenn ihr euch jedoch unmittelbar auf sie einstimmen wollt, könnt ihr euch mittels Meditation auf die Wesen von Algol einstimmen. Diese Wesen haben einfach nur den Wunsch, der Menschheit auf liebevolle Weise zur Seite zu stehen.

Dieses Gefühl für den Sinn des eigenen Lebens kann eine Verbindung zu universellen Prinzipien herstellen. Ein Bewußtsein sämtlicher universeller Gesetze wird stimuliert. Man kann sich auch über selbstgeschaffene Muster bewußt werden, mit denen man universellen Gesetzen Widerstand leistet. Möglicherweise werden sie einem nicht sofort völlig bewußt, aber man wird sanft dazu angeregt, sich einige dieser Bereiche anzuschauen.

Viele dieser energetischen Prinzipien hängen mit der Frage zusammen, wie sich die Menschheit entscheiden wird, sich weiterzuentwickeln. Wenn Entscheidungen aufgezwungen werden, wird die Person nicht wissen, daß freier Wille ganz natürlich zu ihrem Wesen gehört. Alle Menschen haben als gemeinsamen Lebenssinn die Aufgabe, ihren freien Willen zu erschließen. Spirituell bewußte Wesen, die bereit sind, anderen zu helfen, werden in ihren Gebeten, in ihren Anrufungen oder sogar bei ihrer Arbeit mit Medien darum bitten, ihr Schicksal zu erfahren, eine Lebensaufgabe gestellt zu bekommen oder gezeigt zu bekommen, wie sie der Welt am besten dienen können. Das wirft ein Problem auf, denn gerade durch die Entwicklung ihres freien Willens können die wirklichen Entscheidungen getroffen werden, die eine tiefe Wirkung auf die Menschheit haben und dazu führen, daß die kreative Kraft für die gesamte Menschheit Form annimmt.

Die Wesen von Algol haben sich mit diesem Problem auseinandergesetzt. Sie haben lange mit den Geistführern der Menschheit und anderen Außerirdischen zusammengearbeitet, um den Menschen eine größere Auswahl, mehr Optionen und Möglichkeiten bieten zu können. Sie möchten den Menschen auch die Wahrheit darüber zeigen, welche Entscheidungen sie in der Vergangenheit aus freiem Willen heraus getroffen haben, wie es gegenwärtig um ihre Bereitschaft steht, sich mit höheren Plänen auseinanderzusetzen, und daß sie in Zukunft in der Lage sein werden, sich auf den gemeinsamen Zweck aller Menschen und ihre letztendliche Weiterentwicklung im Universum einzustimmen. Man kann sich mit Hilfe des Sterns, des Elixiers und der Arbeit mit diesen Wesen auf die besagten höheren Prinzipien einstimmen. Im Anschluß daran gehen die Menschen in der Regel durch eine Phase, in der sie sich innerlich ein wenig leer fühlen, und es scheint, als ob dieses große Verlangen nach Sinn, dieser intensive Wunsch, eine spezielle Aufgabe zu bekommen und dieses spirituelle Ziel zu verwirklichen, verschwindet. Anstelle dieses Ziels ist nun eine Leere getreten, die – auch wenn die meisten Menschen sie nur für ein paar Minuten spüren – ein paar Tage andauern kann. In dieser Zeit wird man gebeten, zu verstehen, was ist – nicht, was wird oder was war.

Diese Einstimmung auf die Gegenwart kann offenbaren, was erschaffen werden soll und was bereits erschaffen wurde und daß beides etwas ist, was man dem eigenen freien Willen gemäß entscheidet. Dies ist das wirkliche Geheimnis hinter dem Sinn des Lebens: daß man tief im Inneren die Möglichkeiten erkennt und versteht, und daß man dann, nach all diesen Überlegungen, alles losläßt, um in der Stille Dinge zu erkennen und sich zu entscheiden. Wenn eine solche Entscheidung einmal gefällt wurde, gehen daraus kraftvolle Dinge hervor. Was euch wirklich etwas über euch verrät, ist die Entscheidung selbst. Die Energien dieser Wesen und dieses Sterns können den Menschen sehr helfen, diese Phase der inneren Stille etwas zu verlängern, damit dieses umfassendere Verständnis der wirklich gefällten Entscheidungen entstehen kann. Wichtig hierbei ist, die betreffende Entscheidung zu fällen und dafür zu sorgen, daß sie wirklich tief aus dem eigenen Inneren kommt. Obwohl diese Entscheidung von vielen anderen Kräften beeinflußt werden kann, geht es darum, die externen Einflüsse auszuschalten, damit die wahre innere Erkenntnis gewürdigt werden kann.

ALMACH
(Gamma Andromedae)

[2,2-2,3ᵐ] Eine aus vier gelben Sternen bestehende Gruppe in 250 Lichtjahren Entfernung.

Almach kann bei der Übertragung von Energie aus dem Mentalkörper ins Herz behilflich sein. Dies entspricht der Fähigkeit, Ideen in eine liebevolle und für andere nützliche Form zu bringen. Die Energien der Liebe können leichter ausgedrückt und kommuniziert werden. Im Zusammenhang damit können auch spirituelle Ideen integriert werden, die dem besseren Ausdruck dieser Energien dienen. Wer Schwierigkeiten mit den Knien und besonders mit dem rechten Knie hat, könnte feststellen, daß – zusätzlich zu den anderen körperlichen Heilmethoden, die innerlich zur Behandlung des Knies angewandt werden – bei Einnahme des Elixiers oder durch die Meditation auf den Stern die zugrundeliegenden Gedanken leichter zugänglich werden.

Almach führt bei den meisten Menschen dazu, daß sie leichter ihre Schwingungen verändern und Ideen von vielen Ebenen empfangen können. Außerdem kommt es zu einer gesteigerten medialen Aktivität, wenn es um die Umsetzung vieler Ideen in eine einzige integrierte Form geht. Ähnlich wirkt auch die Kartoffel-Blütenessenz, wenngleich nicht so deutlich wie das Almach-Elixier. Die Kombination Kartoffel-Blütenessenz und Almach-Elixier kann für Menschen wirkungsvoll sein, die sich auf eine einzige Schwingungsebene einstimmen möchten, ein einziges spezielles Wesen oder eine Energiestruktur channeln möchten, sofern die betroffene Energiestruktur eine spirituelle Wirkung hat und der Mehrheit der Menschen zugute kommt. Zur Energie dieses Sterns gehört ein autonomes Prinzip, das Menschen auf natürliche Weise darin unterstützt, hellsichtige Fähigkeiten und das Channeling zu entwickeln, um Informationen aus höheren Ebenen zu übermitteln. Es kann zu einer verbesserten Nutzung dieser Energie und dieser Informationen zum Wohle aller führen. Almach wird auch beim Einsatz dieser Fähigkeiten einen gewissen Grad an Selbstschutz bewirken.

Man wird bei den meisten Menschen, die diesen Stern verwenden, feststellen, daß sie den natürlichen Zustand eines Wesens deutlicher und bewußter wahrnehmen. Für viele bedeutet dies, daß ihnen bewußt ist, was mit ihnen in der vierten Dimension in bezug auf ihre Wahrnehmung der Wechselbeziehungen zu anderen geschieht. Viele Menschen können eine starke Beschleunigung erfahren. Das kann sehr hilfreich sein, wenn sie sich überwältigt fühlen, wenn auf der Erde ihrem Empfinden nach zuviel geschieht oder sie das Gefühl haben, daß sie mit dem sich beschleunigenden Leben auf der Erde nicht mehr Schritt halten können. Dies ist der wirkliche Vorteil, den die Arbeit mit dieser Sternengruppe bringt. Je nach der individuell vorhandenen Medialität wird das Bewußtsein der feinstofflichen

Ebenen und die Fähigkeit, Schwingungen zu transformieren oder zu verändern, von Person zu Person unterschiedlich sein. Der Stern wird jedoch das Verständnis dessen, was vor sich geht, verbessern und die Fähigkeit erhöhen, damit Schritt zu halten.

Almach kann Menschen helfen, die sich von anderen aufgrund ihres umfassenderen spirituellen Bewußtseins ein bißchen abgeschnitten fühlen, die jedoch nicht in der Lage sind, dieses Bewußtsein zu fokussieren, einzusetzen, sich darauf zu verlassen oder es in anderen leicht zu erkennen. Jeder, der dieses Elixier zu sich nimmt oder über diesen Stern meditiert, wird entdecken, daß er ganz von selbst in seinem Leben versuchen wird, ein Verständnis von spirituellen Ideen, Selbstausdruck, Kontemplation und Fürsorge im Leben zu erlangen. Er wird instinktiv versuchen, Situationen herbeizuführen, in denen er diese Dinge ausprobieren kann, um zu erfahren, wie Gott sich manifestiert. Betrachtet doch einmal, wie sich Spiritualität im Verlauf der Zeitalter zum Ausdruck gebracht hat. Was die Menschheit anbelangt, scheint dieses Ausprobieren ein integraler Bestandteil ihrer Spiritualität zu sein: Es taucht überall in der Bibel und in allen großen religiösen Werken auf. Tief im Unterbewußtsein der Menschen liegt der Gedanke, daß man leiden muß, um Ergebnisse zu erzielen. Er beruht auf einer grundlegenden Getrenntheit. Almach entschärft diese Getrenntheit weitgehend, so daß es der Person vorkommt, als ob sich die Einheit aller Wesen in ihr selbst vollziehen könnte. Die universelle oder globale Einheit, die einem bewußt wird, entspricht auch einer innerlich empfundenen Einheit, die durch die Integration aller Facetten des eigenen Wesens hervorgerufen wird.

SCHEDAR
(Alpha Cassiopeiae)

[2,22^m] Gelber Riese, 150 Lichtjahre entfernt.

Die meisten Menschen empfinden eine Verstärkung des spirituellen Grundgedankens, mit Lob und Anerkennung auf andere zu reagieren. Dies kann Engel oder mächtige Devas während der Meditation oder nach Einnahme des Elixiers anziehen. Außerdem kommt es zu einem erweiterten Bewußtsein der spirituellen Wechselbeziehungen zwischen den Reichen der Natur, das heißt den euch umgebenden Pflanzen Tieren sowie der Erde selbst. Die entstehende Grundhaltung, Anerkennung und Lob auszusprechen, kann auf eine sehr kraftvolle magnetische Art von einem Menschen ausstrahlen. Schedar führt dazu, daß man dieses Prinzip besser verstehen und leichter damit umgehen kann.

Fast alle Menschen können aus der Arbeit mit diesem Stern Nutzen ziehen. Ein Teil dieser Energie kann Menschen helfen, die ihre Beziehung zum Reich der Engel und zu den anderen Wesen verstehen möchten, die die gleiche

Bereitschaft wie die Menschen haben, sich weiterzuentwickeln. Die spirituelle Evolution der Menschen ist stark mit einem lobenden oder wertschätzenden Bewußtsein verbunden. Diese Art von Energie kann einem Menschen oftmals bewußter machen, welche Möglichkeiten er besitzt, sein Potential zu manifestieren. Dies kommt daher, daß diese Energie Menschen zu Aspekten hinführt, von denen sie wissen, daß sie mit ihnen verbunden und mit ihnen eins sind, von denen sie jedoch meinen, sie befänden sich außerhalb ihrer selbst. Wenn man sich diese Aspekte einverleiben kann, kann das zu einem Gefühl der Erleuchtung, einem stärkeren Gewahrsein und einem höheren Bewußtsein führen.

Darüber hinaus ist da noch diese wunderschöne Energie, die auf natürlichem Wege eine Verbindung zu den anderen Naturreichen ermöglicht, was zu den grundlegenden Fähigkeiten des menschlichen Herzens gehört. Sie beruht teilweise auf genetischen Strukturen, weil alle aus der gleichen irdischen Materie bestehen. Die Elemente werden nur durch einfache DNS-Strukturen in Pflanzen und Tieren und durch komplexere DNS-Strukturen bei den Menschen manipuliert.

Die Mitochondrien des menschlichen Körpers sind ein weiterer Aspekt, der zu diesem Zusammenhang gehört. Mitochondrien sind unabhängig funktionierende Zellorganellen, die im gesamten menschlichen Körper vorkommen. Sie entwickelten sich in der Vergangenheit aus der Einverleibung jener Substanzen, die für die richtige Nutzung von Gasen, einschließlich des Kohlendioxids und Sauerstoffs, verwendet wurden. Die Erzeugung eines solchen Gleichgewichts in allen Zellen ist für alle Erdbewohner ein bedeutsames entwicklungsgeschichtliches Moment. Innerhalb dieser Wechselbeziehung scheint es so gewesen zu sein, daß die Mitochondrien in der Lage waren, größeren Zellstrukturen das zu geben, was sie benötigten, so daß es zu einer natürlichen Symbiose kam. Sie besteht nun schon seit Milliarden von Jahren, und es ist eine allgemeine Gedankenform entstanden, die man sich auf Menschen übertragen so vorstellen könnte, daß die Zellstrukturen die Mitochondrien und die Mitochondrien die Zellstrukturen loben. Die Zellstrukturen und die Mitochondrien sind schon seit langem eins. Infolgedessen existiert tief in den Zellen eines jeden Menschen ein Wissen um das Prinzip des Lobes und der Anerkennung, das weit über bloßes Fühlen oder intellektuelle Betrachtung hinausgeht. Es ist ein inhärenter Teil eures eigenen Wesens. Das Bewußtsein der gegenseitigen Abhängigkeit aller Wesen auf der Erde und das Bewußtsein der anderen Naturreiche um euch herum wird euch auf ganz natürliche Weise durch ein Verständnis des Prinzips des Lobes zugänglich.

Die Wesen von Schedar haben gesehen und gefühlt, welch unglaublichen Nutzen es hat zu loben, und haben auf unterschiedliche Art mit diesem Prinzip gearbeitet. Als sie während ihres Einsseins mit Gott entdeckten, daß der Aspekt des Lobes verstärkt werden konnte, entschieden sie sich dafür, sich von Gott zu lösen, um sich auf die Arbeit mit Lob und Anerkennung zu konzentrieren. So gesehen ist Schedar wie ein kleines Chakra Gottes, das viele Aspekte Gottes manifestiert, jedoch besonders auf den Aspekt des Lobes eingestimmt ist. Diese Wesen beziehen ihre größte Freude, ihr Identitätsgefühl und maximales Bewußtsein aus dieser Energie des Lobes. Nachdem sie alle anderen Möglichkeiten ausgeschöpft hatten, begannen sie zu erkennen, daß sich hier etwas auftat, was viel Spaß machte. Hier kann man den Einfluß der Wesen von Vega spüren, die erkannt haben, daß Klang eine herrliche Art ist, etwas zu lobpreisen. Sie hatten den Klang der Sterne entdeckt, die zu singen und Gott zu lobpreisen schienen. Es gehört zur eigentlichen Natur der sich krümmenden Äther, der sich kein Stern entziehen kann, diese wunderbare Energie zu erschaffen. Diese Energie wird dann in einer Form zu Gott zurückgestrahlt, die man am besten mit dem Begriff Lobpreisung übersetzen kann. Dabei handelt es sich um eine natürliche Form der Entfaltung der Energien der Sterne.

Die Wesen von Schedar haben erkannt, daß die Menschen besser Fortschritte machen können, wenn sie bezüglich des Lobens eine Wahl haben. In ihrer Forschung haben sie gesehen, daß die Menschheit ein großes Potential im Umgang mit der Energie der Lobpreisung besitzt. Die Wesen von Schedar hoffen, daß die Erdbewohner in der Zukunft in der Lage sein werden, mit anderen Zivilisationen zu fusionieren, die dies ebenfalls verstanden haben. Da sie diese Hoffnung hegen, fördern sie diese als natürliche Anlage in allen Menschen vorhandene Fähigkeit, indem sie ein Pulsieren in ihrem Stern verursachen, der seinerseits eine Verbindung zur Sonne herstellt. Dieses Pulsieren wird ständig in Form von Schwingungen zur Erde übertragen, und sie treten in Abständen von etwa einer Sekunde auf. Daher kann man nach Einstimmung auf die Energie des Lobes feststellen, daß sie in einem immer stärker wird und sich zu immer höheren Ebenen hinaufschwingt. Wenn ihr euch das bewußtmacht und es in euch spürt, zieht ihr die Energien anderer Wesen, die sich auch mit Lobpreisungen befassen, wie von selbst zu euch.

Stell dir vor, daß die von Schedar beeinflußten Schwingungen des Sonnenlichts durch dich hindurchfließen. Dabei wirst du feststellen, daß mit diesen wundervollen Energiewellen dieser Aspekt des Lobes intensiviert und geklärt wird. Du könntest einen Tag vorher eine Meditation über Schedar machen und dir vorstellen, daß Schedars Energie gleichzeitig mit der Energie der Sonne in dich hineinströmt. Doch es ist nicht möglich, gleichzeitig ein Sonnenbad zu nehmen und über Schedar zu meditieren. Eine solche Meditation müßte nachts durchgeführt werden. Du wirst dabei feststellen, daß sich auch deine Wertschätzung für die Kräfte der Nacht, der Naturkräfte, der Stille und des Friedens sowie der anderen Sterne und Planeten verstärkt. Du könntest das Schedar-Elixier einnehmen und dabei eine meditative Verbindung zur Sonne herstellen, während du dir vorstellst, daß die besagten Energiewellen durch dich hindurchfließen.

Nimmt man gleichzeitig das Sonnen-Elixier ein, wird dieses dominieren. Wenn man das Sonnen-Elixier aber schon ein paar Monate lang eingenommen und sich daran gewöhnt hat, kann man das Schedar-Elixier zusätzlich einnehmen. Die feineren Varianten von Schedar können dann von den zentralen Sonnenwirkungen unterschieden werden. Unter dem Einfluß dieser beiden Sterne werden Menschen ein Verständnis für das Bewußtsein des Lobpreisens im Zusammenhang mit den anderen Reichen der Natur entwickeln.

ALPHECCA
(Alpha Coronae borealis)

[2,23^m] Bläulichweißer Doppelstern in 75 Lichtjahren Entfernung.

Dieser Stern macht es leichter, sich mit mehreren Ideen gleichzeitig auseinanderzusetzen und klare Entscheidungen zu fällen. Normalerweise kommt es zu einer Verstärkung der Medialität, die dabei hilft, die Wahrheit in einer Situation sich widersprechender Standpunkte in Erfahrung zu bringen. Verschiedene Aspekte der Wahrheit bekommen für die meisten Menschen bei Verwendung dieses Sterns mehr Gültigkeit.

Die Wesen von Alphecca haben eine sehr starke Vorliebe für Geschichte. In der Zeit der alten Griechen haben sie mit den Erdbewohnern Kontakt aufgenommen. Der mit dem Planeten Merkur assoziierte Gott, der manchmal auch Hermes genannt wird, war ein Wesen aus dieser Zivilisation, das sich auf der Erde manifestierte. Beginnend mit der frühen griechischen Epoche ging von diesem Stern ein direkter Einfluß aus. Die Wesen von Alphecca haben zu verschiedenen Zeiten zur Erweiterung des Bewußtseins integrierender Prinzipien beigetragen und haben lange versucht, auf der Erde Ideen und kommunikative Prinzipien zu stimulieren. Noch schlummern diese Dinge, doch sie könnten innerhalb der nächsten Jahre erschlossen werden.

Das Gehirn eines Menschen ist ein Speicher für Informationen, das dem höheren Selbst auf ätherisch-mentaler Ebene zur Verfügung gestellt wird. Dieses höherdimensionale Gebilde ergießt mittels Licht Informationen ins Gehirn. Dabei handelt es sich um eine Form der Parallelverarbeitung, durch die multiple Gedankenstrukturen entstehen. Dann treten die Informationen linear ins Wachbewußtsein. Wenn man sich dieser Vorgänge bewußter wird, wird einem auch klar, daß diese Vorgänge ihrem Wesen nach parallel verlaufen müssen. Alles, was die Bewußtwerdung der natürlichen Kommunikationsvorgänge zwischen dem höheren Selbst und dem Gehirn fördert, ist für die Entwicklung kraftvoller Denkvorgänge von großer Bedeutung. Diese gedanklichen Vorgänge werden oft nicht zum Ausdruck gebracht – noch nicht einmal der Teil, dessen man sich bewußt ist. Viele dieser Vorgänge würdet ihr als Intuition bezeichnen. Intuition selbst ist von Natur aus eine Form der Parallelverarbeitung. Eine Vielzahl von Ideen werden gleichzeitig verarbeitet. In Gesellschaften, die ihre telepathischen Fähigkeiten entwickelt und längere Zeit mit ihnen gearbeitet haben, ist die Fähigkeit, multiple Ideen zu erzeugen und diese auf passende Weise einander mitzuteilen, normal.

Das Jonglieren mit vielen Ideen und Bewußtseinsinhalten, die Bereitschaft, neue Kulturen und neue Herangehensweisen an das Leben zu erschaffen, sowie das Zusammenspiel all dieser Dinge, wie es im alten Griechenland erstmals auftrat, hat die Zivilisation von Alphecca berührt und inspiriert. Es kam zu einer natürlichen Form der Verbrüderung und der Zusammenarbeit, die noch bis in die heutige Zeit fortdauert. Dies soll Menschen dazu ermutigen, sich ihrer eigenen naturgegebenen Fähigkeiten bewußt zu sein, viele Gedankenformen gleichzeitig einzubringen und auf der Ebene des überbewußten Denkens mit ihnen zu arbeiten. Damit ist gemeint, Dinge unmittelbar zu wissen und sich intuitiv vieler Informations-, Weisheits- und Lobpreisungsebenen sowie der Wahrnehmungen künstlerischer Prinzipien bewußt zu sein.

SADR
(Gamma Cygni)

[2,23^m] Ein 800 Lichtjahre entfernter weißer Übergigant.

Dieser Stern kann die Energie erhöhen, die für das Verständnis der Natur des physischen Körpers, für das Empfinden von Grazie und anmutige Bewegungen notwendig ist. Man kann die Erdenergie auch besser durch die Füße hochziehen und sie körperlich einsetzen. Du solltest das Elixier einnehmen, bevor du barfuß über eine taubedeckte Wiese gehst. Dadurch wird deine Energie zunehmen. Der Stern bewirkt auch, daß sich Menschen ihrer Beziehungen zu anderen bewußter sind, besonders zu Frauen. Frauen und Männer, die mit ihren Beziehungen zu Frauen Schwierigkeiten haben, werden durch Sadr eine Verbesserung erfahren.

Die mit diesem Stern verbundene Zivilisation besaß reichlich Energieressourcen und entschied sich aus künstlerischen Gründen dafür, sie auf eine Art zu nutzen, die eine Würdigung des Schönen darstellte. Es war ihnen möglich, mächtige Plasmaformen zu erschaffen. Der Stern konnte einen Teil seiner selbst ablösen. Dies geschah in einer Umlaufbahn nahe des Planeten, wobei er sich bei jedem Umlauf etwas mehr annäherte. Eine kraftvolle Energie aus der vierten Dimension erzeugte eine Resonanz zwischen dem Zentrum des losgelösten Sternstücks und dem Zentrum des Planeten. Mit der Zeit wurde daraus eine stabile Verbindung, und das Sternstück schmolz, wobei er seine gesamte Energie in den Planeten hineinfließen ließ. Dabei lud er ihn für einen Zeitraum von 250.000 Erdjahren sehr stark mit Energie auf. Während dieser Zeit entwickelte sich die besagte Zivilisation. Inmitten dieses Zeitraums sah man, daß es nützlich sein könnte, wenn für bestimmte Kunstformen mehr Energie zur Verfügung stünde, also zapften sie ihre Sonne direkt an, was zu dem Zeitpunkt sehr einfach war. Da sie nicht länger von den normalen dreidimensionalen Aspekten Gravitation, Zeit oder Entfernung eingeschränkt wurden, zweigten sie mehrmals Energie ab, ohne daß dies ihrer Sonne geschadet hätte. Im Verlauf ihrer Lernprozesse machten sie mehrmals einen Sprung, so daß es zu einer Verflechtung zwischen dem bewußten Lenken solch mächtiger Energieformen und ihrem Bewußtsein kam. Das wäre auf der Erde aufgrund des erforderlichen hohen Energieniveaus schwer zu erreichen.

Die Anerkennung der natürlichen Schönheiten und Energien, die ihnen zur Verfügung stehen, hat sie dazu gebracht, ähnliche Energien auf verschiedenen Planeten zu erforschen, die mit solchen wunderschönen Naturkräften zu tun haben. Die Erde ist einer dieser Planeten, der diese Energien materiell zum Ausdruck bringt – in Form von Blumen, schönen Landschaften, verschiedenen Pflanzen- und Tierformen und natürlich als Erdoberfläche selbst, die ihrerseits wunderschöne Gebirge, Täler, Flüsse usw. hervorbringt. Wenn Menschen mit Sadr arbeiten, wird ihnen genau diese Wertschätzung für Kunst übertragen. Oft bekommen die Menschen dadurch einen persönlichen Zugang zu diesen schönen energetischen Formen, die eine natürliche, unmittelbare Ausdrucksform der Liebe der Erde darstellen. Diese Formen sind weder zweckgebunden noch dienen sie der Erreichung eines bestimmten Ziels. Aus sich selbst heraus besitzen sie einfach Pracht und Schönheit und stellen Kunstwerke dar. In allen Menschen, die mit solchen Formen arbeiten, tritt der lebendige Prozeß des Seins in den Vordergrund. Daher tendiert man dazu, sich auch in sich selbst auf diese mächtigen Energien einzustimmen, wenn man die Pracht und Schönheit der Erde würdigt.

Während des Traumzustandes fühlen sich einige Wesen zu ihrer Sonne hingezogen. Wenn du in die Sonne eingehst, wirst du ganz von selbst Zeuge solcher Naturformen. Dabei kann es sich um Sonnenflares handeln, die viele Tausende oder Hunderttausende von Meilen lang sind. Auf einer tieferen Ebene sind dies jedoch Formen, die die Erschaffung gewisser genetischer und biologischer Stoffe steuern, wie etwa der Tanz der DNS, der bei der Entstehung der Zygote zu beobachten ist. Im Bewußtsein dieser Formen liegt auch das Verstehen von höherdimensionalen Realitäten verborgen, da die Dichte der Elektronen, die Dichte der Magnetfelder und die der elektromagnetischen

Sterne der zweiten Größenordnung ....

Spiralen jeweils so hoch ist, daß dadurch naturgemäß Raum- und Zeitkrümmungen sowie vorübergehende Gravitationseffekte entstehen. Mit all diesen Dingen wurde in der Vergangenheit herumgespielt. Damit arbeitete man in Atlantis, um Energietechnologien zu entwickeln.

Sadr ermutigt in diesen Angelegenheiten, da diese Wesen die zugrundeliegenden Prinzipien verstehen. Sie besitzen ein direktes Wissen um die energetische Kraft, das man wie folgt in Worte fassen kann: „Ich bin, und ich tanze mit dieser wunderbaren Gegenwart." Es ist dieser Tanz, aus dem sich die Form entwickelt. Er ist dann in den Dingen sichtbar, deren Entstehung über lange Zeiträume hinweg verläuft, wie z.B. die Verschiebungen der Erdkruste, oder auch nur kurze Zeit, wie bei der Entstehung eines Kunstwerks, eines Kolibris, einer Blume oder wenn man die Bewegung, die Menschen in sich selbst hervorbringen können, bewußt wahrnimmt. Die Wertschätzung und das tiefgreifende Bewußtsein dieser Dinge und das Empfinden der Kontinuität des Ablaufs in den Wesen, während sie sich dieses Prinzips bewußt werden, sind genau das, was der Stern zur Erde hin ausstrahlt. Dies ist die grundlegende nährende Eigenschaft des Yin-Prinzips, wie es im chinesischen Verständnis von Yin und Yang definiert ist. In diesem Falle ist es ein Prinzip, das danach trachtet, sich zum Ausdruck zu bringen, da es sich durch diesen Ausdruck erkennt und dieser Ausdruck an sich so wunderschön ist.

Auf der Erde muß dieses Prinzip naturgemäß eine Form annehmen, die mit anderen Formen verflochten ist. Ihr befindet euch an einem Ort, an dem ständig neue kreative Formen aus den Beziehungen all der unterschiedlichen Menschen, aber auch der natürlichen Kräfte der Lebewesen und der physikalischen Kräfte entstehen. Ihr würdet diese Formen als anmutig bezeichnen, weil sie ganz von selbst so fließen, daß sie sich ineinander verschlingen und auf wunderschöne Art zusammenwirken. Es werden aber auch auf einer kreativen Ebene Grundgedanken geschaffen, die erst in ein paar hundert Jahren auf der Erde bekannt sein werden. Sie werden zur Entstehung neuer Lebensformen, neuer Kommunikationsformen und neuer Kunstformen führen. Dies sind die Grundgedanken, die die Lemurier in der Vergangenheit sehr stark angeleitet haben. Sie sind den Menschen bewußt nicht so sehr zugänglich. Sadr ist zur Zeit bemüht, die Wertschätzung dieser Prinzipien in den Menschen zu fördern. Und wir sprechen in diesem Zusammenhang bewußt von dem Stern, denn dieser Stern ist von seiner Zivilisation sowie von anderen Sternen und Zivilisationen als Sendezentrale dieser Energien eingesetzt worden.

CAPH | Caph hat eine Entsprechung zu
(Beta Cassiopeiae) | den Funktionen des Mentalkörpers. Man wird bemerken, daß die

[2,26ᵐ] Ein bläulichweißer Unterriese in 46 Lichtjahren Enfernung. Ein pulsationsveränderlicher Stern mit einer Periode von zweieinhalb Stunden.

Fähigkeit zunimmt, Ideen ins Bewußtsein zu bringen. Die telepathischen Fähigkeiten nehmen zu. Man ist auch eher in der Lage, telepathische Impulse aufzunehmen. Wer dieses Elixier regelmäßig einnimmt oder regelmäßig auf Caph meditiert, dem wird es besser gelingen, sich auf Ideen zu konzentrieren und sie zum Ausdruck bringen können. Dies ist ein guter Stern für Schriftsteller.

Wenn man sich mit kreativen Tätigkeiten wie dem Schreiben auseinandersetzt, treten häufig die zyklischen Energieflüsse im Individuum stärker zu Tage. Sie entsprechen bestimmten Gehirnwellen, die dem Schlaf ähneln. Die meisten Menschen gehen im Schlaf durch Zyklen, die mit raschen Bewegungen der Augäpfel einhergehen (REM = rapid eye movements), wobei Träume und verwandte Aktivitäten entstehen. Anschließend gehen sie in einen tiefen Delta-Zustand, um sich auf das kollektive Unbewußte und auf ihre Absicht als Seele einzustimmen. Diese einfache zyklische Natur des kreativen Prozesses, wie sie naturgemäß im Schlaf zu beobachten ist, zeigt, was beim kreativen Schreiben vor sich geht. Wer dies besser verstehen möchte, dem wird wärmstens empfohlen, Caph zu verwenden. Caph hilft, wenn es darum geht, das eigene Bewußtsein in Worte zu fassen, da er eine intensive Einstimmung auf die eigene innere Kreativität ermöglicht. Caph hilft auch bei Schreibblockaden. Auch Menschen, die Ideen haben, die sie in Form umsetzen wollen, können Unterstützung erfahren.

Im allgemeinen hilft Caph auch überall dort, wo der Mensch seinen Mentalkörper zu stark belastet hat. Menschen mit dieser Tendenz haben häufig einen eher dreieckigen Kopf, der oben breit ist und unten spitz zuläuft. Man beobachtet auch manchmal, daß solche Menschen dazu neigen, Schwierigkeiten mit den Füßen, Knien, oder Unterschenkeln zu haben. Heilpraktiker oder Akupunkteure empfehlen solchen Menschen, sich auf die Erde einzustimmen, mehr Energie in die Füße hineinzubringen und Dinge zu tun, die die physische Form ins Gleichgewicht bringen. Was soll eine solche Person jedoch in der Zwischenzeit mit ihrem Verstand tun? Es ist wichtig, den Mentalkörper in diesen Prozeß zu integrieren, damit Energien, die scheinbar dort festgehalten werden, in den Emotionalkörper, den Ätherkörper, den Astralkörper und, was am wichtigsten ist: direkt in den physischen Körper freigesetzt werden können. Das ist für Menschen hilfreich, die wissen wollen, warum sie sich zu einer solchen mentalen Aktivität hingezogen fühlen und auch, wie sie sich physisch ins Gleichgewicht bringen können. Zusätzlich zu anderen Dingen, die dem Körper auf der physischen Ebene helfen, kann auch die Einnahme von Caph hilfreich sein.

Einige Menschen können auch das Gefühl bekommen, daß plötzlich alle Puzzleteile in die richtige Position fallen. Dieses Elixier kann Detektiven helfen. Caph kann auch Menschen helfen, die versuchen, sehr komplizierte Dinge zu verstehen, wie z.B. die Natur oder eine Wissenschaft oder wichtigen Konzepte. Dies stellt eine Methode dar, um Energien des Mentalkörpers zur Kristallisation zu bringen, damit sie anschließend leichter ins Bewußtsein gebracht werden können.

Es gibt eine mit Caph assoziierte Zivilisation, die eine direkte Verwandtschaftslinie und Verbindung zu den Wesen von El Nath hat. Sie ist sich auch einer großen Gruppe aus der Andromeda-Galaxie bewußt und nahm dort vor langer Zeit an einem großen Befruchtungsprogramm teil. Man stellte fest, daß die natürlich vorkommenden Fluktuationen der Energie von Caph hilfreich für die Entwicklung ihres eigenen Bewußtseins, ihrer Heilfähigkeiten und letztlich auch für den Frieden in ihrer Zivilisation waren. Der Zyklus wiederholte sich etwa alle 5 $^1/_2$ Monate. Die Wesen fanden auch heraus, daß sie sich schneller entwickeln konnten, wenn sie diesen Zyklus verkürzten. Über einen Zeitraum von mehreren tausend Jahren verkürzten sie daher die Schwingungsdauer. Heutzutage ist der Zyklus nur noch wenige Stunden lang, und es ist sehr wahrscheinlich, daß er über die nächsten Jahrhunderte noch kürzer wird. Der Grund liegt in der fortschreitenden Entwicklung dieser Zivilisation. Die Bewohner dieses Systems scheinen ihre Schwingung dadurch zu erhöhen, daß sie sich auf die Schwingung der Helligkeitsschwankungen ihres Sterns einstellen.

WEI
(Epsilon Scorpii)

[2,28^m] Ein 70 Lichtjahre entfernter gelber Unterriese, der sehr viel Kalzium enthält.

Dieser Stern kann die Energie von Menschen erhöhen, die durch Handauflegen heilen. Wer Reiki, eine Massagemethode, Akupunktur oder Akupressur praktiziert, täte gut daran, diesen Stern zu verwenden. Größtenteils werden Energien übertragen, die der Person in ihrer Entwicklung bereits zur Verfügung stehen. Daher können die Menschen diese Energien anschließend einfach beständiger und mit größerer Regelmäßigkeit anwenden als bislang. Dem Heiler werden viel offensichtlicher Energien aus vergangenen Leben zur Verfügung stehen, in denen er ein Heiler war, aber auch Energien von den eigenen Geistführern, die direkte Heilfähigkeiten besitzen, oder unbewußte Energien, auf die er möglicherweise nur unter stimulierenden Umständen Zugriff hat. Diese Energie fließt leicht aus dem Herzchakra und den Händen desjenigen, der auf diese Weise heilend tätig ist.

Viele Menschen möchten gerne einige ihrer eigenen tieferliegenden Energien anzapfen oder bei Handauflege-Techniken zu Hilfe nehmen. Über manche müssen sie vielleicht noch etwas lernen, wobei das Wissen unter Umständen aus vergangenen Leben stammt. Das kann hin und wieder belastend oder schwierig sein und die Menschen an einen Punkt bringen, wo sie nur schwer akzeptieren können, was sie an positiven Heilaspekten alles bewirken können. Manchmal führt dies zu Erwartungen, die sich der praktischen Heiltätigkeit in den Weg stellen. Während sie wachsen und lernen und fähig werden, mit diesen mächtigen Energien zu arbeiten, wird ein Energiekanal errichtet. Dieser Kanal kann sich verengen aufgrund von feinen oder unbewußten Ängsten oder dadurch, daß der physische Körper ausgelaugt ist oder durch diese Energie beeinträchtigt wird.

Das Kalzium dieses Sterns kann die Menschen daran erinnern, daß sie in ihrem Körper bessere Strukturen schaffen können. Vieles an diesen Energien erinnert auch an Kraft, teilweise aufgrund der natürlichen Schwingungen des Sterns. Wei kann die unbewußte, natürliche Tendenz des Körpers stimulieren, mit diesen Materialien zu arbeiten. Der Kalziumstoffwechsel hängt in Wirklichkeit mehr von Kieselsäure ab, als es den meisten Menschen bewußt ist, infolgedessen schenken sie dem Kalzium übermäßige Aufmerksamkeit. Wei trägt nicht so sehr zur Absorption und Verarbeitung des Kalziums bei. Er wirkt mehr auf die Struktur ein, damit die Energie so eingesetzt wird, daß sich diese Substanzen durch die Person hindurchbewegen können.

Der Stern kann Menschen dabei helfen, sich auf ihre früheren Leben, die etwas mit Heilung zu tun hatten, einzustimmen. Manchmal werden den Menschen in Vorbereitunsphasen, in der Ausbildungszeit oder der Initiation in Disziplinen, die mit Handauflegen zu tun haben, kleine Bruchstücke dieser vergangenen Leben bewußt. Oftmals taucht auch eine tiefe, kraftvolle Erinnerung an vergangene Leben auf, in denen es ums Heilen ging. Möglicherweise verstehen, fühlen und wissen diese Menschen dann um einige der Umstände, unter denen sie damals die Entscheidung fällten, Heiler zu werden, und wie sie dazu kamen, mit den höheren, sie führenden Kräften zusammenzuarbeiten.

Die Wesen von Wei haben sich ausgiebig mit Zeitreisen befaßt. Ihrem Verständnis nach ist dies ein wichtiges Kommunikationsmittel und eine wichtige Form der Raumfahrt. Aufgrund ihres diesbezüglichen Bewußtseins sind sie zur Einsicht gelangt, daß die Menschheit Heilung braucht. Sie haben auch erkannt, daß Menschen diese Heilung bewirken können, jedoch dabei auf Schwierigkeiten stoßen, weil sie sich ihrer früheren Leben nicht bewußt sind. Im Moment schickt diese Zivilisation der Erde Energie, um den Menschen zu helfen, sich ihrer eigenen inneren Strukturen bewußt zu werden, herauszufinden, wie Heilungsenergien verfügbar gemacht werden können und wie ihre eigenen vergangenen Leben ihnen helfen können, gegenwärtig mit solchen Heilkräften umzugehen. Diese Wesen haben demnach erkannt, daß sie durch Intensivierung des Lichtes ihres Sterns dazu beitragen können, daß sich die Menschen auf diese tiefgreifende Heilung einstimmen können. Das Ergebnis hiervon könnte eine nachhaltige Heilung der menschlichen Rasse sein. Das wiederum wird letztlich dazu führen, daß die Menschen sich von der Notwendigkeit lösen, durch Krankheit lernen zu müssen.

Sicherlich haben diese Energien Einfluß auf viele Techniken. Die Wirkung ist anders als die von der Morning-Glory-Blütenessenz, was die Einstimmung auf den Heilungsprozeß anbelangt, oder als bei dem Sirius-Elixier, das tendenziell die transformative Qualität als Aspekt des Heilungsvorgangs in den Vordergrund heben würde. Beim Wei-Elixier findet eine Einstimmung auf die zugrundeliegende Energie statt, auf die Basis all dieser Techniken. Alle Techniken, bei denen der Heiler mit den Händen den Patienten berührt, werden von der Wirkung betroffen sein, auch viele, die noch beschrieben oder entdeckt werden müssen. Die Technik mit dem Namen Omega, die zur Zeit in Amerika gelehrt wird, stammt direkt von diesen Wesen. Sie wird durch Wei-Energien noch intensiver beeinflußt werden als Reiki, Akupunktur, Massage und ähnliche Techniken.

SCHEAT
(Beta Pegasi)

[2,3-2,7^m] **Ein veränderlicher gelb-orangefarbener Riese in 200 Lichtjahren Entfernung, der Ähnlichkeit mit Betelgeuze aufweist.**

Dieser Stern hält einige bemerkenswerte Möglichkeiten bereit. Durch Scheat nimmt die Fähigkeit zu, Energie auf das Kronenchakra zu übertragen. Zusätzlich findet ein Kontakt mit spirituellen Energien statt. Dadurch kommt es zu plötzlichen Eingebungen, visionären Zuständen sowie zu dem Gefühl einer stärkeren Verbundenheit mit der Galaxis, mit anderen Wesen oder mit vergangenen Leben. Ein derartiges Bewußtsein kann völlig unverhofft auftauchen oder sich einfach so manifestieren, wie es angemessen scheint. Das Verständnis des Gesetzes der Zyklen steigt. Man kommt zu einem Punkt, wo man Zyklen verstehen kann, die in Größe und Tragweite jene Zyklen übersteigen, die man aus seinem Wachbewußtsein gewohnt ist.

Dieser Stern kann den Menschen ein Gefühl für Gelegenheiten geben. Scheat tut besonders solchen Menschen gut, die Gelegenheiten nicht ergreifen können, so daß sie ungenutzt an ihnen vorüberziehen. Er kann in beträchtlichem Maße die Fähigkeit steigern, die Gelegenheiten wahrzunehmen, ihre höheren Aspekte zu erkennen und sie rasch zu ergreifen.

Scheat kann Menschen helfen, die sich mehr auf Gott einstimmen möchten. Mit Gott meinen wir nicht Gott, wie er von religiösen Institutionen oder von bestimmten dogmatischen Denkrichtungen dargestellt wird, sondern so wie du dir Gott für dich selbst vorstellst. Scheat gibt Zugang zum eigenen inneren Bewußtsein der höheren Realität. Diese Ausrichtung auf Gott wirkt sich oft stimulierend aus und verändert Vorgänge im Körper sowie die Selbstwahrnehmung. Dies zu verstehen – es zu fühlen, es zu wissen und es zuzulassen, ja, es tatsächlich zu begrüßen – ist ein wichtiger Aspekt des Kronenchakras. Mit Scheat stimmst du dich auf eine Zivilisation ein, die sich in Übereinstimmung und Harmonie mit dem Gottesbewußtsein auf allen Ebenen befindet.

Dieser Stern kann auf Astralreisen einwirken, so daß diese eine spirituelle Qualität bekommen und der Evolution des Individuum dienlicher sind. Die Erfahrungen konzentrieren sich dann unter Umständen mehr im sechsten und siebten Chakra. Die spirituellen Informationen und Erfahrungen können wieder in den physischen Körper zurückgebracht werden.

In der Zeit von Atlantis wurde ein Objekt in den Raum geschossen, das eurem heutigen Verständnis nach einem Satelliten ähnelt. Es handelte sich dabei jedoch um ein Energiegefährt und nicht um einen physischen Satelliten. Durch dieses Objekt konnte atlantische Energie in den Raum vordringen. Dies geschah gleichsam als Antwort auf ein Ersuchen von Zivilisationen, die mit Scheat und anderen in der Umgebung befindlichen Systemen in Verbindung standen. Die Energie, die verwendet wurde, stand den Atlantern damals auf vielen Ebenen zur Verfügung. Einige dieser Energieebenen harmonierten mit der atlantischen Fähigkeit, die Natur des Geistes, das Wesen der medialen Einstimmung sowie das Bewußtsein Gottes wahrzunehmen und zu verstehen. Am Ende der atlantischen Epoche, während einer kurzen Periode technologischer Innovation, kam es zu einer mächtigen Energieexplosion, die sich ins Weltall ergoß. Dieser Versuch, mit anderen Kontakt aufzunehmen, rief einerseits Belustigung hervor, andererseits aber auch Anerkennung und Respekt für die Technologien, die den Atlantern zur Verfügung standen. Die Zivilisation von Wei antwortete. Sie schien davon auszugehen, ein aus Licht bestehendes Signalfeuer zwischen ihnen und der Sonne könne einen gewissen Nutzen haben. Man erkannte jedoch auch, daß der wirkliche Nutzen davon in der Zukunft der Menschheit lag, und die anberaumte Zeit für die stärkste Erscheinung ist nicht mehr fern.

Menschen, die in Atlantis gelebt haben, werden möglicherweise feststellen, daß sie einen leichteren Zugriff auf diese Zeit haben, wenn sie das Elixier einnehmen oder auf den Stem meditieren. Unter Umständen schaffen sie es sogar, ihre Verbindung zu diesen höheren spirituellen Kräften wiederzuerwecken. Wer mit der gegenwärtigen Zeit der großen Veränderungen auf der Erde Schwierigkeiten hat und den Wunsch verspürt, das größere Bild mit den entsprechenden Zyklen zu sehen, um sich Klarheit darüber zu verschaffen, wie sich die Dinge auf angemessene Weise entfalten, würde sich von Scheat unterstützt fühlen. Das kommt daher, daß es während dieser Zeit in Atlantis nicht nur die besagte Energie gab, die die Wesen in großer Entfernung um Einsichten und Erkenntnisse bat. Man fragte sich auch: Wie sieht unsere Zukunft aus? Woher kommt das Leben auf der Erde? Wo ist unsere Zivilisation auf Abwege geraten? Zur damaligen Zeit erkannten viele Menschen, daß es Probleme geben würde. In der heutigen Zeit des Wandels liegen ähnliche Fragen in der Luft, da sich die Menschen neuer Möglichkeiten bewußt werden. Diesmal ist es nicht nötig, daß die Menschheit als ganzes eine solche Frage stellt oder ein Energiegefährt ins Weltall hinausschickt. Die Antworten werden bereits über euch ausgeschüttet, ihr müßt euch ihnen nur öffnen.

Menschen, die sich durch Stimulation ihres Kronenchakras auf höhere Schwingungen einstimmen möchten, werden davon profitieren, dieses Sternenlicht-Elixier mit dem Elixier von Jelly Opal, White Diamond, Lotus, Silversword, Xenon oder Krypton zu kombinieren. Diese Mischung kann direkt auf dem Kopf aufgetragen werden. Etwa die Hälfte derjenigen, die das ausprobieren, werden daraus einen Nutzen ziehen und Veränderungen spüren. Am besten ist es, diese Mischung einen Monat lang immer wieder aufzutragen, und zwar nachts oder in einem abgedunkelten Raum.

Einige Menschen entwickeln eine bestimmte Form der Glatze, die oben am Kopf einsetzt. Manchmal handelt es sich dabei nicht einfach nur um eine mit Testosteron in Zusammenhang stehende Form männlicher Glatzenbildung, sondern sie hat mit einem umfassenderen Bewußtsein dieser höheren spirituellen Realität zu tun, auf das die Person nicht zugreift. Solche Menschen werden verstärkten Haarwuchs feststellen, wenn sie diese kraftvolle Mischung auf den Kopf auftragen.

DSCUBBA
(Delta Scorpii)

[2,34^m] 4 bläulichweiße Sterne in 600 Lichtjahren Entfernung.

Dscubba kann einem die vielen Aspekte des eigenen Verhaltens in der Vergangenheit deutlicher zu Bewußtsein bringen. Das kann die Aufmerksamkeit auf unbewußte Ansichten bringen, die für wichtige Aspekte oder Eigenschaften in der Vergangenheit gestanden haben. Man erkennt, wie diese mit dem gegenwärtigen Leben und dem eigenen Wesen in Wechselbeziehung stehen. Interaktionen mit kleinen Gruppen, durch die man sich schwierige Energien eingehandelt hat, können mit Hilfe dieses Sterns überwunden werden, und man kann bewußter mit ihnen arbeiten. Dazu gehören möglicherweise auch Beziehungen zu Kulten oder Gruppen, die Gehirnwäsche betreiben. Einige der in diesen Gruppen eingesetzten Techniken laufen größtenteils unbewußt ab, und die betroffene Person hatte zu dem Zeitpunkt wenig Ahnung, was eigentlich vor sich ging. In geringerem Umfang können Informationen zugänglicher werden, die von vergangenen Leben herrühren, in denen Beziehungen zu Gruppen bestanden, die auf einer unbewußten Ebene Schwierigkeiten verursacht haben.

Menschen, die diese Sternengruppe verwenden, können ein tieferes Verständnis ihrer eigenen innersten Natur erwerben und herausfinden, was sie eigentlich versuchen, ins Gleichgewicht zu bringen. Unter Umständen vermögen sie zu erkennen, daß ihr Leben wirklich eine Bedeutung hat. Möglicherweise kommt es einem so vor, daß die alten Verhaltensweisen nicht besonders passend sind und die neuen nicht besonders viel Sinn machen. Normalerweise erkennt man in einer solchen Situation, warum man sich zu neuen Denkweisen und einem neuen Selbstverständnis hingezogen fühlte. Der Grund könnte eine Bereitschaft sein, zu verstehen und aufzuhören zu urteilen.

Den Menschen fällt es schwer, mit dem Thema des Urteilens und Bewertens umzugehen. Sie müssen sich im Rahmen ihrer eigenen Entwicklung möglicherweise damit auseinandersetzen, um ihr eigenes Potential zu erkennen. Wenn du möglichst umfassend über die Natur des Urteilens Bescheid weißt und verstehst, was es mit dir zu tun hat, tritt fast gleichzeitig die Möglichkeit der Wahl in dein Leben. Du beginnst dich mehr auf deine Entscheidungsmöglichkeit einzustimmen, ohne daß du unbedingt weißt, warum. Vielleicht erkennst du, daß du dich für einen Pfad entschieden hast, auf dem Urteilsvermögen erforderlich ist. Die meisten Menschen auf der Erde setzen sich früher oder später in ihrem Leben mit dem Thema des Urteilens auseinander. Bei Menschen, die versuchen, nicht mehr zu urteilen, sondern zu verstehen und mit tieferen Ebenen des Verzeihens zu arbeiten, kommt einmal eine Zeit, in der es für ihren eigenen Fortschritt entscheidend ist, daß sie sich des Vorgangs der Beurteilung bewußt werden. Für die meisten Menschen ist dies ein sehr wichtiger Zeitpunkt, den sie mindestens dreimal in ihrem Leben erfahren. Jedes Mal geschieht dies auf einer höheren Bewußtseinsebene mit einem klareren Selbstbewußtsein, einer größeren Selbstakzeptanz, und sie vergeben anderen und Gott noch umfassender. Während man durch diesen Prozeß geht und sich bewußt ist, was sich dabei zuträgt, ist es wichtig, das Urteilen als das anzuerkennen, was es ist, und zu sehen, wie es einem geholfen hat.

Manchmal kann diese Sternengruppe Menschen dabei helfen, sich daran zu erinnern, wie Beziehungen, gegenseitige Beeinflussung und Bewußtsein in ein Gleichgewicht gebracht werden können und gleichzeitig ein Gefühl der Harmonie entstehen kann. Zwischen diesen vier Sternen gibt es noch einen fünften. Er ist eigentlich kein Stern im herkömmlichen Sinne, sondern ein sehr kraftvoller Lichtpunkt. Die anderen Sterne neigen dazu, sein Licht zu absorbieren und zurückzureflektieren. Dieser Punkt strahlt sein Licht in Übertragungsbereichen jenseits des elektromagnetischen Spektrums in die Galaxie. Wenn dieses Licht die Erde erreicht, wird es uneingeschränkt aufgenommen und hilft dabei, ein stabiles Gleichgewicht zu erzeugen.

Zusätzlich zu Körper, Geist und Seele gibt es als vierte und wichtigste Realität noch das kollektive Unbewußte. Diese vier Realitäten werden von zwei Aspekten zusammengehalten. Der eine Aspekt ist die bewußte Art, zu einer Beurteilung zu gelangen, indem absichtlich versucht wird, durch Logik, Deutung und Verstehen Bilanz zu ziehen. Der andere Aspekt ist rein intuitiv, reine Akzeptanz dessen, was ist, ohne jegliches Urteilen. So kann die gleiche Energie, die als Hindernis wahrgenommen wird, auch als Quelle von Inspiration und Information fungieren. Das kollektive Unbewußte ist das Bewußtsein des Lebensstroms und seines Sinns auf der Erde. Wenn man sich auf das kollektive Unbewußte einstimmt, ist es so, als ob man ein umfassenderes Selbstbewußtsein bekommt und die eigenen Möglichkeiten in der Welt deutlicher zutage treten. Das ist besonders wichtig, wenn man in einer Gruppe arbeitet. Wenn Menschen anfangen, sich aufeinander einzustimmen und das Wesen der anderen zu verstehen, werden sie fähig, sich Aspekte des kollektiven Unbewußten zu erschließen. Das kann häufig zu schwierigen Situationen führen, wenn in der Gruppe karmische Aspekte aus der Vergangenheit oder Machtbedürfnisse vorherrschend sind. Möglicherweise werden sich einige Individuen unter dem Einfluß dieses Sterns der Möglichkeiten bewußt, mit dem Be und Verurteilen aufzuhören, und finden so untereinander zu einer neuen Harmonie. Das ist sehr hilfreich, wenn es darum geht, Kulte und dogmatische religiöse Ausdrucksformen zu verhindern sowie Schwierigkeiten anzugehen, die einen unbewußt daran hindern, in der Gruppe in Gang zu kommen.

Wenn ihr euch diese Dinge etwas näher anzuschaut, werdet ihr erkennen, wie die Energien dieser Sternengruppe die Beziehungen von Menschen untereinander, zu sich selbst und zur Menschheit insgesamt verändern. Das sind komplexe Dinge, da diese Muster, die der eigentlichen Natur des Menschseins widersprechen, schon seit vielen Jahren bestehen. Es ist weder nötig zu urteilen noch Trennungen herbeizuführen. Letztlich hat die Energie dieser Sternengruppe die karmische Aufgabe, ihren Weg zu einem Wesen zu finden, um ihm zu zeigen, wie eine ganze Rasse vereint werden kann. Diese Energie hat ein Wesen hervorgebracht, das dem Christus ähnelt und in mehreren Zivilisationen eine Einheit bewirken und neue Einstellungen und sich neu ergebende Möglichkeiten aufzeigen soll. In einigen Fällen ist es diesen Wesen gelungen, Veränderungen in den Gesellschaften auf ihren eigenen

Planeten zu bewirken. Daher bringt es auch gewisse Vorteile, wenn man dieses Elixier bei der Arbeit mit Kindern, besonders sehr kleinen, mit berücksichtigt. Es könnte z.B. in das Taufwasser gegeben werden oder als Bestandteil eines Heilmittels für streitende Kinder eingesetzt werden. Dazu läßt es sich gut mit der traditionellen Bachblütenessenz Walnut kombinieren.

MERAK
(Beta Ursae Majoris)

[2,37^m] Ein bläulichweißer Stern in 60 Lichtjahren Entfernung.

Dieser Stern beeinflußt die Fähigkeit eines Individuums, expressive Energie in einem auf Macht beruhenden System in eine Energie umzuwandeln, mit der man auf bewußtere Art arbeiten kann. Dies wäre ein ausgleichender Einfluß für all jene, die auf tiefe Ebenen des Bewußtseins gelangen können, um die ihnen angeborene Freiheit zu erkennen und zu sehen, wie sie von einer auf Macht basierenden Gesellschaft in Schach gehalten wird. Normalerweise ist auf bewußter Ebene eine kleine Verbindung zu den expressiven Energien verfügbar, über die es im Leben eines Menschen möglich ist, die eigene Kraft zu erschließen. Wenn man über diesen Stern meditiert oder das Elixier zu sich nimmt, wird einem dies viel bewußter, und die Fähigkeit nimmt zu. Obwohl diese Energie immer in den Selbstausdruck fließen kann, hilft sie möglicherweise besonders denjenigen, die ihre eigene Macht mehr oder weniger leugnen. Das können auch Menschen in Führungspositionen oder politisch tätige Menschen sein.

Merak ist besonders in der heutigen Zeit von Bedeutung, da sich die Systeme verändern. Ihr habt eine Gesellschaft, in der es Macht geben muß, damit es Fortschritt geben kann. Seit vielen tausend Jahren wird dies in eurer Zivilisation als natürliches Prinzip hingenommen, obwohl es im größeren Plan völlig unbedeutend ist. Man kann nicht nur durch eine auf Angst beruhende Motivation die Energie erzeugen, die nötig ist, um Dinge in der Welt getan zu bekommen. Wenn sich die Menschen der Notwendigkeit eines gemeinsamen Erwachens bewußt werden, kann dies in der Tat eine noch stärkere Motivation für Fortschritt sein.

Diese das gemeinsame Erwachen vorantreibende Energie wird zur Zeit immer dann stimuliert, wenn Menschen sich zum Ausdruck bringen. Ausdrucksvolle Strömungen im Bereich der Musik, der Kunst, der Literatur oder der bewußten Bewegung oder auch wissenschaftliche Durchbrüche und Entdeckungen berühren euch tief in eurem Inneren. Dadurch entsteht eine Verbindung zum kollektiven Unbewußten, zu dem Grund, warum ihr überhaupt hier seid, zu eurem Bewußtsein Gottes und zu vielen anderen menschlichen Eigenschaften. Merak kann das Potential fördern, spirituelle Entfaltung, eine stärkere Gemeinschaft, die bewußte Wahrnehmung Gottes

Sterne der zweiten Größenordnung . . . .

als einigende Energie sowie Liebe zur Grundlage einer Gesellschaft zu machen. Die Wesen von Merak kannten einen Teil der von euch auf der Erde geschaffenen wundervollen Kunst. Dadurch, daß sie sich darauf einstimmten, erkannten sie dieses allgemeingültige universelle Prinzip. Je mehr Wesen dieses Prinzip des Ausdrucks leben und je intensiver es gelebt wird, desto mehr Entscheidungsfreiheit werden sie besitzen und desto wahrscheinlicher werden sie erkennen, daß sie selbst ihr Bewußtsein diesbezüglich verändern können.

Der freie Willen muß hierbei eine sehr starke Stellung einnehmen. Daher ist nicht festgelegt, wie sich diese Energie zum Ausdruck bringen wird. Es kann durch Selbstausdruck geschehen, durch das Verstehen von Macht und Herrschaft in der Gesellschaft oder auch, indem sie sich ganz neue Wege bahnt, um Kräfte, Energien und Bewußtsein anderer auszurichten. Tatsächlich ist es zur Zeit ziemlich unvorhersehbar, wie sich Merak auf ein Wesen auswirken wird. Im allgemeinen bringt die Wirkung jedoch eine Menge Spaß mit sich. Viele Menschen werden Freude daran haben, sich diesen Stern zu Gemüte zu führen, und feststellen, daß sie sich durch Merak auf die unterschiedlichste Art verändern. Diese Veränderungen werden sie ermutigen, sich zunehmend auf ihre eigene Weise zum Ausdruck zu bringen.

Menschen in Führungspositionen spielen eine wichtige Rolle darin, diese Veränderung der gesellschaftlichen Motivation in Richtung Freiheit, Liebe und das Bewußtsein Gottes voranzutreiben. Diese Umstellung führt weg von der Konzentration der Macht in den Händen derer, die sie mißbrauchen würden. Auch die Geistführer fördern diesen Prozeß, besonders wenn man sich in einer Führungsposition befindet. Das kommt daher, daß der Mensch um eine solche Ermutigung bat, bevor er in dieses Leben kam. Teilweise ist es für das Überleben der Rasse auch nötig. Die meisten Menschen werden von der Verwendung dieses Sterns profitieren, da gewisse innere Aspekte ihrer eigenen Entscheidungen in der Gesellschaft zum Vorschein kommen werden. Wenn sie diesen Stern verwenden, wird ihnen ihre Fähigkeit, den politischen Prozeß zu beeinflussen oder ihren Führern dabei zu helfen, eigene Entscheidungen zu treffen, bewußter werden, und sie werden sie leichter umsetzen können. Auch Menschen, die unter Schlaflosigkeit leiden, werden in gewissem Maße von Merak profitieren, da er ihnen helfen wird, die Veränderungen in den Machtstrukturen zu verstehen, die gerade auf der Erde vor sich gehen. Sie werden mit dieser Zeit der Veränderungen Frieden schließen können. Sie werden verstehen, wozu sie dient und auch erkennen, daß sie in der Lage sind, diesen Prozeß hilfreich zu unterstützen.

Dieser Stern kann dazu beitragen, den Kontext zu verändern, in dem Macht für ein Individuum steht. Wenn sich dieser Kontext so verändert, daß aus der Macht, die andere beherrscht, eine Macht wird, die erschafft, führt und befreit, dann fördert dies das Bewußtsein des Menschen, wer er eigentlich ist, und seine Verbundenheit mit Gott und anderen Menschen. Solche Kontextveränderungen können sehr intensiv sein, in einem Menschen viel verändern und viele Formen von Energie freisetzen.

ENIF
(Epsilon Pegasi)

[2,38^m] Ein 800 Lichtjahre entfernter gelber Überriese.

Enif besitzt mächtige Eigenschaften, die ein Gefühl von Einheit und Absicht hervorrufen können. Das können Gruppen oder Familien gut gebrauchen, deren Mitglieder ihre Absichten vereinheitlichen möchten, um das Gefühl der Gemeinschaft, der Familie oder des gemeinsamen Arbeitens an einem Ziel hervorzurufen. Bei allen, die mit diesem Stern arbeiten, steigt die Fähigkeit, in jedem Mitglied der Gruppe innere Wahrheiten und motivierende Faktoren wahrzunehmen und zu verstehen. Wenn die Gruppe zu groß ist, hilft Enif kaum, ein klares Bild davon zu bekommen, wer die anderen sind. Wenn es sich jedoch um eine große Gruppe handelt, mit der du schon lange arbeitest, oder eine kleine, mit der du erst kurze Zeit arbeitest, ist dieses Elixier richtig. Bezüglich des Verständnisses und des Umgangs mit den Wechselwirkungen in der Gruppe solltest du dir folgende Frage stellen: „Was ist das wahre Wesen dieser Person?" Stell dir vor, in der Haut dieser Person zu stecken und das Leben aus ihrer Perspektive wahrzunehmen. Dies und das Enif-Elixier wird dir dabei helfen, eine höhere Perspektive einzunehmen. Die liebevollen Energien in der Gruppe können besser miteinander in Einklang gebracht werden. Das Ergebnis könnte sich als der kosmische Witz entpuppen nämlich, daß es um den Prozeß der Wechselbeziehungen in der Gruppe oder Familie geht. Unter dem Einfluß dieses Sterns wird dies klarer und leichter akzeptierbar.

Enif wurde von drei Planeten umkreist, die vor etwa 19.000 Jahren kollidierten. Daraus entstanden viele Planetoide, deren Umlaufbahnen sich in großer Entfernung von dem Stern befanden. Die vielen überlebenden Wesen wollten die Kommunikation mit den anderen ihrer Rasse aufrechterhalten. Da diese Wesen damals noch keine Möglichkeiten besaßen, durch den Raum zu reisen, versuchten sie, über den Stern selbst zu kommunizieren. Es kam zu einer intensiveren Ausrichtung ihrer ganzen Gruppe. Die Wesen auf diesen 2.000 Planetoiden besaßen unterschiedliche Fähigkeiten, und im Verlaufe einiger Jahre stellte man fest, daß einige besser kommunizieren konnten als andere. Diese wurden dann die Sprecher oder Repräsentanten ihrer Gemeinden. Sie fanden heraus, daß sie maximale Kommunikation und höchstmögliches Bewußtsein erreichen konnten, indem sie ihre Energie tief in die Sonne, Enif, fokussierten, die diese Energie dann wieder in das gesamte

Sonnensystem ausstrahlte, bis in die einzelnen Gemeinden. Dieses System wurde als Kommunikationsnetzwerk eingesetzt.

Als später die Raumfahrt eingeführt wurde, erweiterte man die Technik, um Enif als Kommunikationsknotenpunkt in diesem Bereich des Weltalls einsetzen zu können. Dazu ist der Stern auch von anderen Zivilisationen verwendet worden. Sogar die Erdbewohner werden dazu ermuntert, von Enif in ähnlicher Weise Gebrauch zu machen. Aus der Fähigkeit, Wesen miteinander verbinden zu können, ist ein natürlicher Bestandteil der Entwicklung dieses Sterns geworden. Wunderschön wie er ist, strahlt er diese Energie und diese Kraft in die ganze Galaxie aus. Wer mit diesem Stern arbeitet, kann daher eine ganz natürliche Fähigkeit entwickeln, sich mehr auf andere einzustimmen, Brücken zu anderen zu schlagen und zu verstehen, wie man zusammenarbeiten und sich besser kennenlernen kann. Die natürliche Folge hiervon ist, daß die Menschen spüren, daß die Gruppe im Bewußtsein eins ist.

GERTAB
(Kappa Scorpii)

[2,39^m] **Bläulichweißer Unterriese, 450 Lichtjahre entfernt.**

Dieser Stern kann die Verbindung zwischen Mentalkörper und Astralkörper stärken. Dadurch lassen sich für verschiedene emotionale Zustände klare mentale Bilder erzeugen. Die eigentliche Natur der verborgenen Emotionen tritt zutage, man vermag deren wahre Rolle zu verstehen, und das Gesamtgefühl wird als Energiemuster dargestellt. Dies könnte auf kinästhetische, auditive oder visuelle Art wahrgenommen werden. Man wird dieses Energiemuster klarer verstehen, fühlen, erkennen und anderen mitteilen können.

Etwa drei Tage, nachdem man das Elixier eingenommen oder mit dem Stern gearbeitet hat, steigt die Fähigkeit, solche Emotionen freizusetzen. Der Astralkörper der Person neigt dazu, in einen vorübergehenden Resonanzzustand zu geraten, der einen direkten Bezug zu den verborgenen Emotionen hat. Wenn diese Emotionen an die Oberfläche kommen, werden einige der Energien auf den Astralkörper übertragen, wo sie drei Tage später erkannt werden. Der Astralkörper kann den Menschen den Emotionalkörper im Kontext vergangener Leben ins Bewußtsein bringen. Gertab führt auch in einer relativ harmonischen und zusammenhängenden Art zu einer gewissen Einstimmung auf die astralen Ebenen.

Dazu kommt es, weil die mit Gertab in Verbindung stehenden Wesen in erster Linie mit Translokations-Techniken gearbeitet haben, die vom Astralkörper genutzt werden. Ihre Astralkörper beeinträchtigen normalerweise die menschlichen Astralkörper in keiner Weise. Der Stern kann für Individuen von Nutzen sein, die lernen möchten, den Astralkörper zu translozieren. Das ist nicht das gleiche wie Astralreisen, denn man kann bei einer Translokation den Astralkörper tatsächlich an einer Stelle verschwinden und an einem anderen Ort, wieder auftauchen lassen.

In vielen Fällen waren die Wesen von Gertab Geistführer oder Helfer von Menschen, die mit Emotionen oder dem Astralkörper arbeiteten. Oftmals muß man sich im Verlaufe dieser Arbeit durch eine emotionale Blockade hindurcharbeiten. Eine solche emotionale Blockade kann von einem Muster stammen, dessen sich die Person nicht bewußt ist. Es ist vorteilhaft, Energie in den Emotionalkörper zu bringen, damit das Muster wahrgenommen, verstanden und der Kontext, in dem es entstanden ist, verändert werden kann. Ebenso hilfreich ist jede Methode, mit der das Muster bearbeitet wird, es in Erscheinung tritt und der Person bewußt wird. Die Wesen von Gertab haben erkannt, daß neue Informationen aus dem Astralkörper sehr nützlich sein können, um solche Veränderungen herbeizuführen.

PHECDA
(Gamma Ursae Majoris)

[2,44^m] Bläulichweißer Stern in 80 Lichtjahren Entfernung.

Phecda kann zu einer Intensivierung gewisser Aspekte medialer Wahrnehmung führen. Einigen Menschen könnte es leichter fallen, sich auf ihre eigenen psychometrischen Begabungen einzustimmen, wenn sie unter dem Einfluß dieses Sterns Objekte berühren. Es geht dabei um die Fähigkeit, die Schwingung zu verändern, während man in gewissem Umfang den Kontakt mit physischen Dingen aufrechterhält. Diese Schwingungsveränderung geht jenseits des bewußten Verstandes vor sich. Um treffende psychometrische Aussagen machen zu können, muß man sich, indem man seine Aufmerksamkeit auf nichts Spezielles fokussiert, in einen Zustand der Leere versetzen. Dann wird ein Objekt ins Bewußtsein gebracht. Manchmal ist es sehr hilfreich wenn man sich dazu außerhalb des auditiven oder visuellen Kontexts begibt, über den man normalerweise Informationen aufnimmt. Man wird merken, daß die Sensibilität der Fingerspitzen hervorgehoben und verstärkt wird, ebenso die Fähigkeit, Informationen von unbelebten Objekten zu beziehen und Informationen von verschiedenen Quellen aufzunehmen und zu verarbeiten, die zwar physikalischer, jedoch nonverbaler Natur sind. Viele Menschen werden molekulare Schwingungen intensiver wahrnehmen.

Der Waschbär wurde von einigen Genetikern von Phecda beeinflußt. Nimmt die Sensibilität in seinen Zehen und Vorderpfoten noch weiter zu, wird der Waschbär möglicherweise eines Tages höhere Intelligenz und Bewußtheit erlangen und für die anderen Wesen im Tierreich heilend tätig werden. Der Waschbär ist in dieser Zeit ein bedeutsames Symbol für die

Sterne der zweiten Größenordnung

Menschen. Wenn man den Waschbären und die große Sensibilität seiner Vorderpfoten studiert, erkennt man leicht, daß das menschliche Bewußtsein in bezug auf den Tastsinn sicherlich erst auf einer mittleren Entwicklungsstufe angelangt ist. Die menschlichen Genetiker werden irgendwann vielleicht einen Teil dieser genetischen Informationen und die starke Sensitivität des Waschbärs auf die Menschen übertragen. Das würde man nicht unbedingt durch einen direkten genetischen Transfer tun, sondern würde die genetischen Strukturen durch Vorgänge im Mentalkörper beeinflussen.

Die Wesen auf dem sechsten Planeten von Phecda haben Sinnesorgane und sensorische Nervensysteme entwickelt, die völlig jenseits dessen liegen, was ihr verstehen könnt. Sie sind in der Lage, einander mittels Berührung zu verstehen und enge Verbindungen zueinander zu pflegen. Das liegt zum Teil daran, daß sich ein Großteil ihrer Gesellschaft unterirdisch entwickelt hat, wo sie gelernt haben, sich auf den Tastsinn zu verlassen. Ihnen wurde durch das, was sie über andere Zivilisationen wußten, klar, daß es nicht ausreichte, sich ausschließlich auf das Sehen, Hören oder auf andere Sinne, wie den telepathischen Sinn, zu verlassen, um sich der eigenen Umgebung völlig bewußt zu werden. Viele Delegationen wurden von Phecda aus zu anderen Zivilisationen in der Galaxis geschickt, um die Wesen dort in der Verfeinerung ihres Tastsinns zu schulen. Dies führte dazu, daß sie sich ihrer Umgebung bewußter wurden.

Stellt euch einen Moment lag vor, eure ganze Haut wäre genauso sensibel wie eure Ohren. Das Ohr kann die Bewegung eines einzigen Moleküls in der Luft wahrnehmen. Das vermittelt euch eine Vorstellung davon, wie die Wesen von Phecda sind. Sie können sich all der Dinge in ihrer Umgebung vollkommen bewußt sein. Dieses Bewußtsein umfaßt auch feinstofflichere Schwingungsebenen, z.B. die ätherische Ebene, die magnetischen Bewegungsenergien des Äthers und ein Bewußtsein der Kräfte des Lichts, während sich diese durch ein Wesen hindurchbewegen. Der deutliche Vorteil liegt darin, daß ihnen das gesamte Spektrum elektromagnetischer Energie verhältnismäßig gleich stark bewußt ist – von kosmischen Strahlen bis hin zu Radiowellen. Da sich diese Wesen so vieler unterschiedlicher Energieformen bewußt sind, können sie auf die unterschiedlichsten Arten, die das menschliche Vorstellungsvermögen übersteigen, Dinge wahrnehmen und verstehen.

Man sah nach Ermutigung durch die Wesen von den Plejaden, daß die Menschen davon profitieren würden, wenn sie einen Teil dieses Bewußtseins übertragen bekommen könnten. Die große Frage war, auf welche Weise die Menschen dieses Bewußtsein annehmen würden und wie sie Zugang dazu bekommen könnten. Psychometrie scheint ein interessanter Zugang dazu zu sein, da Menschen, dadurch Informationen erhalten können, die scheinbar weder in bewußten Dingen verankert sind noch einen Bezug zu ihnen haben. Auf diese Weise beweisen sie sozusagen einige dieser medialen Prinzipien, und zwar auf eine Art, die von vielen Menschen als konkreter und als eher akzeptabel empfunden wird. Gegenwärtig werden die Menschen ganz allgemein dazu ermutigt, einfach die Talente zu akzeptieren, die sie bereits besitzen. Das ist ein Grund, warum die Energien von Phecda auf dieses Bewußtsein der Fingerspitzen und auf Psychometrie begrenzt sind. All diese Fähigkeiten werden in Zukunft in den Menschen stark zunehmen.

Die Menschen stimmen sich auf eine Weise auf ihre Sinnlichkeit ein, die zu einer Aktivierung der medialen Fähigkeiten führt, die von ihrer Natur her grundsätzlich psychometrisch sind. Während sexueller oder erotischer Aktivitäten, aber auch bei körperlicher Nähe und Massagen kann man feststellen, daß manche Menschen sich auf feinstofflichere Energien in der Nähe der Hautoberfläche einstimmen. Dies sind Kommunikationsbahnen zwischen Menschen, die wahrscheinlich durch dieses Elixier oder durch Meditation auf den Stern beeinflußt und begünstigt werden. Es kann auch zu einer gesteigerten Sexualität, intensiver erfahrener Sinnlichkeit und einem stärkeren Körperbewußtsein kommen. Oft können sich die Menschen auch körperlich besser auf ihre Umgebung einstellen.

ALDERAMIN
(Alpha Cephei)

[2,44^m] Ein 50 Lichtjahre entfernter bläulichweißer Unterriese.

Dieser Stern kann die Fähigkeit des Verstandes stärken, den physischen Körper zu beeinflussen. Durch Einnahme des Sternenlicht-Elixiers oder durch Beobachtung des Sterns könnt ihr lernen, euch euren eigenen physischen Körper klar und deutlich vorzustellen. Ihr werdet leichter Veränderungen visualisieren können, die im physischen Körper vor sich gehen sollen und sich in Übereinstimmung mit anderen Dingen in eurem Leben befinden. Wer bestimmte Eigenschaften seines Körpers verändern möchte, um z.B. seine Gesundheit, Fitness oder sein Aussehen zu verbessern, wird von diesem Stern profitieren. Macht euch erst eine Vorstellung vom gewünschten Zustand und ladet dann die verschiedenen Eigenschaften, die euch bei der physischen Umsetzung der Vorstellung helfen können, in euer Leben ein.

Dieser Stern besitzt noch andere Eigenschaften, deren Frequenzen jedoch höher sind, so daß es den meisten Menschen schwerfallen wird, sich auf sie einzustimmen. In Zuständen tiefer Meditation könnte es möglich sein, sich auf ein Pulsieren in der Bewegung des ätherischen Fluidums durch den Körper einzustimmen. Dieses Pulsieren kann mit anderen Schwingungen in Resonanz treten. Wenn ihr euch auf die verschiedenen rhythmischen Muster einstimmt, die eine harmonische Beziehung zur Resonanzfrequenz der Erde haben, könnt ihr in Zustände geraten, in denen es euch gelingen kann, Mutter Erde sehr kraftvoll zu channeln. In einem solchen Zustand kann eine tatsächliche Übertragung von Energie zur und von der Erde stattfinden. Darüber hinaus gibt es noch weitere Anwendungsmöglichkeiten dieses Sterns in vielen anderen Bereichen, die sich sehr wahrscheinlich in Zukunft zeigen werden.

ALUDRA
(Eta Canis Majoris)

[2,46^m] Bläulichweißer Überriese in 2.500 Lichtjahren Entfernung.

Dieser Stern kann zusammen mit Substanzen wie dem Gold-Elixier von Nutzen sein, die die Energie und das Bewußtsein des Herzens stimulieren. Menschen, die Schwierigkeiten mit dem Herzen haben, z.B. aufgrund von Koronarproblemen, energetischen Blockaden, arteriellen Verengungen, Herzrasen oder verschiedener Viren, die Schäden im Herzbereich verursachen, tun gut daran, dieses Sternenlicht-Elixier einzunehmen, um die Herzregion energetisch zu beleben. Die naturgegebene Fähigkeit der Menschen, das Herz zu erwecken und zu stärken, ist in dieser Zeit für die Entwicklung der Menschheit sehr wichtig. Die meisten Menschen werden auf die eine oder andere Art von der Verwendung dieses Sterns profitieren.

Es wächst die Fähigkeit, den bewußten Ausdruck von Liebe zu verstehen und mit ihm zu arbeiten. Es wird zu einer stärkeren Verbindung zwischen dem dritten Auge und dem ersten, zweiten und dritten Chakra kommen, was zu einer Projektion der Liebesenergien in die mentalen Sphären führt. Einige Wesen von den Plejaden haben diese Eigenschaft studiert. Einige der Energien, die die Plejadier für ihre Bewußtseinsübertragung angezapft haben, haben sie direkt beeinflußt. Dies geschah zum ersten Mal vor über 700 Jahren. Das direkt mit diesen Experimenten in Verbindung stehende Licht ist daher noch nicht auf der Erde angelangt. Die mentalen Energien breiten sich allerdings ohne zeitliche Verzögerung aus, und sie stehen mit den essentiellen Energien dieses Sterns in Verbindung. Eine der Absichten, die die plejadische Zivilisation mit diesem Experiment verfolgte, war, die Ergebnisse der Erdbevölkerung mitzuteilen. Das könnte ein Weg sein, um nicht nur die Energien der beiden Zivilisationen miteinander zu verbinden, sondern auch die einzelnen Wesen, so daß sie selbst die unterschiedlichen Aspekte dieser höheren Form der Liebe verstehen können. Die Wesen von den Plejaden haben zu diesem Zweck viele Sterne eingesetzt. Aludra war jedoch ihre erste Wahl, daher ist es der Stern, der diese Wirkungen am stärksten in Individuen hervorbringen kann.

Wenn du dich auf diesen Stern einstimmst, kannst du es schaffen, seine Sendefähigkeiten für dich zu nutzen. Wenn du eine bewußte und klare

Vorstellung eines Aspektes von Liebe in deinem Leben hast, den du mit anderen teilen möchtest, kannst du diesen Stern in Form eines Elixiers einnehmen oder auf ihn meditieren. Dann lasse das zu dieser Vorstellung passende Gefühl sich ausbreiten. Sei dir deines Stirnchakras bewußt und stell dir vor, daß sich Energie aus deiner Stirn ergießt. Wenn du möchtest, kannst du dir vorstellen, daß diese Energie blau ist. Während sich diese Energie ausbreitet, nimmt sie die Wellen dieser Liebe mit sich, die du in dir spürst.

Aufgrund der Beschaffenheit der Wellenfunktion werden ganz von selbst Energien zu dir zurückkommen, die dir bei deiner eigenen Entwicklung sehr helfen und für dich sehr wertvoll sein werden. Wenn Energie fokussiert, konzentriert und verarbeitet ist, muß es immer eine Wirkung ergeben, die zum Ursprung zurückkehrt. In gewisser Weise haben wir es hier mit der Grundlage des hinduistischen Sprichwortes zu tun, das besagt, daß dein Lächeln immer zu dir zurückkehrt. Wir beschäftigen uns nicht nur mit einem Aspekt von positivem Karma. In Wirklichkeit sind alle Wesen durch diese Liebe auf der vierdimensionalen Ebene miteinander verbunden, die jenseits der Begrenzungen von Raum und Zeit liegt. Betrachtet man das von der dreidimensionalen Ebene aus, nimmt man sich als getrennt von dem Ort wahr, wo diese Liebe hinfließen soll. Da man jedoch eins mit sich ist, steht einem diese Liebe zur Verfügung, wenn man sie aussendet.

SABIK
(Eta Ophiuchi)

[2,4-3,0^m] Bläulichweißer Doppelstern in 84 Lichtjahren Entfernung. Die Helligkeitsschwankungen beruhen darauf, daß es sich um Bedeckungsveränderliche handelt, die fast identisch sind.

Die Energie dieser beiden Sterne kann sich auf gewisse dualistische Aspekte der Menschheit auswirken. Dabei handelt es sich um eng miteinander verknüpfte Aspekte, die auf der physischen Ebene mit dem Säure-Basen-Haushalt in Verbindung stehen. Auf einer emotionalen Ebene besteht möglicherweise ein Zusammenhang mit der perfekten Kombination der Energien der Liebe und der Trauer. Auf der Ebene des dritten Chakras besteht möglicherweise ein Bezug zur Fähigkeit, Macht zu projizieren und zu empfangen. Unter Umständen erlangt man ein Verstehen des vollkommenen Gleichgewichts zwischen Yin und Yang. All diese möglichen Wirkungen werden sich auf sehr individuelle Weise manifestieren. Sabik kann Menschen helfen, die nur schwer verstehen, wie dieses Gleichgewicht in ihnen geschaffen wird und was es für sie bedeutet.

Die beiden Sterne teilen ihre Energien auf wundervolle Weise miteinander. Dieser Doppelstern vermag Gleichgewicht herzustellen, Brücken zu schlagen und diese Energien auch auszustrahlen. Was Sabik so einzigartig

Sterne der zweiten Größenordnung . . . .

macht, ist seine Fähigkeit, diese Energien als beständige Fragestellung auszustrahlen. Die beiden Sterne gehen gerade durch einen Zyklus der Erkenntnis, der sie so intensiv wie möglich mit der Sonne, der Erde und unmittelbar mit den Menschen in Kommunikation bringt. Die meisten Sterne bewegen sich auf einer Schwingungsebene, die es ihnen schwer macht, zu Gedankenstrukturen, wie denen der Menschen, Zugang zu bekommen. Ihre Kommunikation ist vielmehr auf andere Himmelskörper beschränkt. Bei seiner Bemühung darum, sich selbst zu verstehen und mit allen Aspekten zu arbeiten, die zu einem Verständnis der Trennung beitragen, hat Sabik das Bewußtsein anderer Zivilisationen in dieser und in anderen Galaxien, in anderen Dimensionen und sogar in anderen Universen aufgesucht.

Man fragt sich, warum sich ein so mächtiger Doppelstern nicht einfach mit sich selbst verbindet und eins wird. Der Grund liegt darin, daß er den speziellen Vorteil der Trennung im Rahmen der Polarität von Yin und Yang erkannt hat. Dieser unausgeglichene Zustand führt zu einem Bewußtsein voneinander getrennter Fähigkeiten, die dann im richtigen Augenblick miteinander kombiniert werden können. Der Stern ist diesbezüglich noch zu keiner Entscheidung gelangt und beobachtet daher einfach weiter. Durch seine natürliche Fähigkeit, das Thema Gleichgewicht zu verstehen und damit zu arbeiten, stellt dieses Gestirn allen Wesen, die es beobachtet, seine Informationen zur Verfügung. Während Sabik also die Menschheit beobachtet, stellt er ihr auch Informationen zur Verfügung. Ein Stern kann Informationen nicht auf die gleiche Art bereitstellen, wie eine Zivilisation es kann oder es über ein Buch möglich ist. Er muß sie auf eine Art vermitteln, die eine körperlich spürbare Wirkung auf die Menschen hat, was ihre Bewußtseinsprozesse beeinflußt, oder auf einer Ebene mit ihren Schwingungen arbeitet.

In dieser Zeit kann der Stern den Menschen seine Unterstützung besonders in bezug auf das Säure-Basen-Gleichgewicht, zwischen dem Männlichen und dem Weiblichen sowie zwischen dem Innen und dem Außen geben. Es kann auf der physischen Ebene zu einem kraftvollen Mitwirken kommen, da viele Menschen diese Veränderung in sich selbst wahrnehmen können. Die Verwendung des Sterns kann mit anderen therapeutischen Techniken kombiniert werden, z.B. mit Substanzen, die dazu beitragen, das Säure-Basen-Gleichgewicht wiederherzustellen, mit anderen Schwingungsheilmitteln und anderen Methoden, die z.B. Candida-Infektionen beseitigen. Sabik ist sogar bei einer Behandlung mit Medikamenten hilfreich, die bei AIDS und anderen Krankheiten eingesetzt werden und die den Säure-Basen-Haushalt durcheinanderbringen. Die Schwingungsaspekte werden den Betroffenen möglicherweise bewußter. Jeder Mensch muß im Umgang mit diesem inneren Gleichgewicht letztlich seinen oder ihren einzigartigen Weg finden. Alles, was dazu beiträgt, daß diese einzigartige Sichtweise wahrgenommen, verstanden und akzeptiert wird, ist ausgesprochen wertvoll.

IZAR
(Epsilon Bootis)

[2,4-2,7^m] Zwei gelbe Riesen in 110 Lichtjahren Entfernung, die einen kleinen Begleiter haben, der verschiedene Metalle enthält.

Die Energie dieser Sterne hat mit dem Gleichgewicht der Elektronen auf beiden Seiten der Zellwand zu tun. Die meisten Menschen spüren dies durch das Gleichgewicht zwischen Natrium und Kalium und wie dies mit den Emotionen und dem Wasser in ihrem Körper zusammenhängt. Das betrifft mehr als die physische Ebene. Die höheren Eigenschaften, die mit der Fähigkeit zu tun haben, Energie in der Welt zu manifestieren und aufzunehmen, werden auf äußerst positive und nutzbringende Art von diesen Sternen beeinflußt werden. Einige Individuen haben Schwierigkeiten damit, die Energie von Eingebungen in physische Energie umzuwandeln, woraus mit der Zeit eine der Formen des chronischen Müdigkeitssyndroms entsteht. Normalerweise beobachtet man einen synergistischen Effekt, wenn man diesen Stern mit anderen Heilungstechniken für das chronische Müdigkeitssyndrom kombiniert. Bei der Arbeit mit diesen anderen Techniken wird gewöhnlich kaum auf diese Kanalisation von Energie geachtet. Es scheint, als ob die Energie des Wesens nicht im Gleichgewicht und schwer zu transformieren ist. Das Resultat ist, daß Natrium und Kalium auf physischer Ebene Störungen der Schilddrüse und der Nebennieren verursachen. Die Schwingungseigenschaften dieser Mineralstoffe treten nicht so deutlich hervor, wenn man mit Nahrungsergänzungsmitteln ein Gleichgewicht herstellt. Der Einfluß dieses Gestirns wird sehr heilsam sein. Die Menschen werden verstehen, daß die Energien Gottes, die sie in die Welt hineingeben, und die Energien der Welt, von denen sie genährt und geliebt werden, einen ausgleichenden Effekt auf ihren Atemzyklus haben. Das wirkt sich auf einer noch tieferen Ebene auf den Herzschlag aus, und es kommt augenblicklich zu einem Gleichgewicht zwischen Natrium und Kalium im physischen Körper.

Viele neutrale Metalle in diesem Sternensystem, stammen von dem dritten, kleineren Stern. Sie werden durch die Aktivitäten der größeren Sterne freigesetzt und infolgedessen spektroskopisch so wahrgenommen, als kämen sie von allen dreien. Dies hat eine gewisse Bedeutung, da diese Energien auf Schwingungsebene für die befreiende und lösende Fähigkeit von Natrium und Kalium stehen. Sie erzeugen ein natürliches Gleichgewicht und sorgen schließlich für die richtige Verwertung von Wasser auf beiden Seiten der Zellmembran. Dies entspricht genau dem, was die beiden Sterne tun. Sie arbeiten untereinander mit dem ausgleichenden Prinzip, um eine hilfreiche Energie hervorzubringen, die aus einer gemeinsamen Quelle stammt. Diese Energie kann Menschen dabei helfen, ihr eigenes inneres Gleichgewicht herzustellen, und zwar durch die richtige Verwertung von Mineralien – besonders von Natrium und Kalium, die für das tadellose Funktionieren des Körpers entscheidend sind.

Menschen haben sich in materiellen Körpern manifestiert, um die Möglichkeiten zu verstehen, die die physische Seinsebene bietet. Um die entsprechende Wahrnehmung zu entwickeln, wird grobstoffliche Materie eingesetzt und in den Vordergrund gestellt. Grobstoffliche Materie bringt daher Schwingungseigenschaften ins Bewußtsein, die einen sehr starken Einfluß auf die eigene Entwicklung haben. Die Substanzen, die die stärkste Wirkung haben, werden im Körper am ausgiebigsten benutzt. Die Hauptsubstanzen sind Sauerstoff, Wasser und ätherische Energie. Licht hat so viele verschiedene Eigenschaften, daß es wirklich unangemessen ist, es als eine einzige Substanz zu betrachten. Die ätherische Energie läßt sich wunderbar von Magnetismus beeinflussen. Auf Wasser wirken Bewußtsein, Gedanken und alle möglichen Schwingungen ein. Sauerstoff selbst wird von Emotionen beeinflußt und dadurch, wie die Menschen mit ihrem Atem umgehen.

Auf der nächsten Ebene findet man dann all die Substanzen, die größtenteils metallischer Natur sind, und die verwendet werden, um den physischen Körper aufzubauen. Die einflußreichsten Stoffe sind Natrium und Kalium. Dann kommen die Einflüsse von Kieselsäure, Kalzium, Chrom, Kupfer, Mangan und Magnesium. Das Natrium-Kalium-Gleichgewicht beeinflußt alle anderen Prozesse. Die richtige Verwertung von Sauerstoff und der durch Sauerstoff entstehenden pranischen Energie sowie des Wassers und seiner Fähigkeit, Schwingungen zu übertragen, werden allesamt sehr stark beeinflußt. Das gilt auch für die Fähigkeit des Körpers, seine eigenen Magnetfelder zu erzeugen und mit der ätherischen Energie zu interagieren. Natrium und Kalium, die das Gleichgewicht zwischen den beiden Seiten der Zellmembran ausmachen, wirken sich sehr tiefgreifend auf diese Prozesse aus. Elektrochemisch betrachtet, sind diese Phänomene relativ einfach zu verstehen, da Wasser auf eine bestimmte Art mit Natrium und Kalium in Wechselwirkung tritt, wenn zwischen den beiden Seiten der Zellwand ein elektrisches Gleichgewicht besteht. Doch dies ist nur ein kleiner Ausschnitt des Gesamtbildes. Überall dort, wo es Elektrizität gibt, gibt es auch Magnetismus, wo immer es Wasser gibt, werden Schwingungen übertragen, und überall dort, wo Wasser verwertet wird, muß es auch Sauerstoff geben.

Wenn Natrium und Kalium im menschlichen Körper angemessen zur Verfügung stehen, wirkt sich dies rasch auf viele Prozesse des physischen Körpers aus. Menschen, die bislang zuviel Natrium im Körper hatten, werden es als positiv empfinden, wenn gut absorbiertes Kalium in den physischen Körper gelangt, normalerweise über die Aufnahme von Kräutern, von Kalium in flüssiger Form oder vielleicht in Form von Kaliumorotat oder Kaliumascorbat. Die positiven Wirkungen sind augenblicklich spürbar. Es tut gut, das Izar-Elixier zusammen mit Kaliumzusätzen einzunehmen, besonders wenn man sie in flüssiger Form zu sich nimmt.

Einige der Fragen, die sich allgemein um Gleichgewicht drehen, um das Verständnis von Geben und Nehmen, um das Wasser und seine Fähigkeit, Schwingungen zu übertragen, sind selbstverständlich auch Bestandteil dieses Prozesses, bei dem Natrium und Kalium ins Gleichgewicht gebracht werden. Direkt beeinflußt werden auch die Sauerstoffaufnahme, die Verwertung des Pranas und die Bereitschaft des Wassers, Schwingungen aufzunehmen. Man kann auf einer tieferen Ebene genährt werden und sich intensiver auf gottähnliche Kräfte einstimmen, die das eigene Gleichgewicht fördern. Es ist eher so, daß man durch die physischen Aspekte auf die höheren Aspekte eingestimmt wird, als umgekehrt.

Kapitel 7
★★★★★★☆☆☆

Sterne der dritten Größenordnung

TSIH

(Gamma Cassiopeiae)

[2,5^m] **Bläulichweißer Unterriese in 200–600 Lichtjahren Entfernung. Ein unregelmäßig veränderlicher Stern, der im Jahre 1937 eine Materiewolke ausstieß, die auf der Erde beobachtet werden konnte.**

Im Zentrum dieses Sterns wurde ein Zugang zu den kollektiven Gedankenformen der mit ihm in Verbindung stehenden Zivilisationen geschaffen. Diese Energien werden in das ganze Universum hinausprojiziert. Das dabei entstehende unregelmäßige Muster kommt daher, daß diese Zivilisation die wahre Natur des Chaos verstanden hat.

Viele der jüngsten im Bereich der Mathematik auf der Erde durchgeführten Studien drehen sich um die Chaosforschung. Hinsichtlich der Mathematik steckt die Chaosforschung noch in ihren Kinderschuhen. Wer verstehen möchte, wie Chaos in seinem Leben zur Anwendung kommt und damit arbeiten möchte, oder wer diesen Bereich aus rein mathematischen Gründen bzw. um sein Verständnis des Universums zu erweitern erforschen will, wird vom Gebrauch dieses Sterns profitieren.

Der Stern fördert ein Bewußtsein der Energien, die unregelmäßig in dein Leben treten. Das kann in Zusammenhang mit der Frage stehen, wie gut du gewisse Gipfelerfahrungen für dich nutzt, womit gemeint ist, wie du sie empfindest, dir im klaren über sie bist und sie mit der Zeit in dein Leben integrierst. Tiefer betrachtet geht es hier um das Bewußtsein der höheren Aspekte von Zyklen, die für das Individuum scheinbar unregelmäßige Strukturen aufweisen. Auf der höchsten spirituellen Ebene schenkt dieser Stern den Menschen die Fähigkeit, alte Muster loszulassen und neue zu bilden, die in Übereinstimmung mit der Natur sowie der wahren Essenz und dem wahren Potential ihrer Beziehungen stehen. Die Fähigkeit, Materie auszustoßen – die man bei dem Stern beobachtet hat – ist auf einer symbolischen Ebene ein direktes Pendant zu diesem Prozeß des Loslassens.

GIENAH
(Epsilon Cygni)

[2,5ᵐ] Gelber Riese in 75 Lichtjahren Entfernung.

Gienah fördert die Fähigkeit von Individuen, sich in der Anfangsphase von Beziehungen mit anderen zu verbinden. Dies wäre das ideale Elixier für jene, die gerade dabei sind, sich auf eine Beziehung einzulassen oder sich um einen anderen Menschen bemühen. Sie werden in der Beziehung viel früher in der Lage sein, die wahre Natur der Liebesschwingung zu erkennen, die sie empfinden. Das kann zur Vermeidung einiger der Schwierigkeiten beitragen, die oft aus der Unfähigkeit resultieren, die wahre Natur der Liebesschwingung wahrzunehmen, die man zwischen sich und dem anderen Menschen empfindet. Falsche Vorstellungen, die man von der Gesellschaft, den Eltern oder aus vergangenen Leben kennt, kann man bereits früh in der Beziehung als das erkennen, was sie wirklich sind. Da die meisten Menschen einen großen Mangel an Liebe haben, dulden sie normalerweise keine Einmischung. Wenn Liebe in ihr Leben tritt, ergreifen sie sie daher mit aller Kraft. Dabei ist gewöhnlich viel Unbewußtes mit im Spiel, das später zu Schwierigkeiten führt. Ein verbreiteter Einsatz dieses Elixiers könnte die Scheidungsrate möglicherweise signifikant senken.

MARKAB
(Alpha Pegasi)

[2,5ᵐ] Bläulichweißer Riese, 140 Lichtjahre entfernt.

Markab kann die Fähigkeit stärken, liebevoller mit medialen Gaben wie Telepathie umzugehen. Die charakteristischen Eigenschaften von Menschen, die mit Telepathie Probleme haben, kommen mehr zum Vorschein und ins Bewußtsein, so daß die tieferliegenden Probleme gelöst werden können. Die Fähigkeit steigt, mit dem Astralkörper zu entfernten Orten zu reisen und mit anderen Wesen dort leicht Informationen auszutauschen. Dies ist eine Form der Telepathie. Die tibetische Lichtball-Technik wird auch unterstützt. Die mit Markab in Verbindung stehende Zivilisation hat an der vollendeten Umsetzung dieser Lichtball-Technik gearbeitet, um auf diese Weise durch den Raum reisen zu können. Ein Teil dieser Fähigkeiten wird von Markab auf andere Individuen übertragen. Es wird deutlicher werden, welche Macht solche Energien in einem Wesen haben können. Der wirkliche Schlüssel zur Arbeit mit diesen Techniken ist der, die Energie so stark wie möglich werden zu lassen.

Sterne der dritten Größenordnung . . . .

MENKAR
(Alpha Ceti)

[2,54ᵐ] **Gelborangefarbener Stern in 220 Lichtjahren Entfernung.**

Die Einnahme dieses Sternenlicht-Elixiers kann Menschen dabei helfen, einige ihrer unbewußten Verbindungen zu anderen zu lösen, besonders jene, die im Schlaf entstanden sind. Die Fähigkeit, solche Verbindungen bewußt herzustellen, wird zunehmen. Unbewußte Verbindungen, die über Zeitungen, Fernsehen oder Radio hergestellt sind, werden bewußter. Dieses Elixier ist besonders für solche Individuen wertvoll, die die Medien und die Werbung verstehen wollen und wie sie die Wahrnehmung der Menschen beeinflussen. Im Rahmen dieses persönlichen Prozesses kommen die Menschen dahin, ihre Bindungen an Autoritätsfiguren zu lösen. Sie können dann ihr Verständnis der Dinge mehr in ihrer eigenen Autorität wurzeln lassen. Das kann sehr medial sein und bedeuten, daß man Informationen aus den tieferen Schichten des eigenen Bewußtseins hochholt und eine bewußtere Verbindung zu den betroffenen Ereignissen und Wesen herstellt.

ZOSMA
(Delta Leonis)

[2,57ᵐ] **Ein 80 Lichtjahre entfernter bläulichweißer Stern, der ionisiertes Magnesium, Eisen und Titan enthält.**

Wer sich auf Führerschaft und Charisma versteht, wird möglicherweise einen Punkt erreichen, an dem er intensiv in sich geht und feststellt, daß er sich in einer Position befindet, die mit mehr Ruhm verbunden ist, als er sich gewünscht hat. Man fühlt sich möglicherweise dem Auge der Öffentlichkeit mehr ausgesetzt, als man es für angemessen empfindet. Das Bewußtsein des eigenen Führungspotentials kann einen aber auch an den Punkt bringen, wo man die eigene Identität neu überdenken muß. Es kommt zu einer Phase, in der man eine tiefe Unsicherheit empfindet, die von außen möglicherweise gar nicht wahrgenommen wird. Zosma vermag den Zeitpunkt, an dem sich dies im Leben eines Individuums ereignet, gut abzustimmen und bei diesem Prozeß Hilfestellung zu leisten.

Macht jemand eine solche Krise durch, kann das Elixier zu unterschiedlichen Zeiten im Verlaufe des Tages eingenommen werden. Vielleicht stellen die Personen fest, daß sich ihre Selbstwahrnehmung verändert. Möglicherweise fällt es ihnen leichter, durch die Augen anderer die wirkliche Liebe und die Fürsorglichkeit wahrzunehmen, durch die sie tatsächlich die Energien anderer Menschen konzentrieren oder kanalisieren können. Die wahre Führungspersönlichkeit ist jemand, der nicht von seinem eigenen Gesichtspunkt, sondern die Energie vom Gesichtspunkt der anderen aus lenkt. Man kann anfangen zu erkennen, wieviel Freude diese Führungsfähigkeit bereiten kann. Die Kluft im Bewußtsein, dort wo die Selbstwahrnehmung neu und anders ist als bislang, fühlt sich nicht mehr so unangenehm an, und man bekommt ein klareres Gefühl für sich selbst.

HAN
(Zeta Ophiuchi)
[2,57^m] Bläulichweißer Stern in 600 Lichtjahren Entfernung.

Dieser Stern kann ein gewisses Gespür für den tieferen Sinn des eigenen Lebens vermitteln. Damit einhergehen kann ein Gefühl der Verbundenheit mit den eigenen Vorfahren sowie ein Gefühl, wie man die eigenen genetischen Anlagen besser in der Welt zum Einsatz bringt. Bei den meisten Menschen wird man ein besseres Verständnis der eigenen Lebensaufgabe feststellen, und ihre Fähigkeit wird zunehmen, diese zu verwirklichen. Dieser Stern kann spirituelle Fähigkeiten vermitteln, mittels derer man auf geeignetere Weise mit anderen zusammenarbeitet. Han wird einigen Menschen auch in gewissem Maße dabei behilflich sein, den rechten Lebensunterhalt zu finden und mit diesem Prinzip zu arbeiten.

ARNEB
(Alpha Leporis)
[2,58^m] Bläulichweißer Überriese in 850 Lichtjahren Entfernung.

Dieser Stern stärkt in gewissem Ausmaß die Verbindung zwischen Ätherkörper und Mentalkörper und fördert dadurch die Fähigkeit des Visualisierens. Die Energie dieses Sterns konzentriert sich eher im Oberkörper. Arneb kann Menschen beim Visualisieren helfen und sie dabei unterstützen, Energie ins Herz zu bringen. Dabei wird Arteriosklerose gelindert, und es kann mit Herz-Kreislauferkrankungen gearbeitet werden. Die Energien der Visualisation können die Verengungen im Ätherkörper verflüssigen und wegbrennen.

In der Mitte des 21. Jahrhunderts wird es viele Gelegenheiten geben, auf diese Weise mit Energien zu arbeiten. Den Menschen wird die Zukunft bewußter werden und es nimmt ihre mediale Fähigkeit zu, Heilungsenergien zu übertragen.

GIENA
(Gamma Corvi)
[2,59^m] Bläulichweißer Riese, 300 Lichtjahre entfernt.

Durch die Einnahme dieses Elixiers kann die emotionale mediale Sensibilität steigen. Dies wäre für Psychiater und Psychologen von Nutzen, die andere Menschen erspüren möchten, deren Lebensstil oder Sichtweise des Lebens sich aber sehr von denen des Therapeuten unterscheiden. Ein Therapeut könnte den Wunsch haben, eine Brücke zu einem Menschen zu schlagen, der aus einer ganz anderen Gesellschaftsschicht stammt, einen ganz anderen genetischen Hintergrund hat oder scheinbar von sehr bedeutungsvollen und mächtigen karmischen Strukturen überschattet wird, wie in dem Fall von Individuen, die sich gezwungen fühlen, ihr Geschlecht zu verändern. Der Therapeut täte gut daran, bei der Arbeit mit solchen Menschen Giena einzusetzen. Er kann dadurch tiefere Einblicke in sich selbst und in seine emotionale Verbindung zu seinen Patienten bekommen. Dadurch erlangt er ein besseres Verständnis ihrer Probleme.

ZUBENELSCHAMALI
(Beta Librae)

[2,5ᵐ] Bläulicher Stern in 130 Lichtjahren Entfernung. Eines der „Mondhäuser" oder „Mondstandorte" der chinesischen oder indischen Astrologie.

Dieser Stern vermag zu zeigen, wie unbewußte Energien in der Welt eingesetzt werden sollen. Das kann nützlich sein, wenn es darum geht herauszufinden, wie mit dem Unbewußten gearbeitet werden soll. Zubenelschamali kann einerseits Menschen helfen, die versuchen, unbewußte Strukturen besser zu verstehen, um dieses Wissen mit anderen zu teilen, andererseits aber auch Menschen, die in einer Gruppe arbeiten und ihre eigenen Strukturen besser verstehen wollen. Man kann dieses Elixier mit dem Zubenelgenubi- und dem Luna-Elixier kombinieren, um unbewußte Eigenschaften besser zu verstehen. Diese Kombination kann frühere Leben bewußter machen, die mit den alten Strukturen zusammenhängen, die du jetzt wiederholst.

Einige Energien der Zivilisationen von Zubenelschamali können Geisteszustände hervorrufen, die die Reaktionen und Verhaltensweisen von Menschen leicht beeinflussen können. Diese Zustände werden von den Wesen von Zeta Reticuli verwendet, um Individuen zu kontrollieren. Eine ähnliche Energie ist auch im Bewußtsein der Menschen vorhanden, und deshalb kann sie dies bewußt machen. Man kann den Stern einsetzen, wenn man die eigene Beziehung zu negativen Außerirdischen verstehen will; wenn man verschiedene verschüttete Strukturen ans Licht bringen möchte oder wenn man Hypnose zu Hilfe nimmt, um sich von solchen Mustern zu befreien. So kann man zu einem tieferen Bewußtsein gelangen. Möglicherweise hast du einen sehr problematischen Traumzustand durchlebt und bist in dem Bewußtsein aufgewacht, daß in der Nacht ungewöhnliche Dinge vor sich gegangen sind, ohne daß du dich an sie erinnern kannst. Es ist möglich, daß eine tiefe emotionale Narbe und Groll zurückgeblieben sind. Du scheinst nicht darüber nachdenken zu wollen, und wenn dich jemand anderes darauf anspricht, hast du eine emotionale Reaktion. Dieses unangenehme Gefühl kann durch die Einnahme dieses Elixiers gelindert werden. Zubenelschamali kann dir ein tieferes Bewußtsein der Ereignisse geben, ohne daß die emotionalen Verstrickungen aktiviert werden. Dies wäre eines der Elixiere, die ein Hypno-Therapeut einem Klienten gibt, wenn extraterrestrische Einmischung zu den Themen des Klienten gehört.

ASCELLA
(Zeta Sagittarii)

[2,6ᵐ] Ein bläulichweißer Riese und ein Unterriese in 130 Lichtjahren Entfernung.

Dieser Stern macht den richtigen Einsatz der Sprache bewußter. Dir wird klarer, wie deine Worte in anderen Menschen Gedankenstrukturen erzeugen. Du wirst die Wirkung deiner Worte auf andere besser verstehen. Diese Wirkung hast du möglicherweise unbewußt verinnerlicht und kannst sie dir nun um einiges bewußter machen. Der Stern kann auf sämtliche Methoden förderlich wirken, die dazu dienen, durch das Sprechen mehr Freude zu erzeugen. Dieser Stern wird sich auf der höchsten spirituellen Ebene förderlich auf den Einsatz von heilenden Klängen auswirken. Er kann auch Muster aus früheren Leben bewußt machen, in denen Klänge und das Gesetz der Sprache (d.h. Ideen durch Aussprechen zu manifestieren) mißbraucht wurden. Diese Freisetzung kann zu einer emotionalen Veränderung führen. Ascella kann der Person die Bewegung dieser Emotionen bewußter machen und diese etwas lindern.

IOTA AURIGAE

[2,64ᵐ] Ein 250 Lichtjahre entfernter gelber Riese, der Metalle in nicht-ionisierter Form enthält.

Wer diesen Stern benutzt, kann zusätzliche körperliche Kräfte übertragen bekommen und die Erfahrung machen, daß es leichter fällt, mit anderen zu kommunizieren. Verschiedene Kommunikationsvorgänge mit Kindern werden intensiviert. Wenn es um das Problem geht: „Tue, was ich sage, und nicht, was ich tue", könnte man sich bewußt werden, daß es einem in bezug auf die Kommunikation mit Kindern ein wenig an Verständnis mangelt. Normalerweise wird man sich durch Iota Aurigae eher bewußt, in welchem Bereich man sich weigert, etwas zu verstehen. Da die zweideutige Botschaft unbewußt ist, kann das Kind damit nicht umgehen. Statt den Erwachsenen zu fragen, teilt es sich durch auffälliges Verhalten mit. Dadurch wird die Interaktion zwischen dem Erwachsenen und dem Kind noch unbewußter. Das Sternenlicht-Elixier kann dem Erwachsenen helfen, die wahre Natur der ursprünglich beabsichtigten Kommunikation zu verstehen und ihr mehr Überzeugungskraft zu verleihen.

GRAFFIAS
(Beta Scorpii)

[2,65ᵐ] Bläulichweiße Gruppe aus drei Sternen in 600 Lichtjahren Entfernung.

Da mit diesen Sternen keine Zivilisation in Verbindung steht, stehen ihre eigenen charakteristischen Merkmale im Vordergrund. Schwer zugängliche Emotionen, die mit der eigenen Familiensituation zu tun haben, gelangen mehr ins Bewußtsein. Synchrones Träumen zwischen Kindern und Erwachsenen in einer Familie wird merklich zunehmen. Es ist empfehlenswert, diesen Stern einzunehmen, wenn es in der Familie emotional streßreiche und schwierige Zeiten gibt, z.B. bei Krankheiten und in der Pubertät. Wenn Energien bewußter werden, klärt sich die Situation in der Familie, und die Kommunikation verbessert sich. Unter Umständen kommen Kernfragen auf unerwartete Art zum Vorschein, so daß man ein ganz neues Verständnis entwickelt. Wenn dem so ist, sollte man – solange man sich unter dem Einfluß dieser Sternengruppe befindet – seine Aufmerksamkeit auf diese Kernfragen richten. Ihr sollt die Fragen mit in den Traumzustand nehmen. Laßt zu, daß tieferliegende, unbewußte Bilder, die damit in Zusammenhang stehen, aufsteigen. Ein Teil des Unbehagens, das möglicherweise mit dieser Blockade einhergeht, wird nachlassen, und das Thema ist nicht mehr so unangenehm. Man kann leichter mit ihm arbeiten und darüber sprechen.

Es ist auch festgestellt worden, daß sich diese Sternenfamilie vorteilhaft auf eine Adoption auswirkt. Man wird die wahre Natur dieser Beziehungen auf einer emotionalen Ebene verstehen.

SHERATIN
(Beta Arietis)

[2,65ᵐ] Bläulichweißer Stern in 44 Lichtjahren Entfernung.

Durch die Arbeit mit diesem Stern können die Menschen ein tieferes Verständnis dafür entwickeln, wie sie die mächtige Energie der Veränderung in ihr gegenwärtiges Leben bringen können. Es handelt sich hierbei um Ansammlungen unbewußter Energien, die aus wiederholten Veränderungen in vergangenen Leben entstanden sind. Das unbewußte Gesetz des Fortschritts kann bewußt werden. Wenn du diesen Stern einnimmst bevor du einschläfst, trägt das sehr dazu bei, diese Eigenschaften aus vergangenen Leben klarer ins Bewußtsein zu bringen. Das kann sehr nützlich sein, da es mit der Zeit zu einer Befreiung von der Notwendigkeit führt, sich immer wieder inkarnieren zu müssen. Sheratin kann in Kombination mit jeder Art buddhistischer Praxis sehr hilfreich sein. Der grundlegende Zweck solcher Praktiken besteht darin, dem Rad der Wiedergeburt zu entkommen. Wenn sich eine Person im Bewußtsein der mächtigen, mit diesem Stern zusammenhängenden Energien befindet, kann sie mit der ganzen Idee der Zyklen von Tod und Wiedergeburt in Einklang kommen und dadurch leichter Energien aus der Vergangenheit aufnehmen und mit ihnen arbeiten. Diese können in vielen unterschiedlichen Formen auftreten: emotional, mental oder körperlich, und sie können der Person sogar auf der Ebene des Astralkörpers zugänglich sein.

Sheratin kann auch bei der Auswahl eines „Schlüssel-" oder „Zugangslebens" behilflich sein, über das andere Leben erforscht werden können. Bei der Arbeit mit dieser Art von Energien kann der Stern die Kontaktaufnahme mit dem Zugangsleben erleichtern.

UNUK
(Alpha Serpentis)

[2,65ᵐ] Ein 60 Lichtjahre entfernter gelber Riese.

Dieser Stern ähnelt in einigen Eigenschaften eurer Sonne. Er kann zusätzliche Führungsenergien und konzentriertes Bewußtsein verleihen. Einige Menschen werden unter dem Einfluß dieses Sterns ein wirkliches Verständnis von Führung entwickeln. Es kann zu einem intensiveren Bewußtsein der eigenen körperlichen Fähigkeiten kommen, und sportliche Aktivitäten werden gefördert. Unuk unterstreicht die Fähigkeit, unpersönliche Liebe in Form von Bewunderung und Respekt zu empfangen. Man gewinnt einen inneren Frieden in bezug auf Probleme, die mit Respekt oder Unterstützung durch andere zu tun haben. Viele Menschen werden feststellen, daß es zu einer Beruhigung des Emotionalkörpers kommt und aufgestaute Emotionen freigesetzt werden. Unuk fördert körperliche Prozesse, die mit Melanin und Melatonin zu tun haben. Einige Menschen leiden in der dunklen Jahreszeit an Depressionen. Diese lichtabhängige Depression wird durch Anwendung von Unuk zu einem gewissen Grad gelindert.

THETA AURIGAE

[2,65ᵐ] Bläulichweißer Siliziumstern in 150 Lichtjahren Entfernung.

In der heutigen Zeit wird sich die Einnahme dieses Sternenlicht-Elixiers für viele Menschen als sehr wertvoll herausstellen, da es ihnen bei der Transformation der Energie von der dritten in die vierte Dimension behilflich ist. Dieser Stern kann Menschen helfen, die Probleme mit „Mumm" haben. Silizium wird mit den tieferen Aspekten wahrer Kraft und der Fähigkeit, „Nein" zu sagen, in Verbindung gebracht. Menschen, die homöopathisch mit Silizium arbeiten, können dieses Elixier mit hinzunehmen und davon profitieren. Von einer höheren Ebene aus betrachtet, werden die transformativen Eigenschaften von Kieselsäure bei vielen Menschen verstärkt. Das kann wiederum dazu führen, daß die Kieselsäure im menschlichen Körper besser verwertet wird. Kieselsäure steht für Transformation. Auf der körperlichen Ebene hängt dies mit der Umwandlung von Kalzium zusammen. Theta Aurigae ist besonders für jene Menschen wertvoll, die mit Kalzium Probleme haben, z.B. bei Arthritis, Osteoporose und schlechter Verheilung von Knochenbrüchen. Über die Ernährung sollte Kieselsäure eingenommen werden. Man kann Kieselsäure auch zu sich nehmen, indem man eine Woche lang täglich Schachtelhalm-Zubereitungen einnimmt, drei Tage aussetzt und wieder weitermacht.

Die durch Theta Aurigae gestärkten spirituellen Eigenschaften sind sehr wertvoll. Der Stern stellt eine Möglichkeit dar, Mut und Kraft aus dem eigenen Glauben an Gott, das Universum und die höheren spirituellen Eigenschaften zu ziehen. Von diesem Stern profitieren auch Atheisten und Agnostiker. Menschen, die damit Schwierigkeiten haben, diese höheren spirituellen Ideen anzuwenden oder in der Welt umzusetzen, werden ebenfalls von Theta Aurigae profitieren.

Dieses Elixier könnte bei der Reduzierung einiger Auswirkungen hochfrequenter Strahlen behilflich sein (unter hoher Frequenz versteht man den Bereich über 400 kHz). Man wird feststellen, daß Strahlung dieser Art besonders von Computern ausgeht. Wen man einige Tropfen dieses Elixiers auf einen Monitor gibt, wirkt sich das in geringem Maße positiv aus. Die Gruppe der Devas, die für die Umweltsicherheit solcher Dinge verantwortlich ist, wird ebenfalls von diesem Elixier profitieren.

BETA CORVI

[2,66^m] Ein 95 Lichtjahre entfernter gelblichweißer Riese, der ionisierte und neutrale Metalle und sehr viel Kalzium enthält.

Dieser Stern kann die Fähigkeit steigern, im physischen Körper das Ionengleichgewicht zu verändern. Dadurch läßt sich die Wechselwirkung zwischen verschiedenen Hormonen und Neuropeptiden im Gehirn steigern. In Kombination mit Ginkgo biloba wird man feststellen, daß Informationen schneller übertragen werden können, was zu einem gesteigerten Gedächtnis, besser ablaufenden Denkprozessen und einem erweiterten Bewußtsein führt, in dem der Person verschiedene Aspekte des Unterbewußtseins und des Überbewußtseins klarer sind. Nimmt man einen 24prozentigen standardisierten Extrakt ein, entfaltet er im Körper bemerkenswerte Wirkungen. Stößt er auf eine zelluläre Blockade, können das Sternenlicht-Elixier oder die Meditation auf den Stern dazu beitragen, diese Blockade zu überwinden, wodurch die Blätter in ihrer Wirkung verstärkt werden. Konfrontiert man die Person mit logischen und intuitiven Problemen, wird man eine Steigerung der mentalen Funktionen feststellen.

Am besten setzt man Ginkgo biloba in Verbindung mit dem Beta-Corvi-Elixier ein, um das eigene intuitive Verständnis zu vergrößern oder um beim Channeling oder bei der Arbeit mit Energien aus anderen Quellen tiefere Bewußtseinszustände zu erreichen. Individuen können das Elixier auch für die Programmierung eines sogenannten „kosmischen Computers" oder zum Lesen der Akasha-Chronik einsetzen. Dies ist relativ schwierig, weil dabei oft die Synapsen der Nerven stark belastet werden und die betreffende Person in der Lage sein muß, Informationen innerhalb der eigenen bewußten Rollen hin und her zu transferieren.

RUCHBAH
(Delta Cassiopeiae)

[2,67^m] Bläulichweißer Überriese in 90 Lichtjahren Entfernung.

Dieser Stern kann besonders in Männern das Bewußtsein für Anmut fördern und sie verstärkt in die Lage versetzen, Liebe anzunehmen. Man wird auch feststellen, daß Ruchbah die Fähigkeit fördert, sich anmutiger zu bewegen. Wer in Bereichen arbeitet, in denen es um die Perfektion des Körpers geht und in denen Anmut wichtig ist, z.B. beim Tennis, Turnen, Reiten, Schwimmen und beim Zehnkampf, sollte dieses Elixier einnehmen oder auf diesen Stern meditieren, um die Bewegungen des physischen Körpers flüssiger zu machen. Das kann auf feinstoffliche Ebenen ausgedehnt werden, besonders bei Menschen, die mit Choreographie zu tun haben und eine Vorstellung davon haben müssen, wie der Tanz wirken wird. Es gibt Frauen, die Schwierigkeiten mit Anmut haben und sich möglicherweise stärker zur männlichen Seite hingezogen fühlen. Wenn diese Frauen ihre feminine Seite und die Anmut weiterentwickeln möchten, die mit dieser weiblichen Energie einhergeht, ist dieser Stern empfehlenswert. Man wird sich der Schönheit Gottes und der Art, wie Karma allein durch tiefempfundene Liebe verändert wird, stärker bewußt.

MUPHRID
(Eta Bootis)

[2,69^m] Ein 30 Lichtjahre entfernter weißer Doppelstern.

Durch Verwendung von Muphrid kommt es zu einem Ausgleich deiner Kreativität. Du fühlst dich in bezug auf Kunst oder Musik wohler. Der Ausgleich kann einerseits auf der Seite des kreativen Ausdrucks stattfinden, aber auch im Betrachten der Kunst oder in der Identifikation mit ihr. Menschen, die herausfinden möchten, was sie von der Kreativität anderer Menschen annehmen können, tun gut daran, diesen Stern zu verwenden. Sie scheinen durch eine neue Brille zu schauen oder neue Energien aufnehmen zu können. Ein Beispiel: Angenommen, dir wird eine neue Kunstform gezeigt, die

Sterne der dritten Größenordnung ....

du nur schwer als kunstvoll oder kreativ annehmen kannst, obwohl andere Anwesende ein sehr positives Gefühl zu ihr haben. Wenn du einen Widerstand dabei spürst, diese Kunstform als wahre Kreativität zu akzeptieren, wäre es gut, wenn du mit diesem Stern arbeiten würdest, vororausgesetzt, du möchtest dies tun und dein Bewußtsein in dieser Richtung erweitern. Ähnliches gilt für einen Künstler, der mit einer neuen Kunstform arbeitet und sich zusätzliche Unterstützung und Energie wünscht. Hier kann Muphrid hilfreich sein.

MEDIA
(Delta Sagittarii)

[2,71^m] **Gelber Riese in 70 Lichtjahren Entfernung. Enthält nichtionisierte und ionisierte Metalle sowie Titanoxid.**

Durch Verwendung dieses Sterns kann das spirituelle Vertrauen und die Kraft der Menschen zunehmen, wenn sie sich unsicher fühlen, wie sie am besten mit spirituellen Vorstellungen und Ideen umgehen sollen. Dieser Stern bringt ein tieferes Verständnis eurer Beziehung zu anderen Menschen und wie ihr euch deren spirituellen Ideen oder Standpunkten aussetzen solltet. Das kann für Menschen vorteilhaft sein, die mit neuen spirituellen Ideen arbeiten oder versuchen, Ideen aus einer Beziehung zu assimilieren, z.B. in einer Ehe, in der beide Partner unterschiedliche spirituelle Überzeugungen oder Interessen haben.

LESATH
(Epsilon Scorpii)

[2,71^m] **Bläulichweißer Unterriese in 450 Lichtjahren Entfernung. Enthält nicht-ionisiertes Helium, ionisiertes Silizium, Sauerstoff und Magnesium.**

Dieser Stern wirkt sich auf die Fähigkeit aus, durch Heilungsenergien die Vorgänge im physischen Körper zu beeinflussen. Auf einer tieferen Ebene kann dies eine Auswirkung auf die Aufnahme von Stoffen in den Blutkreislauf haben. Dadurch kommt es zu einer verbesserten Absorption. Es werden auch verschiedene Elemente aktiviert, die zwar im Körper vorkommen, aber nicht gut verwertet werden. Die Energien dieses Sternes fördern diese Aktivierung und ergänzen sie. Der Kreislauf kann stabiler werden, und die körperliche Leistungsfähigkeit kann sich erhöhen. Dies kann zu Einsichten führen, die auf unbewußten Vorstellungen, Glaubenssätzen oder längst vergessenen Ideen beruhen. Lesath kann Selbstheilungsprozesse fördern, doch beratende Begleitung und emotionale Befreiung sind nötig, damit diese von Dauer sind. Es kann sehr nützlich sein, diesen Stern in einer Gruppe zu verwenden, deren Ziel es ist, mit der physischen Form von Tieren, Pflanzen oder Menschen zu arbeiten.

DELTA OPHIUCHI

[2,72ᵐ] **Ein gelborangefarbener Riese in 95 Lichtjahren Entfernung, der Titanoxid und neutrale Metalle enthält. Der größte Teil der abstrahlenden Energie dieses Sterns liegt im Infrarot-Bereich.**

Wenn man auf diesen Stern meditiert, kann das dritte Auge stimuliert werden und sich seine Bewußtheit vertiefen. Eine Stimulation durch Infrarot-Licht kann zur Öffnung des dritten Auges beitragen. Das von diesem Stern empfangene Infrarotlicht befindet sich auf einer sehr feinstofflichen Ebene. Es wirkt von Natur aus spiritualisierend und erweckt nach und nach das dritte Auge zum Leben. Normalerweise werden jene Fähigkeiten zum Vorschein kommen, mit denen die Person am besten arbeiten kann. Daher wird die eine Person Zukunftsvisionen haben, die andere ein erweitertes Bewußtsein und Erkenntnisse bezüglich Heilfähigkeiten erfahren, bei einer dritten werden die telepathischen Fähigkeiten zunehmen. Man kann diesen Stern zusammen mit Krypton und mit Vorrichtungen verwenden, die der Stimulation des dritten Auges dienen. Diese haben wir in dem Buch Other Kingdoms beschrieben, das von Maurice B. Cooke in Kanada von uns empfangen und gechannelt wurde.

TARAZED
(Gamma Aquilae)

[2,72ᵐ] **Gelber Riese in 350 Lichtjahren Entfernung.**

Bei der Arbeit mit diesem Stern stellt man unter Umständen fest, daß das eigene Herz kräftiger wird. Es ist schwierig vorherzusagen, auf welcher Ebene dies stattfinden wird: körperlich, emotional oder spirituell. Es hängt davon ab, welche Ebene bei der Person am wenigsten entwickelt ist. Daher gibt es in der Regel stets einen guten Grund, mit Tarazed zu arbeiten. Je kräftiger das Herz wird, um so mehr kann die Fähigkeit zunehmen, andere zu lieben. Möglicherweise steigt die Fähigkeit, das Herz von den negativen Aspekten körperlicher Probleme zu reinigen. Möglicherweise vermag man besser mit der Übertragung von Liebesenergie zu Heilzwecken zu arbeiten oder seelische Liebe besser zu verstehen. Der Stern kann auch die Fähigkeit stärken, sich die universelle Liebe bewußter zu machen. Zu welcher Wirkung es kommt, wird davon abhängen, welche Ebene oder Fähigkeit im Menschen auf dem niedrigsten Stand sind.

Tarazed läßt sich gut mit dem Gold-Elixier kombinieren, wenn man sein Bewußtsein der Herzensenergie erweitern möchte. Auf einer höheren spirituellen Ebene können auf telepathischem Wege einige liebevolle Inhalte übertragen werden. Das tut besonders Menschen gut, die sehen wollen, daß ihre Schwingungsübertragung empfangen wurde oder wie sie sich auf eine andere Person ausgewirkt hat. Eine Beziehung könnte davon profitieren, daß beide Partner eine Mischung aus dem Gold-, Tarazed-, und Venus-Elixier einnehmen. Die Kombination von Altair und Tarazed kann helfen, eine innere Affinität zur eigenen Lebensaufgabe zu entwickeln.

ZUBENELGENUBI
(Alpha Librae)

[2,76^m] Bläulichweißer Doppelstern in 65 Lichtjahren Entfernung.

Dieser Doppelstern beeinflußt auf sehr positive Art jene Aspekte in einer engen Beziehung, in der ein Partner seinen Willen dem anderen untergeordnet hat und paradoxerweise erkennt, daß auch der andere seinen Willen ihm untergeordnet hat. Indem Kräfte, die negativ sind und Störungen hervorrufen, ein Gegengewicht bekommen, können die Partner möglicherweise Frieden in ihrer Beziehung finden. Die Verwendung dieses Sterns kann Menschen helfen, zu einer inneren Harmonie und Unabhängigkeit zu gelangen. Sie könnten begreifen, daß die Enge der Zweierbeziehung nur symbolisch für das stehen soll, was potentiell in der Beziehung aller Wesen zu Gott möglich ist. Zubenelgenubi kann sich auch förderlich auf die Beziehung zum eigenen Geistführer, Seelenpartner oder zur Zwillingsflamme auswirken (sie existiert normalerweise in feinstofflichen Bereichen und ist nicht auf der physischen Ebene manifest).

Auf einer höheren Ebene hat dieser Stern in erster Linie einen Einfluß auf karmische Strukturen. Du könntest anfangen, karmische Strukturen zu erkennen, und sehen, wie sie dich dazu veranlassen, dich in einer Beziehung auf bestimmte Weise zu verhalten. Dir können die grundlegenden karmischen Faktoren klar werden, und möglicherweise beginnst du, deine Motivation besser zu verstehen. Zum Beispiel: „Ich tue dieses oder jenes, weil ich weiß, daß es mich retten, mich verändern und mir helfen wird. Schaue ich mich jedoch in meiner Realität um, gibt es in Wirklichkeit keine Grundlage dafür, wirklich davon auszugehen, daß dieses Verhalten oder diese Handlung tatsächlich hilfreich ist." Das ist ein Anzeichen für ein karmisches Ungleichgewicht. Es kann sehr hilfreich sein, Zubenelgenubi während einer solchen Phase zu verwenden. Der Stern kann dich wieder dazu bringen, dich selbst umfassend zu akzeptieren, und er zeigt dir gleichzeitig, was der tiefere Sinn dieser Schwierigkeiten ist. Wenn du dies verstanden hast, kannst du anschließend besser für dich sorgen und dich lieben. Du kannst die Notwendigkeit leichter loslassen, solche Verhaltensweisen oder Abhängigkeitsbeziehungen zu erschaffen. Daher werden die Nähe und Kommunikationsfähigkeit in deiner Beziehung gefördert. Diese Möglichkeiten, mit dem Stern zu arbeiten, werden zur Entspannung und Beruhigung einiger Energien in der Beziehung beitragen, sie werden jedoch auch neue Vorstellungen und Ideen zum Vorschein bringen.

PORRIMA
(Gamma Virginis)

[2,76ᵐ] Bläulichweißer Zwillingsstern. Die beiden tatsächlich identischen Sterne sind 32 Lichtjahre entfernt.

Die Verwendung dieser Sterne kann die Lernfähigkeit steigern und ein effektiveres Leben im Gleichgewicht ermöglichen. Ist sich eine Person dieser Ausgewogenheit bewußt und besitzt dabei die Absicht, zu lernen, kann sich dies auf das Gleichgewicht zwischen rechter und linker Gehirnhemisphäre auswirken. Im allgemeinen wirkt sich der Stern auf Lehrzeiten aus, in der man mit anderen zusammenarbeitet, von denen man neue Informationen und Ideen erhalten will. Wird der Stern eingesetzt, vertieft sich das Lernen, als befände man sich in einer Lehrzeit in der eine Kameradschaft entsteht. Man absorbiert, verschmilzt und läßt schließlich frei. Das Lernen findet in Form einer kraftvollen Übertragung statt.

In Atlantis wurde dieser Doppelstern dafür genutzt, Technologien mit Kristallen zu entwickeln, bei denen es um die Aufnahme und Übertragung von Informationen in einen Kristall und dann in einen Menschen ging. Dazu nutzte man das Licht dieses Doppelsterns in Form des Elixiers. Das wichtigste war jedoch, in Gedanken zu Porrima zu reisen. Die beiden Individuen, die Informationen und Wissen mit Hilfe des Kristalls übertragen wollten, stellten sich vor, daß sie sich in der Mitte des Sternensystems befänden, genau am Gleichgewichtspunkt. Dann erschien der Kristall zwischen ihnen. Während sie beide jeweils eine der gegenüberliegenden Seiten des Kristalles berührten, wurde die Information übertragen.

IOTA ORIONIS

[2,76ᵐ] Drei bläulichweiße Sterne in 1.700 Lichtjahren Entfernung.

Diese Sternengruppe vermittelt Einsichten in ökologisches Handeln, in unterschiedliche Formen des Umgangs mit Geld, in verschiedene ökonomische Situationen, in denen man sich vielleicht momentan befindet, sowie in Dinge, die eine langfristige Auswirkung auf die Welt haben. Dieses Elixier eignet sich ausgezeichnet für Menschen, die mit ökologisch oder politisch motivierten Veränderungen zu tun haben; für Menschen, die das rechte Handeln auf der Erde sicherstellen, oder für Menschen, die großartige, langfristig wirksame Mechanismen besser verstehen wollen, die mit dem Fortbestehen der Erde selbst zusammenhängen.

Dieses ökologische Bewußtsein ist in den Augen der Zivilisation von Iota Orionis eine wichtige Lektion. Der Stern sendet diese Botschaft seiner Zivilisation und allen anderen Wesen. Manchmal kann der Stern auch ein trauriges oder klagendes Gefühl aussenden, da die Zivilisation des vierten Planeten durch Wesen von Eta Draconis versklavt ist. Dieses ökologische Bewußtsein wird eine Antwort auf ihre schwierige Situation darstellen, da die Zivilisation dadurch Wege finden kann, um ihren Planeten für ihre Unterdrücker ungemütlich zu machen. Es ist wahrscheinlich, daß es in etwa 100 bis 150 Jahren zu einem Kontakt zwischen diesen Wesen und der Menschheit kommen wird. Die Menschheit und andere Zivilisationen könnten davon profitieren zu erfahren, wie der Kampf dieser Wesen sanftere Technologien hervorbrachte. Bis dahin wird denjenigen, die mit diesem Stern arbeiten, auf der technologischen Ebene wahrscheinlich nur sehr wenig zur Verfügung stehen.

CHELEB
(Beta Ophiuchi)

[$2,77^m$] **Gelber Riese, 100 Lichtjahre entfernt.**

Dieser Stern kann das Liebeszentrum stimulieren und eine Kommunikation mit anderen Menschen ermöglichen, die über verbale und visuelle Ebenen hinausgeht. Auditive Kommunikationsmethoden, z.B. Gesang, werden gefördert. Dies zielt besonders auf die Verbindung zwischen der Verbalisierung dessen, was im Herzen vor sich geht, und der Fähigkeit anderer ab, diese Botschaft zu empfangen.

Die mit Cheleb zusammenhängende Zivilisation hat gegenwärtig großes Interesse an der Erde. Doch diese Wesen haben auch bestimmte Barrieren geschaffen, denn sie wollen sich eurem Bewußtsein und eurer Zivilisation nicht aufdrängen. Man kann sich auf diesen Stern einstimmen, um gewisse Blockaden in der eigenen Persönlichkeit aufzulösen, z.B. solche, die starke Emotionen beinhalten, oder Traumata, an die man sich nicht erinnern kann. Cheleb kann auch dabei helfen, größere Nähe zu anderen herzustellen, wenn es sich so anfühlt, als hätte man eine Mauer um sich. Das wären Anzeichen, bei denen die Einnahme dieses Stern indiziert wäre.

Dieser Stern kann die zelluläre Aktivität heraufsetzen und ein besseres Gleichgewicht zwischen den Mineralien auf beiden Seiten der Zellmembran, besonders zwischen Natrium und Kalium, herstellen. Dies kann zusätzlich gefördert werden, indem man Wasser zu sich nimmt, das kleinste Mengen gut gelöster Mineralien enthält.

Der Stern könnte in Zukunft eine Rolle in der interstellaren Diplomatie spielen. Und er kann die Fähigkeit fördern, anderen Rassen Aspekte der Liebe zu übermitteln. Dazu wird es kommen zwischen Menschen und den Wesen, die ein größeres Verständnis besitzen als die Erdbewohner oder zumindest auf gleicher Stufe mit ihnen stehen.

RASTABAN
(Beta Draconis)

Von diesem Stern gehen eine ganze Reihe hilfreicher Einflüsse zur Konfliktlösung aus. Sie helfen auch,

[2,77ᵐ] **Weißer Riese in 400 Lichtjahren Entfernung.**

Ideen und Konzepte nach Nützlichkeit und Sinnhaftigkeit zu sortieren. Es könnte zunächst so aussehen, daß die Schwierigkeiten energetisch nur verstärkt werden. Mit der Zeit verschärfen sich dadurch die Kontraste, und die besonderen Eigenarten der konkurrierenden Ideen werden hervorgehoben, so daß man eher in der Lage ist, die beste Herangehensweise herauszusuchen. Es kann sich daraus eine Geisteshaltung ergeben, mit der man über das Ganze lachen oder sich von den konkurrierenden Ideen lösen kann. Man nimmt die ganze Sache nicht mehr so ernst.

Die Zivilisationen, die im System von Rastaban gelebt haben, stammen nicht von dort. Eine mächtige Rasse von Reptilwesen hatte die eigentliche Zivilisation vor etwa 650.000 Jahren ausgerottet. Der Rest der ursprünglichen Zivilisation ist dort geblieben und hat die Zivilisationen beeinflußt, die dort gelebt haben. Einige von ihnen haben in Frieden, andere in Krieg, wieder andere als Sklaven oder als Herrscher gelebt. Aufgrund des häufigen Wechsels der Zivilisationen auf einigen Planeten dieses Sterns sind viele starke gegenseitige Bindungen entstanden, die mit der Zeit zur Lösung der meisten Probleme beigetragen haben, die aufgrund sich widersprechender Ideen entstanden waren.

KORNEPHOROS
(Beta Herculis)

[2,78ᵐ] **Gelblichweißer Riese in 110 Lichtjahren Entfernung.**

Dieser Stern kann Heilungsprozesse fördern, die mittels mentaler Energien hervorgerufen wurden. Unter Umständen kann dies zu Veränderungen der DNS führen. Durch beständiges Meditieren können verschiedene genetische Strukturen auf subtile Weise verändert werden, so daß sie mit der Zeit mehr mit dem Lebensstil des Wesens, seinen Entwicklungsprozessen, seinem Bewußtsein und seinen Wünschen übereinstimmen. Im Vergleich zu anderen Techniken ist dies ein langsamer und unauffälliger Prozeß, aber wenn die Veränderung erst einmal stattgefunden hat, bleibt sie eher bestehen als bei den meisten anderen Techniken.

Auf ätherischer Ebene gehen von diesem Stern Strahlungsexplosionen aus, die man in Zukunft möglicherweise sogar mit Instrumenten erfassen wird, die feiner abgestimmt sind als eure heutigen. Diese Explosionen finden alle 3,3 Minuten statt und beeinflussen in einige Prozesse im physischen Körper der Menschen. Dieser Einfluß erhält die genetischen Strukturen. Wenn du darüber meditierst, deine genetischen Strukturen zu verändern, sollten mindestens drei dieser Intervalle eingeschlossen sein. Wenn du also mindestens zehn Minuten lang meditierst, förderst du diesen Prozeß auf kraftvolle Art.

Sterne der dritten Größenordnung . . . .

Die Idee ist, detailliert zu visualisieren, wie neue genetische Strukturen im Körper gebildet werden, die ihren Ursprung in deinen Gedankenformen haben. Du kannst die Vorstellung durch ein spezielles Chakra hindurchleiten, von dem du den Eindruck hast, daß sein momentaner Stimulationsgrad am geeignetsten ist, z.B. das Herzchakra oder das Stirnchakra. Stell dir vor, daß das Chakra aktiv ist und diesen Prozeß beeinflußt. In deiner Vorstellung findet der Prozeß auf einer mikroskopischen Ebene statt. Stell dir vor, du begibst dich in die DNS-Helix, wickelst sie auseinander, und findest ein Gen, das einer Heilung bedarf. Du kannst die Veränderung herbeiführen, indem du sie dir als Farbe, Töne oder Licht vorstellst. Anschließend wickelst du die DNS-Stränge wieder zusammen, steckst sie zurück in die Zelle und siehst, wie die DNS anfängt, sich zu reproduzieren. Es ist förderlich für den Prozeß, wenn du Freude daran hast und spielerisch damit umgehst.

Auf der höchsten Ebene ist dies der Weg, die Form der Veränderung willkommen zu heißen, die du dir wünschst, und zwar auf die Art, wie sie sich am besten manifestieren kann. Das bedeutet, daß du die Veränderung liebst, daß du Gottes Energie willkommen heißt, während sie durch dich fließt, und daß du diese Veränderung in dein Wesen einatmest.

Die durch diesen Stern verbesserten Mentalfunktionen können neue Ideen in dein bisheriges Verständnis der Natur des Körpers, des Universums, der Ökosysteme, der Biosphäre oder der Menschheitsprobleme bringen. Dieser Stern ist auch hilfreich, wenn du über diese weitreichenden Fragen kontemplierst und sie eingehend betrachtest. Die mit diesem Stern zusammenhängende Zivilisation hat sich mental sehr weit entwickelt und wartet zusammen mit verschiedenen anderen Zivilisationen darauf, von der Entwicklung der Menschheit beeinflußt zu werden.

CURSA
(Beta Eridani)

[2,79^m] **Bläulichweißer Riese in 65 Lichtjahren Entfernung.**

Dieser Stern kann die Ausdauer und die Fähigkeit stärken, mit vielen Individuen mental zu arbeiten. Die Denkvorgänge werden gefördert. Die körperliche Vitalität wird zunehmen, wenn es nötig ist, die Energieflüsse auf geistigem Wege im Körper zu konzentrieren. Jede Form von körperlicher Aktivität, die mit Gefahren verbunden ist, kann durch diesen Stern positiv beeinflußt werden. Wer mit Biorhythmen arbeitet, stellt unter Umständen fest, daß sich besonders die Zeiten der Überlappung der Täler oder der Umkehrpunkte zweier oder mehrerer Zyklen ausgezeichnet für die Arbeit mit diesem Stern eignen. Möglicherweise kann durch Verwendung von Cursa vermieden werden, daß durch das Zusammenwirken von Körper- und Mentalrhythmus Schwierigkeiten entstehen.

Die mit diesem Stern verbundenen Wesen haben ein Großteil ihrer Energien in ihr Planetensystem und ihre Sonne investiert und dadurch deren Lebenserwartung gesteigert. Dadurch kann es auch geschehen, daß Menschen, die mit diesem Stern arbeiten, in den Genuß einer Übertragung einer geduldigen Einstellung kommen. Der Stern fördert nicht unmittelbar die Geduld, doch das Phänomen Geduld wird besser verstanden, wenn jemand eine physisch und mental fordernde Tätigkeit ausübt.

COR CAROLI
(Alpha Canum Venaticorum)

[2,8^m] Ein bläulichweißer Doppelstern in 120 Lichtjahren Entfernung, der ein veränderliches magnetisches Spektrum besitzt, in dem Strontium, Silizium und Chrom zu erkennen sind.

Dieser Stern macht empfänglicher für die Beeinflussung durch Äther. Möglicherweise kommt es zu einer natürlichen Ausdünnung der Äther und einer Abnahme der negativen Wirkungen von elektromagnetischen Feldern, negativen Erdschwingungen, geopathischen Feldern und magnetischen Störfeldern von Stromkabeln und Monitoren.

Cor Caroli kann auch die Absorption von Edelgas-Energien fördern. In Gruppenarbeit können die ätherischen Schwingungen intensiver werden, d.h., der Stern ist nützlich für Gruppen. Man wird auch eine leichte Steigerung der Absorption von Chrom sowie eine leichte Abnahme der negativen Wirkungen radioaktiver Strahlung feststellen. Die häufig vorkommende Akkumulation von radioaktivem Strontium 90 im Körper kann schädlich sein, und Cor Caroli erhöht die Fähigkeit des Körpers, diesen Stoff auszuscheiden. Es ist ratsam, diesen Stern zusammen mit anderen Substanzen einzunehmen, die sich ebenfalls bei der Verminderung von Strahlungsschäden im Körper als wertvoll erwiesen haben, besonders Meeresgemüse und in geringem Maße auch Substanzen wie Miso, Carageen Moos und Natriumalginat.

Die mit diesem System verbundene Zivilisation möchte der Menschheit technologische Ideen übermitteln, die sich um Raumfahrt drehen. Diese Form der Raumfahrt geschieht durch Manipulation von Gravitationsfeldern, wobei keine toxischen Substanzen verwendet werden. Das kann für die Menschheit sehr nützlich sein. Wer über solche neuen Techniken in der Raumfahrt brütet, täte gut daran, dieses Elixier einzunehmen.

KAUS BOREALIS
(Lambda Sagittarii)

[2,80^m] Ein 60 Lichtjahre entfernter gelber Riese.

Die mit diesem Stern verbundene Zivilisation ist ein Vorposten sehr mächtiger und der Erde wohlgesonnener Wesen. Ihre Gefühle für die Erde könnte man als Liebe bezeichnen, wenngleich sie das Konzept der Liebe nicht kennen. Diese dezentralisierte Zivilisation hat den Punkt ihrer stärksten Konzentration in der Nähe des exakten geometrischen Zentrums der Galaxie, steht aber auch mit den vielen positiv gesinnten und im ganzen Universum verteilten Zivilisationen in Verbindung, für die das Dienen wesentlich ist. Dieser Stern, der als Vorposten der besagten Zivilisation dient, sammelt Energie und befördert sie zum Zwecke der Kommunikation mit anderen Galaxien tiefer ins Zentrum der Galaxis hinein.

Wenn man auf diesen Stern meditiert, kann man einen umfassenderen Gesichtspunkt und ein tieferes Verständnis der eigenen Rolle innerhalb der menschlichen Evolution bekommen. Ein praktisches Resultat der Anwendung dieses Sterns ist, wenn erkannt wird, was es mit Berufung und rechtem Lebensunterhalt auf sich hat, und man vermehrt in der Lage ist, Arbeit zu finden, die dem eigenen spirituellen Wege entspricht, bzw. hilft, wieder auf den Weg zurückzukommen.

Die Menschen können ihr Gespür für ihre Verbundenheit mit anderen Sternen und dem Universum insgesamt entdecken. Möglicherweise erhöht sich ihre Sensibilität den Sternen gegenüber. Es kann vorkommen, daß Menschen sich zu Sternen hingezogen fühlen, jedoch kaum eine Wirkung spüren, wenn sie auf sie meditieren. Dieser Einstimmungsprozeß wird verkürzt, wenn man zuerst auf Kaus Borealis meditiert. Man spürt dann mehrere Monate lang innerhalb von wenigen Minuten, ob der Stern, auf den man gerade meditiert, geeignet ist. Ist er ungeeignet, könnte man ein schwaches negatives Gefühl haben, sich zusammengedrückt fühlen, Kälte empfinden usw. Meditiert man über einen geeigneten Stern, spürt man möglicherweise, daß der eigene Raum weiter wird, daß einem sanft geholfen wird oder daß einem warm wird. Diese Empfindungen werden durchaus von Kaus Borealis intensiviert. Diese erhöhte Sensitivität kommt von der Funktion dieses Sterns, Energien, Schwingungen und andere Informationen ins Zentrum der Galaxis und damit auf andere Galaxien und Zivilisationen zu übertragen.

VINDEMIATRIX
(Epsilon Virginis)

[2,83^m] Gelblichweißer Riese in 75 Lichtjahren Entfernung.

Dieser Stern kann die Entschlußkraft und die Fähigkeit stärken, ein Projekt ganz durchzuziehen, an dem auch andere Menschen beteiligt sind. Menschen, die zusammenarbeiten, können mit der Zeit ein gemeinsames Ziel herausfinden. Du könntest feststellen, daß Widerstände und Auseinandersetzungen damit verbunden sind, dieses Ziel als dein eigenes zu akzeptieren. Zum Beispiel: „Das habe ich mir nicht selbst ausgedacht, das war die Gruppe." Oder: „Wenn ich hier mitmache, binde ich mich dann an diese Gruppe?" Wenn du diesen Stern einsetzt, könnten dir wieder Ideen einfallen, die du früher einmal hattest. Dies kann sehr nützlich sein in Lernphasen zwischen einem Individuum und einer Gruppe, besonders wenn zu Beginn noch gar nicht bekannt ist, was gelernt werden soll. Vindemiatrix kann sich sehr wohltuend auf Forschungsgruppen auswirken, die in einem kooperativen kreativen Prozeß stecken, bei dem das Endresultat unbekannt ist.

Die mit diesem Stern verbundene Zivilisation hat damit gearbeitet, neue Ideen und Formen zu schaffen, indem sie die Energien anderer Zivilisationen zusammenbrachte. Die daraus entstandenen Ideen und Formen wurden den betroffenen Zivilisationen zurückgegeben. In sie könnten in Zukunft auch menschliche Gedanken einfließen, die Liebesenergien beinhalten sowie die Fähigkeit, mit ihnen umzugehen. Es ist auch möglich, daß Menschen technologische Ideen von diesem Stern beziehen. Wenn z.B. Wissenschaftler oder Techniker auf diesen Stern meditieren, stellen sie möglicherweise in den darauffolgenden drei Tagen fest, daß sie neue Ideen bekommen.

ZETA PERSEI

[2,83^m] Ein 1000 Lichtjahre entfernter bläulichweißer Überriese.

Dieser Stern kann Menschen helfen, Angst vor Krieg, Kampf und Gewalt loszulassen. Zeta Persei kann Individuen helfen, die sich in der Reinkarnationstherapie als Krieger erfahren haben und feststellen mußten, wie problematisch der Bewußtseinszustand eines Kriegers ist. Möglicherweise sind diese Menschen bereit, die Wahrheit des Krieges zu erkennen – daß es sich dabei eigentlich um einen selbsterschaffenen inneren Krieg handelt, den man als Spiegelbild nach außen projiziert und manifestiert. Unter dem Einfluß dieses Sternes könnte es leichter sein, einen Dialog herbeizuführen zwischen dem Schattenselbst und dem Lichtselbst bzw. dem auf Angst und dem auf Liebe beruhenden Persönlichkeitsanteil.

Dies hängt teilweise mit der Bereitschaft der Wesen aus der Zivilisation von Zeta Persei zusammen, ihre Zivilisation regelmäßig nach großen Kriegen wieder neu aufzubauen. Schließlich kamen sie zu dem Entschluß, daß Frieden weitaus wichtiger ist, als das Kämpfen, und sie schafften es, viele ihrer Streitigkeiten mit der Zeit beizulegen. Das war vor etwa 5.000 Jahren. Sie begannen, ihre zahlreichen Technologien zur Herstellung von Waffen zu hinterfragen. Auf der Erde steht ihr jetzt dem gleichen Problem gegenüber: Was macht man mit dem ganzen Kriegszubehör, wenn man eigentlich dazu bereit ist, es beiseite zu legen? Es einfach zu zerstören wäre sicherlich ein großer und bedeutsamer symbolischer Akt. Die Wesen von Zeta Persei erkannten, daß diese Energien für andere Wesen im All einen Nutzen haben konnten, wenn man aus ihnen ein großes Friedensleuchtfeuer machte. Dieses kraftvolle Licht wird in regelmäßigen Abständen erzeugt. Zu diesem Zeitpunkt wird man möglicherweise bemerken, daß der Stern etwas heller ist.

ALGENIB
(Gamma Pegasi)

[2,84^m] Dieser 650 Lichtjahre entfernte bläulichweiße Unterriese ist ein Cepheiden-Veränderlicher. Helligkeitsschwankungen treten in Perioden zwischen 2 und 40 Tagen auf.

Das Meditieren auf diesen Stern oder die Arbeit mit dem Sternenlicht-Elixier wirkt sich unmittelbar auf die Fähigkeit aus, Informationen von einem feinstofflichen Körper auf den anderen zu übertragen. Diese Fähigkeit wird vom Mentalkörper reguliert. Kreative Visualisation und andere Visualisationsarten werden direkt stimuliert. Das kann die Visualisation der Idee eines anderen bedeuten oder Visualisation im Tagtraum oder der Empfang neuer Ideen beim Lesen. Solche Ideen können auch durch die Medien wie z.B. durch Videos oder Kinofilme stimuliert werden, während die Bilder bei der kreativen Visualisation zum größten Teil selbst hervorgebracht sind. All diese Möglichkeiten werden gefördert, da der Mentalkörper durch Algenib den Energiefluß und die Informationen in den feinstofflichen Körpern leichter lenken kann.

Wenn unter Zuhilfenahme des Mentalkörpers eine Visualisation erschaffen wird, die den Ätherkörper mit dem physischen Körper verbinden soll, wird es zu einem entsprechenden Energiefluß kommen. Die Energie wird zunächst vom physischen zum ätherischen Körper fließen. Die Energien der Visualisation werden dann zu einer Verschmelzung der Energien und Informationen führen. Diese Energie fließt dann vom ätherischen zum physischen Körper – so, wie es visualisiert wurde. Die Fähigkeit des Mentalkörpers, diese Dinge zu regulieren und zu gestalten, ist ein wichtiger Aspekt des Heilungsvorgangs.

Visualisation ist auch dann eine wichtige Heiltechnik, wenn die Heilung durch allopathische Techniken wie z.B. durch Arzneimittel oder durch das Richten eines Knochenbruches erreicht wurde. Normalerweise findet dies auf der unbewußten Ebene statt. Man kann das Visualisieren auch nicht in Doppelblindversuchen ausschließen, da der beteiligte Arzt, die Person, die die Studie durchführt, die Menschen, die dafür Gelder bereitstellen, sowie andere Personen, die etwas mit der Studie zu tun haben, zumindest eine gewisse unbewußte Verbindung zu den verschiedenen beteiligten Personen herstellen. Die Einnahme des Elixiers oder das Meditieren auf Algenib wird den Heilungsprozeß fördern und ihn den Betroffenen bewußter machen. Wo direkt mit Visualisation gearbeitet wird, kann die Heilung durch Einsatz des Sterns wesentlich beschleunigt werden.

Diese Energien entfalten ihre Wirkung hauptsächlich auf der Ebene des Mentalkörpers. Die mit diesem Stern verbundene Zivilisation ist relativ emotionslos und unbeteiligt, was die sonstigen Geschehnisse in dieser Galaxie anbelangt. Da sie emotionslos sind, stehen sie in gleichbleibendem Maße zur Verfügung, wenn ihre Energien auf die richtige Art eingesetzt werden. Möglicherweise wird in etwa tausend Jahren ein Kontakt zu dieser Zivilisation entstehen, wodurch der Mentalkörper in allen Menschen auf bedeutsame Weise erweitert und gefördert werden wird.

TAU SCORPII

[2,85^m] Bläulichweißer Stern in 300 Lichtjahren Entfernung.

Die Menschen können mit Hilfe dieses Sterns einen gewissen Mut entwickeln. Dieser Mut kann sie öffnen, so daß sie sich an tief verschüttete Gefühle aus der Vergangenheit erinnern. Es können sogar deutliche Bilder aus früheren Leben entstehen, die unmittelbar Aufschluß über die Lektionen des betroffenen Lebens geben. Wenn die Lebenslektionen schwer waren oder sich um negative Emotionen drehten, kommt es möglicherweise zu einer Freisetzung dieser Energie. Dieses Elixier kann helfen, mit diesen Informationen weiter arbeiten zu können. Tau Scorpii kann innerlich aufbauen. Möglicherweise vermag man sich selbst umfassend zu verzeihen und zu erkennen, wo man alte Strukturen im Leben wiederholt. Einige Strukturen werden sich aufgrund dieser Erkenntnis leichter ändern lassen. Man kann sich in all den Erkenntnissen und Einzelheiten verlieren und vergessen, daß es der Mut zum Hinschauen war, der die Erkenntnis hervorbrachte. Nimmt man dann das Elixier wieder zu sich oder meditiert man wieder auf den Stern, wird sich das mutige Gefühl sofort wieder einstellen.

Es könnte aber auch sein, daß es etwa drei Tage dauert, bis sich die Wirkung einstellt. Die Wirkung findet auf der Ebene des Astralkörpers statt, daher kommt die Verbindung zu früheren Leben. Normalerweise empfiehlt es sich, die Anwendung des Sterns nach drei Tagen zu wiederholen.

Bei Verwendung von Tau Scorpii stellt man möglicherweise fest, daß der Astralkörper stimuliert wird und eine gewisse Fähigkeit besteht, Energie aus der astralen auf die physische Ebene zu bringen. Wer suizidale Tendenzen hat, kann in gewissem Rahmen davon befreit werden.

PLEJADEN: ALCYONE
(Eta Tauri)

[2,86^m] Der bläulichweiße Riese in 400 Lichtjahren Entfernung ist der

Alcyone, Electra und Merope sind die Heimatplaneten von Zivilisationen, die gegenwärtig für die Erde äußerst nützlich und stark mit ihr verbunden sind. Alcyone als der

hellste Stern der Plejaden. Andere Hauptsterne sind: Maia, Atlas, Taygeta, Electra und Merope. wichtigste von ihnen kann zu einer deutlich erhöhen und harmonischen Fähigkeit führen, Außerirdische zu channeln. Man lernt wahrzunehmen, von wo aus man Wesen aus anderen Planetensystemen am besten kontaktieren kann. Unter Umständen könnt ihr durch gechannelte Daten Kontakt zu Außerirdischen herstellen und ein tieferes Verständnis davon erlangen, wie diese Welten eure Welt berühren und wie ihr diese Informationen auf angemessene Weise in eurem Leben nutzen könnt. Alcyone kann auch die Fähigkeit stärken, spirituelle Wahrheiten zu empfangen und sie als universelle Prinzipien zu erkennen.

Merope fördert die Fähigkeit, diese Prinzipien im eigenen Leben aufeinander abzustimmen und universelle Gesetze zu erkennen. Weiterhin fördert Merope die Fähigkeit zu verstehen, was der richtige Weg ist, um sich mit den anderen Lebensströmen auf der Erde zu verbinden, besonders mit denen aus dem Reich der Tiere.

Electra herrscht über die Fähigkeit, mit der Pflanzenwelt zusammenzuarbeiten. Wer Electra anwendet, könnte telepathische Fähigkeiten entdecken, diese in der Welt auf geeignete Weise einsetzen und ihre wahre Bedeutung erkennen. Electra kann auch die meditative Ruhe vertiefen und zur Einheit mit kosmischen Prinzipien und universellen Gesetzen beitragen. Durch Verwendung von Electra steigt unser Bewußtsein der universellen Gesetze als Gedankenform der Liebe, der Unterstützung und des Bewußtseins.

SIGMA SCORPII

[2,86^m] Ein bläulichweißer Riese in 571 Lichtjahren Entfernung. Ein Doppelstern, von dem einer im Rhythmus von sechs Stunden leicht veränderlich ist.

Dieses Sternenpaar kann helfen, sich bewußter zu werden, welchen Einfluß Muster aus vergangenen Leben auf den Körper und auf den Ausdruck von Emotionen haben. Durch die Veränderlichkeit der Beziehung der beiden Sterne zueinander, können sich einige Menschen Zyklen bewußter werden. Die diesen Sternen zugehörigen Zivilisationen haben das Bewußtsein der in ihnen ablaufenden Zyklen in ihre Sterne projiziert, was die Veränderlichkeit dieser Sterne beeinflußte. Die Periode der Veränderlichkeit wurde von ihnen langsam und in Anlehnung an ihre eigenen Entwicklungsphasen verändert. Dabei gab es Phasen schneller Fluktuation und Phasen geringer oder unregelmäßiger Fluktuation. Gegenwärtig wird diese Energieform vielen Wesen in dieser und der Andromeda-Galaxie übertragen. Ein Teil dieser Energie steht auch den Menschen auf der Erde zur Verfügung.

Dieser Doppelstern kann Menschen darauf einstimmen, welche Bedingungen es den Körperzellen ermöglichen, Wasser besser aufzunehmen, z.B. eine bestimmte Tageszeit, oder wann bestimmte Dinge am besten gegessen oder getrunken werden. Dieser Stern kann auch viele andere Körperrhythmen beeinflussen. Wer die Körperuhr der traditionellen chinesischen Akupunktur studiert, könnte sich durch Sigma Scorpii besser auf diese Zyklen einstimmen.

Auch die Wechselbeziehungen aus vergangenen Leben werden auf die Körperzyklen einwirken. Sehr oft entdecken Menschen, daß sie zu bestimmten Zeiten viel besser daran arbeiten können, sich frühere Leben zurückzurufen oder sich mächtiger Einflüsse aus der Vergangenheit bewußt zu werden. Einige Menschen werden feststellen, daß sich der Zyklus aufteilt. Etwa zwölf Stunden lang ist die Einstimmung auf die dunkleren Energien und schwierigen vergangenen Leben stärker, und die zweiten zwölf Stunden wird man eher auf vergangene Leben eingestimmt sein, die lichter und bewußter waren. Es ist weise, sich beides anzuschauen. Die Verwendung dieses Sternenlicht-Elixiers kann Individuen bei der Feinabstimmung dieses Prozesses helfen. Oft wurde den Menschen bereits empfohlen, sich frühere Leben bewußtzumachen. Auch wenn jemand dies nicht tun möchte, ist die Verwendung dieses Sterns vorteilhaft, denn möglicherweise wird die Person anschließend versuchen zu verstehen, wie die Rhythmen der Kreativität oder der Kommunikation in ihrem eigenen Leben von Erfahrungen aus vergangenen Leben beeinflußt werden – ob ihr das bewußt ist oder nicht. Durch Verwendung dieses Elixiers wird klarer, wie diese Beeinflussung im Verlaufe des Tages- und Nachtzyklus auftaucht.

DELTA CYGNI

[2,5^m] Dieser 110 Lichtjahre entfernte bläulichweiße Unterrriese ist ein Doppelstern.

Wenn die Menschen zukunftsorientierter werden, wird auch ihre Fähigkeit gefördert, das Gesetz des Karma zu verstehen. Durch diesen Stern nimmt die Fähigkeit der karmischen Zukunftsschau zu. Daher kannst du die Konsequenzen deines Handelns verstehen, Ursache und Wirkung begreifen, leichter die Wahlmöglichkeiten ableiten, durch die du Ursachen erwirken kannst, und zwischen deinen Aktionen und deinen Reaktionen in der Welt unterscheiden. Möglicherweise kannst du dieses Verstehen anderen vermitteln.

Auf höherer Ebene kann Delta Cygni viele neue Wege öffnen für Menschen, die festgestellt haben, daß es bessere Möglichkeiten gibt, als ihr tiefes Bewußtsein des Karmagesetzes auf rein verbaler und Verstandesebene auszudrücken. Delta Cygni kann die Geschwindigkeit der Energien des Tanzes erhöhen. Wer eine tiefere Ebene der Kontemplation und des Verstehens dieses wichtigen universellen Gesetzes erreicht hat, stellt möglicherweise fest, daß er tanzen kann. Das fördert möglicherweise die Fähigkeit, tänzerisch Dinge zum Ausdruck zu bringen, tänzerisch Karma abzuarbeiten und den eigentlichen Tanz des Karma auf ganz persönliche Art durch Tanzen zu verstehen. Trancetanz ist zwar etwas anderes, doch haben diese beiden Formen des Tanzes gemein, daß sie beide in einem veränderten Bewußtseinszustand stattfinden. Möglicherweise erreichen Individuen aufgrund der Arbeit mit diesen Energien einen tiefgreifenden, inspirierten Zustand und lernen Tanz zumindest sehr zu schätzen. Außerdem entdecken sie möglicherweise, daß sie in ihrem eigenen Leben Ursache und Wirkung besser erkennen können, wenn sie sich mit Tanz beschäftigen, wenn auch nur am Rande, z.B. als Zuschauer.

Die drei mit diesem Stern zusammenhängenden Zivilisationen sind durch viele Stufen des Bewußtseins und des Verstehens zu einer Ebene der Zeitlosigkeit gelangt, wodurch sich ihr Verständnis der Karmagesetze sehr stark von eurem unterscheidet. Während sich jede der Zivilisationen durch die vielen Bewußtseinsebenen bewegte, blieben die erlernten Lektionen im Stern zurück. Diese Energien werden vom Stern als Leuchtfeuer der Klarheit und Liebe für alle jene im Universum ausgestrahlt, die diese Lektionen erlernen und besser verstehen sollten. Diese Wesen haben ihr System verlassen, doch konnten sie Schlüssel für Wesen hinterlassen, die ein höheres Bewußtsein erlangen wollen.

EPSILON PERSEI

[2,88ᵐ] Bläulichweißer Stern in 700 Lichtjahren Entfernung.

Als Folge des Einflusses dieses Sterns kann im Stirn-Chakra des menschlichen Körpers eine Energie generiert werden, die auf andere Schwingungen abstimmbar ist. Dieser Stern empfiehlt sich für Individuen, die in diesem Chakra mehr Energie konzentrieren möchten. Das sechste oder Stirn-Chakra befindet sich etwa im geometrischen Mittelpunkt des Schädels. Dort können Energien generiert werden, die heilsame Eigenschaften haben können. Heiler, die sich dieser Energien bewußt sind, können kreative Prozesse stimulieren, mit denen sie eine Verbindung zu ihrem Gegenüber herstellen können. Diese Verbindung kann auf einer rein physischen Ebene bestehen, wenn das Bewußtsein der hereinkommenden Information anschließend in eine persönliche Form gebracht und zu den Händen geleitet wird. Wer mit Massage, Reiki, Akupressur und anderen Techniken des Handauflegens arbeitet, kann von diesem Stern profitieren, sofern er oder sie bereit ist, intuitiv Anleitung zu empfangen und dies in eine klare und kraftvolle Form umzusetzen.

Epsilon Persei kann auch die Fähigkeit stärken, telepathisch Informationen zu übermitteln. Das kann für Lehrer nützlich sein, die schwerverständliche Ideen vermitteln möchten. Dazu erinnert man sich an das mit der Idee verknüpfte Gefühl, das dann zusammen mit den eigentlichen Ideen übertragen wird.

Der Stern strahlt eine lebensspendende Energie aus, die sich auf die Lebensformen auf den ihn umgebenden Planeten positiv ausgewirkt hat. Dazu gehören sowohl intelligente Lebensformen als auch Lebensformen, die euren Tieren und Pflanzen aber auch biologischen Entitäten wie Viren und Mikroben ähneln. Diese lebensspendende Energie hat eine ähnliche Wirkung wie das Sonnenlicht, das durch das Chlorophyll und verwandte Substanzen in den Pflanzen umgewandelt wird und sich wohltuend auf viele andere Wesenheiten auswirkt.

PI SAGITTARII

[$2,89^m$] Drei Sterne in 250 Lichtjahren Entfernung, von denen einer ein gelber Riese ist.

Vor etwa 27.000 Jahren waren diese Sterne noch weiter voneinander entfernt. Die Zivilisationen dieser Sterne hatten miteinander Verbindung aufgenommen und viele unterschiedliche Formen der Zusammenarbeit und des Kennenlernens erprobt. Es gelang ihnen, eine Brücke zwischen ihren Wissenschaften zu schlagen. Die Folge davon war, daß sie ein gemeinsames, etwa zwölf Jahre andauerndes Projekt starteten. Während dieser Zeit nutzten sie die mächtigen Energien der Anziehung und der Abstoßung dafür, die Sterne einander näher zu bringen. Dadurch war zwischen diesen Zivilisationen mehr Kommunikation möglich. Mit der Zeit wurde ein Austausch der DNS-Codes und des genetischen Materials für eine gegenseitige Befruchtung der vielen Rassen dieser Zivilisationen sowie unter den verschiedenen anderen Lebensformen genutzt, die nach eurem Verständnis als Pflanzen, Tiere und Mineralien gelten könnten.

Die Menschen aus Atlantis stimmten sich auf diese Sternengruppe ein und hatten viele Offenbarungen. Ihnen fiel auf, daß sich diese drei Sterne einander annäherten, und es war ihnen bewußt, daß es keine Planeten waren. Den Atlantern wurde daraufhin ein Teil des Wissens dieser Zivilisationen übertragen, damit es in Experimenten mit genetischen Codes verwendet werden konnte. Das Teilwissen, das sie besaßen, war sehr gefährlich. Obwohl in erster Linie inspirierendes und weniger direktes, konkretes Wissen übermittelt wurde, luden die Wesen von Pi Sagittarii dennoch eine gewisse karmische Schuld auf sich, als die Menschen in Atlantis einen Teil dieser Informationen mißbrauchten. Sie erzeugten mißgestaltete Wesen, die sehr viele Schwierigkeiten hatten, da sie weder Tier noch Mensch waren.

Sterne der dritten Größenordnung . . . .

Diese Wesen von Pi Sagittarii versuchten daher, die Situation wieder auszugleichen. Diese Sternengruppe wird Individuen helfen, über ihre genetische Codierung, ihre Verbindung zu ihrer DNS und über ihre eigenen Lebensströme zu kontemplieren und ihrem eigenen Körper zu verstehen. Möglicherweise gewinnen sie auch Einsichten in ihr eigenes Erbgut und erfahren auch, wie diese Dinge auf bewußtere Art von ihnen modifiziert werden könnten. Pi Sagittarii entsendet eine speziell gefilterte Energie zur Erde, die drei wichtige Daseinsebenen beeinflussen soll, nämlich die spirituelle, die physische sowie die Ebene, die mit Gedanken, Gefühlen und Kommunikation zu tun hat. Diese Sterne werden durch ihr Zusammenwirken den Menschen helfen zu verstehen, wie mächtig die Genetik ist.

Im Augenblick ist es für die Menschen wichtig, diese Informationen aus verschiedenen Blickwinkeln zu betrachten, damit sie zu einer eigenen Entscheidung kommen können. Sehr wahrscheinlich werden die Menschen in 10 bis 20 Jahren sehr viel mehr über ihre genetische Kodierung kennen und wissen, wie sie sie vor der Empfängnis, während der Empfängnis und in den ersten beiden Schwangerschaftsdritteln beeinflussen können. Es geht dabei nicht nur um eine bessere körperliche Verfassung, sondern auch darum, im Nachwuchs weiterentwickelte Fähigkeiten, eine größere Intelligenz, mehr Liebe und – was am wichtigsten ist – mehr mediale Fähigkeiten hervorzubringen. Pi Sagittarii wird dieses Bewußtsein in vielen Menschen intensivieren. Tendenziell handelt es sich dabei um eine spirituelle Energie. Die Wesen von Pi Sagittarii gehen beim Filtern der Energien, die sie den Menschen zur Verfügung stellen, sehr sorgfältig vor, daher haben sie ausschließlich positive Wirkung. Es ist jedoch wichtig zu erkennen, daß dadurch die von den Menschen getroffenen Entscheidungen eine viel größere Tragweite haben. Wenn es in einer Familie Erbkrankheiten gibt oder in einem noch ungeborenen Kind z.B. das Down-Syndrom vorliegt, möchten wir euch ans Herz legen, daß der Vater, die werdende Mutter und auch andere Familienmitglieder dieses Sternenlicht-Elixier zu sich nehmen – besonders in der Zeit vor, nach und unmittelbar während der Empfängnis – und dabei klar und kraftvoll die starke Gesundheit, die Kraft und die guten Charaktereigenschaften des noch ungeborenen Kindes visualisieren.

GAMMA PERSEI

[2,9^m] Ein gelber Riese und ein weißer Stern in 113 Lichtjahren Entfernung.

Dieser Doppelstern kann Menschen helfen, sich auf die Symbole des Körpers einzustimmen. Dadurch kommt es zu einem größeren Verständnis der Fußreflexzonen, der Irisdiagnose und der Ohrsymbole. Steigert die Fähigkeit, den Körper über eine Ohrmassage zu beeinflussen.

Die Wesen von Gamma Persei besitzen ein tiefes Verständnis von Symbolen. Sie manifestieren diese Symbole auf eine Art, die einem bewußten Zusammenwirken einer großen Anzahl von Wesen ähnelt, die ein vereintes Bewußtsein hervorrufen wollen. Es ist nicht einfach, diesen Prozeß zu beschreiben. Es ist am ehesten mit einer großen Menge Protoplasma zu vergleichen, das man mit Bewußtsein erfüllt hat und dem man gestattet, mit sich selbst zu interagieren und zusammenzuarbeiten. Die Wesen von Gamma Persei haben kein besonderes Interesse an Raumfahrt, doch sie sind sich der vielen anderen möglichen Existenz- und Bewußtseinsformen in ihrem Universum bewußt. Sie projizieren ein Gefühl der Kraft und des Mutes zur Erde, damit sich die Menschen auf die Strukturen einstimmen können, die sie bereits geschaffen haben.

Die elementarste Struktur, die das menschliche Bewußtsein erzeugt, ist der Körper. Dieser Doppelstern fördert ein klareres und nachdrücklicheres Verständnis körperlicher Vorgänge, der von Krankheiten gestellten Lernaufgaben und wie sich die Krankheiten in den verschiedenen Repräsentationssystemen des physischen Körpers, z.B. in den Füßen, Händen, dem Ohr und dem Auge, widerspiegeln. Dieses Elixier kann auch für Frauen wertvoll sein, die sich eine intensivere Kommunikation mit ihrem noch ungeborenen Kind wünschen. Es ist eine stärkere Einstimmung auf die Symbolik möglich, mit der sich Mutter und Kind austauschen. Das funktioniert in den letzten beiden Schwangerschaftsdritteln am besten.

GOMEISA
(Beta Canis Minoris)

[2,91^m] Ein bläulichweißer Stern in 210 Lichtjahren Entfernung.

Dieser Stern kann das Bewußtsein eines Individuums bezüglich seiner Verbindung zu Gruppen erweitern. Dazu gehören alle Gruppen, auf die sich die Person einstimmt, z.B. auf die Gemeinde, Gruppen aus vergangenen Leben, politische Gruppen oder solche, die ganz allgemein umfassendere Zielsetzungen haben. Dieser Stern kann Individuen auf Energien einstimmen, die mit speziellen Bemühungen einer Gruppe zu tun haben. Gomeisa kann zusammen mit dem Kugelsternhaufen M92 verwendet werden, damit man sich der Gruppenseele bewußter wird.

Die mit Gomeisa verbundene Zivilisation ist durch sieben wichtige Entwicklungsstufen gegangen. Auf jeder dieser Stufen bestand ein wichtiger Teil ihrer Entwicklung daraus, ein immer umfassenderes Bewußtsein immer größerer Gruppen zu erlangen. Infolge dieses umfassender werdenden Bewußtseins vermochten sie auf vielen Schwingungsebenen, zwischen den verschiedenen Planeten ihres Sonnensystems, zwischen ihrer Sonne und vielen anderen Sonnen und zwischen vielen Wesen auf vielen unterschiedlichen emotionalen Stufen, Kommunikation herzustellen. Aufgrund des von Gomeisa ausgestrahlten Bewußtseins kann es dazu kommen, daß du andere Menschen weniger beurteilst.

Durch die Meditation auf diesen Stern kannst du dich möglicherweise auch auf alle Sterne einstimmen und dir der Bedeutung der Sterne in deinem Leben etwas bewußter werden. Die Wirkung ist eher sanft. Auf der höchsten Ebene kann diese Energie die Gruppenseele der Menschheit mit anderen großen Gruppenseelen in Kommunikation bringen, wobei diese Energie zur Zeit keinem speziellen Stern geschickt wird. Aus unserer Sicht besteht die Möglichkeit, daß Gruppen von Abgesandten von Gomeisa kommen, um eine Brücke zwischen den Menschen und anderen Zivilisationen zu bauen, die in der Zukunft der Menschheit eine Rolle spielen könnten, z.B. denen der Plejaden und des Sirius.

DENEB ALGEDI
(Delta Capricorni)

[2,92ᵐ] Bläulichweißer Doppelstern in 37 Lichtjahren Entfernung.

Dieser Doppelstern kann die Fähigkeit steigern, mit Strukturen und Zyklen zu arbeiten, die mit praktischen Lebensbedingungen zu tun haben. Das wiederum kann die Fähigkeit erhöhen, Vorhersagen zu machen, die auf Erfahrungswerten basieren. Während der Arbeit mit Deneb Algedi können den Menschen Aspekte der zugrundeliegenden Zyklen deutlicher werden. Diese Methode der Vorhersage der Zukunft beruht auf einem sorgfältigen Studium von Strukturen und ihrer zyklischen Entwicklung. Astrologen, Volkswirtschaftler und Historiker arbeiten mit dieser Methode. Wenn sie einen Großteil der erhältlichen Informationen gesichtet und durchgearbeitet sowie die betroffenen Zyklen verstanden haben, werden sie manchmal sehr still und empfinden eine innere Leere. Diese Leere wird oft mit neuen Ideen gefüllt, und sie erkennen intuitiv, welchen Verlauf die Dinge wirklich nehmen werden.

Wer mit der Börse zu tun hat und möglicherweise versucht, Trends vorherzusagen, wird unter Umständen von diesem Stern oder seinem Elixier profitieren. Menschen, die auf diese Weise finanziellen Gewinn erzielen möchten, schränken normalerweise ihr umfassenderes Verständnis ein, wenn das Geld entweder sehr stark oder sehr mäßig fließt. Wenn sie sehr viel Geld gewinnen oder sehr viel verlieren, fangen sie gewöhnlich an, einen Teil ihrer grundlegenderen spirituellen Ideen über Bord zu werfen. Durch Einsicht in ihre eigenen Strukturen und deren Entfaltung können sie wieder einen Überblick bekommen. Geistige Dinge, ein Verständnis des Lebens und dieser Zyklen, die für die gesamte Menschheit gelten und für die sie selbst nur ein Beispiel sind, sind viel wichtiger, als das betroffene Geld. Diese

Erkenntnisse können für Menschen hilfreich sein, die sich an der Börse, auf dem Rohstoffmarkt oder mit den damit verbundenen Finanzinstitutionen die Finger verbrannt haben. Durch die Verwendung von Deneb Algedi fühlen sie sich möglicherweise besser mit ihrer Arbeit und sind in der Lage, das größere Bild zu sehen.

Die Wesen von diesem Sternsystem haben der atlantischen Kultur einige praktische Ideen und Weisheiten übermittelt. Viele dieser Ideen wurden von der atlantischen Kultur zurückgewiesen, doch sie blieben als Potential bestehen, auf das die Menschen in späterer Zeit zurückgreifen konnten.

TEJAT
(My Geminorum)

[2,92^m] Gelborangefarbener Riese in 150 Lichtjahren Entfernung. Ein unregelmäßiger Veränderlicher mit einer niedrigen Oberflächentemperatur.

Dieser Stern vermag sanft und problemlos die Fähigkeit zu steigern, spirituelle Ideen in klare und ausdrückbare mentale Konzepte zu bringen, die anderen vermittelt werden können. Da das siebte und achte Chakra ebenfalls stimuliert werden, tauchen diese Ideen oft dann auf, wenn man sie am wenigsten erwartet. Möglicherweise hat man mehr Geduld mit Fähigkeiten, die keine Regelmäßigkeit zu besitzen scheinen. Die Menschen werden leichter mit diversen Zyklen, z.B. Biorhythmen und astrologischen Rhythmen, umgehen können. Wer über Tejat meditiert oder das Elixier eingenommen hat, ist mit sich selbst geduldiger. Manche Individuen stellen möglicherweise fest, daß es ihnen leichter fällt, Erlerntes ohne Bewertung auszudrücken. Sie lassen einfach zu, daß die Ideen und ihre Bedeutung von anderen aufgenommen werden.

Die Technik, die man „erster Gedanke" nennt, wird ebenfalls gefördert. Es handelt sich dabei um eine mediale Technik. Wenn man sich innere Anleitung wünscht, bittet man darum, ein Bild oder eine Idee zu bekommen. Man achtet dann ganz bewußt auf das erste, was einem einfällt. Manchmal kann man diesen offenen Zustand, in dem man sich aller Gedanken völlig bewußt ist, aufrechterhalten, wenn man einen Menschen das erste Mal trifft oder etwas zum ersten Mal tut. Das, was dir einfällt, könnte scheinbar wenig Bezug zu deiner augenblicklichen Aktivität, deinen normalen mentalen Vorgängen oder deiner gegenwärtigen Situation haben. Die folgenden Gedanken könnten die erste Idee abwerten, trüben oder sie weniger bedeutsam erscheinen lassen. Durch Verwendung dieses Elixiers kann man die Phase der ersten Idee etwas verlängern und sie damit vielen Menschen zugänglicher machen. Möglicherweise wird einem dadurch bewußt, daß der erste Gedanke nicht immer den eigenen Wünschen entspricht, sondern denen des Universums.

Wenn man mit diesem Stern arbeitet, taucht manchmal das Gefühl auf, daß die Dinge eine Struktur haben, diese Struktur aber nicht offensichtlich ist. Tatsächlich geht die Expansion des Universums nicht so gleichmäßig vor sich, wie ihr euch das vorstellt. Von einer Position innerhalb des Universums kann man das nicht genau erkennen. Jene Wesen, die sich damit beschäftigt haben, entdeckten, daß sie nur durch den Einsatz der Energien innerhalb ihrer Sonne zu einem größeren Verständnis kommen konnten, da der Stern ein Mikrokosmos des Universums ist und mit dieser Art Energie arbeitet. Diese Zivilisation erreichte eine Stufe, auf der sie ein tiefgreifendes Verständnis der wahren Struktur der Expansion des Universums besaß. Der Stern verglühte aber. Dies führte zu großen Schwierigkeiten, einerseits auf einer karmischen Ebene, andererseits kam es unter den beteiligten Wesen zu einer Art von Traurigkeit. Sie waren gezwungen, mit anderen Wesen in anderen Zivilisationen auf neue Art mit Energien zu arbeiten. Allerdings hinterließen sie im Stern einen Rest ihres erweiterten Bewußtseins. In gewisser Weise folgt die Veränderlichkeit von Tejat der Expansion des Universums. Diese Struktur ist zwar nicht offensichtlich, wird aber intuitiv von den Individuen akzeptiert, die mit diesem Stern oder seinem Elixier arbeiten.

SADALMELIK
(Alpha Aquarii)

[2,93^m] Gelber Übergigant in 1.000 Lichtjahren Entfernung.

Menschen, die regelmäßig in Gruppen agieren, werden sich allmählich der Gruppeninteraktion und der Gruppenenergie immer bewußter. Die Verwendung dieses Sterns wird mit der Zeit die eigene Fähigkeit verbessern, ein klareres Bild von unbewußten Energien zu bekommen. Oft bleiben in Gruppen viele Dinge ungesagt, da Menschen insgesamt Angst haben, bestimmte Dinge zur Sprache zu bringen. Dieser Stern gibt Kraft, sie auszusprechen, und vermittelt genug Vertrauen, so daß in der Gruppe mehr miteinander geteilt werden kann.

Auf einer höheren spirituellen Ebene erweitert sich das eigene Bewußtsein hinsichtlich des äußerst wichtigen transzendenten Schritts, nämlich, sich von einem individuellen Bewußtsein in ein Gruppenbewußtsein zu entwickeln. Durch Verwendung von Sadalmelik wird einem möglicherweise bewußter, wie diese Veränderung in Menschen vor sich geht. Der Stern wirkt sich auch vorteilhaft auf Gruppeninteraktion aus. Jeder, der an der Entstehung einer Gemeinschaft beteiligt ist, täte gut daran, diesen Stern zu verwenden.

Auf der höchsten spirituellen Ebene stimmt man sich auf eine von diesem Stern zur Erde kommende Energie ein. Diese Energie soll die Fähigkeit fördern, zu einem Gruppenbewußtsein zu kommen, außerdem das Verständnis der Gruppeninteraktion auf einer höheren Ebene fördern. Verschiedene hochentwickelte Facetten spiritueller Telepathie, durch die man sehr klare Botschaften erhält, können sich verbessern. Man ist eher in der Lage, diese Botschaften zu verstehen und sie umzusetzen.

Einige Menschen fühlen sich möglicherweise angesichts der Unfähigkeit einer Gruppe nicht mehr motiviert, ihre Zielsetzung und ihre Ideale beizubehalten. Im Lauf der Zeit scheint sich sogar der eigentliche Grund für die Entstehung der Gruppe zu ändern, was für alle Beteiligten sehr problematisch ist. Die Situation wird sich merklich verbessern, wenn dieses Elixier als homöopathisches Mittel (D12) eingenommen wird. Den Menschen wird die Fähigkeit einer Gruppe zur Veränderung bewußter, während sie gleichzeitig in Übereinstimmung mit ihren ursprünglichen Gründungsprinzipien bleibt.

Wer die Verfassung der Vereinigten Staaten bzw. andere Dokumente liest, die bei der Gründung von Staaten abgefaßt wurden, wird wahrscheinlich von diesem Stern profitieren. Sadalmelik erweitert das Verständnis der Gruppeninteraktion, die durch Worte Form angenommen haben.

Dieser Stern kann das Halschakra und das dritte Auge stimulieren. Der Mentalkörper wird kräftiger und Vitamin D wird besser assimiliert.

Während des amerikanischen Bürgerkrieges waren die Energien dieses Sterns auf die Vereinigten Staaten und deren Geburt fokussiert. Diese Energie schuf eine mächtige Gruppenenergie unter den Gründern und den Abgeordneten des ersten Verfassungskonvents, zu dem man sich versammelte, um die Regierungsform auszuarbeiten und die Verfassung zu schreiben. So konnte die Zivilisation dieses Sterns es den Erdbewohnern sehr leicht machen, diese Dinge zu verstehen. Diese Energie ergoß sich wie ein wunderschönes Licht von diesem Stern auf die Erde. Die Zivilisation von Sadalmelik hatte erkannt, welchen großen Nutzen dies haben würde, und daß die Menschheit mit der Zeit einen Weg finden würde, wie sich aus diesem Papier eine wirkliche Akzeptanz der Prinzipien der Gruppeninteraktion entwickeln würde. Dies soll den Weg für eine eventuelle Kommunikation zwischen den Wesen von Sadalmelik und den Erdbewohner ebnen, und zwar auf eine Weise, die für die Erdbewohner nicht beängstigend ist (da sich die äußere Erscheinung der Wesen von Sadalmelik sehr von der menschlichen unterscheidet). Diese Rasse hat jedoch nur Gutes im Sinn und bringt den Menschen auf der Erde Liebe entgegen.

MATAR
(Eta Pegasi)

[2,95^m] Gelber Doppelstern in 360 Lichtjahren Entfernung.

Matar kann in Eltern-Kind-Beziehungen hilfreich sein, besonders in Phasen, in denen die Kinder Verhaltensformen nachahmen. Dies findet im Alter zwischen vier und sieben Jahren statt. Wenn sich eine erwachsene Person der Schwierigkeiten bewußt ist, in die sie während dieser Phase ihrer Kindheit war, hilft Matar dabei, sich noch besser in diese Schwierigkeiten einfühlen zu können. Matar wird besonders hilfreich sein, wenn man die eigene Kindheit in der Vorstellung noch einmal neu erschafft. Man kann sich dabei vorstellen, dem Kind während der besagten Erfahrungen Liebe und Hilfe zur Verfügung zu stellen, so daß die Erfahrungen vor dem inneren Auge ein gutes Ende nehmen können. Negative Erfahrungen können in solche mit positiven Empfindungen umgewandelt werden. Erfahrungen, in denen es wenig Verständnis gab oder in denen wenig gelernt wurde, können in solche umgewandelt werden, in denen es mehr Wissen und Bewußtsein gab.

Dieses Sternenlicht-Elixier wird Menschen helfen, die mit Kindern arbeiten, beratend für Eltern-Kind-Beziehungen tätig sind und Erwachsene beraten, die sich mit Themen auseinandersetzen, die ihr inneres Kind betreffen. Von der Wirkung dieses Elixiers wird eher der Klient Nutzen haben. Auf den Behandler hat es keinen direkten Einfluß.

Dieses Sternenlicht-Elixier wird auch den Astralkörper beeinflussen, da im Alter zwischen vier und sieben Jahren der Astralkörper bewußter wahrgenommen wird, der sich in dieser Zeit stark entwickelt. Wem es schwerfällt, nachts wegen lebhafter Träume zu schlafen, die von Astralreisen oder außerkörperlichen Erfahrungen herrühren, könnte von der Einnahme dieses Elixiers profitieren. Die Erfahrungen werden dadurch bewußter und unterliegen auch mehr der bewußten Kontrolle.

NIHAL
(Beta Leporis)

[2,95^m] Gelber Riese in 113 Lichtjahren Entfernung.

Nihal kann Menschen helfen, das Ausmaß rassistischer Vorurteile zu senken, so daß es leichter wird, Informationen von anderen Kulturen aufzunehmen und mit ihnen zu arbeiten. Die Zivilisation von Nihal ist durch eine starke Phase des Fremdenhasses gegangen und hat erst vor kurzem begonnen, das Bewußtsein anderer Wesen und ihre möglichen Beiträge zu akzeptieren. Das hat noch nicht zu einer direkten Übertragung dieser Fähigkeiten auf die Erde geführt, daher wird die Entspannung der verschiedenen fremdenfeindlichen Ideen in den Menschen, subtil aber stetig vor sich gehen. Durch wiederholtes Einstimmen auf diesen Stern während der nächsten Jahre könnten die Menschen tiefere Erkenntnisse und ein größeres Bewußtsein ihres eigenen Fortschrittes in Richtung Akzeptanz all der verschiedenen Gesichter der Menschheit erlangen.

AL NASL
(Gamma Sagittarii)

[2,97ᵐ] Dieser 125 Lichtjahre entfernte Stern hat einen nahestehenden Begleiter. Al Nasl ist von den sichtbaren Sternen dem galaktischen Zentrum am nächsten.

Al Nasl fungiert als Fokuspunkt oder als Refraktor für die Energien, die aus dem Zentrum der Galaxis kommen. Die vorangegangenen Anmerkungen zu Nunki und die noch folgenden zu M13 bezüglich der Repräsentation des Zentrums der Galaxis gelten auch für diesen Stern. Vom Zentrum der Galaxis aus ergießen sich hauptsächlich Energien aus den Engelsebenen, weiterhin kreative Energien und solche, die für die Manifestation weiterer Galaxien nötig sind. Diese Energien werden von Al Nasl abgestimmt. Wenn ein Individuum das Licht aus diesem Gebiet verwendet oder in diesen Bereich schaut, wird es nicht nur die Energie dieses Sterns aufnehmen, sondern auch die dahinterliegenden Energien aus dem galaktischen Zentrum.

Es besteht darüber hinaus sehr stark die Fähigkeit, die Wahrheit, so wie sie von diesem Stern manifestiert wird, wahrzunehmen und zu verstehen. Individuen können dadurch ihre eigenen Muster besser erkennen und diejenigen leichter loslassen, die ihnen im Wege sind. Al Nasl kann auf der körperlichen Ebene auch bei Sprachproblemen sehr hilfreich sein. Dieser Doppelstern wird Individuen helfen, die Probleme haben, in der Öffentlichkeit zu sprechen, oder die in einer Auseinandersetzung oder Diskussion nur schlecht ihre Position halten können. Al Nasl hilft dem einzelnen, seine eigene Position zu erkennen. Diese tiefere Einsicht erleichtert es normalerweise, anderen sorgfältig und aktiv zuzuhören. Darüber hinaus vermag der Stern auch bei Individuen, die die Wahrheit zumeist auf verletzende Art zum Ausdruck bringen, dies in gewissem Maße zu reduzieren.

Eine kraftvolle Mischung für Halsprobleme sind das Blue-Tourmaline-Edelstein-Elixier und das Al-Nasl-Elixier. Sie hilft bei Kommunikationsproblemen, besonders wenn es darum geht, über bestimmte Themen zu sprechen. Möglicherweise hilft das Elixier auch bei Tumoren im Hals, bei Kehlkopfkrebs und Lungenkrebs, also wo der Krebs etwas damit zu tun hat, daß es einem schwerfällt, zu sprechen.

EPSILON LEONIS

[2,99ᵐ] Gelber Riese in 340 Lichtjahren Entfernung.

Dieser Stern vermag die angemessene emotionale Ausdrucksweise zu fördern. Der Stern unterstützt psychologische Techniken, bei denen es um eine emotionale Klärung geht, und fördert die Kommunikation mit anderen Menschen. Es wird einem bewußter, wie man auf andere Menschen wirkt. Auf einer höheren Ebene nimmt die Fähigkeit zu, eine emotionale Verbindung zu jemand anderem herzustellen, die zu einer telepathischen Kommunikation führen kann, als ob man in der Lage wäre, sich selbst durch das Bewußtsein des anderen emotional wahrzunehmen. Man kann den anderen mit den Augen des Herzens klarer sehen und man erkennt sich selbst durch das Herz des anderen.

Auf einer höheren spirituellen Ebene kann dieser Stern Menschen auf ein Gefühl der Befähigung einstimmen, das alle Menschen erfahren können, wenn sie die Energien des Herzens einsetzen. Dabei handelt es sich weniger um eine Energie bedingungsloser Liebe, sondern mehr um eine kommunikative Energie, die die Verbindung zwischen allen Menschen erkennt. Bei dieser Verbindung handelt es sich um eine Energie der Berührung, der telepathischen Kommunikation und der emotionalen Bewußtheit, die es Menschen erlaubt, andere mühelos zu führen, und zwar so, daß andere diese Führung leicht annehmen können und durch sie mächtiger werden. Dieser Stern empfiehlt sich daher für alle Menschen, die die höheren Fähigkeiten suchen, andere zu führen und zu unterstützen.

Die mit diesem Stern verbundene Zivilisation ist gegenwärtig nicht besonders an der Erde interessiert. Diese Wesen haben jedoch die Notwendigkeit erkannt, mit anderen Zivilisationen zu kommunizieren und sich auf andere Schwingungen einzustimmen. Als eine Art spontaner Ausdruck von Sympathie und Mitgefühl, lassen sie es zu, daß ein Teil ihrer Energien den Erdbewohnern hilft ein umfassenderes Bewußtsein vieler Fähigkeiten zu erlangen, die in ihnen schlummern. Was ihr also von diesen Wesen wahrnehmen werdet, ist ein Gefühl der Befähigung, das sie euch schicken – mühelos, liebevoll und ohne bestimmte Ausrichtung.

Epsilon Leonis kann auch solchen Individuen helfen, die sich auf einige der Techniken der Nicht-Anhaftung einstimmen möchten, die von einigen indischen Lehrern vorgeschlagen werden. Durch die Verwendung dieses Sterns kann die Nicht-Anhaftung in gewissem Umfang gefördert werden. Nicht-Anhaftung ist ein interessanter Ausdruck. Er steht im Widerspruch zu dem, was wirklich vor sich geht, nämlich der Stärkung der Vorgänge im physischen Wesen, die weit über die normalen Fähigkeiten des betroffenen Wesens hinausgehen. Dieser Stern wird das Gefühl der Befähigung oder Stärkung, die Vertiefung der Kommunikation mit den Energien des höheren Selbst, das Bewußtsein des wahren Selbst sowie die Interaktion mit anderen fördern. Diese Fähigkeiten sind für die Entwicklung wirklicher Nicht-Anhaftung nötig.

DABIH
(Beta Capricorni)
[3,06^m] **Doppelstern in 130 Lichtjahren Entfernung.**

Dieser Doppelstern ist relativ stabil und zeigt einen regelmäßigen Verdunkelungseffekt, während die Sterne ihre Bahnen ziehen. Dieser

Verdunkelungseffekt bewirkt bei Menschen, die sich darauf einstimmen, daß sich verschiedene Aspekte ihres Wesens manifestieren. Hauptsächlich wird die spirituelle Seite des Lebens zugänglich gemacht. Wenn dann die Phase der Verdunkelung kommt, taucht das Gefühl auf, die spirituelle Seite umsetzen und sie praktisch und verständlich machen zu wollen.

Die drei Zivilisationen, die auf den Planeten gelebt haben, die den Doppelstern umkreisen, kennen diesen Zyklus schon seit Hunderttausenden von Jahren. Sie haben im Verlauf der Zeit verschiedene Formen davon zur Erde projiziert.

Im Augenblick wird der Impuls ins Bewußtsein projiziert, spirituelle Ideen auch umzusetzen. Dies hält die meisten Wesen, die nach spiritueller Bewußtheit trachten, davon ab, sich von der Welt zu lösen. Der Weg des Haushälters hat den Weg des asketischen Mönchs als wichtigsten Weg des Lernens und Verstehens in der Welt abgelöst. Dieser Stern wäre für die Individuen gut, die aus vergangenen Leben oder aus ihrer gegenwärtigen Lebenssituation heraus den Drang verspüren, sich für ihre spirituelle Entwicklung von der Welt zu lösen bzw. sich zu isolieren, um zu meditieren oder Orte des Friedens und der Ruhe aufzusuchen. Möglicherweise beginnen sie die Vorteile zu erkennen, die darin liegen, andere als Spiegel ihrer eigenen spirituellen Entwicklung zu verwenden. Möglicherweise erkennen sie, daß es einen Teil ihres spirituellen Bewußtseins gibt, der in der Welt praktisch zum Ausdruck und zur Anwendung kommen kann.

Einige Menschen werden dadurch Besserung bei Knieproblemen erfahren. Menschen, die Schwierigkeiten mit der Integration des Spirituellen und des Praktischen haben, neigen üblicherweise dazu, Probleme mit den Knien zu bekommen.

Viele Menschen werden ein stärkeres Gefühl der Zugehörigkeit empfinden. Dies kann ein Gefühl sein, in der Gesellschaft aufgehen zu können und dort das Notwendige zu tun, sich aber dann auch leicht lösen zu können, wenn nötig. Daraus kann sich mit der Zeit ein klarerer Bezugsrahmen entwickeln. In Kombination mit Fomalhaut kann es zu einer Milderung von Süchten kommen.

Dabih stimuliert die Nebenchakren in den Füßen, besonders den Punkt Niere 1. Bei den meisten Menschen wird der fünfte Strahl klarer und stärker.

SADALSUD
(Beta Aquarii)

[3,07^m] Ein 1.100 Lichtjahre entfernter gelber Übergigant.

Dieser Stern kann zu einer friedvollen Interaktion zwischen Frauen und Männern führen, indem er weibliches Verständnis erhöht. Der männliche Verstand kann sich besser für seine weiblichen Aspekte öffnen, so daß Männer bessere Beziehungen zu Frauen aufbauen können.

Frauen sind eher in der Lage, die ureigenste Natur des Weiblichen zum Ausdruck zu bringen und anderen zu vermitteln. Dieser Stern könnte mit der Zeit auch in größeren Gruppen Anwendung finden. Im Augenblick eignet er sich am besten für Kleingruppen oder Zweierbeziehungen.

Sadalsud kann auch stärkend auf die physischen Aspekte wirken, die mit den weiblichen Aspekten der eigenen Entwicklung zu tun haben. Bei Männern kann es dadurch zu einem ausgewogeneren Hormonhaushalt kommen. Die Neigung zu männlichen Formen der Glatzenbildung und zu anderen Schwierigkeiten, die unmittelbar mit dem Gleichgewicht der männlichen und weiblichen Energien zu tun haben, nimmt ab. Bei Frauen kann die Verwendung dieses Sterns zu einer allmählichen Abnahme des Körperhaarwuchses führen. Es wird ein physisches Gleichgewicht geschaffen, durch das die Manifestation des weiblichen Prinzips auf der physischen Ebene vorstellbar wird.

Auf der höchsten spirituellen Ebene könnte das Individuum sowohl seine weibliche als auch seine männliche Hälfte akzeptieren. Die Menschen erkennen die Wahrheit der Angleichung der Geschlechter aneinander, wodurch eine neue und bessere Form des seelischen Ausdrucks entsteht, da die Seele von ihrem Wesen her weder auf männlichen noch auf weiblichen Vorstellungen oder Grundsätzen beruht.

In gewissem Umfang werden das Wurzelchakra und der Genitalbereich gestärkt. Möglicherweise kommt es zu einem Energiefluß zwischen dem Wurzelchakra und dem Halschakra. Dies kann für Menschen hilfreich sein, die Aspekte ihres eigenen Verständnisses des männlichen und weiblichen Prinzips zum Ausdruck bringen möchten.

ZETA TAURI

[3,07^m] Bläulichweißer verkrusteter Stern in 940 Lichtjahren Entfernung.

Die zu Zeta Tauri gehörigen Zivilisationen haben den Stern verlassen. Ein Großteil der lebensspendenden Eigenschaften, die diesen Zivilisationen zugute kamen, gibt es nicht mehr. Der Stern vermag einen Teil des früheren Bewußtseins und der Erinnerungen dieser Zivilisationen zu projizieren. Ein Großteil des mit diesem Stern verbundenen Lebens soll sich in wenigen Jahrtausenden verändern, was für einen Stern eine relativ kurze Zeitspanne ist, da er selbst in eine neue Phase der Veränderung und Transformation geht.

Die charakteristischen Merkmale dieses Sterns betreffen Wesen, die bereit sind, Muster aus der Vergangenheit zu durchbrechen und sich von nun an auf eine Art zum Ausdruck zu bringen, die man bei ihnen noch nicht beobachtet hat. Zeta Tauri kann wichtige Energien zugänglich machen, die tief in einer Person schlummern und in ihrem Leben noch nicht gewürdigt werden. Manchmal werden sie von einer bestimmten Emotion blockiert. Wenn es sich dabei um eine sehr private Emotion handelt, mit der in einer Gruppenumgebung, einer Therapie oder einer Beratung nicht leicht umzugehen ist, kann der Stern besonders hilfreich sein, die betreffende Emotion verständlich zu machen. Wenn Schmerz nicht konfrontiert werden kann, wird es durch Zeta Tauri leichter, sich ihm zu stellen, ihn freizusetzen, seinen Ursprung zu verstehen und sich selbst zu vergeben. So gesehen kann der Stern Menschen dazu ermutigen, die eigenen Quellen anzuschauen, mit diesen inneren Energien zu arbeiten und Entscheidungen zu fällen, wie diese Dinge der Welt vermittelt oder offenbart werden sollen. Einige Wesen, die bezüglich Extrovertiertheit und Introvertiertheit nicht im Gleichgewicht sind, werden feststellen, daß dieser Stern hilft, ein Gleichgewicht herzustellen.

SCAT
(Delta Aquarii)

[3,28^m] **Ein weißer Stern in 83 Lichtjahren Entfernung.**

Scat kann Menschen in bezug auf ihre Arbeit ermutigen, zu delegieren oder die Wechselbeziehungen in einer Gruppe so zu gestalten, daß die Gruppe an andere delegiert. Dies ist besonders bei Forschungsprojekten oder in Lehrberufen hilfreich, wo eine Interaktion in einer klaren Hierarchie ein wichtiger Teil der Arbeit ist. Ein Beispiel hierfür sind die Studien, die unter Anleitung verschiedener Professoren durchgeführt werden. Solche akademischen Beziehungen sind für betroffene Personen oftmals leichter zu akzeptieren, wenn sie diesen Stern einnehmen. Scat kann auch die Fähigkeiten vermitteln, einige der von Bürokraten verursachten Schwierigkeiten zu akzeptieren und aufzulösen. Man vermag die Schleier besser zu durchschauen, die die Bürokraten schaffen. Daher könnten Individuen, die bei der Verwertung ihrer Ziele von der Bürokratie abhängig sind, erkennen, wie die Wechselbeziehungen der Gruppe diese Bürokratie hervorgebracht haben. Auf einer höheren spirituellen Ebene kann es zu einem telepathischen Einklang zwischen den Menschen in Forschungsprojekten oder zwischen dir und den Bürokraten kommen, die sich dir und deinem Fortschritt scheinbar in den Weg stellen wollen. Hieraus können sich im Traumzustand die verschiedensten neuen Ideen ergeben.

Auf der höchsten spirituellen Ebene streift man Angst ab. Dies kann zu einer tiefen Bereitschaft führen, eins zu werden, wenn man für diese Idee offen ist, d.h. vielleicht Buddhismus, Taoismus oder andere Lehren studiert hat, die die Idee der Einheit der Menschen enthalten.

Dieser Stern kann das Herzchakra und die Nebenchakren in den Händen stimulieren. Der Astralkörper beruhigt sich. Wer den Astralkörper für eine intensivere Kommunikation während des Traumzustandes einsetzen möchte, wird sich stärker fühlen und einen gesünderen Schlaf haben.

Kapitel 8
★★★★★★★★☆☆

Sterne der vierten und fünften Größenordnung

GIEDI
(Alpha Capricorni)
[3,56ᵐ] Ein optischer Doppelstern, bei dem die beiden Sterne nichts miteinander zu tun haben.

Giedi 1: [4,55ᵐ] Übergigant in 1.100 Lichtjahren Entfernung.

Giedi 2: [3,65ᵐ] Ein Riese in 116 Lichtjahren Entfernung

Diese beiden Sterne ergänzen sich wunderbar für die Menschen. Auf dem näheren Stern hat sich über einen langen Zeitraum eine Zivilisation entwickelt, die um die Dinge weiß, die die Erdbewohner versuchen zu lernen. Einige Wesen aus dieser Zivilisation waren Führer für viele der geistigen Helfer von Philosophen, Wissenschaftlern, Politikern und Erfindern, die versucht haben, einen Teil ihrer Energie zu manifestieren, um sie für andere Menschen verfügbar und real zu machen.

Ein Großteil der Energie, die in die Erde fließt, die Raumfahrt und die Überwachung der geistigen Führer ermöglicht, entspringt der Aktivität des weiter entfernten Sterns. Die Wesen dieses Sterns sind durch viele Dimensionen herabgestiegen und verweilen nun im Zentrum ihres Sterns. Sie sind in der Lage, ihre Energie als lebensspendenden und -erhaltenden Einfluß durch gleichzeitig durch den anderen Stern sowie direkt zur Erde zu projizieren. Dies führt zu einer natürlichen Beschleunigung der Energien.

Die beiden Sterne bringen gleichzeitig zwei Eigenschaften mit sich. Man kann durch sie ein Gespür dafür bekommen, wer man ist, und man kann durch sie erkennen, daß man sich weiterentwickeln kann. Die andere Eigenschaft ist, daß man sich selbst zum Ausdruck bringen kann. Die Verbindung beider Eigenschaften ist sinnvoll, wenn es darum geht, etwas zum Ausdruck zu bringen, obwohl Blockaden dagegen stehen. Man ist bereit, anderen verbal etwas zu vermitteln. Beim Sprechen weiß man, daß man das Richtige tut, daß es die richtige Zeit ist, über diese Dinge zu sprechen, und daß diese Dinge gesagt werden müssen. Obwohl das Gesagte eine Kritik oder

Abwertung darstellen könnte und es unter normalen Umständen schwer wäre zuzuhören, ist man doch in der Lage, das für sich herauszuziehen, was einem erlaubt, sich selbst zu mögen und Dinge etwas besser zu verstehen.

Die Bereitschaft, Dinge in der Welt zum Ausdruck zu bringen, übt einen großen Einfluß auf die Manifestation von Ideen aus. Damit etwas wirklich praktisch sein kann, ist mehr gefordert, als es nur zum Ausdruck zu bringen bzw. den Gedankengang zu Ende zu denken. Es muß auch die Bereitschaft vorhanden sein, weiterzugehen und zuzulassen, daß alle Beteiligten genährt werden.

PETRA
(Eta Piscium)

[3,72^m] Ein gelber Riese in 450 Lichtjahren Entfernung.

Dieser Stern kann die Fähigkeit erhöhen, sich an vergangene Leben zu erinnern und die mit ihnen verbundene Traurigkeit freizusetzen. Das kann auch für Menschen vorteilhaft sein, die unter einem Hang zu Suchtverhalten leiden. Die unbewußten Aspekte früherer Leben können sehr viel klarer werden, und die Bereitschaft kann zunehmen, diese Wahrheiten zu akzeptieren und endlich Fortschritte zu machen. Petra führt manchmal zu klaren Erinnerungen an frühere Leben mit negativen Wirkungen. Man spürt diese Dinge und kann sie loslassen. Der ganze Vorgang ist selbstregulierend, daher sehen wir keine Gefahr darin, wenn dieser Stern eingesetzt wird, um einige der besagten negativen Erinnerungen aus früheren Leben zu aktivieren. In Petras Zivilisation ist man sich suchterzeugender Prinzipien bewußt. Einige von ihnen sind durch Energieexplosionen entstanden, die von Fomalhaut ausgehen. Petra ist ein weiterer Stern, der sich gut mit Fomalhaut kombinieren läßt. Die Wirkung dieses Sterns geht jedoch eher in Richtung Erweiterung des Bewußtseins in bezug auf die sich möglicherweise über viele vergangene Leben erstreckenden Muster.

Die Person kann sich auch klarer darüber werden, daß sie völlig bewußt ist, und fähig ist, zu sein. Dieser Stern ist besonders gut für Individuen geeignet, die unter Schlaflosigkeit oder Konzentrationsschwäche leiden, weil sie geistig immer mit vielen Dingen gleichzeitig jonglieren. Dieser Stern kann einen größeren Frieden schaffen, indem er von dem Gefühl befreit, daß Kampf notwendig ist, um Veränderung zu bewirken.

Es kann auch zu größerer Sensibilität im physischen Körper kommen, wobei diese Sensibilität die Person bereichern wird. Petra kann Menschen helfen, deren Sensibilität steigt, wenn sie müde sind. Möglicherweise können sie Ängste loslassen. Das könnte ihrer Fähigkeit zugute kommen, die Dinge loszulassen, die ihnen aus der Vergangenheit noch im Weg stehen, z.B. toxische Substanzen, toxische Ideen oder sogar toxische Erinnerungen.

Diese Zivilisation hat lange an einem Gleichgewicht der negativen und positiven Dinge gearbeitet. Diese Energie kann Individuen helfen, die tief in ihrem Inneren ein solches Gleichgewicht suchen und bereit sind, ihre Eigenverantwortung bei der Erforschung solcher Dinge zu akzeptieren.

Auf der höchsten spirituellen Ebene wird einem bewußter, daß man sich nicht nur selbst verändert, sondern daß sich eine Veränderung auch auf andere Wesen auswirkt. Viele von euch sind in das Dasein getreten, um absichtlich jene Leben loszulassen, in denen Süchte eine wichtige Rolle spielten. Dies zu tun, bedeutet, eine Transformation und eine tiefgreifende Veränderung durchzumachen. Andere können davon profitieren, daß du dein Verständnis dieser Dinge und deine Selbstakzeptanz deutlicher zum Ausdruck bringen kannst.

Der Astralkörper wird zu einem gewissen Grad von Petra stimuliert, daher ist es weise, diesen Stern dann zu verwenden, wenn man sich bereit fühlt, Astralreisen oder Träume von der Vergangenheit zu erfahren. Wenn es draußen hell ist, ist es auch hilfreich, das Elixier vor der Meditation einzunehmen, damit der Astralkörper dort verwurzelt bleibt, wo er sich gerade befindet.

Die Aufnahme von Kohlenhydraten, die vom physischen Körper als Grundbausteine für die Muskeln und für Adenosintriphosphat verwendet werden, wird ebenfalls gefördert.

EL TARF
(Beta Cancri)

[3,76^m] Gelborangefarbener Riese, 217 Lichtjahre entfernt.

Wird dieser Stern verwendet, kann es zur Verbesserung der Kommunikation in der Familie kommen. Das kann besonders solchen Wesen helfen, die versuchen, mit 13- bis 20-jährigen zu kommunizieren, und umgekehrt auch diesen jungen Menschen helfen, von ihrem Standpunkt aus mit dem Rest der Familie zu kommunizieren.

Einer der Gründe, warum dieser Stern symbolisch mit dem Sternbild Krebs übereinstimmt, ist der Einfluß der mit El Tarf verbundenen Zivilisation. Vor langer Zeit, in den frühen Entwicklungsphasen dieser Zivilisation, lebten diese Wesen nur etwa zwanzig Erdenjahre lang. Sie entwickelten dem Leben gegenüber eine große Wertschätzung, und sie waren sich der Veränderung der Dinge bewußt. Sie gehören zu den wenigen Zivilisationen, die mit Reinkarnation gearbeitet haben. Schon sehr früh in ihrer Entwicklung begannen sie, die Macht der Reinkarnation zu erkennen. Wenn Menschen nun diesen Stern verwenden, kann es zu einer tieferen Einstimmung auf frühere Leben kommen, doch es wird sich tendenziell um die Lebensphase zwischen 13 und 20 Jahren handeln.

Die Wesen von El Tarf erkannten, daß sie gegen Ende ihres Lebens die größten Fortschritte machten. Obwohl sie versuchten, ihre Lebenszeit zu verlängern, waren sie lange Zeit darin erfolglos. Daraufhin entwickelte sich eine neue Wissenschaft und ein neues Verständnis der Biologie. Schließlich überwanden sie diesen Punkt und beendeten alle Reinkarnationszyklen. Als sie das taten, entstand plötzlich eine ungeheuerliche Energie, die sie für die Befruchtung anderer Zivilisationen verwendeten und dafür nutzten, vielen anderen zu helfen. Sie konnten diese Energie wieder und wieder hervorrufen und sie etwa einmal pro Woche in Richtung Erde fließen lassen. Diese Energie wird besonders jenen gut tun, die Schwierigkeiten haben, ihr eigenes Erwachsenwerden zu begreifen. Die Zivilisation von El Tarf befindet sich permanent im Zustand des Erwachsenseins und kann dies in Form eines friedvollen und sicheren Gefühls ausstrahlen.

Auf einer höheren spirituellen Ebene treten auch einige natürliche telepathische Fähigkeiten durch diesen Stern deutlicher zutage. Kinder könnten in der Zeit um die Pubertät herum poltergeistähnliche Phänomene oder unbewußte Formen der geistigen Kontrolle über die Materie erleben. Wenn es für dieses Wesen richtig ist, werden die übernatürlichen Phänomene viel deutlicher bewußt werden und mehr zur Verfügung stehen. Möglicherweise gehen diese Fähigkeiten auch zurück, wenn sich die Person von ihnen abwenden soll.

Auf der höchsten spirituellen Ebene kann dieser Stern während der Meditation eine Brücke zwischen Eltern und Kindern schlagen.

El Tarf kann das sechste Chakra und die Nebenchakren in den Ellbogen und Armen stimulieren. Der Liebe kann eine Bresche geschlagen werden, so daß alle Chakren zusammenwirken und mit dem Herzchakra in Wechselwirkung treten.

NASHIRA
(Gamma Capricorni)

[3,8^m] **Gelblichweißer Stern in 109 Lichtjahren Entfernung.**

Einige Wirkungen dieses Sterns sind sehr subtil und reduziert, da die dortige Zivilisation in der Vergangenheit einen unmittelbaren Einfluß auf die Erde gehabt hat. In jüngerer Zeit hat sie sich zurückgezogen und ihren Einfluß verringert. Der Stern kann angewendet werden, wenn man das politische, ökonomische und geophysikalische Gesamtbild der Ereignisse auf der Erde sehen will. Es ist schwierig, diesen Überblick nur über den Mentalkörper zu bekommen. Der Emotionalkörper reicht auch nicht aus. Nashira wird auf sanfte Weise das Zusammenspiel der Kräfte anregen, die für diese umfassendere Perspektive nötig sind.

GAMMA PISCIUM

[3,85ᵐ] Gelber Riese, 125 Lichtjahre entfernt.

Wenn man diesen Stern verwendet, wird einem die Fähigkeit bewußter, Brücken schlagen zu können. Diese Fähigkeiten besitzt man möglicherweise bereits, doch sie sind einem oft nicht bewußt. Das innere Gespür dafür tritt deutlicher zutage, und die meisten Menschen werden bewußter wahrnehmen, daß sie eine telepathische Brücke zu anderen herstellen können. Möglicherweise steigt auch die Fähigkeit, Brücken zu anderen Orten, Sternensystemen und anderen Wesen zu schlagen.

Während ihres Aufstiegs in andere Dimensionsebenen entschied die mit diesem Stern zusammenhängende Zivilisation, sich noch stärker in ihrem eigenen planetarischen System zu verwurzeln. Da sie durch die Fähigkeit, Brücken zu schlagen, Kommunikation zulassen kann, muß sie keine Raumfahrt betreiben. So gesehen ist dieses Brückenschlagen zwischen Menschen – beeinflußt und gefördert von den Energien, die von diesen Wesen ins Universum hinausprojiziert werden – keine Telepathie im eigentlichen Sinne. Dies ist keine Methode, bei der geistige Inhalte Form annehmen, wenn man eine Verbindung zu jemand anderem herstellt, sondern es wird vielmehr eine Brücke zu einer anderen Seele geschlagen. Dadurch können vergangene Geschehnisse tief empfunden und zukünftige Möglichkeiten und Wechselbeziehungen auf vielen Ebenen wahrgenommen werden.

Wir möchten jenen Menschen die Verwendung von Gamma Piscium sehr ans Herz legen, die sich in ihrer Beziehung stärker hingeben möchten. Dieses Elixier kann sehr hilfreich sein, wenn es kurz vor einem Ereignis wie einer Eheschließung oder dem Nachdenken darüber eingenommen wird. Es empfiehlt sich auch vor dem Versuch, bewußt ein Kind zu empfangen oder bewußt große und wichtige Veränderungen bezüglich der Hingabe innerhalb einer Beziehung vorzunehmen. Das Brückenschlagen kann für die Menschen etwas bewußter vor sich gehen. Gamma Piscium macht es auch möglich, daß sich Sorgen und Blockaden auflösen, und stellt den Menschen mehr innere Kraft zur Verfügung. Dort, wo Wesen unterschiedliche Vorstellungen darüber haben, wie man weiter vorgehen sollte, kann dieser Stern dabei helfen, einen Kompromiß zu finden bzw. den bestmöglichen Weg zu akzeptieren.

Dieser Stern kann die Nadis (Energiekanäle) in den Fingerspitzen stimulieren. Individuen, die bereits Körperarbeit machen, entdecken vielleicht, daß es hilfreich ist, dieses Elixier mit ihren Patienten zusammen einzunehmen. Man kann es auch einem Massageöl untermischen, solange keine toxischen Substanzen darin enthalten sind, und das Öl in einer lichtundurchlässigen Flasche aufbewahrt wird.

MESARTHIM
(Gamma Arietis)

[3,9ᵐ] **Ein Doppelstern in 148 Lichtjahren Entfernung, von dem der eine bezüglich seines magnetischen Spektrums ein Veränderlicher ist und viel Silizium enthält.**

Zwischen diesen beiden Sternen herrscht eine enge Kommunikation. Obwohl einige Menschen, die diesen Doppelstern einsetzen, feststellen werden, daß es zu einem Ausgleich von rechts und links sowie von männlichen und weiblichen Qualitäten kommt, ist die Haupteigenschaft von Mesarthim dennoch das Verständnis der Prozesse von Erschaffen und Zerstören. Destruktive Prinzipien müssen in der Regel angewandt werden, bevor konstruktive willkommen geheißen werden können: Bevor etwas aufgebaut werden kann, muß Platz dafür geschaffen werden. Auf der Suche nach dem richtigen Gleichgewicht zwischen diesen beiden Prinzipien werden viele Individuen tiefere Erkenntnisse bezüglich ihres eigenen persönlichen Karmas und ihrer Lernprozesse haben. Mesarthim fördert „karmische Aufklärung". Der Mut wird zunehmen, so daß der Mensch seinen Weg durch die Trümmer oder den Müll des Lebens hin zu dem Ort der Kreativität und Macht finden kann. Wenn ein Ungleichgewicht zwischen den destruktiven und konstruktiven Kräften besteht, werden diese Sterne dazu beitragen, daß der Mensch ein besseres Gefühl für Gleichgewicht entwickelt und ein umfassenderes Bewußtsein davon bekommt, wie dieses Gleichgewicht in seinem Leben geschaffen werden kann.

Menschen, die den Wunsch haben, etwas zu erschaffen, tun das sehr oft auf einem Fundament, das einfach nicht die richtigen Merkmale für die eigentliche Schöpfung aufweist. Daher mißlingen die Organisationen, Projekte oder Aufgaben, die sie schaffen wollen, mangels rechter Grundlage. Es kann sehr nützlich sein, Mesarthim während der ersten Zeit in Organisationen oder während der Arbeit mit Energien zu verwenden, die mit Aufbau oder Errichten zu tun haben. Dabei kann es sich um die kreative Phase des Brainstormings handeln, oder es kann die Phase sein, in der man Ideen niederschreibt oder Vorschläge prüft, oder es kann auch die Phase sein, in der man einfach mit anderen Menschen zusammen eine Idee ausarbeitet. Der Schlüssel dabei ist, daß Mesarthim Individuen, die einen starken kreativen Drang besitzen, hilft, zu erkennen, was zuerst beseitigt werden muß, damit sie mit ihrer Kreativität weitermachen können.

Mesarthim hilft aber auch den Individuen, die sich immer wieder in destruktiven Mustern wiederfinden. Allerdings werden sich die meisten Individuen, die so stark in destruktiven Mustern verstrickt sind, daß sie Schwierigkeiten in der Welt verursachen, kaum zu Schwingungsheilmitteln hingezogen fühlen. Man könnte ihnen dieses Elixier empfehlen oder ihnen nachts den Stern zeigen.

Mesarthim kann für das technische Verständnis des Vakuums behilflich sein. Menschen, die ein tiefes Verständnis dieser Materie erwerben, werden möglicherweise von diesem Stern beeinflußt. So schafft die Abwesenheit von Dingen ein sehr hohes Potential, und dies ist ein Konzept, das die Physik Null-Punkt-Energie nennt. Wer mehr über solche Dinge lernen will, z.B. indem er die Schriften von Hal Putoff und anderen Forschern studiert, würde gut daran tun, das eigene Verständnisniveau und die eigenen mentalen Kapazitäten durch Mesarthim zu steigern, da diese Sterne einige dieser grundlegenden Prinzipien verkörpern.

Die Kombination des Mesarthim- und des Pollux-Elixiers kann emotionale Aspekte des Willens heilen, indem der Mensch wieder ins Gleichgewicht gebracht wird. Zwischen diesen beiden Sternen herrscht eine gewisse Synergie, da sich der Wille auf einige Aspekte der physischen Existenz beziehen muß. Die Körperzellen werden von dieser Kombination ebenfalls gestärkt.

ALRISHA
(Alpha Piscium)

[3,96^m] Ein 130 Lichtjahre entfernter Doppelstern mit starken Metallinien.

Durch die Anwendung von Alrisha können viele Menschen während dieser Phase des Übergangs ins Wassermann-Zeitalter ein größeres Gleichgewicht erlangen. Wer Angst vor Technik hat oder nicht versteht, wie man mit ihr umgeht, wird feststellen, daß er von der Verwendung dieses Stern profitiert, da viele technologischen Dinge aus Metall sind. Besonders ältere Menschen können sich bewußt werden, wie Veränderung vor sich geht, so daß sie sich mit Veränderung wesentlich wohler fühlen und sie leichter annehmen können. Wer Angst vor der Zukunft hat, wird diesen Stern als lindernd empfinden.

Auf einer höheren Ebene liegt der Zweck dieses Sterns darin, Generationen zu vereinen, wo Individuen das gemeinsame Ziel haben, sich der zukünftigen Möglichkeiten für die Menschheit bewußt zu sein. Man kann bezüglich dieses Sterns keine Einschränkungen machen, was das Alter der Menschen anbelangt, die ihn anwenden. Das Elixier eignet sich für jeden, der sich aus den Aktivitäten einer jüngeren Generation ausgeschlossen fühlt, und der diese Aktivitäten als stark von seinen eigenen Grundgedanken abweichend wahrnimmt. Wer dieses Elixier einnimmt, kann sich des Fortschritts der Menschheit bewußter werden und die Bereitschaft entwickeln, von alten, unpassenden Mustern loszulassen.

Auf der höchsten spirituellen Ebene kann dieser Stern bewußtmachen, wie Menschen miteinander in Beziehung treten und zulassen, daß alte Muster sie behindern, tief zu empfinden und auf unterschiedliche Weise wirklich miteinander zu kommunizieren. Es handelt sich dabei um einen suchterzeugenden Vorgang, wenn die Menschen eher bereit sind, das Alte zu akzeptieren, als sich neue Möglichkeiten anzuschauen. Wo es einen Altersunterschied, eine Kluft zwischen den Geschlechtern oder einen großen kulturellen Unterschied gibt, werden vermehrt Brücken geschlagen, damit diese Muster verändert und die Dinge mehr von der Wahrheit des anderen aus wahrgenommen werden können.

Dieser Stern kann die Verwertung von Cholin im Gehirn verbessern, und das Elixier vermag möglicherweise die Alzheimer-Krankheit zu lindern.

ASELLUS AUSTRALIS
(Delta Cancri)

[4,17^m] **Ein weißer Riese in 217 Lichtjahren Entfernung.**

Dieser Stern ist einer von denen, die sehr stark von der Energieexplosion auf El Tarf beeinflußt wurden. Er hat seine eigenen Kommunikationsformen entwickelt. Einige der Energien haben auch die vielen Lebensformen beeinflußt, die auf dem dritten, sechsten und siebten Planeten von Asellus Australis existierten. Dadurch war es diesen Zivilisationen möglich, mit Tieren in Wechselwirkung zu treten. Ein Teil dieser Energie könnte eingesetzt werden, um Menschen zu helfen. Jugendliche könnten dieses Sternenlicht-Elixier zusammen mit dem El-Tarf-Elixier verwenden, um die Kommunikation mit Tieren zu fördern. Man hat eine bestimmte Methode entwickelt, durch die Jugendliche über Tiere ihre Selbstwahrnehmung verbessern können. Wenn du ein 600 Kilogramm schweres Pferd unter Kontrolle halten kannst, stärkt das durchaus das Selbstvertrauen. Für Jugendliche trifft dies mit Sicherheit zu.

Bei den meisten Menschen wird sich die Fähigkeit verbessern, mit der Tierwelt und in geringerem Maße auch mit der Pflanzenwelt zu kommunizieren. Das bezieht sich besonders auf Säugetiere, die ihre Bedürfnisse den Menschen mitteilen können. Die besten Ergebnisse wird man mit wilden Tieren bzw. nicht domestizierten Tieren erzielen. Etwas weniger klappt es mit Haustieren, die auf Menschen wegen der Nahrung angewiesen sind und mit ihnen in Wechselwirkung treten können, z.B. Schafe, Schweine, Kühe und Pferde. Noch weniger Einfluß wird Asellus Australis bei Haustieren wie Katzen und Hunden haben. Je näher sich das Tier dem freilebenden Zustand befindet, um so größere Wirkung wird man feststellen. Die Menschen können ein sehr tiefes Bewußtsein darüber erlangen, wie sich die Familie der Menschen mit der Familie der Tiere verbünden könnte. Möglicherweise entdecken sie ihre eigene Fähigkeit, mit Tieren zu kommunizieren, und entwickeln etwas mehr Vertrauen.

Dieser Stern kräftigt das dritte Chakra, und auch das Sehvermögen verbessert sich ein wenig. Die Fähigkeit, Vitamin A richtig zu verwerten, nimmt etwas zu. Dieses Elixier kann die Produktion von Anti-Histaminen ins Gleichgewicht bringen und möglicherweise Menschen helfen, die unter Tier-Allergien leiden.

ACUBENS
(Alpha Cancri)

[4,27ᵐ] Ein 99 Lichtjahre entfernter gelbweißer Stern.

Dieser Stern läßt mehr von den allgemeinen Tendenzen des Krebses erkennen, die eine symbolische Wirkung auf den Menschen haben. Dazu gehört z.B. die Bereitschaft, Probleme in der Familie zum Ausdruck zu bringen und zu lösen, das Wesen eines Heimes zu verstehen und dieses deutlicher zutage treten zu lassen. Acubens wirkt sich allgemein so aus, daß man die feinstofflichen, an der Entstehung eines Heims beteiligten Kräfte besser versteht, z.B. durch die chinesische Kunst der Geomantie, bekannt unter der Bezeichnung Feng Shui. Menschen, die Feng Shui studieren, täten gut daran, dieses Elixier zu verwenden, obwohl jeder der Sterne aus dem Sternbild Krebs hier hilfreich ist.

ASELLUS BOREALIS
(Gamma Cancri)

[4,73ᵐ] Ein 233 Lichtjahre entfernter weißer Stern.

Durch die Verwendung dieses Sterns kommt es zur Zunahme der Fähigkeit, im Traumzustand wahrzunehmen, in welche Richtung man mit seiner Familie geht und wie Angelegenheiten gelöst werden können. Man vermag andere besser zu nähren. Dieser Stern kann Menschen in Berufen helfen, die stark mit solchen nährenden Fähigkeiten zu tun haben, wie z.B. Krankenpfleger, Erzieher oder Grundschullehrer. Diese Berufe können sehr stressreich sein, und man könnte dazu neigen, die eigenen Grenzen der Belastbarkeit zu überschreiten. Der Unterschied zwischen Empathie und Sympathie für Menschen, für die man mütterliche Gefühle hegt, wird einem folglich etwas klarer. Für jeden, der einen mit nährenden Qualitäten verbundenen Beruf hat, wäre es sehr wertvoll, dieses Elixier über einen längeren Zeitraum einzunehmen. Die Beziehungen zur eigenen Familie werden nicht mehr so sehr vom Abfließen dieser Energien in die Arbeitssituation belastet. Ein verbreitetes Beispiel hierfür ist die Krankenschwester, die ihren Patienten bis an die Grenze ihrer Fähigkeiten hilft, die aber nicht in der Lage ist, ihre eigenen Kindern und ihre Familie in dem Maße zu unterstützen, wie es nötig wäre. Hier kann durch die Einnahme dieses Sterns ein besseres Gleichgewicht geschaffen werden.

Asellus Borealis kann die Nebenchakren der Schultern und der Brust stärken sowie den Energiefluß der Chakren fördern, die neben dem Herzen liegen. Die Herzinnenhaut wird ebenfalls gekräftigt. Es kommt zu einer leichten Verbesserung der Verwertung von Niacin, Thiamin und Vitamin B_6.

Kapitel 9
★★★★★★★★★☆

Die hellsten Sterne in der südlichen Hemisphäre

CANOPUS
(Alpha Carinae)

[-0,72ᵐ] Gelbweißer Übergigant in 230 Lichtjahren Entfernung.

Canopus strahlt sehr kraftvoll das Licht der Großzügigkeit aus. Dieses Licht kann die Wesen dazu ermutigen, sich gegenseitig liebevoll zu akzeptieren und sich gegenseitig zu dienen. Die Wesen, die mit diesem Sternensystem in Verbindung gestanden haben, haben dazu beigetragen, die Erde und viele andere Systeme zu befruchten, wobei sie direkt versuchten, in den Wesen das Gefühl des Miteinander-Teilens hervorzurufen. Diese Form des Teilens beruht nicht auf Tauschhandel oder auf der Bereitschaft zu empfangen, sondern auf einem Bewußtsein des Prinzips des Gebens an sich. Wer versucht, eine Gemeinschaft ins Leben zu rufen, die auf dem Prinzip des Dienens aufbaut, würde von diesem Stern profitieren. Gleichzeitig vermittelt der Stern sowohl Sanftmut als auch Kraft – Gefühle, die der Ausgangspunkt für eine Heilung für Menschen sein können, denen zu viel Verantwortung oder zu viel Macht gegeben wurde und die im Umgang mit dieser Macht Fehler gemacht haben, durch die wiederum andere Schaden genommen haben.

Canopus war am Austausch von Informationen, Technologien und Bewußtsein zwischen Zivilisationen beteiligt. Dieser Stern kann eine Verbindung zu vergangenen und gegenwärtigen Technologien aus dieser Galaxie herstellen, die z.B. für verschiedene Formen des Heilens, der Raumfahrt, der Dimensionsverschiebung und der angemessenen Erschaffung oder Zerstörung von Materie verwendet werden können. Einige dieser Energien und Technologien könnten den Menschen eher zugänglich sein, wenn sich dieses Sterns bewußt werden.

RIGIL KENTAURIS
(Alpha Centauri)

Dies ist seit jeher der Orientierungspunkt für Erdbewohner, die

> [-0,27ᵐ] **Ein gelber, sonnenähnlicher Stern in 4,3 Lichtjahren Entfernung, der einen kleinen weißen Begleiter hat.**

sich über die Raumfahrt Gedanken machen. Dieses Sternsystem besitzt mehrere Planeten. Von einem von ihnen wurden immer wieder Schwingungen zur Erde übertragen, die ein Erwachen bewirken können. Die anderen Planeten wurden von vielen anderen Wesen benutzt. Im Augenblick gibt es in diesem Sternsystem eine gewisse Unruhe. Die Planeten werden sowohl von den Wesen von Draco- und vom Zeta Reticuli-System sowie von Wesen von Arcturus, Aldebaran und den Plejaden als Sprungbrett verwendet.

Ihr solltet erkennen, daß das Reisen durch den Raum zu euren natürlichen Fähigkeiten zählt. Die Anwendung dieses Sterns kann Menschen helfen, die mittels bewußter Meditation oder einer geführten Visualisation durch den Raum reisen möchten. Sich dessen bewußt zu sein ist für jene wichtig, die wissen wollen, woran sie andere Wesen, die den Erdbewohnern in Zukunft noch erscheinen werden, erkennen und wie sie mit ihnen Gedanken austauschen können. Die von vielen unterschiedlichen Orten stammenden Wesen treffen in diesem astronomischen Bereich aufeinander. Rigil Kentauris stellt eine wichtige Brücke zwischen der Erde und verschiedenen anderen Schwingungen dar. Ihr werdet zum größten Teil positive Energien von Rigil Kentauris empfangen. Möglicherweise könnt ihr euch darauf einstimmen, wie das Reisen durch den Raum in Zukunft vor sich gehen wird, und Erkenntnisse darüber sammeln, wie dies möglichst harmonisch vor sich gehen kann.

In diesem Doppelsternsystem gibt es einen Planeten, der ein fragendes Gefühl ausstrahlt. Von seiner Entwicklung her befindet er sich in einem Stadium, das dem Pleistozän der Erdgeschichte entspricht und ist mit Grünpflanzen bewachsen. Viele dieser Wesen führen Experimente auf Chlorophyll-Basis durch, in der Hoffnung, daß dieser Planet für die Entwicklung intelligenten Lebens verwendet werden könnte. Sollte es auf der Erde zu massiver Zerstörung oder zu einer verheerenden Umwälzung kommen, wird man sich am wahrscheinlichsten für diesen Planeten entscheiden, wenn es um die Frage geht, wohin die Erdbewohner gebracht werden sollen.

Die meisten Planeten befinden sich in einer Phase, in der sie sanft erwachen. Daß die anderen von uns erwähnten Wesen diese Planeten bewohnen, stellt nur eine vorübergehende Belastung dar, die wahrscheinlich nur ein paar hundert Jahre andauern wird. Da noch nicht erkennbar ist, was aus diesem Stern werden wird, könnte man bei Einnahme dieses Sternenlicht-Elixiers spüren, daß sich das eigene Potential erweitert. Es ist, als ob sie wüßten, daß alles, was sie tun möchten, auch getan werden kann, daher können sie viele Gelegenheiten willkommen heißen und sich in viele unterschiedliche Richtungen bewegen.

ACHERNAR
(Alpha Eridani)

[0,5ᵐ] Bläulichweißer Unterriese in 73 Lichtjahren Entfernung.

Dieser Stern kann die mentalen Funktionen steigern, die nötig sind, um multidimensionales Verständnis zu erlangen. Dies kann Menschen helfen, die nicht nur die Beziehung von Mathematik und Wissenschaft zur Alltagswelt verstehen möchten, sondern die auch den Eindruck haben, daß die gegenwärtige Wissenschaft begrenzt ist. Achernar kann Individuen helfen, Blockaden in bezug auf Wissenschaft und Mathematik zu überwinden, und auch eine Hilfestellung für solche Individuen sein, die künstlerisch orientierten Menschen Wissenschaft und Mathematik beibringen wollen.

Es kommt in gewissem Ausmaß zu einer Überschneidung der Aktivität der rechten und der linken Gehirnhemisphäre. Ein Großteil der Energie jedoch, die jemand empfängt, der mit diesem Stern arbeitet, stammt aus der Umwandlung höherer Energien: erst in Licht, dann in Gedanken, dann in bewußte Achtsamkeit. Sehr wahrscheinlich steigt durch Verwendung dieses Elixiers auch die Fähigkeit, bewußt bestimmte Gehirnwellen-Zustände hervorzurufen. Das kann für Individuen hilfreich sein, die mit Biofeedback arbeiten.

HADAR
(Beta Centauri)

[0,6ᵐ] Ein Doppelstern: ein bläulichweißer Riese und ein Unterriese in 190 Lichtjahren Entfernung.

Das Oszillationsmuster dieser beiden Sterne strahlt eine Energie ins Universum aus, die mit ätherischer Veränderung zu tun hat. Die meisten dieser Energien haben etwas mit den feinstofflichen Eigenschaften von kraftvollen intergalaktischen Phänomenen zu tun, und nicht mit den Zivilisationen, die mit diesem Sternsystem gearbeitet haben. Diese ätherische Veränderung wird von einigen Wesen aus anderen Systemen eingesetzt, wenn sie lernen, die Dimension zu wechseln. Die Anwendung dieses Sterns kann bei einigen Menschen eine deutliche Steigerung der Fähigkeit bewirken, mühelos ihre dimensionale Gestalt zu verändern.

Wer diesen Stern verwendet, kann fähig werden, die vierdimensionale Ebene wahrzunehmen. Das kann die Telepathie und verschiedene andere mediale Fähigkeiten fördern sowie die Fähigkeit, Strukturen richtig wahrzunehmen und mit ihnen zu arbeiten. Möglicherweise können manche Menschen mit Hadars Hilfe die Durchdringung von Zeit und Raum akzeptieren. Hadar kann auch dazu beitragen, daß Menschen ihre eigenen Schwingungen verändern können, damit sie nährende und erhaltende Energien wie Licht und Klang sowie Schwingungen aus der Interaktion mit anderen absorbieren können. Die Anwendung dieses Sterns kann Wesen helfen, bestimmte Phänomene besser zu verstehen, z.B. durch Wände zu gehen oder Gegenstände zu bewegen. Dieser Stern kann sehr dazu beitragen, eine Schwingungsveränderung hervorzubringen, die es ihnen erlaubt, das physikalische Universum zu überwinden und mit Qualitäten des vierdimensionalen Daseins in Berührung zu kommen. Das kommt daher, daß Hadar eine Schwingung aussendet, die permanent zwischen der dritten und vierten Dimension wechselt.

Von der Erde aus betrachtet, gibt es fast direkt neben und sehr weit hinter diesem Sternensystem ein schwarzes Loch. Dies moduliert die von Hadar zur Erde fließende Energie. Die Energie kommt nicht stark genug auf der Erde an, um den nötigen Übergang hervorzurufen. Dies ist eines der Dinge, die die Transformation auf der Erde beeinträchtigen. Die Mayas erkannten, daß es etwa im Jahre 2012 auf der Erde zu einer Schwingungsveränderung kommen würde. Ein Grund hierfür wird sein, daß die Energien dieses Sternensystems nicht länger von jenem schwarzen Loch beeinträchtigt werden. Hadars Energien werden dann den Menschen mehr zur Verfügung stehen, die den Übergang von der dritten zur vierten Dimension vollziehen möchten.

Dieser Stern hilft Wesen, durch Liebe ihre Schwingungseigenschaften zu verändern. Die Energien der Liebe sind ausgesprochen wichtig und notwendig für die Evolution der Menschen. In der Vergangenheit haben einige Wesen diese Schwingungsveränderung genutzt, ohne dabei liebevoll zu sein. Dadurch, daß die Menschheit weiterhin unter dem Einfluß dieser Energien blieb, die von dem schwarzen Loch verändert wurden und sich mit den natürlichen irdischen Lebensenergien vermischten, hoffte man, daß die Menschen verstehen würden, daß die Liebe eine wichtige Eigenschaft für den Übergang von einer Dimension in die andere ist. Um diesen Übergang zu vollziehen, werden die meisten Menschen die Energien der Fürsorge, des Mitgefühls, der Zusammenarbeit mit ihren Brüdern und Schwestern, Vertrauen und einen freien Willen haben müssen. Diese Qualitäten zusammen ergeben eine liebevolle Schwingung, die der Kontrolle der Menschheit untersteht. Wenn Hadar die Fähigkeit erhöht, in ein vierdimensionales Bewußtsein überzuwechseln, wird diese liebevolle Schwingung der Menschheit vergrößert und von einer dreidimensionalen in eine vierdimensionale Schwingung umgewandelt werden.

ACRUX
(Alpha Crucis)

[0,9ᵐ] Ein bläulichweißer Doppelstern. Die beiden

Acrux kann das Bewußtsein hervorbringen, wie das Licht Christi harmonisch mit anderen Menschen zusammenwirken kann. Der höchste Christus und die mit ihm

Unterriesen, von denen einer eine sehr hohe Rotationsgeschwindigkeit hat, sind 220 Lichtjahre entfernt.

verbundenen Energien haben diese Sterne als Depot und als Ort der Auffrischung und der Stärkung benutzt.

Acrux kann bei einigen Individuen chronische Krankheiten rückgängig machen. Im Umgang mit chronischen Störungen müssen oft bestimmte Strukturen besser verstanden werden, die man unter dem Einfluß dieses Sternes deutlicher erkennen kann. Der sich rasch drehende Stern kann den Spin (die Drehung) in einem Wesen verändern. Diese Spins gibt es auf den feinstofflichen Ebenen des permanenten Atoms und in den wichtigsten zentralen Fasern der Gehirnnerven. Acrux kann die Drehrichtung dieser Spins auf wohltuende Weise verändern.

Die mit Acrux in Verbindung stehende Zivilisation hat es ermöglicht, daß die Menschen ein Gespür für faires Verhalten entwickelt haben. Dieser Einfluß betrifft besonders Geschicklichkeitsspiele. Ein Teil der ursprünglichen Ideen für das Schachspiel stammten von dieser Zivilisation. Ihr seht unter Umständen keine unmittelbare Verbindung zwischen diesen Dingen. Dennoch besteht eine Verbindung, denn der besagte Spin, die Christusenergie und das Bewußtsein des fairen Verhaltens stehen in dieser Phase der menschlichen Evolution im Mittelpunkt. Die Menschheit hat den Punkt der vollkommenen Einstimmung erreicht, so daß sie alle wohltuenden Energien von Acrux und seiner Zivilisation empfangen kann. Für einige Wesen, die mit Spielen arbeiten, kann sich das Gefühl der Konkurrenz und das Empfinden innerer Stärke in ein Bewußtsein der Liebe, des Mitgefühls und des Verzeihens verwandeln, wo man alles als Spiel betrachtet und fähig ist, in gewissem Maße die Relativität der Dinge wahrzunehmen. Das ist auch im Umgang mit vielen Zuständen auf der Erde hilfreich, in denen scheinbar alles hoffnungslos oder schwierig ist.

BECRUX
(Beta Crucis)

[1,3ᵐ] Bläulichweißer Riese in 500 Lichtjahren Entfernung.

Dieser Stern vermag ein tiefes Gefühl des Verzeihens hervorzurufen. Möglicherweise kann man sich auf Nahrungsmittel besser einstimmen. Man kann Becrux einsetzen, um den Übergang zu einer vegetarischen Ernährungsform zu erleichtern. Das gilt auch für Tiere, die sich vegetarisch ernähren möchten. Becrux kann den Gallenblasen-Meridian und den Nieren-Meridian stärken, was ermöglicht, die lebensspendenden Aspekte der Nahrung richtig zu verwerten. Möglicherweise bekommt man auch ein Gefühl der Sinnhaftigkeit, wenn man die Bereitschaft spürt, sich vom eigenen Leben und von der Nahrung nähren zu lassen. Dies wiederum könnte dazu führen, daß man sich den höchsten Aspekten des Herzens öffnet und bereit ist, das Licht Christi so zu empfangen, wie es zu einem kommen will. Es ist, als ob Nahrung durch das Licht dieses Sternes reiner und unbelasteter wird. Möglicherweise lassen sich Nahrungsmittel auch durch Verwendung dieses Sterns konservieren.

GACRUX
(Gamma Crucis)
[1,6ᵐ] Ein roter Riese in 220 Lichtjahren Entfernung.

Die Verwendung dieses Sterns kann einem helfen, im Leben schneller durch Veränderungen zu gehen. Das kann einem helfen, wenn man in Beziehungen mit wichtigen Wachstumsphasen konfrontiert wird. Ein Beispiel hierfür wäre ein Elternteil mit einem Kind, das durch schwierige Phasen seiner frühen Entwicklung geht. Es könnte sich auch um eine Zeit handeln, in der man im Beruf schwierige neue Dinge lernt. Es könnte sich aber auch um eine vorübergehende Phase der Beklemmung zwischen zwei Partnern handeln. Wird dieser Stern eingesetzt, um Veränderungen in Beziehungen zu beeinflussen, werden die betroffenen Individuen ein allmähliches Nachlassen der Spannung erfahren, ein allmähliches Erwachen der Energien zwischen ihnen und eine Liebe zu Beziehungen an sich entdecken. Das Gacrux-Elixier läßt sich gut mit dem Venus-Elixier kombinieren.

Für die betroffenen Individuen ist die Tatsache noch tiefgreifender und wichtiger, daß dieser Stern Einsichten in die Beziehung gewähren kann, durch die sie mit dem Kämpfen aufhören können. Dadurch können Wesen geradewegs in ein Freisetzen von Emotionen hineinkatapultiert werden, nur um schließlich eine noch tiefere Liebe zwischen sich zu entdecken.

Die Wesen von diesem Sternensystem haben auf einige Tiere der Erde Einfluß gehabt, besonders auf Pferde und Delphine. Es war ein genetischer Einfluß und eine generelle Zuneigung. Das Gefühl der Zuneigung und der Freundschaft, die zwischen diesen Tieren und dem Menschen empfunden wird, bleibt ein lebendiges Vermächtnis dieser Energien. Menschen, die sich auf Tiere einstimmen möchten, möchten vielleicht auch diesen Stern einsetzen, um tiefere Erkenntnisse, ein umfassenderes Verständnis und ein Bewußtsein des Gesichtspunktes des Pferdes oder des Delphins zu erlangen.

AVIOR
(Epsilon Carinae)
[1,7ᵐ] Ein 330 Lichtjahre entfernter Doppelstern.

Dieser Stern kann Heilungsprozesse beschleunigen, die von ihrer Natur her elektrisch sind. Viele Menschen spüren ein Kribbeln, wenn sie die Hände etwa einen Zentimeter vom Körper entfernt halten und sie langsam über den Körper gleiten lassen. Die Wechselwirkung zwischen der Hand eines Menschen und der Haut eines anderen erzeugt ein schwaches elektrisches Feld, das in erster Linie eine Gleichstromspannung darstellt. Avior verstärkt dieses heilende elektrische Feld des Behandelnden, f aber in gewissen Maße auch das des Patienten. Man kann heilende Energien auf hohen Schwingungsebenen einsetzen, um dieses Gleichstrompotential zu modulieren. Dies entspricht einem Kondensator, der in der Lage ist, zwischen seinen Platten ein Gleichstrompotential aufzubauen, der aber auch Wechselstrom übertragen kann, indem er diese Gleichstrompotentiale moduliert oder verändert. Das gleiche geschieht zwischen zwei Personen auf heilsame Art, wobei die Energie am besten über die Haut aufgenommen werden kann. Diese heilende Wechselwirkung kann bei Hautproblemen wie Ekzemen, Akne oder bei der Freisetzung von Fetten oder toxischen Substanzen über die Haut hilfreich sein.

Menschen, die ihre Hände über ihren eigenen Körper gleiten lassen, können diesen elektrischen Effekt auch zu einem gewissen Grad hervorrufen. Grundsätzlich ist die Polarität stärker, wenn es sich um einen Mann und eine Frau handelt. Diese Polarität kann jedoch auch zwischen zwei gleichgeschlechtlichen Personen entstehen. Das kommt daher, daß die sexuelle Ausrichtung eines Wesens eine Auswirkung auf die elektrische Beziehung zwischen ihm selbst und der Person hat, mit der er arbeitet.

Avior kann auch die Fähigkeit stärken, negative Gedankenformen zu vertreiben. Wer mit diesem Stern gearbeitet hat, kann seine Energie mühelos dafür einsetzen, die negativen Gedankenformen eines anderen hinwegzufegen.

Die Wesen von diesem Stern haben Techniken zur Raumfahrt entwickelt, die auf Hochspannungsapparaten beruhen, die ihr Schiff mit einem kraftvollen Feld umgeben. Dieses elektrische Feld kann in elektrischen Geräten auf der Erde Probleme verursachen. Deshalb wurde die Anzahl ihrer Besuche reduziert. Sie erforschen jetzt neue Transportmöglichkeiten, um nicht die auf Hochspannung so empfindlich reagierenden elektronischen Geräte auf der Erde zu beschädigen. Nikola Tesla wurde von Ideen aus dieser Zivilisation beeinflußt. Später in seinem Leben gelang es ihm, für einen Teil seiner Arbeit direkte Anleitung und Unterstützung zu bekommen.

MIAPLACIDUS
(Beta Carinae)

[1,8^m] Weißer Riese in 86 Lichtjahren Entfernung.

Dieser Stern kann Wesen stark darin unterstützen, ihr drittes Auge zu öffnen und es mit Liebe zu verbinden. Dieser Brückenschlag stellt ein Potential dar, das sich im Lauf der nächsten 300 Jahre mehr und mehr entwickeln wird. Wer sich nur ein einziges Mal in diesem Leben auf diesen Stern einstimmt, wird im nächsten Leben feststellen, daß es leichter ist, mit dieser Verbindung von Herz und drittem Auge zu arbeiten. Während dieser kommenden Zeit wird der Fähigkeit mehr Aufmerksamkeit geschenkt werden, Strukturen, Weisheit und Verstehen hervorzubringen, welche eine wunderbare Einheit mit Liebe, Mitgefühl und der Anerkennung der wahren Essenz eines anderen Wesens bilden. Dieses Elixier jetzt anzuwenden wird eine sehr positive Wirkung auf die Person haben, da Miaplacidus sie in Vorbereitung auf das nächste oder übernächste Leben bereits auf dieses Potential ausrichtet. Wer sich einmal auf der Südhalbkugel befindet, dem möchten wir wärmstens ans Herz legen, diesen Stern ausfindig zu machen und ihn mindestens einmal in diesem Leben für 10 bis 15 Minuten zu betrachten. Dies ist einer der Sterne, dessen besondere Bedeutung in der nächsten Zeit noch nicht spürbar sein wird.

Zur Zeit geht von diesem Stern ein allgemeiner Einfluß aus, der ein größeres Bewußtsein dessen bewirken will, was in der japanischen Psychologie manchmal als Herzensverstand bezeichnet wird. Dieser Stern beeinflußt in gewissem Ausmaß die in Japan geborenen Wesen. Wer aus Japan in die südliche Hemisphäre reist und mit diesem Stern arbeitet, könnte feststellen, daß er besser mit anderen Japanern kommunizieren kann.

ATRIA
(Alpha Trianguli Australis)
[1,9^m] Orangefarbener Riese in 55 Lichtjahren Entfernung.

Die Menschen sind ihr Leben lang mit der Aufgabe beschäftigt, ihre physischen, mentalen und spirituellen Aspekte miteinander in Einklang zu bringen. Die Fähigkeit, diese Aufgabenstellung in sich und anderen wahrzunehmen, wird von diesem Stern begünstigt. Das gibt einem nicht nur Perspektive und Verständnis, sondern man wird sich auch bewußt, wie man in die Welt und in die Beziehungen mit anderen Menschen paßt. Dies kann auf vielen Ebenen zu einem Verständnis der eigentlichen Natur des Lebens auf der Erde und im Universum führen.

Dieser Stern projiziert in regelmäßigen Intervallen von etwa 65 Jahren wichtige transformative Ideen ins All. Eine Welle davon ist etwa im Mai 1997 auf der Erde angekommen. Dies ist eine Zeit, in der die Wissenschaft transformiert wird und in der neue Ideen in der Philosophie und neue Energien auf dem Gebiet des Heilens und Lernens aufkommen. Diese Ideen werden unter Umständen als individuelle Eingebungen erfahren, die nicht gleich auf der ganzen Welt bekannt sein werden. Wer diesen Stern jetzt verwendet, wird möglicherweise inspirierende Ideen zur Verbindung dieser verschiedenen Aspekte bekommen. Viele Wesen werden bei der Verwendung dieses Sterns feststellen, daß die Einsichten und Ideen viel kraftvoller fließen.

Möglicherweise empfinden die Menschen, die mit diesem Stern arbeiten, ein größeres Bewußtsein und mehr Entscheidungsfreiheit im Umgang mit kreativen Ideen. Atria hilft allen, die mit Kreativität zu tun haben, die anderen Kreativität beibringen wollen oder deren Lebensunterhalt von ihrer Kreativität abhängt. Sie können den kreativen Prozeß verstehen und ihn glätten, damit es in ihrem Leben weniger kreative Höhen und Tiefen gibt, sondern vielmehr einen stetigen, kreativen Fluß.

Die mit diesem Stern verbundenen Wesen haben sich jahrtausendelang auf Gleichgewicht im vierdimensionalen und fünfdimensionalen Sinn konzentriert. Bei diesem Gleichgewicht geht es hauptsächlich um geometrische Strukturen. Man könnte, wenn man es ins dreidimensionale Universum übertragen würde, von einem Dodekaeder sprechen. Es handelt sich um eine umgekehrte Reihe von Wirbeln, die die dritte, vierte und fünfte Dimension durchdringen. Während ihrer Arbeit mit dieser Struktur als wichtigem Symbol ihrer Zivilisation haben diese Wesen eine Methode der Raumfahrt entwickelt, die es ihnen erlaubt, sich augenblicklich von einem Ort zum anderen zu begeben. Die Erde haben sie absichtlich bei solchen Transportmethoden außer acht gelassen, doch das kann sich in Zukunft ändern. In dem Maße, wie die Menschen lernen, sich von der dritten zur vierten Dimension weiterzuentwickeln, werden sie diese Dinge möglicherweise ganz von selbst auf eigenständige Weise entdecken. Einige der technologischen Ideen, die der Erde in nächster Zukunft präsentiert werden, werden unter Umständen mit diesen Transportmethoden zusammenhängen.

AL SUHAIL
(Gamma Velorum)

[$1,9^m$] Blauer Riese in 500 Lichtjahren Entfernung. Dieser Stern, der zu den heißesten bekannten Sternen gehört, ist ein Wolf-Rayet-Stern (Kohlenstofftyp), der doppelt ionisiertes Helium, stark ionisierten Kohlenstoff, Sauerstoff, Stickstoff und Silizium enthält.

Von diesem Stern geht eine mächtige Bewußtseinsschwingung aus. Vor Millionen von Jahren existierten hier Rassen von Wesen, die sich auf eine traditionell organische Form des Lernens einließen, wofür sie Gehirne, auf Kohlenstoff aufbauende Substanzen, Körper und alles euch so Vertraute einsetzten. Sie schafften es, in ihrem Sonnensystem eine dynamische Struktur zu ihrer Erhaltung zu erschaffen, durch welche sie sich in einem unglaublichen Ausmaß vermehren konnten. Das Problem der Überbevölkerung brachte schließlich eine neue Lösung hervor. Da sie sehr viel länger lebten, suchten sie tiefschürfender nach Einheit, als die Menschen es tun. Sie entwickelten ihre Kultur so, daß alle stark miteinander verbunden und einander bewußt waren.

Sie erkannten, daß sie durch einen Übergang in eine Realität mit anderen Dimensionen, verbunden mit einer gleichzeitigen Verschmelzung des organischen Materials, in ihrer eigenen bewußten Evolution einen Quantensprung und eine große Veränderung in ihrem Gewahrsein ihrer selbst bewirken konnten. Als die Zeit, die mit den fortgeschrittensten galaktischen und astronomischen Beobachtungen übereinstimmte (ihr würdet diese Dinge als kosmische Astrologie bezeichnen), gekommen war, stürzten sich all diese Wesen gleichzeitig ins Zentrum von Al Suhail.

Aufgrund der unglaublich hohen Bevölkerungszahl dieser Wesen rief ihre Aktion eine große Veränderung in dem Stern hervor: er wurde ausgelöscht. Aber das war ihre Absicht gewesen. Während des Vorgangs fand eine unglaubliche Bewußtseinsveränderung in diesen Wesen statt, und sie entwickelten sich alle gleichzeitig weiter. Und in dem Augenblick brach ein unglaubliches Licht hervor, das Licht der Kreativität und des Bewußtseins. Diese Energie sollte mit der Zeit in die Weiten des Universums vordringen, um eine Galaxie aus Licht, Wissen und Verstehen hervorzubringen. Das Licht des Sterns wurde transformiert. Die organische Materie bewirkte zusammen mit der unglaublichen Bewußtseinsentwicklung, daß der Stern von nun an sehr viel stärker strahlte. Al Suhail schien vor Bewußtsein zu brennen. Die Substanzen im Inneren des Sterns traten auf eine ganz neue Art in Wechselwirkung miteinander, so daß das Bewußtsein selbst die Grundlage für das von diesem Stern stammende Licht ist.

Diese Wesen hinterließen im Stern eine Botschaft, die anderen vermittelt, was alles möglich ist. Ausgehend von den Entscheidungen, die diese organische Rasse gefällt hatte, konnte man sehen, daß die Möglichkeiten unbegrenzt waren. Eine einzige Rasse kann eine gewaltige Energie erzeugen, aus der eine ganze Galaxie hervorgehen kann, und eine unglaubliche Veränderung bewirken. Dieser Stern strahlt eine Energie aus, die besagt, daß alles möglich ist.

Diese Energien waren im frühen Entwicklungsstadium der Menschheit von großer Bedeutung. Die ersten Lemurier zehrten oft von ihren Meditationen und ihrem Bewußtsein der Sterne. Sie konnten in der südlichen Hemisphäre das Licht von Al Suhail absorbieren und mit ihm arbeiten, um eine Idee davon zu bekommen, was alles möglich ist. Damals war der Stern sehr viel heller als heute, obwohl er sehr wahrscheinlich durch einen langsamen Zyklus geht und in ein paar hundert Jahren wieder heller werden wird. Das kommt daher, daß dieser Stern einige Aspekte der Evolution der Menschheit beobachtet und mit ihnen arbeitet.

Was die Zivilisation für Al Suhail zurückgelassen hat, kann äußerst ermutigend und stärkend wirken. Das kann besonders solchen Wesen helfen, die diese Stärkung brauchen, um neue Gelegenheiten in ihrem Leben zu erzeugen.

Vielleicht schaffen sie es dadurch, einen höheren Gesichtspunkt einzunehmen, die universellen Gesetze mehr anzuwenden, und werden sich bewußter, was sie wirklich erreichen können. So gesehen kann Al Suhail auch in Zeiten des Verlustes oder der Trauer hilfreich sein. Al Suhail wird überall dort seine größte Wirkung entfalten, wo das Höchste und Beste in den Menschen angesprochen wird.

DELTA VELORUM

[1,9ᵐ] Weißer Doppelstern in 75 Lichtjahren Entfernung.

Dieser Stern kann einen gewissen Einfluß auf Menschen haben, die den Widerstand verstehen möchten, der bei einer Bewegung zwischen zwei begrenzenden Bedingungen auftritt. Dies kann im Sport äußerst hilfreich sein, besonders bei den Sportarten, die mit Bewegung durch das Wasser zu tun haben. In geringerem Maße wird dieser Stern auch Individuen helfen, die daran arbeiten, die Aerodynamik zu verstehen – wie der Luftwiderstand durch das Design der Autos, Flugzeuge und der Raketen verringert werden kann.

Dieser Stern wird zukünftig für die Menschheit sehr wichtig sein. Wer mit diesem Stern arbeitet, kann sich friedlicher fühlen, so daß Bewegungen von einem Ort zum anderen etwas leichter ablaufen.

PEACOCK
(Alpha Pavonis)

[2,1ᵐ] Bläulichweißer Doppelstern in 300 Lichtjahren Entfernung.

Dieser Stern bewirkt bei Wesen einer Reihe anderer Sterne eine Veränderung der DNS. Die Erdbewohner können diesen Stern dazu verwenden, sich konstruktive Veränderungen der physischen Körper von Tieren, Pflanzen und Menschen vorzustellen. Peacock hilft jenen, die sich eine solche Veränderung vorstellen möchten, bevor sie sich tatsächlich im Körper ereignet. Im Laufe der Zeit wird dieser Stern die Veränderungen durch kreatives Visualisieren auf der familiären Ebene und später auf einer gesellschaftlichen Ebene beeinflussen. Peacock wird sich auf die Fähigkeit auswirken, diese gesellschaftlichen Veränderungen auf einer physischen Ebene zu manifestieren. Unter dem Einfluß dieses Sterns können Eisen und Vitamin B_6 im physischen Körper besser assimiliert werden.

AL NA'IR
Alpha Gruis

[2,16ᵐ] Bläulichweißer Stern, 91 Lichtjahre entfernt.

Dieser Stern kann das Wellenphänomen verstärken, das durch Bemühungen entsteht, die mit Bewegung zu tun haben. Ein Wellenphänomen entsteht z.B. durch die

Resonanz zwischen einem Publikum und einem Künstler, oder unter Schauspielern oder Musikern, die gemeinsam etwas vorführen. Diese Aktivitäten werden durch Schaffung verbindender Phänomene gefördert. Das Gefühl des Einsseins, welches Al Na'ir ausstrahlt, kann die Befangenheit oder Angst der Künstler auflösen. Das Publikum wird dann in der Lage sein, sich in den Geist und die Herzen der Charaktere zu versetzen, die Informationen, die übermittelt werden soll, zu empfangen und das Wesen oder die Quelle der Musik zu erkennen.

Wird dieses Wellenphänomen mit der Visualisation eines Energiewirbels verbunden, der das Publikum mit den Künstlern verbindet, kann eine sehr starke Energie entstehen, die lange Zeit bestehen bleiben kann. Daher wäre es sinnvoll, dieses Sternenlicht-Elixier in die Luft des entsprechenden Raumes zu sprühen oder ein paar Tropfen davon auf den Fußboden oder die Möbel zu geben. Mit der Zeit würde sich das förderlich auf den Ort auswirken, da nachwirkende negative Gedankenformen zerstört und dieser Energiewirbel so gestärkt würde, daß die kreative Energie viel länger an dem Ort verweilen kann.

In vergangenen Zeiten hat die mit diesem Stern verbundene Zivilisation das hervorgebracht, was ihr auf der Erde als Kunstwerke aus Schwingungen bezeichnen würdet. Sie übertreffen sämtliche euch bekannten Kunstwerke. Das Pulsieren der kreativen Energie wird durch mehrere Galaxien hindurch übertragen. Ihr würdet diese Kunstform als eine Kombination von visuellen Aspekten, Klängen, Empfindungen, telepathischer Kommunikation und gewissen Düften wahrnehmen – alles zur gleichen Zeit. Daher können all jene von diesem Elixier profitieren, die verschiedene Formen von Kreativität entdecken möchten.

Auf der höchsten spirituellen Ebene kann einem dieser Stern – besonders wenn man auf ihn meditiert – Einsichten in das Resonanzphänomen vermitteln, das während einer Aufführung zwischen einem selbst und höheren Aspekten auftritt. Damit ist besonders die Verbindung zwischen dem göttlichen Selbst und dem höchsten Selbst oder sogar die Verbindung zwischen Gott und der Seele gemeint. Ein Individuum könnte so verstehen lernen, warum es sich mit Schauspielerei oder anderen Kunstformen beschäftigt, und die nötigen Lektionen aus diesen Erfahrungen auf einer tieferen Ebene leichter lernen. Kreative Fähigkeiten werden nicht unmittelbar zunehmen. Es scheint auch nicht so zu sein, daß die bereits vorhandenen Ideen besser durchkommen. Es ist mehr so, als ob man den Vorgang des Aufführens besser versteht, daß man mit den anderen, mit denen man etwas aufführt, mehr in Resonanz tritt und sich selbst auf diese Weise besser versteht.

LAMBDA VELORUM

[2,2ᵐ] **Ein orangefarbener Stern in 220 Lichtjahren Entfernung.**

Wer mit diesem Stern arbeitet, kann bestimmte Weisheitsaspekte übermittelt bekommen, die gerade noch im Rahmen des menschlichen Fassungsvermögens liegen und vielleicht ein wenig darüber hinausgehen. Viele außerirdische Zivilisationen haben mit unterschiedlichen Formen mentaler Energie gearbeitet. Diese mentalen Energien müssen den Wesen mehr geben als nur Wissen, denn Wissen allein ist kein guter Ratgeber. Weisheit muß hinzukommen, damit ein Bewußtsein Gottes und der spirituellen Ebenen entsteht. Die mit diesem Stern verbundenen Wesen haben jahrtausendelang mit diesen Energien gearbeitet. Sie haben die Weisheit durch unmittelbares Studieren und Arbeiten mit derselben verstanden. Sie haben erkannt, daß man einen freien Willen und Geduld benötigt, um Weisheit zu entwickeln. Darüber hinaus haben sie erkannt, daß der gesamte Prozeß durch Liebe stark beschleunigt werden könnte, was ein Grund ist, warum sie der Menschheit diese Energie im Augenblick in so starkem Ausmaß zur Verfügung stellen.

Diese Energie kann Menschen helfen, die dabei sind, ihr bereits erworbenes Wissen zu integrieren, es umzusetzen und es in sich auf einer tiefgreifenderen Ebene zu verstehen. Der Einfluß dieses Sternes kann auch solchen Menschen gut tun, die sich Zeiten von tiefer Stille wünschen, in denen sich ihr Wissen in Weisheit umwandelt – nicht auf einer bewußten, sondern auf einer überbewußten Ebene, wo das Wissen einfach zu Strukturen aus Licht, Energie und Liebe erwacht. Lambda Velorum kann auch Individuen helfen, die von alten, auf Wissen aufbauenden Systemen zu Systemen übergehen wollen, in denen Weisheit für die Anleitung anderer notwendig ist.

Man könnte sagen, daß die mit diesem Stern verbundene Zivilisation schon einiges erfahren hat. Sie besitzen ein so tiefgreifendes Verständnis von Geduld, daß ihre Vorstellung davon jenseits des menschlichen Fassungsvermögens liegt. Sie ähnelt der Geduld eines Kristalls. Daher kann es nützlich sein, dieses Elixier auf einen gereinigten und programmierten Kristall zu geben. Dadurch kann der Kristall in einem harmonischeren Zustand zu der Person stehen, die ihn programmiert hat, und mehr mit ihr in Resonanz treten. Kristalle sind, was ihre Aufgabe anbelangt, Informationen und Verstehen zu übermitteln, von Natur aus sehr geduldig. Manchmal kann diese Transformation von Wissen in Weisheit bei der Übertragung solcher Energien zwischen einem Menschen und einem Kristall behilflich sein. Dieser Vorgang gelingt am besten mit leicht programmierbaren Kristallen, wie die verschiedenen Quarzformen, besonders dem Rutilquarz.

Viele Naturvölker in der südlichen Hemisphäre und in anderen Gegenden der Erde hatten Gelegenheit, mit diesem Stern zu arbeiten, indem sie ihn beobachteten. In der Vergangenheit wurde den Stammesältesten dadurch eine gewisse Weisheit zuteil. Sie benutzen Lambda Velorum, um den ruhelosen jungen Stammesmitgliedern eine Vision zu geben. Die Älteren arbeiteten mit diesem Stern und riefen diese Energie zu sich, um die Jüngeren mit einem Gefühl der Geduld, der Gelassenheit und der Ruhe zu erfüllen. Die Jüngeren erkannten möglicherweise die darin liegende Weisheit nicht, oder nahmen sie nicht auf eine Art wahr, die sie umsetzen konnten – doch sie spürten sie, und das war schon genug.

BETA GRUIS

[2,25^m] **Ein leicht veränderlicher rotorangefarbener Riese in 270 Lichtjahren Entfernung.**

Dieser Stern strahlt eine Energie aus, die aggressive oder gewaltsame Handlungen in eine Bereitschaft verwandeln kann, Frieden zu akzeptieren. Die von diesem Stern hervorgebrachte Energie kann den relativ negativen Einfluß des Planeten Mars neutralisieren. Beta Gruis kann eine Energie projizieren, die den Menschen größere Einsichten in das Wesen der Aggression vermittelt, wodurch für sie tiefgreifende innere Veränderungen möglich werden und ihnen geholfen wird, in sich einen Ort des Friedens zu finden. Manchmal ist dieser innere Friede nötig, um Linderung bei Schlafstörungen zu bringen. Dieser Stern kann Menschen helfen, die während des Einschlafens in ihrem Bewußtsein Visionen der Gewalt oder des Leides anderer haben, oder jenen, die Schamgefühle haben, als ob sie sich selbst auf einer emotionalen Ebene selbst Gewalt antun würden.

Beta Gruis kann sich auf die Entstehung von Gewalt in der Natur auswirken. Die am weitesten entwickelten fleischfressenden Tierarten auf der Erde könnten möglicherweise von den Menschen eine neue Gedankenform empfangen, deren Inhalt eine innig empfundene, friedliche Koexistenz ist. Diese Gedankenform würde dann in die gemeinsame Seele dieser fleischfressenden Tierarten projiziert werden, was diese Tiere verändern würde. Über einen Zeitraum von mehreren Generationen würde dies zu genetischen Veränderungen führen, die solche aggressiven Handlungen überflüssig machen. Die natürliche Evolution der Erde geht in diese Richtung. Was ihr noch nicht versteht, ist, daß ihr diese Veränderung selbst durch Einsatz von Gedankenformen bewirken könnt. Einige Individuen haben diesbezüglich schon mit Katzen und Hunden experimentiert und festgestellt, daß man aus diesen Tieren Vegetarier machen kann. Der Stern könnte am Ende sogar fleischfressende Pflanzen beeinflussen. Man kann diesen Einfluß im Leben immer weiter ausbauen, bis hin zur Ebene des Zusammenlebens mit Viren und Bakterien. Die Menschen besitzen gegenwärtig noch kein vollständiges

Verstehen dieser Mikroorganismen, obwohl zu hoffen ist, daß Beta Gruis diesen Prozeß in der Zukunft der Menschheit beeinflussen wird.

Die Wesen, die auf dem zweiten Planeten dieser Sonne lebten, hatten ein sehr umfassendes Verständnis gewaltsamer und friedvoller Abläufe. Ihr Planet hat eine recht weit von der Sonne entfernte, exzentrische Umlaufbahn. Da er so lange für eine Sonnenumrundung braucht, hatten sie viel Zeit, um sich auf den Temperaturanstieg vorzubereiten, zu dem es immer dann kommt, wenn ihr Planet sich in größter Sonnennähe befindet. Sie entdeckten, daß die Hitze umgewandelt und gespeichert werden konnte, so daß viele Energiesysteme des Planeten durch diese Energie angetrieben werden konnten. Die Veränderlichkeit des Sterns störte jedoch auch die Umlaufbahn des Planeten, und viele der Speichersysteme fielen aus. Diese Wesen lernten um des Überlebens willen die Zusammenarbeit. Mit der Zeit führte all dies zu einer Methode, die Unruhen des Sterns und seiner Umlaufbahn dafür zu verwenden, das auszustrahlen, was sie gelernt hatten.

ASPIDISKE
(Iota Carinae)

[2,25^m] **Gelber Überriese in 750 Lichtjahren Entfernung.**

Dieser Stern befindet sich in der Nähe eines künstlich erzeugten Tores, das einen schnellen Transport von einem Ort zum anderen ermöglicht. Vor etwa 187.000 Jahren war es noch ein relativ kleines schwarzes Loch, was es nach einer Umgestaltung aber nicht mehr ist. Bei der Transformation wurde das Licht (aus dem Röntgen- und UV-Bereich), das aus dem schwarzen Loch zur Verfügung stand, wieder zurückgesaugt. Die Zivilisation von Aspidiske arbeitete daran, ein künstliches Tor zu schaffen, das den natürlichen und in der ganzen Galaxie vorkommenden Toren sehr ähnlich ist. Dies erreichten sie durch unglaublich schnelles und lebendiges Bewußtsein. Diese Geschwindigkeits- und Kommunikationssteigerung folgte aus der Art, wie sich in der Nähe des Sterns Zeit und Raum überlappten und dann von den damit arbeitenden Wesen verändert wurde. Die Wesen benutzten ihre Energien, um einen stabilen Energiewirbel zwischen ihrem Heimatplaneten und diesem künstlichen Tor zu erzeugen. Im Austausch dafür scheint der Stern darum gebeten zu haben, daß diese Kommunikations- und Transportenergie auch mit anderen Welten geteilt wird, die noch etwas über höhere Funktionen zu lernen haben.

Sehr wahrscheinlich wird dieser Stern in den verschiedensten Wesen sämtliche Aspekte der Gehirnfunktionen beschleunigen. Ob sie nun organische Gehirne haben wie ihr oder nicht, nur die Idee des Bewußtseins zählt. Diese Energie wird bei den Individuen, die mit diesem Elixier arbeiten, die gegenseitigen Verknüpfungen zwischen den Gehirnzellen erhöhen. Ein 24prozentiges Ginkgo-biloba-Präparat kann auch dazu beitragen, die Gehirnfunktionen anzuregen. Wird dieser Stern mit Ginkgo biloba kombiniert, werden die Stoffe des Krautes im physischen Körper besser aufgenommen.

Möglicherweise wird das Licht Aspidiskes auch die Funktion von Computern verbessern. Zunächst wird man die verbesserte Funktion daran erkennen, daß die stark parallel arbeitenden Systeme sich selbst etwas beibringen können. Dies ist ein neues Anwendungsgebiet für dieses Elixier, doch es geht um die Bewußtwerdung primitiver Systeme, indem ihre Gedanken beschleunigt werden. Die Beschleunigung der Gedanken hat viel mit dem erfolgreichen Programmieren von Computern zu tun, daher werden auch Computerprogrammierer von diesem Stern profitieren.

MENKENT
(Theta Centauri)

[2,26^m] Orangefarbener Riese in 56 Lichtjahren Entfernung.

Die Zivilisation von Menkent hat vielen anderen Zivilisationen die Botschaft der Hoffnung geschickt. Im Augenblick ermutigt dieser Stern andere Sterne, ihre Aufmerksamkeit auf das Empfangen der Botschaften der Liebe, des Verstehens und des Erwachens zu richten, die von der Erde ausgestrahlt werden. Wenn du eine Botschaft ins All senden willst, jemandem eine Idee schicken willst oder eine telepathische Kommunikation herstellen möchtest, bei der du nicht so sehr auf eine Antwort hoffst, sondern mehr die Absicht hast, daß die Botschaft von einem anderen tief aufgenommen wird, solltest du diesen Stern dazu einsetzen. Deine Botschaft wäre wie eine Flaschenpost, die mit Energien der Hoffnung, des Verstehens und der Freude, die deinem eigenen Bewußtsein entspringen, ausgesendet wird. Dies zu visualisieren könnte bei Nutzung der Energien dieses Sternes hilfreich sein. Wenn die Flasche in die richtigen Hände gerät, explodiert sie fast vor Energie, d.h. der kraftvollen Freude, die du ausgesandt hast.

Die mit diesem Stern verbundenen Wesen verfolgen bei ihrer Interaktion mit der Erde kein bestimmtes Ziel. Sie stellen für andere Zivilisationen einfach einen ermutigenden Faktor dar, die in der Erde eine Verheißung wahrnehmen und glauben, daß von ihr Unterstützung ausgehen könnte.

ZETA PUPPIS

[2,27^m] Dieser 2.400 Lichtjahre entfernte blaue Übergigant ist einer der leuchtendsten Sterne in unserer Galaxie.

Dieser Stern ist eine mächtige Verbindungsstelle, ein Handelsknotenpunkt sowie eine Kommunikations- und Speichermöglichkeit für viele Zivilisationen dieser Galaxis. Tief in seinem Kern vermag er Energien umzuwandeln, die ausstrahlen und ein Netzwerk bilden, das viele andere Sterne miteinander verbindet. Zwischen der Sonne und diesem Stern besteht eine natürliche Resonanz, und die Energien anderer Galaxien ergießen sich manchmal über diese resonante Verbindung in die Sonne.

Wenn Menschen auf diesen Stern meditieren oder dieses Elixier einnehmen, werden sie sich mehr zuhause fühlen, sich ihrer Wechselwirkungen mit der Gesellschaft und letztlich auch ihrer Wechselwirkung mit der Erde und ihrem Ökosystem bewußter sein. Dieser Stern kann besonders für solche Menschen hilfreich sein, die etwas über andere Kulturen der Erde lernen möchten, über Völker, die möglicherweise von der Zeit und dem ständigen Fortschritt der mechanisierten westlichen Zivilisation vergessen wurden. Dazu können Naturvölker gehören, Einzelpersonen aus ungewöhnlichen religiösen Sekten oder Personen, von deren Verständnis und Denken die Hauptrichtung der gesellschaftlichen Entwicklung keine Notiz genommen hat.

Dieser Stern ist sehr wirkungsvoll, wenn man über ihn meditiert, während man sich mit Astralreisen befaßt. Es könnte sinnvoll sein, über ihn zu meditieren, bevor man einschläft. Obwohl das Sternenlicht-Elixier ähnliche Eigenschaften aufweisen kann, ist es nur dann wirklich wirksam, wenn man sich zumindest bewußt ist, wo sich Zeta Puppis befindet, bevor man einschläft. Stelle dir in diesem Fall vor, daß du zu diesem Stern reist, während du einschläfst. Da Zeta Puppis ein Verbindungspunkt ist, kannst du diesen Stern benutzen, um zu anderen Galaxien, zum Zentrum der Galaxis oder zu verschiedenen anderen Sternensystemen zu reisen, derer du dir vielleicht bewußt bist, zu denen du jedoch beim Astralreisen nicht so leicht Kontakt herstellen kannst.

GAMMA CENTAURI

[2,28^m] Zwei fast identische weiße Riesen in 110 Lichtjahren Entfernung.

Diese Sterne können es leichter machen, eine ausgewogene Polarität im physischen Körper hervorzurufen. Das Magnetfeld der Erde ist es, was das Gleichgewicht der Polarität in den Menschen erzeugt und aufrechterhält. Wer Erfahrungen damit gemacht hat, die Erde zu verlassen, z.B. Astronauten, Kosmonauten usw., könnte von diesem Elixier profitieren, wenn Schwierigkeiten auftauchen, sich wieder auf die Erde einzustimmen. Wer feststellt, daß es ihm schwerfällt, die Polaritäten umzutauschen, um ein Polaritätsgleichgewicht herzustellen, könnte ebenfalls von diesem Elixier oder einer Meditation auf diesen Stern profitieren.

Der Stern kann besonders das Gleichgewicht zwischen der linken und der rechten Körperhälfte stärken. Obwohl sich das auf die Gehirnfunktionen zu beziehen scheint, ist es insgesamt die energetische Verbindung zwischen

Die hellsten Sterne in der südlichen Hemisphäre . . . .

dem ätherischen und dem physischen Körper, die wesentlich gestärkt wird. Der Stern ist auch förderlich bei Therapien wie z.B. Polarity-Behandlungen, der Verwendung von Heilmagneten an den Füßen, Massage und Bewegungsformen wie T'ai Chi, Chi Gong oder anderen Methoden, die bewußt versuchen, die rechte und linke Seite ins Gleichgewicht zu bringen.

Einige Menschen sind sich bewußt, daß die Seele sich jenseits einer Geschlechtszugehörigkeit befindet. Bei Anwendung dieses Sternes wird man zu dem geschlechtslosen Zustand aller Menschen Kontakt bekommen. Das kann Männern und Frauen sehr helfen, die bezüglich des anderen Geschlechts oder mit der gesellschaftlichen Unterdrückung der verborgenen Seite ihrer geschlechtlichen Natur Probleme haben. Zur verborgenen Seite des Weiblichen könnte z.B. gehören, daß der Ausdruckswille nicht hinreichend anerkannt oder mit ihm gearbeitet wird. Ressentiments, im Unterbewußtsein eingekapselte oder verleugnete Energien könnten auch an die Oberfläche kommen, was hilfreich, wohltuend und erkenntnisreich für den Menschen ist, der diesen Stern verwendet. Das kann zu einer Verbesserung von Beziehungen führen, wo tiefsitzende Ressentiments einfach nur auf der Tatsache beruhen, daß die Bezugsperson ein Mann oder eine Frau ist und daher stellvertretend für alle Männer oder Frauen steht. Diese Ressentiments können losgelassen werden, so daß ein Gefühl größerer Nähe entsteht. Insgesamt sind einem die eigenen Vorstellungen der Geschlechter leichter zugänglich, bewußter, und man kann leichter mit ihnen umgehen. Das kann auch für diejenigen sehr hilfreich sein, die in bezug auf diese Dinge gesellschaftliche Veränderungen bewirken wollen.

ANKAA
(Alpha Phoenicis)

[2,39^m] **Orangefarbener Riese in 93 Lichtjahren Entfernung.**

Dieser Stern stärkt die Überlebensfähigkeit und vermag eine mächtige Veränderung im physischen Körper hervorzurufen. Steckengebliebene Kundalini-Energien können unter dem Einfluß dieses Sterns wieder in Bewegung kommen. Wer mit Bodybuilding zu tun hat oder mit anderen Vorgängen, die die körperlichen Kräfte stark in Anspruch nehmen, wird auch von Ankaa profitieren. Der Einfluß dieses Sterns kann Energien an die Oberfläche bringen, damit diese leichter verstanden werden und in verschiedene körperliche Aktivitäten kanalisiert werden können. Auf einer höheren spirituellen Ebene fühlt man einen Sinn. Dieser Sinn muß nicht unbedingt klar formuliert sein, doch man spürt, daß es diesen Sinn wirklich gibt. Den Menschen wird klarer, daß die transformativen Prozesse, durch die die Menschheit kollektiv geht, ihre eigene persönliche Transformation nicht negativ beeinträchtigt.

Die Einnahme dieses Sterns kann sowohl innerlich als auch äußerlich die Sehfähigkeit verbessern. Das bedeutet auf der einen Seite, daß die Energie der Augen ungehindert fließt, und andererseits, daß auf einer innerlichen Ebene Kraft für das kreative Visualisieren vorhanden ist. Möglicherweise ist es von Vorteil, dieses Elixier zu Mischungen hinzuzufügen, die das Leuchten der Augen intensivieren (Euphrasia), die den physischen Augen gut tun – unabhängig davon, ob dies Augentropfen oder Tropfen zum Einnehmen sind. Der Einfluß von Ankaa wird dazu beitragen, daß der Körper die Energien der Augentropfen besser annimmt.

Die mit diesem Stern verbundene Zivilisation übermittelt der Erde seit Jahrhunderten eine einfache Idee: „Ihr habt die Fähigkeit, euch zu verändern. Ihr könnt euch weiterentwickeln, wie ihr es möchtet. Habt keine Angst." Dadurch entsteht ein Gefühl der Befähigung, was wiederum zu einer Transformation führen kann.

Kapitel 10
★★★★★★★★★

Objekte aus dem tiefen Raum Klasse I: Galaxien

ANDROMEDA-GALAXIE M31

Mit einer Entfernung von 2 Millionen Lichtjahren die am nächsten gelegene Spiralgalaxie.

Unter dem Einfluß dieser Galaxie vermag man den langfristigen Zweck der Evolution der Menschheit zu verstehen. Dazu gehört auch die Fähigkeit, sich die eigenen früheren Leben zurückzurufen, in denen man eine andere Lebensform angenommen hatte, z.B. die eines Dinosauriers. Manchmal erinnert man sich auch an eigene außerirdische Leben.

Die Energie von Andromeda steht in erster Linie mit einem Verständnis der ersten Inkarnationen der Menschheit als das Himalajagebirge in Zusammenhang. Diese Leben stellen einen wichtigen Aspekt des eigenen Wesens dar. Wie der Fels von Gibraltar existiert der Himalaja, damit der Einfluß der Berge auf das menschliche Bewußtsein verstanden wird. Diese Berge existieren schon sehr lange in unterschiedlichen Formen, und in der Tat waren sie die ersten, die ihre Spitzen zwischen den Wellenbergen des Meeres emporstreckten. Während der frühen erdgeschichtlichen Entwicklungsphasen wurden aus ihnen Inseln und dann Berge – lange bevor die Menschheit in irgendeiner Form in Erscheinung trat und als tierisches Leben noch unbekannt war. So gesehen waren sie die ersten, die irgendeine Form der Trennung beziehungsweise einen Unterschied zwischen dem Land und dem Meer herbeiführten. Sie waren ein idealer Behälter für das Gruppenbewußtsein der Menschheit, wenn auch in einer sehr ursprünglichen Form. Ihre gegenwärtige große Höhe hat mit der Notwendigkeit zu tun, daß die Menschheit ihre eigene Geschichte verstehen lernt. Um sich selbst zu verstehen, müssen sich die Menschen anschauen, wer sie gewesen sind, und dabei den Symbolismus und ihr erwachenendes Bewußtsein im Auge behalten. Da die Berge des Himalaja so hoch sind, fühlen sich die Menschen zu ihnen hingezogen und wollen mehr über sie lernen, wodurch sie auch etwas über sich selbst lernen. Unter anderem aufgrund des Elohim-Einflusses stehen diese Berge für die Menschen symbolisch für eine sehr starke Spiritualität.

Wenn man mit der Andromeda-Energie arbeitet, kann die Fähigkeit zunehmen, das große Gesamtbild wahrzunehmen. Man erkennt eher und eindringlicher, daß ein Wesen möglicherweise eine Rolle in einem größeren kosmischen Plan erfüllt. Das kann dazu beitragen, daß man sich als Teil des Kosmos und als Teil des universellen Denkens und Verstehens empfindet.

Die Energie von Andromeda vermag einem auch zu helfen, den physischen Körper in einen Zustand des Gleichgewichts bringen und ihn auf sich selbst und andere auszurichten, was zu einem ausgeglichenen inneren Zustand führt. In Verbindung mit dieser Energie wird den Menschen auch zu Bewußtsein gebracht, wie das Prinzip der Liebe zur Evolution der Seele und letztendlich zur Evolution Gottes beiträgt. Dies führt zu den meisten bereits über Andromeda gesagten Dingen.

Wenn man nicht gerade damit beschäftigt ist, zu denken, kann man sich auch direkt auf diese Galaxie einstimmen und diese Energie z.B. beim Tanzen, durch Musik, Meditation, Bewegung oder sogar im Schlaf aufnehmen.

Mehrere Erdbewohner hatten die Gelegenheit, Andromeda zu besuchen. In der einen oder anderen Hinsicht ist Andromeda ein Spiegel vieler Aspekte der Milchstraße. Die Energie im Zentrum der Andromeda-Galaxie ist ein Gegenstück zur Energie im Zentrum der Milchstraße. Aufgrund dieser engen Verbindung existieren auf der galaktischen Ebene gewisse Eigenschaften, denen man Yin- und Yang-Qualitäten zuweisen kann. Viele Wesen, die Schwierigkeiten hatten zu verstehen, wie das Leben auf der Erde oder überhaupt das Leben in anderen Zivilisationen in der Milchstraße ist, haben vergangene Leben im Andromeda-System verbracht. Wesen, die schon etwas auf Andromeda eingestimmt sind, z.B. weil sie ein Photo von dieser Galaxie gesehen haben und sich davon bewegt fühlen oder weil sie sie nachts am Himmel betrachtet haben, würden von dem Elixier profitieren und möglicherweise Erinnerungen aus der Vergangenheit entdecken, wo sie lange Reisen zu anderen Orten, in andere Zeiten und zu anderen Wesen unternommen haben.

Die Wesen im Andromeda-System wurden darin ausgebildet, was es bedeutet, mit dem Milchstraßen-System in Beziehung zu stehen. Doch nur sehr wenige Individuen stammen ursprünglich von dort. Sie sind auf die Erde gekommen, um sie zu erfahren, und bewahren einige Erinnerungen von Andromeda auf. Denn in Zeiten, in denen das Leben hier rauh war, konnten sie durch einen kurzen Besuch oder eine kurze Inkarnation im Andromeda-System einen anderen Gesichtspunkt einnehmen oder eine neue Art des Umgangs mit den Dingen an den Tag legen. Weil es sich um ein System handelt, das der Milchstraße sehr ähnlich ist, gibt es auch dort viele Energien, Planeten, und es ist eine Menge los. Einige Planeten spiegeln bestimmte Ebenen der Erdentwicklung wider. Bei diesen Planeten herrscht jedoch eine Unfähigkeit vor, weitreichende radikale Veränderungen willkommen zu heißen, da Veränderungen auf diesen Planeten schon sehr viel zerstört haben. So unterscheidet sich diese Galaxie etwas von unserer. Es gibt dort mehr Phasen relativer Inaktivität und des Friedens und eher ein Gefühl der Sammlung als des Ausdrucks.

KUGELSTERNHAUFEN M13
(in Herkules)

Ein sehr alter kugelförmiger Sternhaufen mit 1.000.000 Sternen in 25.000 Lichtjahren Entfernung.

Gegenwärtig ist die Energie des Herkules-Haufens der Energie der Milchstraße (unserer Galaxis) ähnlich. Diese Energie kann Menschen helfen, sich der Liebe und der Unterstützung aus dem Reich der Engel bewußter zu werden. Sie können sich auch der vorherrschenden Grundgedanken der Wesen bewußt werden, die einen direkten Einfluß auf die Entstehung der Erde hatten. Verstärkt wird auch die Fähigkeit, die Weisheit Gottes zu empfangen. Obwohl dies auch beim Channeling vor sich gehen kann, geschieht dies eher durch religiöse Erfahrung. Die Erfahrung des Todes und die mit dem Sterben verbundenen Probleme werden sowohl für die sterbende Person als auch für die sie umgebenden Menschen gelindert. Der Geburtsprozeß wird auch gefördert, besonders wenn es klar ist, daß es sich um die Geburt eines spirituell fortgeschrittenen Wesens handelt. Das Kind, die Mutter, der Vater und enge Freunde können Nutzen daraus ziehen, auf den Herkules-Sternhaufen zu meditieren oder das Elixier einzunehmen.

Das Bewußtsein des eigenen Reinkarnationszyklus wird erhöht und gestärkt. Man wird auch eher die Beziehungen der Menschheit zu anderen außerirdischen Zivilisationen verstehen können, jedoch wird man dieses Verstehen vom Gesichtspunkt des Gemeinwohls, der gemeinsamen Absichten, der gemeinsamen Ausrichtung dieser Zivilisationen und der Menschheit aus gewinnen.

Wer die Wesen channelt, die unter der Bezeichnung Elohim bekannt sind, könnte bei Verwendung dieses Kugelsternhaufens feststellen, daß er stärker auf diese Wesen eingestimmt ist. Es wird auch leichter sein, die Energien eines solchen Channelings zu übertragen. Die Elohim sind die Wesen, die bezüglich dieses Spiralarms der Galaxis kraftvolle Kreativität zum Ausdruck bringen. Man könnte sie sich als vollkommenes Gleichgewicht oder völlige Verschmelzung eines dreidimensionalen Yin und Yangs oder als die wundervollen Bewegungen des miteinander tanzenden männlichen und weiblichen Prinzips vorstellen. Darüber hinaus sind diese Energien so unglaublich kreativ, daß sie eingesetzt wurden, um viele Sonnensysteme und auch die Erde zu erschaffen. Da diese Energien Einfluß und Macht in Verbindung mit einer sehr hohen Intelligenz haben, stellen sie den ursprünglichen Arm Gottes dar, der sich selbst als Gott zu erkennen versucht. Folglich werden sie vieles von dem, was sie erschaffen haben, nur in einem begrenzten Maß beeinflussen, und ihren Kreationen erlauben, ihren eigenen Weg zu finden. Stimmen sich Individuen auf diese kreativen Energien ein, stehen ihre grundlegenden informativen Eigenschaften zur Verfügung. Die Informationen werden normalerweise durch die Intelligenzstufen anderer Geistführer hinuntergereicht, die in der Lage sind, auf unterschiedliche Informationen zuzugreifen. Daher ist es sinnvoller, wenn Individuen mit den Informationen arbeiten, die sie durch Wesen wie uns oder durch unsere Geistführer erhalten, statt zu versuchen, einen direkten Zugang zu den Elohim zu bekommen.

DIE GROSSE MAGELLANSCHE WOLKE
(in Dorado)

Ein Begleiter der Milchstraße in 190.000 Lichtjahren Entfernung. Möglicherweise besitzt sie eine spiralförmige Struktur.

Wie so oft im Umgang mit größeren Objekten ist ein solcher Überfluß an Informationen erhältlich, daß es nicht mehr einfach ist, alles zu sichten und das Wesentliche des Objekts herauszufiltern. Stell dir einen Moment lang vor, daß du dich an einem Ort befindest, der sehr weit von der Milchstraße entfernt ist. Von dort aus möchtest du nun wissen, was die Botschaft der Milchstraße ist. Die unterschiedlichen Eigenschaften vieler der bereits besprochenen Sterne fließen zusammen, und die Energie, die dann von der Milchstraße ausgeht, ist sehr verwirrend. Doch daraus kann auch ein Gesamtbild hervorgehen.

Bei der Magellanschen Wolke hat dieses energetische Gemisch etwas mit einem Gefühl der Bewegung in andere Bereiche und Dimensionen zu tun. Wenn man dieses Elixier verwendet, kann man ein Gefühl großer Weite haben oder Schwierigkeiten bekommen, die eigene Energie zu fokussieren. Das ist ein kleiner Nebeneffekt. Wer weniger auf Praktikabilität bedacht ist und eher nach tiefempfundenen Visionen und spirituellem Erwachen trachtet, wird von der Verwendung dieses Elixiers profitieren. Dieses Objekt wirkt auch förderlich auf kreative Eingebungen und Ideen für Kunstwerke. Wer dazu neigt, etwas abgehoben zu sein, oder Konzentrationsprobleme hat, sollte dieses Elixier besser nicht verwenden.

Man kann eine sehr tiefgreifende Veränderung spüren. Die mächtigen Schwingungsaspekte der Mehrzahl der in der Großen Magellanschen Wolke befindlichen Zivilisationen haben etwas mit der Transformation in höhere Dimensionen zu tun. Bei den meisten dieser Transformationen handelt es sich um Übergänge zwischen der neunten, zehnten und elften Dimension. Mit solchen Energien sind manchmal bestimmte Eigenschaften der Liebe verbunden, die die Erdbewohner bei ihrer eigenen Suche nach den Schwingungen der Liebe möglicherweise als hilfreich und ermutigend empfinden.

Die Tendenz geht hier jedoch mehr zu einem Bewußtsein darüber, welche kreativen Stadien bei der Erschaffung von Sternen durchlaufen werden müssen und welche mächtigen Schwingungsenergien es sind, mit denen sich Galaxien, Universen und das Bewußtsein auf vielen Ebenen verändern lassen. Es handelt sich um eine Energie mit beträchtlicher Intensität, die Langzeitwirkungen hervorrufen kann. Von unserem Gesichtspunkt aus könnte es auch gut sein, diverse Werkzeuge zur Verfügung zu haben, um eine gute Erdung sicherzustellen, wie z.B. das Hämatit- oder das Neon-Elixier. Diese Erdungswerkzeuge können für die Erdbewohner recht hilfreich sein, wenn sie das Elixier der Großen Magellanschen Wolke einnehmen und es ihnen dann schwer fällt, wieder zu ihren eher praktischen Erlebnissen überzugehen.

Es gibt viele Menschen, die etwas über die Themen Kreativität, Visualisation, Spiritualität u.s.w. lesen, und unmittelbare Erfahrungen in diesen Bereichen machen möchten. Sie stellen jedoch fest, daß ihnen ihre allzu praktische Natur im Wege steht und daß sie im Vergleich zu den anderen „abgehobenen" New Age Anhängern, mit denen sie in Kontakt kommen, sehr geerdet sind. Für solche Individuen wäre es sehr angebracht, dieses Elixier einzunehmen oder auf diese Galaxie zu meditieren.

Zwischen der Milchstraße und der Großen Magellanschen Wolke besteht eine alte Beziehung. Diese Wesen arbeiten mit den Wesen der Milchstraße zusammen, um das Verstehen und die Wahrnehmung von Schwingungsbewußtsein und -veränderung zu entwickeln, die für evolutionäre Zwecke nötig ist. Die unmittelbaren Erfahrungen dieser Wesen sind jedoch nicht immer zugänglich, da sich die Galaxie als Ganzes sehr von der Milchstraße unterscheidet. In der Wolke macht man Dinge anders als hier. Manchmal können die Energien jedoch in beiden Richtungen ausgetauscht werden. Die Zentren beide Galaxien befinden sich manchmal in einem Zustand resonanter Kommunikation, wodurch vielen Zivilisationen aus beiden Galaxien Wissen und Weisheit zuteil wird, die sich solcher höheren Energien bewußt sein können.

DIE KLEINE MAGELLANSCHE WOLKE
(in Tucana)

Eine unregelmäßig geformte Galaxie, die durch einen Strom von Materie mit der Großen Magellanschen Wolke verbunden ist. Die Tatsache, daß sie relativ staubfrei ist, spricht dafür, daß es weniger alte Sterne gibt.

Ein eindrucksvolles Experiment von mehreren Zivilisationen in der Großen Magellanschen Wolke hat diese Galaxie entstehen lassen. Sie haben dabei ihre Kräfte auf einer relativ hohen interdimensionalen Schwingungsfrequenz, ihre Liebesenergien und ihr Wissen um den kreativen Prozeß eingesetzt. Der Prozeß ist noch nicht abgeschlossen, da sie erst jetzt dazu kommen, das Experiment ganz zu verstehen.

Daher täten Wesen von der Erde, die gerne an umfangreichen kreativen Projekten beteiligt sein möchten, gut daran, dieses Elixier zu verwenden oder auf die Kleine Magellansche Wolke zu meditieren.

Beim Einnehmen des Elixiers verspüren bestimmte Individuen möglicherweise mehr Geduld und eine stärkere Absicht in solchen großangelegten Bemühungen. Unter Umständen fällt es ihnen leichter, sich mit anderen bei der Entwicklung dieser Energie zu koordinieren, doch muß man das Elixier wohlüberlegt einsetzen. Wir raten in den wenigsten Fällen dazu, daß alle an einem gemeinsamen Projekt arbeitenden Gruppenmitglieder dieses Elixier einnehmen, es sei denn sie sind in ihrem Denken so frei, daß sie in Höchstgeschwindigkeit Ideen durchkommen lassen können – und zwar nicht durch harte Arbeit und logisches Denken, sondern wie in einem assoziativen Bewußtseinsprozeß. Individuen, die intensiv über ein großes Projekt nachdenken und die neue Ideen aus neuen Bereichen empfangen wollen (was zuvor völlig unmöglich erschien) und Individuen, die diesen kreativen Drang verspüren und gleichzeitig das vielleicht auftauchende abgehobene Gefühl aushalten können, sollten das Elixier einnehmen oder auf diesen Teil des Himmels meditieren. Sonst wären eher Energien der Großen Magellanschen Wolke angebracht, die diesen hier ähneln.

SPIRALGALAXIE M33
(in Triangulum)

Eine der Galaxien in unserer näheren Umgebung. 2,4 Millionen Lichtjahre entfernt.

Hier gibt es eine Reihe von Zivilisationen, mit denen die Erde noch zusammentreffen wird, aber möglicherweise weniger als mit denen aus der Andromeda-Galaxie oder der eigenen. Die Wesen von M33 verstehen die Funktion der Liebe hinsichtlich ihrer Fähigkeit, Energien aus verschiedenen Dimensionen harmonisch miteinander zu verbinden. Am Ende dieses Jahrhunderts könnten

Menschen ähnliches erleben. Wenn sie beginnen zu erkennen, daß man einen dimensionalen Wechsel vornehmen muß, um sein Bewußtsein zu verändern ohne dabei gleichzeitig das Mitgefühl für andere zu verlieren. In dieser Hinsicht nehmen die Wesen hohen Anteil an der Erde und den Veränderungen um sie herum, und sie sind nur wenig in Emotionen wie Angst oder dem Gefühl des Opfers verstrickt. Zur Zeit ist es schwierig, diese Dinge zu erklären, da eure Gesellschaft nicht besonders unter Druck steht. In dem Maße, wie sich der Druck erhöht, wird der Einfluß von M33 hilfreich sein, da die Wesen dort viel über diese Dinge gelernt haben.

Im Verlauf ihrer eigenen Evolution haben einige dieser Wesen Technologien entwickelt, die nicht auf Maschinen, sondern in erster Linie auf Gedankenenergie, ätherischer Energie und Edelgasen aufbauen. Derartige Energien könnten auch den Menschen im Laufe der Zeit zur Verfügung stehen, und man wird erkennen wie viele heilsame Wirkungen sie haben können. Wer sich auf neue Techniken im Bereich der Telepathie, des Handauflegens und des Bewußtseins verschiedener übernatürlicher Umstände einstimmen möchte, die eine wohltuende Wirkung auf andere Menschen haben und stärker hervortreten, wenn liebevolle Gefühle zugegen sind, wird ganz allgemein von M33 profitieren. Bei der Verwendung des Elixiers könnte man bei einigen Individuen eine Zunahme der Fähigkeit feststellen, eine Herz-zu-Herz-Verbindung herzustellen. Möglicherweise ist es auch in Forschungsgruppen oder für Individuen wertvoll, die sich zusammenschließen wollen, um nach neuen Kommunikationsformen und neuen Wegen der Zusammenarbeit zu suchen. Was in der Vergangenheit nicht besonders hilfreich war, könnte sich umkehren und nun hilfreich wirken.

Abgesandte von M33 sind in der Vergangenheit häufig auf die Erde gekommen und haben Verbindungen zurückgelassen. Unter Umständen stellt der eine oder andere fest, daß es ihm hilft, für Astralreisen das Elixier kurz vorm Einschlafen einzunehmen, besonders wenn er eine ungefähre Idee der physikalischen Lage dieser Galaxie und eine allgemeine Vorstellung ihrer Form hat. Während du einschläfst und dir dies vorstellst, wirst du möglicherweise leicht in eine Erfahrung hineingezogen, die in einer völlig anderen Zeit und an einem völlig anderen Ort stattfindet, in der du Materie, Energie und andere Dinge ganz anders empfindest. Viele Wesen aus dieser Galaxie haben eine völlig andere biologische Grundlage als ihr hier auf der Erde. Das kommt daher, daß es dort Silizium-Wasserstoff-Systeme gibt. Der Wasserstoff befindet sich hauptsächlich in Ammoniak sowie in Stoffen, die auf Ammoniak. Daher ist es unwahrscheinlich, daß die Wesen von M33 euch einen direkten Besuch abstatten. Doch im ätherischen Körper ist dies durchaus denkbar. Einige der Wesen auf den unterschiedlichen Planeten von M33 haben hochentwickelte Gesellschaftsformen geschaffen, die auf

Moral und Ethik aufbauen. Diese werden sich positiv auf Menschen auswirken, die intensiv über solche Dinge wie neue Regierungsformen, neue Möglichkeiten des Dienens und neue Wege nachdenken, wie Menschen gemeinsam Gemeinschaften ins Leben rufen und in ihnen zusammenarbeiten können.

FEUERRAD-GALAXIE M51
(in Bootes)

Sehr schöne offene Spirale mit der kleinen Satellitengalaxie am Ende eines der Spiralarme. 35 Millionen Lichtjahre entfernt.

Die meisten Wesen der Zivilisationen von M51 befinden sich gegenwärtig in der Satellitengalaxie. Die Botschaft, die sie für die Erde haben, ist klar und einfach: „Sorgt dafür, daß Technologie auf die rechte Art angewandt wird. Seid euch im Umgang mit Technologie dem Gleichgewicht der Natur bewußt. Versteht, daß selbst-regulierende Systeme dazu neigen, Energien zu erzeugen, die für die Menschheit wohltuend sind, doch müßt ihr euch um diese kümmern und sie in Ordnung halten."

Eine Zerstörung direkt im Kern dieser Spirale hat Pulsare, Neutronensterne und ähnliche Phänomene erzeugt. Diese mächtige Energie ist das Ergebnis eines technologischen Eingriffs in natürliche Prozesse durch verschiedene Zivilisationen, die dort vor Tausenden von Jahren zusammengearbeitet haben. Sie kamen an einen Punkt, wo ein umfassenderes Verständnis des richtigen Umgangs mit solchen Energien eine Rolle zu spielen begann. Aus diesem Verständnis ist diese innere Botschaft geworden, die den Menschen übersetzt und übermittelt werden soll.

Auf einer höheren spirituellen Ebene brechen die Botschaft und die Energie auseinander, so daß viele Nuancen erkennbar werden. Wer sich zu verschiedenen technologischen Dingen oder Geräten hingezogen fühlt, zu unterschiedlichen Formen des Erkenntnisgewinns bezüglich der Erde und zum richtigen Umgang mit selbstregulierenden Systemen, könnte bemerken, daß durch die Einnahme dieses Elixiers auf unvorhersehbare Art ein umfassenderes Verständnis dieser Dinge in sein Leben tritt. Dies erfahren möglicherweise auch Menschen mit ganz spezifischen Bedürfnissen. Sie alle werden auf ihrem Spezialgebiet ein immer tieferes Verständnis erlangen. Regelmäßig eingenommen, das heißt normalerweise im jährlichen Zyklus, trägt das Elixier zu einem größeren Überblick bei. Diese Galaxie kann sie dann weiter in ihr Spezialgebiet hineinführen, als sie es sich jemals hätten vorstellen können, aber sie später auch wieder zurückbringen, damit sie die größeren damit verbundenen Kernfragen nicht aus den Augen verlieren.

Objekte aus dem tiefen Raum – Klasse I: Galaxien . . . .

SPIRALGALAXIE M81
(in Ursa Major)

Ganz allgemein haben diese Wesen hier einen fortgeschrittenen Gesichtspunkt bezüglich Bewußtseinsphänomenen, der sich nur schwer vermitteln läßt. Menschen, die sehr schnell sind, sich mit ihrer Arbeit leicht überfordern und unter sehr hohem Streß stehen, könnten das M81-Elixier in homöopathischer Zubereitung zu sich nehmen, vielleicht in der Potenz D30. Sie stellen dann unter Umständen fest, daß sie sich leichter entspannen können, und sehen wieder, wie relativ alles ist. Wenn die richtige Zeit gekommen ist, können sie zu ihrer Arbeit zurückkehren.

Einige der mit dieser Galaxie zusammenhängenden Wesen verstehen sehr viel von Bewußtsein, doch auf eine Art, die den Menschen schwer zu vermitteln ist. Individuen, die am Bewußtseinsprozeß interessiert sind, könnten zu neuen Erkenntnissen gelangen, wenn sie sich über eine gewisse Zeit auf diese Galaxie einstimmen. Wer das M81-Elixier zu sich nimmt, könnte feststellen, daß sich allmählich sein Umgang mit großen Datenmengen verändert, als ob das Elixier seine Fähigkeit zur Informationsaufnahme steigern würde. Die Wirkung unterschiedet sich jedoch etwas von der des Procyon-Elixiers, mit dem mentale Fähigkeiten zunehmen. Hier geht es mehr darum, wie man mit vielen unterschiedlichen Arten von Informationen umzugehen vermag und wie man erkennen kann, wie sie zusammenpassen.

SPIRALGALAXIE M83
(zwischen Hydra und Centaurus)

In dieser 8 Millionen Lichtjahre entfernten Galaxie gibt es eine große Anzahl von Supernovas.

Die Energie dieser Galaxie kann die Fähigkeit der Menschen steigern, ihre Schwingungen zu verändern und zu translozieren. Diese Gabe läßt sich auf der Erde aufgrund der hier herrschenden ätherischen Dichte nicht leicht entwickeln. Wer gerade dabei ist, verstehen zu lernen, wie er seine räumliche Position mittels einer übernatürlichen Ortsveränderung wechseln kann, wird von diesem Elixier profitieren. Wahrscheinlich sind einige Personen, die dieses Elixier verwenden, schon ihr ganzes Leben lang von der Idee der Translokation besessen, bzw. sie betrachten die Translokation als eine mögliche Lösung für das Problem der Umweltverschmutzung durch Verbrennungsmotoren. Die richtige Art, mit Translokation zu arbeiten, wird euch in den nächsten paar hundert Jahren zugänglich werden, damit die technologische Entwicklung der Menschheit gefördert wird. Abgesandte dieser Galaxie werden euch in gewissem Umfang dabei anleiten.

In dieser Galaxie ist es im Verlauf der Entwicklung der Translokation zu Unfällen gekommen. Um bei gewissen interessanten galaktischen Phänomenen zugegen zu sein, wurden gleichzeitig sehr viele Wesen an Orte transloziert, die sich zu nahe bei den starken Gravitationsfeldern verschiedener Sterne befanden. Das löste bei einigen Sternen Supernovas aus. Ihr könnt diese Energien jetzt wahrnehmen. Obwohl sich diese Unfälle vor Millionen von Jahren ereigneten, stellen sie in dieser Galaxie nach wie vor Schwierigkeitsquellen dar.

Es gibt viele Möglichkeiten, wie Individuen die Energien dieser Galaxie kennenlernen können. Obwohl die Bewohner dieser Galaxie viele Formen angenommen haben und vieles verstehen, haben sie auch festgestellt, daß ein direkter Kontakt zur Menschheit wahrscheinlich nicht sehr vorteilhaft wäre. Daher präsentieren sie einfach ein paar Ideen, die einige Lücken füllen können, und unterstützen die Evolution der Menschen, wobei sie jedoch alle anderen charakteristischen Merkmale ihrer Zivilisation herausfiltern, die jenseits des Verständnisses der Menschheit liegen.

SOMBRERO-GALAXIE M104 (in Virgo)

Befindet sich von der Erde aus gesehen in Kantenstellung. Ein Staubband liegt quer über dem Zentrum der Galaxie.

Diese Galaxie verkörpert die Macht vieler Zivilisationen, ihre Energien zu koordinieren, um multidimensionale Realitäten und Universen zu erschaffen. Der Gebrauch dieses Elixiers fördert ganz allgemein das Verständnis des kreativen Prozesses. Einige Menschen könnten die wahre Natur der Kreativität erkennen und dadurch zu einem viel tieferen Verständnis dieses Themas gelangen.

Beim Umgang mit kreativen Impulsen ist es wichtig, aus vielen Quellen schöpfen zu können. Individuen, die aus der Kindheit oder aus früheren Leben Lernblockaden haben, werden von dieser Energie profitieren. Indem die verschiedenen Blockierungen der Lernfähigkeiten in ihr Bewußtsein gelangen, werden die Probleme gelindert, und sie werden verstärkt in der Lage sein, neue Dinge zu erlernen. Ein Beispiel hierfür wäre der Künstler, der ein wenig Mathematik benötigt, um eine Idee umzusetzen, der jedoch beim Erlernen von Mathematik blockiert ist. Arbeitet er mit diesem Elixier, wird die kreative Quelle gestärkt, die hinter seiner Arbeit steht. Wenn der Künstler dann anfängt, sich mit diesem mathematischen Gebiet zu befassen, könnte es ihm sogar Freude bereiten.

In der Vergangenheit haben Abgesandte der Sombrero-Galaxie ihre Anwesenheit auf der Erde verschiedentlich kundgetan. Sehr wahrscheinlich kommen einige Wesen aus diesem Teil des Universums auch in nächster Zukunft wieder auf die Erde. Diese Energie wird die natürliche Kreativität der Menschen auf der Erde auf eine eher kosmische Weise stimulieren. Es werden auch zusätzliche Energien zur Verfügung stehen, um Menschen zur kreativen Lösung der Probleme auf der Erde zusammenzubringen. Besuche dieser Wesen ziehen eine wahre Flut von Kunst und Erkenntnissen nach sich.

Einer dieser Besuche fand im Jahre 1963 statt und sollte ein Gegengewicht zu einigen Schwierigkeiten sein, die mit der Ermordung von John F. Kennedy zusammenhingen. Danach kam es zu einem starken Erguß kreativer Energien. Die Erde schien all jene gerufen zu haben, die dazu beitragen konnten, diese ausgleichenden Energien ins Spiel zu bringen. Also stellten die Abgesandten dieser Galaxie den Menschen in stärkerem Maße ihre kreativen Energien zur Verfügung. Das machte insofern einen Unterschied, daß nicht nur ein Teil der Traurigkeit und der Schwierigkeiten, die mit diesem Ereignis zusammenhingen, ausgeglichen wurden, sondern es kam auch verstärkt zu Aktivitäten im Bereich der Musik, Kunst und neuen Formen des Verstehens. Dies hielt etwa bis zum Jahr 1969 auf der Erde an.

Klasse II: Offene Sternhaufen

OFFENER STERNHAUFEN M35 (in Gemini)

Etwa 500 Sterne in 2.800 Lichtjahren Entfernung.

Die Sterne dieses Sternhaufens können untereinander Energien, Informationen und Verstehen auf einem mächtigen, gottähnlichen Niveau austauschen, das jenseits des menschlichen Fassungsvermögens liegt. Dieser Energie- und Informationsaustausch führt zur kraftvollen Entstehung neuer Ideen und Methoden zur Erschaffung von Materie und Universen. Manchmal übernimmt dieser Sternhaufen die Funktion einer Quelle der Inspiration für Wesen, die sich in solch hochrangige kreative Prozesse vertiefen möchten oder den Wunsch haben, Gott zu verstehen. Dieser Sternhaufen wird jenen helfen, die daran arbeiten, verschiedene organisierte Religionen in sich selbst in Einklang zu bringen, oder die mit Gipfelerfahrungen oder mit einem sehr persönlichen spirituellen Verständnis arbeiten. Die meisten Menschen werden einfach dazu ermutigt, sich an höhere spirituelle Prinzipien auszurichten, da die Sterne selbst eine sehr starke Energie und Intelligenz besitzen.

Das M35-Elixier eignet sich besonders für Menschen, die sich zwar zur Meditation hingezogen fühlen oder mit speziellen spirituellen Praktiken arbeiten, die aber feststellen, daß ihnen diese Arbeit schwerfällt. Möglicherweise müssen sie sich zu dieser Arbeit sehr stark disziplinieren, was ihnen wenig Spaß macht. Mit diesem Elixier werden sie die Freude in sich verspüren, die sie gehabt hätten, wenn sie in der Lage gewesen wären, die von ihnen gewählten spirituellen Disziplinen zum gewünschten Ergebnis zu bringen. Andererseits kann es sein, daß sie völlig in diesen Disziplinen aufgehen. Dann könnte ihr Beitrag zu dieser Freude eine Wirkung auf andere Menschen haben, indem sie darüber schreiben oder sprechen. Möglicherweise bekommen sie im Rahmen ihres Verständnisses neue Einsichten in den Vorgang des spirituellen Erwachens.

DER PRAESEPE-STERNHAUFEN M44
(in Cancer)

Einer der nahegelegensten Sternhaufen. Die 500 Sterne befinden sich in 590 Lichtjahren Entfernung.

Die vorherrschende Energie von M44 hilft Wesen, Verluste zu akzeptieren, loszulassen und zu verstehen, wie reich man durch das beschenkt worden ist, das man nicht länger benötigt. Dies ist ein Weg, der Gotteskraft zu vertrauen und sich ihr hinzugeben. Auf einer tieferen Ebene werden die meisten Menschen ein Gefühl dafür bekommen, was sie brauchen und was nicht. Die spirituellen Ebenen können höchste Priorität erlangen, so daß die wahre göttliche Natur der Prioritäten zum Vorschein kommt.

DER DOPPELSTERN-HAUFEN H UND CHI PERSEI

Diese meist jungen Übergiganten sind 7.500 Lichtjahre entfernt.

Einst handelte es sich hierbei um ein einziges Himmelsobjekt. Es wollte sich selbst teilen, um auf der sieben- und achtdimensionalen Ebene schöpferische Energien hervorzubringen und zu fördern. Dadurch kam es zu einer absichtlichen Polarisation und Trennung, wobei eine Entsprechung zum männlichen Prinzip (Yang) entstand, welches sich zusammen mit dem weiblichen Prinzip (Yin) entwickelte. Dies hat auf den höherdimensionalen Ebenen nichts mit Geschlecht, Sexualität, Fortpflanzung oder Drang zum Auszutausch zu tun, wie es sich für euch vielleicht darstellt. Es ist ein bewußtes Fokussieren auf Spezialisierung über Jahrtausende hinweg.

Infolge dieser Trennung erfahren die Menschen während der Meditation auf den Stern oder nach Einnahme des Elixiers möglicherweise ein Resonanzphänomen. Dieses kann den Menschen bewußtmachen, daß sie durch ihre Inkarnation absichtlich eine Trennung zugelassen haben. Das kann in gewissem Maß zu Erinnerungen an frühere Leben führen und den Zeitraum vor der Geburt bewußter machen, in der man Kontakte zu Individuen herstellte, die man später treffen wollte. Der Sternhaufen fördert die Erinnerung an die starken Überlebensenergien, die in ein Kind gelegt werden. Man nimmt diese Energien, die dem Bewußtsein vor der Geburt zugänglicher waren, nach Verwendung des Elixiers oder durch Meditation auf diesen Doppelsternhaufen deutlicher wahr. Es wird einem auch wieder klar, daß man sich freiwillig vom höchsten Selbst getrennt hat, um die Individualisierung in die Form hinein zu ermöglichen. Das ist die tiefere Ebene der Trennung der Yin- und Yang-Prinzipien.

In diesem Doppelsternhaufen herrscht eine gewisse resonante Energie, die ihr als Liebe auffassen würdet. Doch sie hat noch mehr Fähigkeiten und besteht aus mehr Komponenten. Das Elixier kann Menschen helfen, die Gott lieben möchten. Durch die Erkenntnis von Dankbarkeit, Mitgefühl, Lobpreisung und den höchsten Aspekten der Trennung des Menschen von Gott, können sie begreifen, was dies genau bedeutet. Es ist ein spirituelles Phänomen. Während dieser Trennung kommt es zur bewußten Bereitschaft, nicht nur die negativen Aspekte, die u.a. mit Emotionen und karmischem Ausgleich verbundenen sind, herbeizurufen, sondern auch die positiven Aspekte. Durch das Getrenntsein von Gott kann man eine tiefe Wertschätzung für dieses Selbst entwickeln, da man durch die Trennung schließlich sehen kann, daß es doch mit Gott vereint ist. Diese Sternhaufen haben sich bewußt voneinander gelöst, um sich gegenseitig kennenzulernen, und mit der Zeit werden sie wieder zueinanderkommen. Dieses Ereignis geht kosmisch betrachtet relativ langsam vor sich und kann Menschen, die wieder zu Gott zurückkehren wollen, geduldiger machen. Bei manchen Menschen, die über Selbstmord nachdenken, könnte sich ein tieferes Gewahrsein der Tatsache einstellen, daß die besagte Trennung bewußt gewählt wurde, was wiederum einige der Energien auflösen könnte, die mit Selbstmord in Verbindung stehen. Negative Einflüsse, die mit den Sternbildern Skorpion oder Fische zusammenhängen, können unter Umständen gelindert werden.

OFFENER STERNHAUFEN M37
(in Auriga)

Die mindestens 400 Sterne sind 4.500 Lichtjahre entfernt.

Dieser Sternhaufen hat bestimmte Merkmale der tiefen wechselseitigen Kommunikation zwischen den Sonnen hervorgebracht. Folglich vermag er Energie in andere Sternsysteme zu übertragen, und hat sich in der Vergangenheit diesbezüglich als sehr wertvoll erwiesen. Gewisse Planeten haben diese Energie während Wachstumsphasen genutzt. Als die Zivilisationen dieser Planeten und ihre Sterne instabil wurden, trug M37 zu einer Stabilisierung bei. Die charakteristische Energie dieses Sternenhaufens ist eine grundlegende

Stabilität. Möglicherweise erweist er sich als hilfreich, wenn es darum geht, den Körper allgemein zu stabilisieren, ihn zu einem gleichmäßigen Funktionieren zu bringen, schwierige Situationen über einen längeren Zeitraum zu ertragen und sich von Streß zu befreien. Was noch wichtiger ist: Dieser Sternhaufen kann unter Umständen auch bei psychotischen oder instabilen mentalen und emotionalen Zuständen nützlich sein.

Dieses Elixier könnte besonders für Kinder zwischen sieben und elf Jahren hilfreich sein. Unmittelbar vor der Pubertät, bildet das Kind viele wichtige Ideale, Einstellungen, Glaubenssätze und andere Strukturen, die es ins Erwachsenenalter mitnimmt. Viele dieser Glaubenssätze und Einstellungen stehen mit der Stabilität von Form, mit der Kommunikationsfähigkeit von Menschen und mit gegenseitigem Vertrauen in Zusammenhang.

In diesem Sternhaufen gibt es mehrere Welten, die recht interessante und ungewöhnliche Formen des Transportierens entwickelt haben. Wer mit der Entwicklung von schnelleren oder präziseren Transportmethoden zu tun hat, könnte von diesen Sternhaufen profitieren. Einige Menschen haben Angst vor schneller Bewegung. Unter Umständen haben sie Probleme damit, ein Auto zu fahren oder mit dem Flugzeug zu fliegen. Dies muß von Höhenangst und von der Angst auf großen offenen Plätzen unterschieden werden. Wenn es die hohen Geschwindigkeiten oder die Instabilität sind, die bei solchen Transportformen das Gefühl der Unsicherheit hervorrufen, wäre es sehr hilfreich, diesen Sternhaufen zu verwenden.

Der Grund dafür ist, daß drei der Zivilisationen in M37 ungewöhnliche Transporttechniken entwickelt haben, die selbst bei fortdauernder Beschleunigung das Gefühl großer Sicherheit vermittelten. Möglicherweise wird euch diese Transportmethode in Zukunft zur Verfügung stehen, auch wenn es zur Zeit noch nicht feststeht, ob sie die Transportmethode sein wird, die den Menschen zur Verfügung gestellt werden wird.

Es gibt noch ein paar weitere Sterne in diesem Sternenhaufen, die interessante Eigenschaften besitzen, doch die meisten dieser Energien fließen tendenziell in die Hauptidee der größeren Stabilität und der vermehrten Fähigkeit, Schwierigkeiten zu ertragen.

OFFENER STERNHAUFEN M7
(in Scorpio)

Diese 800 Lichtjahre entfernten Sterne sind sehr alt.

Zwischen M7 und den frühen Entwicklungsphasen auf der Erde gibt es einen Zusammenhang. Unabhängig davon, wie der Sternhaufen auch immer eingesetzt wird: Wer sich die damaligen Kulturen anschaut, wird eine Erleuchtung erleben und inspiriert werden, wohin er schauen könnte, um die Gewohnheiten anderer Kulturen besser zu verstehen. Dazu gehören auch die Kulturen der Mayas, der Azteken, viele Kulturen der amerikanischen Ureinwohner, die frühe ägyptische Kultur und sogar die frühen Befruchtungsphasen in Atlantis, Lemurien und im alten Griechenland.

Dieser Sternhaufen akkumuliert Daten. Er enthält eine computerähnliche Matrix, die einigen anderen der überall in den Galaxien verteilten Matrizen ähnelt, z.B. der der irdischen Sonne. Tendenziell sammeln sie unterschiedliche Arten von Informationen. Innerhalb dieses Sternhaufens gibt es die Fähigkeit, große Strukturen zu erkennen. Möglicherweise haben auch die Menschen mehr Zugang zu diesen Strukturen, wenn sie das Elixier verwenden oder auf diesen Sternhaufen meditieren. In der Regel haben sie etwas mit der zentralen Triebkraft einer ganzen Kultur oder Zivilisation zu tun.

Die westliche Zivilisation vermag Kunst und Wissenschaft aufeinander abzustimmen und bewußt alle Facetten anderer Kulturen zu erforschen, während sie versucht, sie zu assimilieren und sich einzuverleiben. Die Anwendung dieses Sternhaufens verstärkt die Fähigkeit, Informationen aus anderen Kulturen aufzunehmen. Man wird in die Lage versetzt, andere Kulturen in einem historischen Sinne zu würdigen. Einige Menschen, die anderen Kulturen gegenüber Vorurteile hegen, werden möglicherweise feststellen, daß dies bei Einnahme des Elixiers oder durch Meditation auf diesen Ort abnimmt.

Auf der höchsten spirituellen Ebene wird man sich auch auf den Zweck vergangener Inkarnationen in anderen Kulturen einstimmen können. Dadurch kann man leichter verstehen, was man in diesem Leben verkörpern und integrieren soll. Wer Probleme im linken Knie hat und die Erfahrung gemacht hat, daß physikalische Therapien und Naturheilverfahren nichts gebracht haben, wird diesen Sternhaufen unter Umständen als sehr hilfreich empfinden. Das kommt daher, daß die Knie häufig das integrierende Prinzip repräsentieren, wobei das linke Knie symbolisch für die Aufnahme dieser Informationen steht.

In dieser Matrix bzw. diesem Sternhaufen geschieht noch viel mehr, und er hat noch viele weitere interessante Fähigkeiten. Wer im Sternzeichen Skorpion geboren ist und sich für Heilung interessiert, täte möglicherweise gut daran, diesen Sternhaufen zu verwenden. Man kann sich über M7 auf Daten einstimmen, die während der Arbeit mit anderen intuitiv erfaßbar sind. Es handelt sich hierbei um die Fähigkeit, sich auf diesen Sternhaufen einzustimmen und ihn als Computer zu verwenden.

| **OFFENER STERNHAUFEN M6** (in Scorpio) 1.300-2.000 Lichtjahre entfernt. | Die meisten Energien von diesem Sternhaufen sind auf M7 übergegangen. Die verbleibenden Energien drehen sich um interdimensionale Verbindungen. Sie haben |

mit Geistführern, spirituellen Meistern und Wesen zu tun, die sich mit den Prinzipien der interdimensionalen Übertragung in bezug auf die sechste, siebte, achte und neunte Dimension vertraut machen.

Dieser Sternhaufen wird Individuen helfen, die durch Channeling, durch das Lesen gechannelter Arbeiten oder durch andere Dinge, die sich um Wesen drehen, die auf höherdimensionalen Ebenen arbeiten, besser in Einklang kommen möchten. Es kann zu einer intensiveren Einstimmung auf die höheren Schwingungskräfte kommen, mit denen auch solche Wesen arbeiten. Auf den feinstofflicheren Ebenen verwenden die Wesen, die sich mit Übertragungen auf den sechs-, sieben- und achtdimensionalen Ebenen befassen, das Äquivalent des Elixiers dieses Sternhaufens, um sich selbst einzustimmen. Wenn du diesen Sternhaufen verwendest, nimmst du eine ähnliche Schwingung an.

OFFENER STERNHAUFEN M52
(in Cassiopeia)

Dieser 3.000 Lichtjahre entfernte Sternhaufen enthält mindestens 120 helle Sterne und viele junge Sterne.

Dieser Sternhaufen erreichte zur Zeit des Übergangs von den Dinosauriern zu den frühen Primaten und Säugetierformen seine mächtigste und bewußteste Phase, kurz vor Beginn der lemurischen Kultur. Er stellte einen mächtigen Einfluß während dieses Übergangs dar. Wer sich ein tieferes Verständnis oder Bewußtsein der Beziehungen zwischen Menschen und Primaten wünscht, täte gut daran, diesen Sternhaufen zu verwenden.

In M52 gibt es auch ein erweitertes Bewußtsein darüber, wie sich die Menschheit selbst zu einer neuen Wiedergeburt verhelfen kann, nämlich indem sie ihr Leben in neue Bereiche hinein erweitert, zu neuen Formen der Harmonie findet und neue Gemeinschaften bildet. Individuen, die gemeinsam das Elixier einnehmen, da sie bemüht sind, bewußte Gemeinschaften entstehen zu lassen, in denen die Wechselbeziehungen tiefer gehen, werden durch dieses Elixier viele Vorteile erfahren. Dies gilt vor allem dann, wenn in diesen Gemeinschaften auch Wechselbeziehungen zu Tieren bestehen, und ist noch viel stärker ausgeprägt, wenn diese Tiere mit den Primaten verwandt sind. Davon betroffen sind auch andere intelligente Tiere wie die Delphine, Hunde und Katzen, in etwas geringerem Maße die anderen Meeressäuger und Wale.

Eine weitere Verwendungsmöglichkeit dieses Sternhaufens ist bei Menschen gegeben, die an Projekten beteiligt sind, im Rahmen derer sie alte Ideen in eine neue Form bringen müssen. Dabei könnten sie lang vergessene Informationen aus der Vergangenheit benutzen, die durch die Geschichtsschreibung und Interpretation anderer abgewandelt oder verändert wurden.

Sie werden die zugrundeliegenden Ideen zu würdigen wissen, diese in eine klare Form bringen und die Teile weglassen, die hinzugefügt oder falsch interpretiert wurden.

Die Anwendung dieses Sternhaufens, besonders in seiner Elixierform, wird in gewissem Maße zur Entspannung der Schultern und allgemein zu einer Stärkung der Wirbelsäule führen.

OFFENER STERNHAUFEN M23 (in Sagittarius)

120 Sterne in 4.500 Lichtjahren Entfernung.

Dieser Sternhaufen kann die Verdauung und andere Körperfunktionen fördern, um die Gehirnfunktionen zu unterstützen. Die lange Anwendung dieses Elixiers wird dazu beitragen, die Gedächtnisfunktion aufzubauen, und die Fähigkeit des Gehirns verbessern, Informationen auf multisensorischen Ebenen richtig zu interpretieren. Es läßt sich möglicherweise gut mit einem 24prozentigen Ginkgo-biloba-Präparat kombinieren, so daß sich die Gehirnfunktion mit der Zeit bei wiederholter Einnahme verbessert.

Der Sternhaufen selbst ist ein mächtiger Computer, der die Fähigkeit besitzt, sich in die Gehirnfunktionen von vielen Menschen einzuklinken. Er hat sich tatsächlich lange Zeit für Aufzeichnungen über fühlende Lebensformen zur Verfügung gestellt. Viele dieser Lebensformen vermochten Informationen in diesen Sternhaufen zu transferieren, wo Informationen in einer Art Sicherheits-Speicher aufbewahrt werden. Viele dieser Informationen werden den Menschen, die sich auf M23 einstimmen, im Lauf der Zeit zugänglich. Er kann Menschen helfen, die Informationen über ihre jüngsten vergangenen Leben haben möchten. Er kann ihre Fähigkeit fördern, diese Informationen zu nutzen, um ihren weiteren Lebensweg zu planen. Dies kann ihnen helfen, eine angemessene und richtige berufliche Funktion und neue Beziehungen auszuwählen.

Man vermag auch besser dreidimensional wahrzunehmen. Bei bestimmten Augenproblemen wird man feststellen, daß dieser Sternhaufen hilfreich ist, besonders in solchen Fällen, wo es mit den Augen selbst kaum Schwierigkeiten gibt, sondern das Problem auf der Ebene des Gehirns besteht, so daß die beiden Bilder, die die Augen zum Tiefensehen liefern, nicht gut miteinander in Einklang gebracht werden können.

OFFENER STERNHAUFEN M11 (in Scutum)

Durch die Anwendung dieses Sternhaufens nimmt in den Menschen die Fähigkeit zu, langanhaltende Beziehungen einzugehen.

600 Sterne in 5.600 Lichtjahren Entfernung. Ein dichter, kompakter, kugelförmiger Sternhaufen.

Man wird beobachten können, daß die Langzeit-Liebesbande gestärkt werden. Dies kann sich als eine größere Vertrautheit oder Anerkennung des Partners manifestieren, kann aber auch auf Familien und Gruppen ausgeweitet werden. Dies ist besonders für Gruppen hilfreich, die schon lange zusammenarbeiten, oder für familiäre oder persönliche Beziehungen, die schon lange bestehen. Die Beteiligten werden das Gefühl haben, sich neu zu begegnen, sich näherzukommen und sich gegenseitig mehr zu würdigen. Auf einer höheren spirituellen Ebene können Menschen, die gemeinsam meditieren oder spirituelle Arbeit machen, neue Aspekte dieser Arbeit entdecken, wenn sie auf diesen Sternhaufen meditieren oder sein Elixier verwenden.

OFFENER STERNHAUFEN M34
(in Perseus)

70 bis 80 helle Sterne in 1.500 Lichtjahren Entfernung.

Diese Sternenmatrix wurde auch schon als Zentrum zur Datenverarbeitung verwendet. Er vermag Menschen das zu geben, was sehr wahrscheinlich dazu führt, die eigenen Emotionen zu akzeptieren. Noch wichtiger ist jedoch, daß dieser Sternhaufen die Fähigkeit verleiht, die Emotionen anderer zu akzeptieren – besonders von Menschen, die man in der Vergangenheit kannte und von denen mächtige Botschaften für die eigene Entwicklung ausgingen. Sehr oft handelt es sich dabei um negative Botschaften von den eigenen Eltern, die Bewertungen, Auseinandersetzungen und schwierige emotionale Aspekte des eigenen inneren Bewußtseins beinhalten.

Viele Aspekte spielen eine Rolle, wenn es darum geht, sich den eigenen Eltern, Lehrern oder anderen Menschen, die einen erzogen haben, zu vergeben. Mit M34 ist man in der Lage, die Emotionen so tief zu spüren, daß man sie leicht loslassen bzw. leicht assimilieren kann, wenn dies nötig sein sollte. Häufig ist es beim nochmaligen Durchleben eines früheren Erlebnisses so, daß die eigenen Emotionen das Bild der Emotionen vernebeln, die einem von den beteiligten Personen entgegengebracht wurden. Wenn man diesen Sternhaufen verwendet und aus der Situation die Informationen über emotionale Bewußtheit zieht, vermag man leichter zu akzeptieren, was sich zum damaligen Zeitpunkt ereignete. Dies bedeutet nicht, daß man das Ereignis automatisch verzeihen kann sondern, daß man es versteht und es einem bewußter ist. Infolgedessen wird die Fürsorge für sich selbst und für das eigene innere Kind zu einem tieferen Bewußtsein der Verbindungen zu den Individuen führen, die einen damals beeinflußt haben. Durch den Einfluß des Sternhaufens und des Bewußtseins der emotionalen Verbundenheit könnten Emotionen hochkommen, die mit bestimmten Geschehnissen verbunden sind. Diesmal wird einem jedoch klar sein, was wirklich vor sich gegangen ist. Man wird es verstehen und akzeptieren können. Dann wird man sich selbst, den Menschen, die einen beeinflußt haben, und der innersten Natur der eigenen Entwicklung verzeihen können.

Auf einer höheren spirituellen Ebene wird dies zu einem Gewahrsein sämtlicher emotionaler Vorgänge führen. Es wird einem klar sein, wie diese Vorgänge verändert werden können, um die Situation, an der man gerade arbeitet, zu verbessern. So führt man die Schwierigkeiten nicht fort.

In Zukunft wird dieser Sternhaufen die Fähigkeit fördern, Liebesenergie in andere Wesen zu übertragen, besonders wenn diese Übertragung grenzüberschreitend von einem Reich der Natur ins andere geht. Diese Art von Wachstum wird von diesem Sternhaufen beschleunigt und unterstützt.

OFFENER STERNHAUFEN M67 (in Cancer)

Mit 500 Sternen ein sehr kompakter Sternhaufen in 2.500 Lichtjahren Entfernung. Mit 10 Milliarden Jahren ist er einer der ältesten Sternhaufen.

Diese Sterne sind schon sehr alt. Im Sternhaufen existieren noch Überreste der essentiellen Schöpfungsenergien des Universums. Diese Energien stehen in unmittelbarer Verbindung zu den grundlegenden Eigenschaften des Universums. Es gehört zur grundlegenden Natur des Universums, ständig jeden Augenblick vorangegangener Schönheit zu übertreffen. Da ihr als Teil des Universums expandiert, könnt ihr die Expansion des Universums weder geistig erfassen noch verstehen. Die wahre Natur der Expansion des Universums könnte man sich so vorstellen, daß sich das Bewußtsein des Universums ständig selbst übertrifft.

Diese Energie kann auf viele verschiedene Arten auf Menschen übergehen. Ganz allgemein wird man sich gewahr, wie sich das Bewußtsein der eigenen Wurzeln in den Menschen erweitert und vermehrt. Das berührt auch Eigenschaften, die in der Regel nicht auf normalem Wege, d.h. durch den Intellekt oder über die Emotionen wahrgenommen werden. Die Menschen werden sich daher im Lauf der Zeit immer mehr der Geomantie bewußt werden. Das kann auch das Wissen um Wasseradern, Leylinien und die Wechselwirkungen von Magnetfeldern in der Erde einschließen. Diese Dinge sind schon sehr alt und wurden bereits in eure Zellstrukturen eingepflanzt. Ihr Ursprung liegt lange vor der Zeit der DNS-Implantate. Diese Einstimmung auf die grundlegenden Energieebenen der Erdstruktur wird von M67 übertragen.

Es wird auch zu einer intensiveren Einstimmung auf den Zweck allen Lebens kommen. Dies ist nichts Kompliziertes, sondern vielmehr ein Bewußtsein von Gott, der sich durch alles manifestiert. Man wird feststellen, daß es zu einer Würdigung des Versuches der Religionen kommen wird, dieses Prinzip zu manifestieren, und daß die Menschen bezüglich religiöser Dinge toleranter werden. Die Menschen werden sich der unterschiedlichen Auswirkungen der Religionen bewußter werden.

In diesem Sternhaufen existiert eine innere Matrix, die die ältesten Aufzeichnungen der Entwicklung des Universums enthält. Menschen, die diese Entwicklung studieren oder die eigentliche Beschaffenheit des Universums verstehen möchten, täten gut daran, dieses Elixier anzuwenden oder auf diesen Sternhaufen zu meditieren. M67 kann auch Individuen helfen, die die eigentliche Natur des Lebens verstehen möchten.

Dieser Sternhaufen ist möglicherweise förderlich für Menschen, die Blütenessenzen, Edelstein-Elixiere oder homöopathische Heilmittel herstellen, und von den zugrundeliegenden Prinzipien fasziniert sind. Damit meinen wir all jene, die nicht nur auf die Anwendungsmöglichkeiten der Schwingungsheilmittel schauen, sondern auch auf die Prinzipien, die ihrer Wirkung zugrunde liegen. Das kann zu den Ursprüngen des Lebens selbst führen, wo man erkennt, daß das Universum in seiner innersten Struktur auf Schwingungen aufgebaut ist.

DIE HYADEN
(in Taurus)

Der erdnächste Sternhaufen in 85-150 Lichtjahren Entfernung.

Die Energie dieses Sternhaufens tendiert dazu, sich im hellsten Stern, Theta 2 Tauri, zu fokussieren. Ein Teil der sichtbaren Leuchtkraft dieses Sterns beruht nicht auf dem Stern selbst, sondern darauf, daß die Energie des gesamten Sternhaufens auf ihn fokussiert ist. Diese inspirierende Energie kann in künstlerische, musische, tänzerische und literarische Arbeiten eingebracht werden. Man kann sie als zusätzliche Kraft zur Zivilisierung und zum Wachstum der Menschen verwenden. Diese inspirierende Energie kann in schwierigen Zeiten für Künstler und andere Menschen sehr effektiv sein, die das aufnehmen möchten, was energetisch vermittelt wird. Menschen, die künstlerischen Berufen nachgehen, aber eine Blockade spüren und einen extra Energieschub benötigen, um etwas überwinden zu können, bzw. einen neuen Gesichtspunkt benötigen, kann dieser Sternhaufen helfen. Auch wer direkte Informationen über eine Kunstform benötigt, die er unmittelbar anwenden kann, kann von den Hyaden profitieren. Dieser Sternhaufen liefert den Menschen bei Anwendung sofort Energie.

Die Hyaden können Menschen auf höhere Ebenen des künstlerischen Schaffens einstimmen. Dadurch verstehen sie möglicherweise mehr von den zugrundeliegenden Prinzipien, so daß sie sich selbst als Teil der Kunst empfinden, mit der sie sich befassen. Diese Energie kann Menschen helfen, die ihre Beteiligung an ihrem künstlerischen Bestreben als begrenzt erleben. Möglicherweise haben sie das Gefühl, daß ihre Beziehung zu ihrem Publikum oder die Gefühle, die sie während des künstlerischen Schaffens haben, unzureichend sind. Sie nehmen nicht wahr, daß sie an einem viel größeren Prozeß beteiligt sind: an der Übertragung von Energie aus höheren Ebenen in andere Menschen und Wesen hinein. Durch die Einstimmung auf den Vorgang der Kanalisierung künstlerischer Eingebungen werden alle Energien beschleunigt und verstärkt. Diese Verstärkung schenkt dem Künstler mehr Vertrauen und die Fähigkeit, sich innerlich leer zu machen, damit er die höheren Energien willkommen heißen kann. Das kann den künstlerischen Schaffensprozeß insgesamt beschleunigen.

OFFENER STERNHAUFEN M41
(in Canis Major)

Dieser Sternhaufen ist 2.100 Lichtjahre entfernt. Es handelt sich um mehrere hundert Sterne unterschiedlicher Art.

Die Wesen vom Sirius haben diesen Sternhaufen bei ihren Versuchen eingesetzt, Informationen zu empfangen und zu studieren, die für die Menschheit gefährlich sein könnten. Sie wollten auswerten, inwieweit diese Informationen für die Menschheit geeignet sind. Obwohl dieser Sternhaufen sehr weit entfernt ist, hat er genau die richtige Position, um diese Funktion zu erfüllen. Die Wesen, die Sternhaufen verwenden, um massive Berechnungen anzustellen, wissen, daß nur ein sehr geringer Teil dieser Informationen vom Sirius zur Erde durchsickern wird. Grundsätzlich ist es so, daß diese Dinge schon seit Jahrhunderten vom Sirius beeinflußt werden.

Das Meditieren auf diesen Sternhaufen bzw. die Einnahme dieses Elixiers wird den Menschen tendenziell die Fähigkeit verleihen, besser mit Technologie umgehen zu können und sich mit ihr wohler zu fühlen. M41 wird sie jedoch auch lehren, worauf sie ihre Aufmerksamkeit richten sollen und worauf nicht. Daher werden sie eine Vorliebe für bestimmte Gebiete der Technologie entwickeln und ganz intuitiv spüren, daß es sich nicht lohnt, andere Gebiete weiter zu verfolgen. Dies werden sie einfach wissen, ohne unbedingt Fakten zu zu kennen, auch wenn sie möglicherweise später auf diese Fakten stoßen werden.

Beim Einsatz eines Sternhaufens ist seine Entfernng von einer bestimmten Zivilisation nicht so sehr von Bedeutung wie der Winkelabstand zu den Wesen, die die Energie nutzen. Viele Berechnungen, für die die Wesen vom

Sirius Sternhaufen eingesetzt haben, befassen sich mit der Erde und ihren Bewohnern. Einige der Berechnungen haben damit zu tun, Gesuche zu erfüllen, die richtigen Informationen zu liefern, beim Channeling zu helfen oder Daten zu liefern, die sich um mögliche zukünftige Ereignisse drehen.

OFFENER STERNHAUFEN M46 (in Puppis)

500 Sterne in 5.400 Lichtjahren Entfernung.

Dieser Sternhaufen ist in lang vergangenen Zeiten für viele Zivilisationen ein Ort des Handels und der Zusammenkünfte gewesen. Die Zivilisationen, die dort gelebt haben, kamen lange Zeit in den Genuß inspirierender Kommunikation mit vielen Wesen. Das hat ihre eigene Entwicklung enorm voran-getrieben. Viele der Wesen dort sind zu sehr kraftvollen höherdimensionalen Ebenen aufgestiegen und waren an Befruchtungen in weitentfernten Galaxien beteiligt.

Sie haben in ihrem Sternhaufen eine Energie zurückgelassen, die auf Menschen sehr ermutigend und kräftigend wirkt. Sie kann sich als Fähigkeit bemerkbar machen, Informationen aus anderen Kulturen oder aus Bereichen zu integrieren, die sehr anderes zu sein scheinen als die, mit denen die Menschen im allgemeinen zur Zeit arbeiten. Zum Beispiel könnte ein Musiker nun ein Aspekt aus einem völlig anderen Bereich absorbieren und verstehen, z.B. etwas aus der Chemie. Eine gegenseitige Befruchtung mit Ideen könnte sehr viel intensiver sein.

Die Energie dieses Sternhaufens wird Menschen helfen, die mit Formen der Unterhaltung zu tun haben, die als Zweitfunktion Menschen auch Gelegenheiten bieten, sich kennenzulernen und sich auszutauschen. Wer sich mit Networking beschäftigt, wird ebenfalls von der Energie dieses Sternhaufens profitieren. Solche Menschen können zuversichtlich sein, daß sie zur richtigen Zeit am richtigen Ort sind, um die richtigen Menschen zusammenbringen zu können, damit diese lernen können, umsichtig miteinander umzugehen. Die besagte Energie kann sich auf diese Vernetzungsarbeit inspirierend auswirken, so daß den Menschen geholfen wird, in Harmonie und Schönheit zusammenzuarbeiten.

Einige der Energien, die die frühe kulturelle Entwicklung in Japan gefördert haben, wurden von diesem Sternhaufen verstärkt. Die Isolation und die Notwendigkeit, mit geringsten natürlichen Ressourcen auszukommen, führten schließlich zu den Grundsätzen der Harmonie und der Kooperation. M46 wird die Menschen unterstützen, die den japanischen Lebensstil besser verstehen möchten und lernen wie dieser Lebensstil zur Zeit die Welt beeinflußt.

OFFENER STERNHAUFEN M47
(in Puppis)

45 helle Sterne in 1.600 Lichtjahren Entfernung.

Mehrere dieser Zivilisationen haben sich im Lauf der Zeit zu sehr mächtigen Führern anderer Zivilisationen entwickelt. Sie machten sich die Nähe zu anderen Sternen zunutze, um computerähnliche Matrizen zu bilden, die andere Sternsysteme beeinflußten. Dieser Sternhaufen ist einer der computerähnlichen Matrizen, die heute noch für andere Zivilisationen wertvoll sind.

Zu den Fähigkeiten, die dieser Sternhaufen übertragen kann, gehören auch eine tiefe Verehrung des Lebens und die Fähigkeit, förderlich auf die Lebensfunktionen einzuwirken. Menschen, die mit Devas arbeiten möchten, könnten zu außergewöhnlich guten Übermittlern dieser Fähigkeiten werden. Die Energie dieses Sternhaufens ist besonders in der Landwirtschaft für die richtige Verwertung der Nährstoffe im Boden und zur Förderung der Assimilation der Nährstoffe bei den Pflanzen gut. Sie kann die Fähigkeit verleihen, Mischrassen, Hybriden oder neue Pflanzenformen zu entwickeln.

Man kann das Elixier dieses Sternhaufens Nährstoffgemischen für Pflanzen beimengen, besonders solchen mit einer organischen Grundlage, z.B. Jauche oder Kelp-Mischungen. Die Pflanze vermag die Nährstoffe dadurch besser aufzunehmen – besonders wenn Menschen dieses Ziel visualisieren.

Diese Energie spielt noch in anderen Bereichen eine Rolle. Der Sternhaufen ist von vielen Zivilisationen benutzt worden, die andere Zivilisationen befruchtet haben. Die Informationen, die sie benötigten, um die Befruchtungen durchzuführen, stammten von anderen Rassen sowie von ihnen selbst, ihrer Wissenschaft, ihrer Liebe und ihrem eigenen Verständnisvermögen. M47 bewahrt viele Informationen darüber auf, wie solche Befruchtungen vonstatten gehen. Wer von diesem Befruchtungsvorgang fasziniert ist, täte gut daran, diesen Sternhaufen einzusetzen. M47 wird hauptsächlich in der Zukunft der Menschheit Anwendung finden, wo es darum gehen wird, die höchsten menschlichen Fähigkeiten auf andere Zivilisationen zu übertragen.

OFFENER STERNHAUFEN NGC 6231
(in Scorpio)

Dieser 5.700 Lichtjahre entfernte Sternhaufen ist hell genug, um mit bloßem Auge wahrgenommen zu werden. Er enthält viele sehr helle Übergiganten.

Dieser Sternhaufen ist eine mächtige magnetische Matrix, die vielen anderen Sternsystemen Energie entzieht, sie umwandelt und die Energie dann wieder ins Universum fließen läßt. Das Elixier kann Menschen helfen, die mehr über Magnetismus, magnetische Grundprinzipien oder über die wirkliche Natur des Äthers verstehen wollen. Es läßt sich zusammen mit Schwingungsmitteln oder Techniken verwenden, die Energie aus dem Ätherkörper in den physischen Körper bringen. Man kann es bei Menschen einsetzen, die den vom Menschen selbst generierten Magnetismus besser verstehen möchten. Dabei handelt es sich um einen magnetischen Strom, der die Wirbelsäule auf und ab sowie von einer Gehirnhälfte zur anderen und zurück fließt.

Dieser Sternhaufen kann einem helfen, sich auf den Kern einer Idee einzustimmen, indem man sie in eine klarere und eindringlichere Form bringt. Wenn das geschieht, kommt es normalerweise zu einer Veränderung der Einstellung zum Kerngehalt der Idee und wie sie zur Anwendung gebracht werden kann. Diese veränderte Fähigkeit wird auf andere Dinge übergehen, wodurch sie eher in der Lage sind, etwas zu dieser einen zentralen Idee beizusteuern. Besonders für Menschen, die sich mit Wissenschaft oder Medizin beschäftigen, kann dies hilfreich sein, denn dort ist Theorie ein wichtiger Bestandteil des Prozesses. Der Sternhaufen übermittelt unter anderem die Fähigkeit, diese Theorie durch eine Kondensation der Ideen und der damit einhergehenden Klärung derselben zugänglicher zu machen.

Mit Hilfe dieses Elixiers werden sich einige Menschen ihres Herzens bewußter werden. Möglicherweise hören sie ihren Herzschlag oder erfahren ihn auf einer tieferen körperlichen Ebene. Es geht dabei weniger um Bereitstellung von Liebesenergien, sondern eher darum, den Menschen den zentralen Brennpunkt der Aufmerksamkeit ihres Körpers bewußt zu machen. Das kann besonders für Menschen wertvoll sein, die sich aus ihrer Mitte geworfen fühlen oder sich des Wesens ihres Herzens und seiner Aufgaben nicht bewußt sind. Wer Schwierigkeiten hat, Liebe zum Ausdruck zu bringen oder zu empfangen, wird die Energie dieses Sternhaufens ebenfalls spüren. Solche Menschen haben möglicherweise Probleme dabei, sich in bezug auf andere eine liebevolle Energie vorzustellen oder zu visualisieren.

ROSETTENNEBEL IN MONOCEROS

Dieser Nebel umgibt den offenen Sternhaufen NGC 2244. Er ist 5.200 Lichtjahre entfernt und hat einen Durchmesser von 93 Lichtjahren. Von zwei hell leuchtenden Sternen des Haufens gehen starke stellare Winde aus.

Diese interessante Struktur entstand vor langer Zeit, als die Hauptzivilisation störend auf die Sterne einwirkte. Dieser Eingriff führte zur Freisetzung einer enormen Menge an Energie. Die Intensität dieser Energie wurde durch die koordinierten Bemühungen von 171 Zivilisationen in mehreren Galaxien reduziert, die ihre Aufmerksamkeit und Zeit für einen Zeitraum von circa 200 Erdjahren auf dieses Gebiet richteten. Das Ganze hat Ähnlichkeit mit den

Folgen, die der häufige Gebrauch von Atomwaffen auf der Erde hätte. Viele Schwierigkeiten wurden dadurch verursacht, daß diese Art von Zerstörung eine so dramatische Veränderung in der eigentlichen Beschaffenheit von Zeit und Raum selbst verursachen konnte, was sogar dazu führte, daß die Sterne mächtige destruktive Energien ins Universum freisetzten.

Die Zivilisationen, die sich mit der Erde auseinandersetzen, wissen teilweise durch ihre Beobachtung dieser Zerstörung und Energiekonzentration, daß es sehr wichtig ist, einen derartigen Gebrauch von Atomwaffen in Zukunft zu verhindern, damit es in diesem Teil der Milchstraße nicht auch zu einer so massiven Zerstörung und einer so großen Veränderung des Raumes kommt. Die Überreste einer derartigen Zerstörung sind hier im Rosettennebel zu sehen.

Die Zivilisationen, die daran beteiligt waren, die negativen Auswirkungen der Zerstörung zu reduzieren, versuchten, den überlebenden Seelen etwas über sich selbst und andere Wesen beizubringen, ohne daß sich die Überlebenden in der dritten oder vierten Dimension inkarnieren mußten. Dies war schwierig, aber nötig, da die Bewohner dieses Gebietes weiterhin zu diesem Teil des Raums eine Beziehung hatten, sich durch den großen stellaren Streß aber nicht mehr dort manifestieren konnten. Folglich haben sich diese Zivilisationen etwas einseitig entwickelt und sollten mehr über die Eigenschaften der Liebe lernen, mit denen die Menschheit arbeitet. Die betroffenen Wesen sind daher bemüht, der Erde hin und wieder zu helfen, indem sie ermutigende Energien, Freude und vor allem Furcht vor nuklearen Waffen zur Erde projizieren. Das soll die Wahrscheinlichkeit erhöhen, daß Menschen auf der Erde überleben.

Zu den Individuen, die von der Einnahme des Elixiers dieses Sternhaufens profitieren würden, zählen diejenigen, die etwas mehr über das tatsächliche Zerstörungspotential dieser Waffen erfahren möchten, und die ihre Verwendung in vergangenen Zeiten, z.B. in Atlantis und in anderen Sternsystemen, verstehen möchten. Wer gerne wissen möchte, wie Atomwaffen auf dem Planeten als Symbol und als vereinende Kraft für alle Wesen wirken können, täte gut daran, das Elixier des Rosettennebels einzunehmen.

Die hellen Sterne innerhalb des Sternhaufens fokussieren die Energie. Sie senden auch ein warnendes Signalfeuer aus, das für Wesen gedacht ist, die nicht leicht von der drei- und vierdimensionalen Ebene aus in höherdimensionale Realitäten gelangen können. Es ist äußerst belastend und sehr problematisch, auf der drei- und vierdimensionalen Ebene in diesem Teil des Universums zu existieren, ja für jegliche Zivilisationen fast unmöglich. Diese Energien warnen die Wesen, damit sie auf höherdimensionale Ebenen gehen. Erdbewohner, die verstehen möchten, wie freigesetzte Strahlung ihnen bei der Transformation zu höheren Dimensionen helfen kann, würden gut daran tun, dieses Elixier anzuwenden. Möglicherweise ist es für Menschen schwer, dies mit ihrer Angst vor Strahlung zu vereinbaren. Sowohl die Wertschätzung bzw. Faszination des Vorgangs der Strahlung als auch die Angst vor Strahlung, die für Menschen schädlich ist, sind sehr wohl begründet. Dieses Elixier oder die Meditation auf diesen Bereich des Universums kann in gewissem Umfang für eine Versöhnung dieser beiden unterschiedlichen Vorstellungen sorgen.

Dieser Sternhaufen ist einer der Orte, zu denen man auch durch Astralreisen gelangen kann. Die stellaren Winde in diesem Gebiet bewirken an sich bereits eine leichte Anziehung, und die meisten Individuen, die hin und wieder mit Astralreisen experimentieren, begeben sich an solche Orte, um Erfahrungen zu machen.

Klasse III: Nebel

DER GROSSE ORIONNEBEL M42

Dies ist der hellste Nebel. Er ist 1.600 Lichtjahre entfernt, sein Durchmesser beträgt 30 Lichtjahre, und er besitzt mehrere kleinere Begleiter.

Diese Gruppe von Nebeln ist in einem gewissen kosmischen Sinn eine Familie. Die Entwicklung multidimensionaler Kommunikation und die Fähigkeit, mit allen möglichen Arten kraftvoller Gedankenformen aus vielen Zivilisationen zu arbeiten, entsprang der kreativen Seite dieser Wesenheit. Der Große Orionnebel hat diese Energie dazu verwendet, die ihn begleitenden Nebel zu erschaffen, die man als seine Töchter und Söhne betrachten kann. Dies setzt für andere Galaxien ein Beispiel, da es zeigt, daß es möglich ist, aus vielen Gedankenformen die höchsten und besten in sich aufzunehmen, sie zu vereinheitlichen und dann auf einer multidimensionalen Ebene den höchsten kreativen Grundgedanken aus ihnen zu extrahieren.

Dieses Wesen hatte in den vergangenen 12.000 Jahren eine schwierige Aufgabe zu erfüllen. Es nimmt von einer gewissen Anzahl von Zivilisationen Energien auf, deren Bestimmung es nicht zu sein scheint, den evolutionären Schritt vom Körperlichen zum Spirituellen zu vollziehen. Es arbeitet auch mit Energien von vielen Wesen, die sich tatsächlich vom Materiellen zum Spirituellen entwickeln. Diese Wesenheit ist in der Lage gewesen, aus all dem essentielle Lebensprinzipien zu extrahieren, die auf dem Wunsch basieren, zu wachsen, sich zu verändern und bewußter zu werden.

Wer auf diesen Nebel meditiert oder das Elixier einnimmt, wird verstärkt in der Lage sein, Veränderung zu integrieren und aus verschiedenen, sogar negativen Gedankenformen Aspekte zu extrahieren, die wertvoll und nützlich sind. Dies wird sich jedoch von Person zu Person unterscheiden.

Zu diesem Nebel gehört auch eine Energie, die auf einer sehr tiefen Ebene unterstützend und lebensspendend ist. Diese lebensspendende Energie befindet sich weit jenseits der gewöhnlichen Ebenen organisch gebundener molekularer Strukturen, die so unzertrennlich mit der menschlichen Existenz verbunden sind. Die Struktur der DNS und die körperliche Materie bestehen aus Kohlenstoff, Sauerstoff und Wasserstoff. Diese Elemente stehen auf Schwingungsebene damit in Zusammenhang, wie ihr die Energien der Schöpfung, des Teilens, des Lebens, der Kunst und der Musik wahrnehmt und mit ihnen arbeitet. Die Natur des Menschseins beruht sehr stark auf den Elementen, aus denen die Zellen bestehen. Der Große Orionnebel erzeugt Energien, die weit jenseits der Ebene liegen, auf der Energie an irgendeine spezielle Substanz gebunden ist.

Der Große Orionnebel kann sehr wertvoll sein, wenn du eine kreative Energie vermitteln willst, die die Grenzen deiner künstlerischen Mittel überschreitet. Dies kann dir helfen, diese spezielle Kunstform zu verstehen und zur kreativen Essenz vorzudringen. Welche Folgen das haben wird, läßt sich nicht vorhersagen, denn eine Energie, die dir normalerweise nicht zur Verfügung steht, wird über den Weg des geringsten Widerstandes in deinem Wesen Ergebnisse hervorbringen. Dieser Weg könnte dich sehr überraschen. Der Nebel ist auch sehr wertvoll, wenn es um überraschende Erkenntnisse und ungewöhnliche Gesichtspunkte geht.

DER RINGNEBEL M57 (in Lyra)

1.900 Lichtjahre entfernt, mit sehr heißem Zentralstern. Zweifach ionisierter Sauerstoff gibt diesem Nebel eine grüne Farbe.

Wenn im dreidimensionalen Raum ein Elektronenfluß magnetische Felder hervorruft, sind Ringe eine charakteristische Erscheinung. Im Ringnebel befindet sich ein stark pulsierendes magnetisches Feld, das die starken Energien erzeugt, die als zentraler Stern wahrgenommen werden. Diese Energien pulsieren in kraftvollen Rhythmen, die sich bis in die ätherischen und feinstofflichen Dimensionen erstrecken. Sie können auch in direkte Wechselwirkung mit dem eisenhaltigem Material auf der Erde treten. Der größte Teil der eisenhaltigen Materialien und der magnetischen Substanzen auf der Erde empfangen Informationen von diesem Nebel durch leichte Permutationen ihrer molekularen Spin-Geschwindigkeiten. Es handelt sich dabei um eine ätherische Energie, die im Umkreis von etwa einer Million Lichtjahren um die Zentralsonne dieses Nebels eisenhaltige Materie beeinflußt.

Diese physikalische Unterstützung stellt einfach eine Methode der Schwingungsübertragung dar. Die Fähigkeit, verschiedene Bewußtseinsaspekte in menschliche und andere Wesen zu übertragen, ist eine wichtige Funktion und eine wesentliche Absicht des Ringnebels. Er fungiert auch als Ideenspeicher. Wenn man das Elixier des Nebels zu sich nimmt oder über ihn meditiert, kann man historische Informationen empfangen, tiefe Erkenntnisse über althergebrachte kulturelle Umgangsformen haben und vergangene Kulturen verstehen – z.B. die Zusammenhänge von Kulturen verstehen oder erkennen, wie diese Kultur zur letztendlichen Vervollkommnung der Menschheit beigetragen hat. Die Eigenschaften dieses Nebels wirken sich auf signifikante Weise auf die kleinsten Mengen von Substanzen aus, die auf Eisen basieren, z.B. auf das Hämoglobin. Diese können auf positive Art durch Bewußtmachung und Visualisation des Kreislaufs beeinflußt werden. Der Einsatz des Ringnebels fördert das Verständnis und beschleunigt viele Formen des Arbeitens mit magnetischen Resonanzphänomenen aller Art, wozu auch solche zählen, die nichts mit eisenhaltigen Substanzen zu tun haben. Dies hilft Menschen, die zu Heilungszwecken mit Mineralien arbeiten, und fördert die Arbeit mit jeder Art von Visualisation, bei der dem Kreislauf eine große Bedeutung zukommt. Menschen, die sich mit Bergbau beschäftigen, können diesen Nebel einsetzen, um sich auf Eisenvorkommen einzustimmen.

Diese Energien werden in Zukunft auf vielerlei Art genutzt werden. Da das Wesen dieses Nebels Raum und Zeit transzendiert, kommt es ganz automatisch zu einer Verbindung zwischen diesen magnetischen Resonanzphänomenen in der Erde und dem unglaublichen und unermeßlich komplexen Informationsspeicher des Nebels. Er stellt ein wichtiges Element dessen dar, was wir manchmal als unseren kosmischen Computer bezeichnet haben.

Der Nebel fungiert als Informationsspeicher für die Zukunft der Menschheit. Viele der Entwicklungen im Zentrum dieses tiefen und wunderschönen Himmelsobjekts finden in Bereichen statt, die weit über die Grenzen der Gravitation und der Temperatur hinausgehen, derer ihr euch bewußt seid. Daher kann dieses Elixier auch eingesetzt werden, um die Zukunft zu verstehen. Es wird die Wahrnehmung von Möglichkeiten und Wahrscheinlichkeiten bezüglich des Verlaufes der Dinge fördern. Wer mit diesem Nebel arbeitet, könnte Visionen von tiefgreifenden Veränderungen in der Zukunft haben.

Die Wesen von M57 unterscheiden sich sehr von allem, was ihr gewöhnt seid. Da sie mit dem Nebel selbst verwoben und verflochten sind, ähneln sie einem lebendigen Organismus, doch sie sind nicht so voneinander getrennt wie individuelle, körperzentrierte Geschöpfe. Das Bewußtsein aus diesem Nebel kann jedoch Einsichten und Betrachtungen zum Weg der Menschheit bieten, die einem völlig anderen Kontext entspringen als der, den ihr normalerweise verwendet.

DER TRIFIDNEBEL M20
(in Sagittarius)

2.000 Lichtjahre entfernt.

Man könnte diesen Nebel als Tochter eurer Galaxie betrachten, wenn man versuchen wollte, die Beziehung zwischen beiden mit menschlichen Begriffen auszudrücken. Die mit diesem Nebel verbundenen Energien entspringen unterschiedlichen Zivilisationen. Viele dieser Wesen haben mit interdimensionalem Transfer zu tun. Ihr multidimensionales Bewußtsein und dieser Transfer nährt sie. Der Prozeß der Veränderung hilft ihnen, ihr Bewußtsein zu erweitern und zu expandieren. Diese Eigenschaft ist es, die den Wesen zur Verfügung steht, die mit dem Elixier dieses Nebels arbeiten möchten. Es hilft schon, sich diesen Nebel nur vorzustellen. Seine große Schönheit steht symbolisch für den Transfer zwischen den drei grundlegenden Daseinsbereichen der Menschheit: Körper, Geist und Seele.

Wer mit dem Elixier arbeitet oder auf den Nebel meditiert, kann sich seiner Fähigkeit zur Transformation durch die Erkenntnis bewußter werden, daß Veränderung an sich lebensspendend ist. Möglicherweise ist das Wesen dadurch eher in der Lage, die Art und Weise zu verändern, wie es sich und andere wahrnimmt. Dies bedeutet nicht unbedingt, daß Veränderungsvorgänge leichter werden oder schneller vonstatten gehen, sondern daß die Menschen mehr in den Genuß der lebensspendenden Energie der Veränderung kommen. Wenn sie dieses Verständnis von Veränderung bekommen, fühlen sie sich eher ganz. Unter dem Einfluß dieses Nebels werden sie sich durch das, was sie gelernt haben, in ihrem Wachstum gefördert und gestärkt fühlen. Dies ist eine Möglichkeit, wie man den Vorgang der Veränderung tiefer in sich aufnehmen und in eine brauchbare Form bringen kann.

DER HANTELNEBEL M27
(in Vulpecula)

Dieser 3.500 Lichtjahre entfernte Nebel ist einer der hellsten Nebel in der nördlichen Hemisphäre, und in seiner Mitte befindet sich ein heißer Zentralstern. Er scheint sich unter merklichen Turbulenzen auszudehnen.

Die Energien dieses Nebels haben sich erst kürzlich verändert. Sehr wahrscheinlich wird diese Veränderung innerhalb der nächsten paar hundert Jahre von Astronomen und anderen Wissenschaftlern beobachtet werden. Die veränderten Energien führen dazu, daß sich die beiden gegenüberliegenden Enden dieser Struktur verdrehen. Das eine Ende dreht sich im Uhrzeigersinn, das andere gegen den Uhrzeigersinn. Tendenziell wird dieser Vorgang den Druck erhöhen, so daß zusätzliche Energien mit dem hellsten Stern in der Mitte in Resonanz treten. Die Tatsache, daß es zwischen den

Wesen hier zu einer gegenseitigen Stärkung kommt, wirkt sich auch auf die Struktur selbst aus. Die Wesen haben eine Form der Kommunikation gefunden, die die unterschiedlichen Formen der Telepathie und andere euch bekannten Methoden übertrifft. Diese Wirkung kommt jedoch nicht der gesamten Struktur zugute.

In der Umgebung des Hantelnebels gibt es gewisse Sternsysteme, die sich etwa auf der gleichen Bewußtseinsebene befinden wie die Erde. Aus diesen Grund können die Menschen durch Einnahme des Elixiers dieses Nebels ein Gefühl für ihre evolutionäre Bestimmung bekommen und verstehen, was mit der Zivilisation der Erde als nächstes geschehen wird.

Dieses Verstehen der evolutionären Bestimmung ist die wichtigste Botschaft, die von dieser prachtvollen Struktur übermittelt wird. Das liegt daran, daß die gemeinsamen Energien der Sterne und Wesen zur Zeit mehr auf ihre eigenen Aufgaben gerichtet sind. Es ist wahrscheinlich, daß diese Arbeit innerhalb der nächsten 2.000 Jahre beendet sein wird. Dann wird eine mächtige Energie erzeugt werden, die sehr viel Liebe zwischen dem Hantelnebel und der Milchstraße freisetzen wird. Wenn das geschieht, wird die Menschheit möglicherweise einen Sprung in ihrer eigenen Entwicklung machen, damit sie ihre Liebesenergien fortan den anderen Galaxien kommunizieren kann.

Gegenwärtig haben die Energien dieses Nebels etwas damit zu tun, einen Einblick in die Zukunft der Menschheit zu geben, damit die Einstimmung auf die Evolution der Menschheit leichter fällt. Fehler, die sich unter Umständen aus einer falschen Anwendung technologischer Geräte ergeben könnten, können so möglicherweise vermieden werden, verschiedenen neuen sozialen Vorstellungen wird Vorschub geleistet, und möglicherweise werden ökonomische Veränderungen vorhergesehen.

Die Energien des Nebels strahlen in einem Rhythmus aus, dessen Frequenz wahrscheinlich in den nächsten paar hundert Jahren steigen wird. Eine der Energien hat erst vor kurzem einen Höchstwert erreicht. Sie hat inspirierende Energie für die sich auf der Erde neu bildenden ökonomischen Systeme in den ehemals kommunistischen Ländern hinterlassen, besonders in der Sowjetunion. Was nun mit ihr geschehen wird, wie die Vision weitergegeben wird, hängt von der Menschheit ab. Doch es wird wahrscheinlich noch eine weitere ähnliche Vision etwa sechs Jahre und zwei Monate nach dem 10. Mai 1991 übermittelt werden, als sich diese letzte Energieexplosion ereignete (Diese Durchsage von Hilarion stammt aus dem Jahre 1990. A.d.Ü.). Die nächsten werden dann wahrscheinlich in fünf Jahren und elf Monaten und dann wieder in fünf Jahren und sechs Monaten folgen. (Ihr könnt daran schon die steigende Pulsfrequenz erkennen.) Dieses Pulsieren könnte im Lauf der Zeit sogar als Pulsieren einer Röntgenquelle identifiziert werden. Allerdings deckt es sich einfach nur mit dem Pulsieren von Energie in einer speziellen Frequenz und Intensität, die das Bewußtsein auf vielen Ebenen innerhalb des Nebels steigern soll. Dieses Pulsieren richtet sich nach wie vor an alle Wesen, um sie in ihrer eigenen Entwicklung zu ermutigen.

KREBSNEBEL M1
(in Taurus)

Dieser 4.500 Lichtjahre entfernte Nebel ist der Überrest einer Supernova, die in China im Jahre 1.054 beobachtet wurde. Ein mit hoher Geschwindigkeit rotierender Pulsar im Zentrum emittiert alle 0,033 Sekunden Radiowellen, leichte Röntgenstrahlung usw.

Der Stern selbst wurde bei dieser Supernova-Explosion zerstört, jedoch wurden viele seiner Eigenschaften übertragen. Wenn du stirbst, gehst du in eine andere Seinsform über. Das tust du losgelöst von Reinkarnation, denn alle Wesen sterben irgendwann einmal, manchmal mit vollem Bewußtsein, manchmal ohne. Die vorrangige Eigenschaft, die durch das Elixier oder durch Meditation auf den Krebsnebel vermittelt wird, ist diese Transformation des Bewußtseins, die Fähigkeit, loszulassen und den wirklichen Sinn des Todes als Übergang zu verstehen und zu würdigen.

Es wird auch zur Fähigkeit kommen, Erlerntes auf die eigenen Kinder zu übertragen oder in schriftstellerischen Werke auszudrücken. Wissenschaftler möchten sicherlich sehen, daß ihre Theorien fortgeführt werden, Musiker möchten ihre Stücke aufgeführt haben, und Maler wollen, daß man sich in Zukunft ihre Bilder anschaut. Durch diesen Nebel versteht man unter Umständen die Suche nach Unsterblichkeit jenseits von Raum und Zeit besser. Bei vielen Menschen wird auch die Fähigkeit steigen, sich auf die Zukunft vorzubereiten durch Niederschrift eines Testaments, durch Herausfinden, wie Dinge vererbt werden sollen, auf welche Weise eine Vormundschaft eingerichtet werden kann. Dies sind Beispiele für weltliche Angelegenheiten, die den emotionalen Unterbau dieses Prozesses darstellen und die der Krebsnebel den Menschen zugänglicher macht.

Der Unterschied zu anderen Supernovas liegt in dem entstandenen Pulsar. Er vermag Menschen auch beim Vorgang der Manifestation zu unterstützen. Während sie also über das Ende dieses Lebens kontemplieren, richten sie auch automatisch ihre Aufmerksamkeit auf das nächste. Das gilt nur für diejenigen, die in den Vorgang der Reinkarnation verstrickt sind, da die aus anderen Zivilisationen stammenden Wesen selten etwas damit zu tun haben. Sind sich die Menschen – während sie z.B. ein Testament schreiben oder über ihre Hinterlassenschaft nachdenken – des Reinkarnationszyklus bewußt sein, sollten sie sich auch darauf vorbereiten, Energie in eine neue Form zu übertragen.

Zwischen der Frequenz dieses Pulsars und dem Zeitbewußtsein besteht ein natürlicher Zusammenhang. Die hohe Pulsationsgeschwindigkeit erzeugt ein Bewußtsein, das sich auf den Inkarnationsvorgang auswirkt. Möglicherweise ist in der Vergangenheit jemand gestorben, den du konntest. Viele Jahre später hast du vielleicht anders über diese Person gedacht. Möglicherweise hast du dich ohne frühere emotionale Befangenheiten und Einschränkungen an ihn oder an sie erinnert. Nun beginnst du zu erkennen, daß es sich dabei um Anzeichen für die Bereitschaft der Person handelt, sich zu inkarnieren. Wenn du das Elixier eingenommen hast oder auf den Nebel meditierst, kannst du über die betreffende Energie nachdenken und sie bewußt einladen, sich auf eine Art zu manifestieren, die du erkennen wirst. Diese Person könnte sich möglicherweise als dein Kind oder als Kind eines Freundes, oder du wirst sie einfach kennenlernen. Du kannst anschließend noch ein wenig von deiner Energie in diesen Vorgang legen, indem du darum bittest, daß er dir noch bewußter sein möge. Biete deine Hilfe auf jede erdenkliche Weise an. Du wirst nicht viel Energie aufwenden müssen, um diesen Vorgang zu beeinflussen, und wirst keinerlei Schaden dadurch nehmen. Sehr wahrscheinlich wirst du jedoch den ganzen Vorgang sehr wertschätzen können und fähiger sein, dieses Wesen zu erkennen, wenn ihr euch begegnet, nachdem er oder sie sich inkarniert hat.

DER LAGUNENNEBEL M8
(in Sagittarius)
4.500 Lichtjahre entfernt.

Hierbei handelt es sich um eine großartige Ansammlung von Zivilisationen, die einfache Ideen integriert und in eine klare Form gebracht haben. Sie befassen sich eher mit der Schöpfung anderer Galaxien, Zivilisationen und Bewußtseinsstufen als mit der Erde. Die mit dem Lagunennebel in Verbindung stehenden Zivilisationen fungieren als wundervolles Schwingungsbeispiel für eine Zusammenarbeit, durch die unterschiedliche Ideen, Gesichtspunkte und Lebensstile in angemessener Weise integriert werden können. Diese Energie kann inspirierend auf Menschen wirken, die gerne in einer Gemeinschaft leben möchten.

Der Lagunennebel hat sich zum Zweck der Schaffung von Gemeinschaften, die die gegenwärtige Realität transzendieren, sanft auf die Erde eingestimmt. Im Augenblick dreht es sich dabei hauptsächlich um Gemeinschaften, die auf gegenseitigem Dienen und nicht auf Geld aufbauen. Mit der Zeit wird die Energie dies transzendieren und Gemeinschaften auf Schwingungsbasis stärker fördern als solche, die auf Dienen aufbauen. Und letztendlich wird die

Energie auch diesen Zustand transzendieren, um Gemeinschaften hervorzubringen, deren Grundlagen interdimensional sind. Die Verwendung des Lagunennebels kann Menschen helfen, die verstehen möchten, wie große Gemeinschaften entstehen können, die sich zur höchstmöglichen Stufe entwickeln.

DER SATURNNEBEL NGC 7009
(in Capricornus)

3.000 Lichtjahre entfernt.
Leuchtend grüne, ovale Form.

Drei der Zivilisationen, die in diesem Teil des Universums existiert haben, haben auf unterschiedliche Weise mit Licht und Farbe gearbeitet. Sie haben eine Technik entwickelt, wie man das angemessene Licht mit vielen sich entwickelnden Zivilisationen im ganzen Universum teilen kann. Sie haben grüne Farbe zur Erde projiziert, um das Herz und die Fähigkeit zu stärken, Trauer und Verluste loszulassen. Grün kräftigt das Immunsystem, erhöht die Fähigkeit des Herzens, liebevolle Informationen von anderen Menschen aufzunehmen und zu integrieren, und fördert Methoden des Teilens von Informationen und Ressourcen. Man kann den Saturnnebel auch einsetzen, um sich von Suchtstrukturen zu lösen. Seine Energie wirkt stärkend auf viele Dinge, die für die Entwicklung der Menschheit von größter Bedeutung sind. Der Nebel besitzt viele Eigenschaften, doch wird durch absichtliches Filtern nur das durchgelassen, was die Menschheit am meisten benötigt. Dazu gehört auch das neue Bewußtsein eines umfassenderen Mitgefühls unter Menschen. Wer in sich und anderen dieses umfassendere Mitgefühl erwecken möchte, täte gut daran, dieses Elixier zu verwenden.

Es wäre auch vorteilhaft, dieses Elixier mit Apophyllit und Smaragd zu mischen, teils wegen der grünen Farbe, teils wegen der mit diesen Steinen verbundenen Symbolik.

Klasse IV: Kugelsternhaufen

KUGELSTERNHAUFEN M3
(in Bootes)

100.000 Sterne in 35.000 Lichtjahren Entfernung. Viele dieser Sterne sind Veränderliche.

Mit diesem Kugelsternhaufen hängen eine Reihe von Zivilisationen zusammen. Diejenigen, die ihre Aufmerksamkeit auf die Erde gerichtet haben, werden auf äußerst bedeutsame Weise mit persönlichen Energien von Menschen arbeiten. Dies hat mit dem Verständnis der kreativen Zyklen im Menschen zu tun. Die Arbeit mit diesem Sternhaufen stellt eine Möglichkeit dar, mit kreativen Energien zur richtigen Zeit und am richtigen Ort arbeiten zu können. Auf einer tieferen, spirituellen Ebene kann ein Bewußtsein der zyklischen Natur aller Lebensformen auftreten. Wenn diese inneren Zyklen gewürdigt werden, kann es zu einem sehr kraftvollen Bewußtsein und Verstehen der wahren Natur des Lebens selbst kommen.

Die scheinbare Veränderlichkeit der Sterne beruht darauf, daß einige der Wesen mittels Gedankenformen mit dem Licht dieser Sterne arbeiten können, so daß dieses Pulsieren entsteht, das die Individuen an die Möglichkeit erinnern soll, sich auf die besagten inneren Zyklen einzustimmen. Solltest du an diesen Ort reisen, wirst du feststellen, daß viele der scheinbar veränderlichen Sterne in Wirklichkeit von einigen der dort lebenden Wesen in Schwingung versetzt werden, um sie als Energie-Netzwerke zu verwenden. Diese Energien werden für die Entwicklung ihres eigenen Bewußtseins und Verstehens eingesetzt.

An einem solchen Ort unterscheidet sich die Natur des Göttlichen sehr stark von dem, was euch hier bewußt ist. Es herrscht ein Gefühl tiefer Verehrung allen Lebens, welches für die Wesen in der Milchstraße unbegreiflich wäre. Diese Verehrung kann teilweise über den Atemzyklus auf Menschen übertragen werden. Wenn man auf dieses Himmelsobjekt meditiert, sich seiner bewußt ist, während man es durch ein Teleskop betrachtet ,oder auf einem Photo sieht oder wenn man das Elixier eingenommen hat, kann das Bewußtsein des eigenen Atmens sehr behilflich sein, das Verständnis von Zyklen entstehen zu lassen.

KUGELSTERNHAUFEN M5
(in Serpens)

Ein 10 Milliarden Jahre alter Kugelsternhaufen in 27.000 Lichtjahren Entfernung, zu dem 500.000 Sterne gehören.

Im Zentrum dieses Sternhaufens existiert ein mächtiges Tor, das als Transferstelle in eine Vielfalt von Galaxien dient. Dies ist eine wichtige transformative Energie für die Evolution vieler Galaxien, incl. der Milchstraße (und daher auch der Erde). M5 ist ein Ort, in dem sich das Bewußtsein entwickelt hat, aus dem später das Zentrum der Galaxis wurde. Dieses Wesen hat sich auf eine Art entwickelt, die sich sehr von dem euch bekannten Bewußtsein unterscheidet. Die ursprünglich mit diesem Ort zusammenhängenden Energien sind über die meisten Galaxien zerstreut worden, mit denen sie in Verbindung stehen, doch kehren sie häufig in unterschiedlichen Formen zum Zentrum dieses Sternhaufens zurück.

Eine Energiewelle wandert in einer komplexen Reihe von Bewegungen durch diesen Sternhaufen. Dazu nimmt sie Energien der unterschiedlichen

Sterne auf, während diese ihre Helligkeit und ihr Bewußtsein verändern, dann strömt sie zurück ins Zentrum. Es gibt in der Evolution einer Galaxie Zeiten, in denen es für sie notwendig ist, mit anderen Galaxien zu kommunizieren und sich ihrer Beziehung zu den anderen Galaxien bewußt zu werden. Der Hauptzweck dieses Sternhaufens besteht darin, diese Kommunikation zwischen den Galaxien zu ermöglichen.

Diese Kommunikation zwischen den verschiedenen Aspekten des Universums stellt die höchste erreichbare Ebene für ein menschliches Wesen dar. Diese Energien sind für Individuen hilfreich, die Kontakt zu anderen Wesen in anderen Galaxien aufnehmen möchten oder in der Lage sein möchten, sich des Universums als Ganzen bewußt zu sein. Wer in der Lage sein möchte, die unglaubliche Fähigkeit von Milliarden und Abermilliarden Galaxien anzunehmen, die ihre Energien und Licht in eure Galaxis (und damit in euch) ergießen, für den kann das Kommunikationsbewußtsein von M5 sehr hilfreich sein. M5 erweitert mehr als alles andere das Bewußtsein des Menschen, so daß die Ebene des Einswerdens mit anderen Energien weit jenseits eurer Galaxie erreicht werden kann.

M5 eignet sich nicht für jeden Menschen. Es gibt viele Wesen, die mit Sternenelixieren arbeiten, die es ziemlich schwierig finden, sich auf eine Galaxie oder auch einfach nur auf einen einzelnen Stern einzustimmen. Wenn eine Person jedoch lange genug mit Sternenlicht-Elixieren gearbeitet hat, hinreichend auf Sterne meditiert hat oder sich lange genug mit Astronomie beschäftigt hat, so daß sie bereit ist, darüber hinauszugehen, dann wäre es sehr empfehlenswert, mit M5 zu arbeiten.

Da in der Vergangenheit viele Zivilisationen mit diesen Energien gearbeitet haben, wird man während der Arbeit mit diesem Sternhaufen ein Gefühl für viele Arten von Außerirdischen bekommen. Auf der höchsten Ebene wird sich jedoch ein einfaches Gefühl der Verbundenheit und des Einsseins mit einem Ursprung einstellen. Man scheint dann durch die Arbeit mit dieser Energie die ältesten Eltern, Geistführer und Liebenden des Elohim zu kontaktieren. Diese Energie kann in vielerlei Hinsicht sehr friedlich stimmen und zum Nachdenken anregen. Bei einigen Menschen kann das zu einer tiefempfundenen inneren Stille führen, was sehr wertvoll ist, wenn man sich in Zuständen tiefer Meditation befindet.

KUGELSTERNHAUFEN M10
(in Ophiuchi)

20.000 Lichtjahre entfernt.

Innerhalb dieses Sternhaufens befindet sich ein Bewußtseinsfunke, der für die vielen dort lebenden Wesen der zündende Funke für eine Veränderung gewesen ist. Diese Veränderung breitet sich bewußt in verschiedenen energetischen

Wellen durch das gesamte Universum aus. Ihre Ankunft auf der Erde fiel zeitlich mit der Befruchtung der ägyptischen Kultur zusammen. Den größten Teil des Wissens- und Bewußtseinspotentials hat die ägyptische Kultur im Sinne wahrer Kreativität, Güte und der Förderung der höchsten menschlichen Potentiale nicht verwirklichen können. Die von diesem Bewußtseinsfunken ausgehenden Wellen kommen nach wie vor als wohltuender Einfluß für eure Zivilisation auf die Erde.

Dieses Elixier kann ganz allgemein das Gefühl eines höheren Potentials und das Gefühl einer gesteigerten Fähigkeit vermitteln, zu lieben und kreativ zu sein. Einige Individuen, die Schwierigkeiten damit haben, mit bestimmten, mit der Frühphase der ägyptischen Kultur zusammenhängenden früheren Leben zu arbeiten, täten gut daran, dieses Elixier einzunehmen. Es wird ihnen helfen, sich auf einige der befruchtenden und stärkenden Energien der Bewußtseinsebenen einzustimmen, die diese Kultur manifestiert hat. Der mächtige Bewußtseinsfunke dieser Wesen hat noch viele weitere Aspekte, die sich in Zukunft auf die Menschheit auswirken werden.

KUGELSTERNHAUFEN M12
(in Ophiuchi)

20.000 Lichtjahre entfernt.

Hier fand ein Austausch technologischer Ideen statt, die sich um die Entwicklung von verschiedenen genetischen Komponenten und das Wissen um Strukturen drehten, die auf Kohlenstoff, Silizium, Mangan oder Eisen aufbauen und Bewußtsein beherbergen. Die auf Kohlenstoff aufgebauten Strukturen haben Informationen hervorgebracht, die manchmal zu Galaxien in der Umgebung übertragen werden, um diese an verschiedene Fähigkeiten zu erinnern. Diese Energien werden möglicherweise von den auf Kohlenstoff basierenden Strukturen des menschlichen Körpers aufgenommen, wenn du auf M12 meditierst oder, was noch wirksamer ist, das Elixier zusammen mit fester Nahrung, in Wasser gelöst oder durch ein Bad zu dir nimmst. Das ist möglicherweise besser, als nur ein paar Tropfen unter die Zunge zu träufeln.

Möglicherweise kannst du dann genetische Strukturen und Muster aus frühster Kindheit wiedererschaffen. Wer sich mit Regeneration beschäftigt, täte gut daran, dieses Elixier zu benutzen, bevor er tatsächlich mit körperlichem Wiederaufbau, den Edelgas-Energien oder anderen regenerativen Techniken arbeitet. Auf diese Weise kann man sich der grundlegenden genetischen Strukturen bewußt sein und sich auf die noch kommenden Energien vorbereiten. Es gibt in M12 noch eine wundervolle Energie von Wesen, deren Schwerpunkt auf Zusammenarbeit liegt, doch es überwiegt die Energie, die einen an grundlegende genetische Strukturen erinnert.

KUGELSTERNHAUFEN M92
(in Herkules)

25.000 Lichtjahre entfernt.

Von diesem Ort aus ergießt sich ein kraftspendender Einfluß ins Zentrum der Galaxis. Er bewirkt eine Stärkung der ureigensten Natur der Milchstraße. Menschen, die die anderen Sterne der Milchstraße verstehen möchten, die in diesem Buch beschrieben sind, täten gut daran, dieses Elixier zu verwenden. Man kann sich dadurch auch etwas mehr auf den Zweck der Milchstraße als Entität einstimmen.

Du weißt, daß die individuellen Zellen deines Körpers das Gesamtbewußtsein deines Wesens ausmachen. Du kann annähernd verstehen, wie das auf dein Bewußtsein deiner Verbindung zur Erde übertragen werden kann. Darüber hinauszugehen und die ganze Galaxis zu verstehen, fällt den meisten Menschen schwer. Dieses Elixier kann ein Teil des Bewußtseins des großen Potentials der Sonne und wie sie die Erde beeinflußt, zugänglich machen. Mit diesem Elixier können die Menschen die Sterne besser wertschätzen und die eigentliche Natur ihrer Galaxis leichter begreifen. Insbesondere können sie eine Verwandtschaft mit den Sternen entdecken, die ihnen am nächsten sind, oder mit den Zivilisationen, die den größten Einfluß auf die Menschheit haben, wenn sie das herrliche Licht dieses Sternhaufens einsetzen.

Andere Zivilisationen haben diesen Sternhaufen zur Entwicklung von Galaxien verwendet, indem sie Energien erschufen, die zusammen mit der göttlichen Essenz schöpferisch wirkten. Das versetzte diesen Sternhaufen in die Lage, durch die Verkettung von Zeitbereichen als Transferpunkt zu fungieren. Hierdurch werden Energien verfügbar gemacht, die Zivilisationen benötigen, um die unterschiedlichen Ziele und Zwecke verfolgen zu können, die für die Entwicklung der betreffenden Galaxie notwendig sind. M92 kann als Zeittor fungieren, das die Milchstraße auf die Entwicklung anderer Galaxien einstimmt, die sie durch kraftvollen Übergang von einer Dimension in die andere und Transzendieren dergleichen führt. So handelt es sich bei M92 um einen Ort, der gleichzeitig ein umfassenderes Bewußtsein vieler Zeiten ermöglicht und daher auch einen Einfluß darauf hat, wie er von der Erde wahrgenommen wird. Ganz allgemein besteht sowohl bei der Verwendung dieses Elixiers als auch beim Meditieren auf diesen Sternhaufen die Tendenz, sich seiner eigenen Fähigkeit, Zeit zu transzendieren, in gewissem Umfang bewußt zu sein, sich an vergangene Dinge zu erinnern, sich der Zukunft bewußt zu sein und sie als liebevoll und hilfreich wahrzunehmen.

KUGELSTERNHAUFEN M15
(in Pegasus)

Dieser Kugelsternhaufen ist einer der größten. 34.000 Lichtjahre entfernt.

Dieser Sternhaufen besitzt eine Reihe von bemerkenswerten Fähigkeiten. Eine davon ist, daß er für viele Menschen Hoffnung und Kraft hervorbringt. Die Sterne in M15 kommunizieren untereinander und mit den Wesen, die hier gewohnt und mit den Energien der Sterne gearbeitet haben. Das hat zur Entstehung von konzentrischen Sphären miteinander kommunizierender Energien geführt, die dem ätherischen, mentalen und emotionalen Körper des Menschen ähneln. Sie kommunizieren miteinander und arbeiten zusammen. Wenn Menschen dieses Elixier einnehmen, wird sich dadurch der energetische Austausch zwischen dem emotionalen, mentalen und ätherischen Körper verstärken. Es läßt sich daher zur Förderung einer solchen gegenseitigen Verbundenheit gut mit dem Silversword-Elixier und der Lotus-Blütenessenz kombinieren.

Es wird ein tieferes Bewußtsein der Menschen entstehen, nebeneinander zu existieren oder in Wechselbeziehung zu treten. Es kann auch zu einer Bewußtseinserweiterung bezüglich der wahren Natur solcher Beziehungen kommen, die nicht in eine Co-Abhängigkeit oder in Gewohnheiten führen, in denen Abhängigskeitsprozesse Kraft und Liebe einschränken. Dies ist ein Weg, um durch Kombination von Energien ein neues Wesen zu schaffen, dessen ätherischer, emotionaler und mentaler Körper vereint ist und gemeinsam bewohnt werden kann, was für die Zukunft der Menschheit von sehr großem Nutzen ist.

Viele Individuen werden in zukünftigen Leben die Gelegenheit haben, zu einem der vielen Planeten in diesem Sternhaufen zu reisen. M15 ist ein sehr energetischer Ort. In der Vergangenheit galt er für viele menschlichen Seelen als Ferienort jenseits von Raum und Zeit. An diesen Orten des Lernens und der innerlichen Stärkung sind dem Bewußtsein einige Ideen eingeprägt worden, die in die Inkarnation mitgenommen wurden. Sie gelten Lehrern, die nach dem Licht suchen, und Wesen, die auch den Wunsch haben, andere anzuleiten. Bei einigen, die sich diesen Kugelsternhaufen betrachten, kann ein Gefühl des Erinnerns auftreten. Sich eine Photographie dieses Sternhaufens anzuschauen oder ihn durch ein starkes Teleskop zu betrachten, um ein Gefühl für M15 als Ganzem zu bekommen, ist auch sehr gut.

Da die Sterne so nah beieinander sind und die Wesen sich des Potentials ihrer Sterne bewußt waren, zueinander Verbindung aufzunehmen, gibt es hier viele Zivilisationen, aus denen im Laufe der Zeit eine miteinander verbundene Gesellschaft entstanden ist. Dadurch konnten sie zwar ein Gruppenbewußtsein entwickeln, doch das wirkt sich nicht auf Ebenen aus, die in der dritten, vierten und fünften Dimension zugänglich sind. Auf den sieben-, acht-, neun- und zehndimensionalen Ebenen geschieht viel, was zur Zeit absichtlich vor der Menschheit abgeschirmt wird. Möglicherweise betrachten sie die Menschheit als kleinen Bruder, und wollen ihm helfen, indem sie ihm Potential, Liebe, Mitgefühl und eine Erweiterung seines Bewußtseins zukommen lassen. Für viele Menschen manifestiert sich das gegenwärtig als Hoffnung, als Gefühl eines umfassenderen Bewußtseins dessen, was die Menschheit als Entität sein kann.

KUGELSTERNHAUFEN M22
(in Sagittarius)

70.000 Sterne in 10.000 Lichtjahren Entfernung.

Dieser Sternhaufen vermag transformativ zu wirken. In seinem Zentrum befindet sich ein Ort, der Schwingungen verändern kann. Dadurch können sich Wesen nicht nur an sehr weit entfernte Orte wie z.B. in andere Galaxien oder Sternhaufen begeben, sondern auch in andersdimensionale Realitäten, die ihr als Paralleluniversen betrachten würdet. Hierdurch konnten die Wesen, die mit den Sternen gearbeitet und selbst Leben in M22 verbracht haben, ein tieferes Verständnis der Natur des Univerums, von Gott und von den überall im Universum vorhandenen Energien erlangen. Das läßt sich nicht besonders gut auf Dinge übertragen, zu denen die Menschen gegenwärtig Zugang haben, außer auf die Fähigkeit von Individuen, ihre eigene Schwingung so zu verändern, daß sie sich auf die Kommunikation mit Außerirdischen einstimmen können.

Möglicherweise gibt es einige Menschen, die Außerirdische channeln, deren Naturell im großen und ganzen positiv und erbauend ist. Einige Menschen werden damit physischen Streß erfahren. Das kommt durch die nötige Energieübertragung, die es erforderlich macht, daß bei der Person eine Schwingungsveränderung stattfindet, an die sie nicht gewöhnt ist. Obwohl das Sirius-Elixier und diverse Blütenessenzen dabei behilflich sein könnten, besonders Grüne Rose, Kartoffel und Lotus, wird dieser Sternhaufen eine andere Hilfestellung geben, wenn man ihn als Elixier einnimmt oder auf ihn meditiert. Das Elixier vermag für die Person unter Umständen einen Teil dieses Stresses zu lindern, indem es auf einen Durchgang hinweist oder einen Weg aufzeigt, wie das Individuum leicht Schwingungen übertragen und seinen Gesichtspunkt verändern kann. Die Wirkung kann sehr überraschend sein, da einige Individuen latente Channeling-Fähigkeiten besitzen, die nur darauf warten, ans Licht zu kommen. Wenn jemand ahnt, daß dies der Fall sein könnte, weil er ein tieferes Interesse für gechannelte Schriften Außerirdischer hat oder beim Lesen aufgeregt ist, wäre es ratsam, dieses Elixier zu verwenden und zu schauen, was passiert. Es könnte seine Channeling-Fähigkeiten fördern.

KUGELSTERNHAUFEN M2
(in Aquarius)

40.000 Lichtjahre entfernt.

Dieser Sternhaufen wird gegenwärtig zur Ausstrahlung verschiedenster Energien verwendet, die diese Zeit des Übergangs auf der Erde erleichtern sollen. Diese Energien können hilfreich sein, wenn es darum geht, einen Platz zum Wohnen auszusuchen. Der Sternhaufen kann Menschen unterstützen, gewisse Aspekte der alten Gesellschaft auszugleichen, die sich in der Übergangsphase vom Fische- zum Wassermannzeitalter befindet. Er ist auch für Menschen hilfreich, die in sich selbst einige Probleme ausloten möchten, die außerhalb ihrer selbst mit diesen Transformationen in Zusammenhang stehen. M2 kann für Menschen hilfreich sein, die bereits ein hohes Alter erreicht haben und traurig oder verbittert sind, daß sie nicht mehr die nötige körperliche Vitalität oder innere Kraft besitzen, um im Leben weiterzumachen. Möglicherweise sehen sie, wie nützlich die Energien und die Arbeit der Jüngeren sind und daß sie sich nicht so in eine solche Arbeit vertiefen können. Sie werden innerlich zu Kräften kommen und sich leichter ihr eigenes Leben anschauen können und erkennen, was sie zu einem solchen erweiterten Bewußtsein beitragen können.

Dieser Sternhaufen wird als Sendestation für einige der Energien verwendet, die mit dem, was ihr als „New Age" bezeichnet, in Verbindung stehen. Dabei handelt es sich weniger um geformte Energien mit klaren Botschaften, sondern mehr um allgemein ermutigende Energien, die den Menschen helfen sollen, sich ihre eigene spirituelle Entwicklung anzuschauen und sie im größeren Kontext zu betrachten. Möglicherweise können sie sich dadurch noch besser auf frühere Leben einstimmen und aus dem Bewußtsein der Kontinuität vergangener Leben den Weg in eine starke und schöne Zukunft für die Menschen finden. Dies kann Menschen unterstützen, die in Gruppen oder durch koordinierte Aktivitäten versuchen, ein besseres Leben auf der Erde zu schaffen. Diese Energie wird im Lauf der Zeit immer wichtiger werden und der Menschheit ein größeres Bewußtsein ihrer Zukunft vermitteln, so daß die Menschen sie leichter erkennen können und sie leichter Struktur annimmt.

KUGELSTERNHAUFEN OMEGA CENTAURI

Dieser Sternhaufen ist 15.000-22.000 Lichtjahre entfernt und enthält viele ältere Riesen und veränderliche Sterne.

Zwischen den Zivilisationen in diesem Sternhaufen wird ein resonanter Zustand geschaffen, der die Schwingungsfrequenzen und die Emissionen der Sterne beeinflußt. Diese Energien gibt es dort bereits seit langer Zeit. Viele der Zivilisationen innerhalb dieses Sternhaufens sind gegangen, nachdem die resonanten Zustände ihr bereits umfassendes Bewußtsein und ihre Fähigkeiten noch gesteigert haben. Sie sind mit Gott eins geworden und haben zur Expansion des gesamten Universums beigetragen. Damit wollen wir nicht sagen, daß sie ihre Individualität aufgegeben haben, sondern es ist vielmehr so, daß sich diese Wesen selbst ein Bewußtsein einer höheren Funktion erzeugt haben. Insgesamt wurden die Energien der gesamten Struktur von all diesen Energien beeinflußt, und die Arbeit mit dem Elixier oder das Meditieren auf diese Struktur kann eine Hilfestellung sein, um diese höhere Funktion selbst wahrzunehmen.

Omega Centauri kann ein Gefühl der Verbundenheit aller Körperzellen erzeugen. Er fördert auch das Gefühl der Verbundenheit zwischen dem Individuum und in der Hand gehaltenen Objekten, so daß es zu einem signifikanten Anstieg psychometrischer Fähigkeiten kommen wird. Möglicherweise fördert der Sternhaufen auch Telepathie. Die Fähigkeit, mit Handauflegen Bereiche des Schädels oder des Gesichts zu heilen, wird steigen. Ein umfassenderes Bewußtsein der holographischen Funktion, bei der mannigfaltig wahrnehmbare Strukturen in Mehrfachbildern entstehen, steht zur Verfügung, um in den Menschen neue Ideen zu erzeugen. Das kann in Bewußtseinsebenen hineinreichen, die ihr noch nicht angezapft habt. Möglicherweise erleben Individuen eine starke Erweiterung dieser Form von Bewußtsein.

Zusammen mit anderen Substanzen wie der Blütenessenz Silversword, dem White Diamond-Elixier und der Lotus-Blütenessenz kann es für Menschen zur Freisetzung sehr mächtiger Energien kommen. Wenn man dieser Mischung noch Xenon hinzufügt, kann es zu einem kraftvollen Bewußtsein und einer starken Verbundenheit mit dem höchsten Selbst kommen. Dabei handelt es sich nicht um eine Erleuchtung, doch er zeigt sich darin, wie sich die Seelen einer Zivilisation und die Seelen einer anderen Zivilisation voneinander angezogen fühlen und sich kennen können.

Hinzu kommt, daß die Energie dieses Kugelsternhaufens eine bewußtere Fähigkeit zuläßt, auf feinstofflichen Ebenen mit menschlichen Energiesystemen zu arbeiten und diese zu regulieren. Daher werden die natürlichen Zyklen, durch welche die feinstofflichen Körper gehen und die wir Biorhythmen nennen (und jeder der feinstofflichen Körper hat seine eigenen Biorhythmen), zugänglicher und verständlicher. Das läßt sich nicht mit Kontrolle darüber gleichsetzen, doch Omega Centauri fördert das Bewußtsein dieser Rhythmen und die Fähigkeit, sie ein kleines bißchen zu verschieben. Viele Individuen können dadurch visionäre, ekstatische oder freudvolle Zustände erfahren. Manchmal muß man zuerst durch emotionale Zustände gehen, die von Kampf, Trauer oder anderen Energien geprägt sind, um solche höheren Bewußtseinszustände zu erreichen.

TEIL DREI
EIN ERWEITERTER EINBLICK IN ANDERE ZIVILISATIONEN

☆☆☆☆☆☆☆☆☆☆

Spica	269
Arcturus	271
Mirzam	275
Polaris	279
Procyon	282
Fomalhaut	284
Aldebaran	289
Antares	292
Vega	296
Sirius	302
Almach	309
Alcyone	312
El Nath	316

■ SPICA

Es ist schwierig, über außersinnliches Bewußtsein, Spiritualität und ähnliche Dinge zu sprechen, ohne näher auf sie einzugehen. Da Spica so hell leuchtet und sein Einfluß so mächtig ist, kann man sich durch ein besseres Verständnis von Spica rasch auf diese Formen der Intuition einstimmen. Die Wesen von Spica sind sich der Transformation bewußt, die durch Intuition, höheres Bewußtsein und den Traumzustand geschehen kann. Diese Wesen nutzen ihre Fähigkeit, sich selbst bewußt zu transformieren, auch zum Bereisen des Alls.

In einer frühen Entwicklungsperiode ihrer Zivilisation versuchten sie ganz bewußt, Lösungen durch ihre inneren intuitiven Kräfte anzustreben. Sie suchten Lösungen für die Dinge, unter denen Zivilisationen in ihren Frühstadien zu leiden haben, wie z.B. wie sie untereinander, zum eigenen Planeten und zu all den Dingen, die ihnen passiert waren, eine Beziehung herstellen sollten. Sie suchten in sich, indem sie den um sich spürbaren Symbolismus beachteten, und diese innere Reise brachte rasch eine Menge Information. Dadurch wurde ihnen klar, daß die beste Herangehensweise der Einsatz ihrer intuitiven Kräfte war – der Fähigkeit, etwas unmittelbar zu wissen. Sie wußten intuitiv um die Entwicklung der Wissenschaft, der Maschinen und um verschiedene physikalische Techniken in anderen Zivilisationen. Sie erkannten jedoch, daß dieser Weg zu vielen Schwierigkeiten führte und daß das Gesamtverständnis der Dinge, die ihnen geschahen, verlorenging. So erschufen sie einen internen Bezugsrahmen, der das Verständnis ihrer eigenen Zivilisation an einen Punkt kommen ließ, an dem keine Gedanken mehr nötig waren.

Möglicherweise fällt es euch schwer, euch das vorzustellen. Normalerweise haben Erdbewohner selten länger als ein paar Sekunden keine Gedanken. Die großen Meister, die dies über zahllose Inkarnationen hinweg studiert haben, können sich stunden- oder tagelang in Meditation bzw. an Orten der Leere aufhalten. Euch aber vorzustellen, daß eine ganze Zivilisation mit vereinigten intuitiven Fähigkeiten arbeitet, ohne daß Gedanken auf irgendeiner Ebene dazwischentreten, ist fast unmöglich, da ihr versucht, es intellektuell zu begreifen.

Indem die Wesen von Spica ihren Stern um Hilfe baten, entwickelten sie eine einfache Methode, um mittels Spica Energie zu übertragen. In solchen intuitiven Zuständen, konnten sie sich in Gruppen an andere Orte begeben, um vieles zu lernen. Auf diese Weise lernten sie, Dimensionen zu wechseln. Mit der Zeit führten diese mächtigen intuitiven Energien diese Wesen dahin, tiefere Fragen nach Gott zu stellen. Es begann eine lange Zeit, während der sie in gegenseitigem Austausch mit den ureigensten Kräften der Galaxis und mit Gott standen sowie mit den höchsten Aspekten dessen, was sie der Schwingung vieler Zivilisationen entnehmen konnten.

Für andere Zivilisationen war es sehr schwer, bewußt damit umzugehen. Sie nahmen zwar den Einfluß der Wesen von Spica wahr, doch sie vermochten ihn weder zu erklären, zu verstehen noch damit umzugehen. Das lag weniger daran, daß ihre eigenen intuitiven Fähigkeiten noch nicht entwickelt waren, sondern daran, daß dieser Einfluß durch das Gruppenbewußtsein der Wesen von Spica erschaffen wurde. Während der Entfaltung all dieser herrlichen Energien erreichten die Wesen von Spica einen Punkt tiefen Friedens. Diese Friedlichkeit ließ Gott die intuitive Funktion verstehen und lieferte vielen Zivilisationen Gelegenheiten, zu träumen und jegliche Form von gedanklichen Vorgängen loszulassen.

Während der ersten Zeit der Befruchtung der Menschheit sah man, daß die Notwendigkeit zu schlafen eine sehr große Bedeutung haben würde. Dieser unbewußte Zustand konnte möglicherweise intuitive Reisen begünstigen. Daher wurde in die Gene der Geschöpfe auf der Erde ein Same eingepflanzt, der unmittelbar von diesen Wesen beeinflußt war. Der Schlafzustand sollte nicht nur der Erholung des physischen Körpers dienen, sondern es wurde absichtlich versucht, alle Wesen und sogar die Erde selbst dazu zu ermutigen, sich durch unbewußte Zustände hindurchzubewegen, wo keine bewußten gedanklichen Vorgänge stattfinden. Dazu sollte es nicht durch einen absichtlichen, bewußten Versuch kommen, sondern durch die innerste Natur des physischen Körpers. Infolgedessen würde es im Traumzustand Gelegenheiten geben, Dinge zu erforschen, sowie ein Bewußtsein der Ablösung vom physischen Körper, ein Bewußtsein der Einflüsse der feinstofflichen Körper und der Einflüsse des physischen Körpers auf die feinstofflichen Körper geben. All dies wurde der Menschheit und allen Wesen auf der Erde behutsam in die Wiege gelegt. Daher ist Schlafen nicht nur eine Notwendigkeit, um sich zu erholen, sondern auch eine wundervolle Gelegenheit, sich auf diese anderen Kräfte einzustimmen.

Diese Befruchtung fand nicht ohne Wissen der menschlichen Rasse, sondern in Zusammenarbeit mit dem Lebensstrom der Menschheit statt. Die Frühphasen der lemurischen Kultur waren wie ein Test, um zu sehen, was die Menschheit mit intuitiven Kräften anfangen konnte. Infolgedessen wurden diese Energien von den Menschen auf eine bestimmte Art aufgenommen. Möglicherweise tauchen Erinnerungen daran auf, wenn Menschen ihre Aufmerksamkeit auf ihre lemurischen Inkarnationen richten.

Man erkannte, daß durch die Befruchtung möglicherweise eine direkte Verbindung zu den Wesen von Spica bestehen bleiben könnte. Ihre Liebe und ihr Verständnis der göttlichen Energie machte es jedoch erforderlich, daß alle Verbindungen gelöst wurden. Darum fühlst du dich nicht sofort zu diesem Stern hingezogen, wenn du schläfst. Von Spica geht ein sanfter Einfluß aus, der dein Verständnis all dieser Energien fördert. Aufgrund dieser von Spica ausgehenden Ermutigung kann eine Bewußtseinsveränderung auftreten, wenn du dich bewußt und intuitiv auf Spica einstimmst. Die Wirkung wird durch die lebendigen Aspekte von Spica zustande kommen. Dieser herrliche Stern vermochte diese Energien zu empfangen und mit ihnen zu arbeiten, so daß es ihm möglich wurde, anders als andere Sterne mit intuitiven Funktionen zu arbeiten und diese zu verstehen. Dadurch konnte Spica auch ein tieferes Verständnis von Gott erlangen, was diesen Stern sehr genährt und gestärkt hat.

Die von Spica ausgestrahlte Energie überwacht auf einer höheren Ebene intuitive Fortschritte. Viele Menschen werden davon profitieren, wenn sie eine Verbindung zwischen Intuition und dem Traumzustand herstellen. Dies hat in erster Linie nichts mit dem Stern zu tun, wird aber von ihm gefördert. Wenn du versuchst, bewußt und absichtlich intuitive Zustände herbeizuführen, und du während des Schlafes Träume willkommen heißt oder an der Fähigkeit arbeitest, luzide Träume aufrechtzuerhalten, stellst du möglicherweise fest, daß sich das wunderbar ergänzt. Die Energien von Spica könnten diesen Prozeß unterstützen. Spica leuchtet so hell und kraftvoll in eurem Himmel, daß er in der Tat eine ständige Erinnerung daran ist, welch große Bedeutung die Intuition und das Freisein von Gedanken in eurer Entwicklung hat.

Wir haben bestimmte mediale Fähigkeiten erwähnt, die durch die Arbeit mit Spica tendenziell zunehmen. Diese Fähigkeiten sind keine Folge eines direkten Einflusses des Sterns, sondern entwickeln sich gerade in der Menschheit. Da die Menschen auf einem Planeten leben und ständig mit elektromagnetischen und Gravitationskräften umgehen müssen und sich außerdem in einem Zustand angespannten Gleichgewichts befinden, können sie dieses Gleichgewicht unter Zuhilfenahme ihrer natürlichen Fähigkeiten manipulieren. Das geschieht größtenteils unbewußt. Wenn man den Menschen diese Fähigkeiten bewußter macht, zieht das zwar kein bewußtes Verstehen nach sich, wohl aber ein intuitives Verstehen und ein Bewußtsein für die feinstofflichen Sinnesorgane. Viele Fähigkeiten, die sich dieses Gleichgewicht der Kräfte auf der Erde zunutze machen, können durch die Arbeit mit Spica gestärkt werden.

■ ARCTURUS

Die Wesen von Arcturus sind mit ihrem Stern ein Bündnis eingegangen. Von Anfang an beeinflußten die Energien des Sterns die Entwicklung der Zivilisation, und die Energien der Zivilisation sind ganz von selbst fast vollständig mit dem Stern verschmolzen. Vieles davon lief unbewußt in der frühen Entwicklungsphase dieser Zivilisation ab, doch mit der Zeit nahmen die Vorgänge eine bewußtere Form an. Die Zivilisation verteilte sich durch relativ früh entdeckte primitive Raumfahrtmethoden über vier Planeten ihres Sonnensystems. Diese Planeten, auf denen sehr unterschiedliche Umweltbedingungen herrschten, wurden mit der Zeit einander immer ähnlicher.

Die Wesen waren erfüllt von einer Frage, die ihre Entwicklung betraf. Es gab gewisse Aspekte in ihrer Wissenschaft und darin, wie sie ihre Wechselwirkung mit der Sonne und anderen Dingen wahrnahmen, die grundsätzliche Fragen aufwarfen. Diese Fragen betrafen bedeutsame Geheimnisse. Ihre gesamte Philosophie, Religion und Lebensweise begann sich nach diesen Geheimnissen auszurichten. Es ging nicht mehr unbedingt darum, sie zu lüften. Sie betrachteten es so, daß sich hier die ureigenste Natur des Universums in ihrer individuellen Form widerspiegelte. Mit der Zeit fokussierten sie sich immer eindeutiger auf das Mysterium, auf das, was nicht gewußt werden konnte, auf das, was losgelöst von ihnen existierte. Eine Weile schienen sie dem sehr viel Verehrung entgegenzubringen. Dieses Gefühl der Verehrung des Unbekannten wurde von Arcturus aufgrund seiner natürlich vorhandenen Strahlkraft ausgestrahlt. In der ganzen Galaxis begannen sich andere Zivilisationen etwas auf sie zu konzentrieren, um ihnen noch mehr Fragen, mehr Ideen und mehr Dinge zu geben, die sie sich anschauen konnten.

Mit der Zeit entwickelte sich daraus eine gewisse Form des Verstehens und eine Energie der gegenseitigen Verbundenheit dieser Wesen. Es war so, als stellten sie sich jedes Mal eine Frage, wenn sie sich trafen. Diese Wesen unterschieden sich stark von den Erdbewohnern. Sie haben viele Aspekte dessen verstanden, was es bedeutet, zu leben oder nicht zu leben. Interdimensionaler Transfer und andere Dinge waren ihnen zur zweiten Natur geworden. Aus der ganzen Betrachtung der tieferen Aspekte der Geheimnisse begann sich die Idee der Kommunikation, Interaktion und des Verstehens zu entwickeln, was sein konnte und was nicht. Dies führte sehr bald zu einem umfassenden Bewußtsein der ureigensten Natur des Erschaffens von Dingen. Sie setzten diese Energien zur Veränderung der Planeten ihres Sonnensystems ein und auch dafür, ihre eigene Zivilisation, ihre Lebensspanne und ihr Bewußtsein zu erweitern.

Der Weg war nicht immer rosig. Während eines Zeitraums von mehreren hundert Jahren hatten sie Schwierigkeiten, und es kam zu einer Zersplitterung der Gesellschaft. Man schlug unterschiedliche Wege ein, um verschiedene Rätsel zu lösen. Die einen sagten, daß sich das Bewußtsein der göttlichen Realität durch multiple Dimensionen ausdehnte. Andere sagten, daß es durch die biologische Form zu einem Bewußtsein der göttlichen Realität käme, wieder andere meinten, dies geschähe durch das Hervorbringen von Persönlichkeiten. Diese Gruppen standen im Widerspruch zueinander. Mit der Zeit entstand daraus die tiefe Erkenntnis, daß all diese

Ein erweiterter Einblick in andere Zivilisationen ....

Pfade zu einer einheitlichen Vorstellung zusammengefaßt werden konnten. Daraus entwickelten sie wiederum Fähigkeiten, um den physischen Körper zu stärken. Das wirkte sich unmittelbar auf ihre Beziehungen zueinander, zu ihrer Sonne, den von ihnen bewohnten Planeten und den anderen Planeten aus, die sie besuchen konnten.

Dadurch, daß sie diese tiefergehenden Fragen stellten und zu einem Verständnis des Mysteriums des Lebens und des Universums gelangten, entwickelte sich in jedem einzelnen dieser Wesen die Fähigkeit, eine Verbindung aufzunehmen oder eine Übereinkunft zu treffen. Einmal im Jahr gingen all diese Wesen eine bewußte Vereinigung ein. Diese alljährliche Vereinigung riefen sie als Antwort auf ihre Kriege ins Leben. Diese Waffenruhe sollte als jährlicher interplanetarischer Feiertag betrachtet werden. Zu diesem Zeitpunkt entstand in ihrer Sonne eine mächtige Energie, die sie an ihre grundlegenden Wurzeln erinnerte. Das schuf neue Rätsel und Dinge, die sie sich anschauen mußten. Schließlich vermochten sie alle Aspekte davon zu verstehen, was es bedeutet, eine Beziehung zu jemandem zu haben und ihn zu unterstützen – in diesem Falle ihre Sonne. An diesem Punkt wäre aus ihrer Sonne, die von mehreren Kräften beeinflußt wurde, fast eine Nova geworden. Sie veränderte ihre Größe und ihre Form. Da konnten die Wesen dieser Planeten mit Arcturus in Wechselwirkung gehen, ein noch stärkeres Bündnis mit dem Stern eingehen, das tiefere Mysterium der Sterne verstehen und ihr Sonnensystem retten. Infolge dieser intensivierten Wechselwirkung begann sich eine gewisse Stabilität und innere Kraft herauszubilden, die etwa 15.000 Jahre anhielt.

Damit wären wir in der Gegenwart angelangt. Die Energie und die Interaktion dieser Wesen mit ihrer Sonne hat ein inniges Empfinden dafür entstehen lassen, was es bedeutet, zu heilen und gesunde, klare und fokussierte Energie zu erschaffen. Noch wichtiger ist aber, daß auch ein Bewußtsein der heilenden Beziehung und eine Wertschätzung des Heilungsprozesses daraus hervorgegangen ist. In Verbindung damit existiert eine starke Wertschätzung des Verstehens im Sinne von Wissen. Damit ist der Vorgang gemeint, sich alle Fakten anzueignen, mit der Information, den beschriebenen Symptomen, den Umständen und der Geschichte zu arbeiten und davon ausgehend Informationen und Antworten abzuleiten, manchmal mittels Intuition, manchmal mittels Logik, doch meistens mittels einer Kombination von beiden. Fragen zu stellen und zu lernen, die Antworten zu erhalten und genau und eingehend mit den Informationen zu arbeiten – das war eines der wesentlichen Themen, in die mehr Klarheit gebracht wurde. Dies wird nun in seinen verschiedenen Facetten durch alle Dimensionen ausgestrahlt. Die Menschen auf der Erde können direkt davon profitieren. Diese Energie kann Menschen die Kraft verleihen, sich diese Fragen anzuschauen. Wichtiger ist jedoch, daß es sich hierbei um die Fähigkeit handelt, zuzuhören, mit den Antworten zu arbeiten und die enge Verbindung, die zwischen einem Heiler und seinem Klienten entsteht, zu verstehen.

Du könntest jetzt der Ansicht sein, daß sich all dies eher auf Psychotherapie auswirkt, und weniger auf Körperarbeit, Akupunktur oder Homöopathie. Die Wesen von Arcturus haben im Laufe der Entwicklung ihrer eigenen Persönlichkeit das ego-orientierte Bewußtsein – wie ihr es nennt – schon vor langer Zeit zu Grabe getragen. Für diese Wesen gibt es kein Ego, daher erübrigen sich in der Arbeit mit dieser Energie die Gesichtspunkte, die nur auf die Persönlichkeit schauen. Die meisten anderen Formen der Interaktion zwischen Heiler und Patient werden sicherlich von Arcturus profitieren. Psychologen und Psychotherapeuten werden gewiß indirekt aus der Verwendung dieses Sterns Nutzen ziehen, da ihre Fähigkeit zuzuhören die Verbindung zu verstehen und mit den Energien des Klienten zu arbeiten, so daß dieser inspiriert und gestärkt wird, zunehmen wird. In gewissem Umfang wird bei allen an diesem Prozeß beteiligten Personen, vor allem aber beim Praktizierenden, die Fähigkeit gefördert, in die Tiefe zu schauen, das Rätsel zu lösen, das Ganze als Puzzle zu betrachten, die heiteren Aspekte darin zu sehen, all die Hinweise wahrzunehmen und die Lösung mittels Intuition und Logik zu finden.

Wie ihr euch vielleicht vorstellen könnt, beschäftigte sich diese Zivilisation in ihren Anfängen mit einer Entsprechung eurer Bücher über Rätsel und Märchen, und solche Dinge waren dort äußerst beliebt. Das, was von der Erde ausgestrahlt wird, z.B. das Sherlock-Holmes-Material, Agatha Christie usw. finden sie amüsant, wenn auch zu stark vereinfacht. Bezüglich der Fähigkeit, Rätsel und Geheimnisse zu verstehen, würden sie die Erdbewohner als Anfänger einstufen. Sie würdigen jedoch eure Vorliebe für das Lösen von Rätseln, für das Umwandeln des Nichtverstandenen in Bewußtsein.

Daher sind diese Wesen in der Lage, Menschen sehr gründlich bei der Lösung eines ihrer größten Rätsel zu unterstützen. Da die feinstofflichen Körper nicht physisch sind und für die meisten Menschen sicherlich ein Rätsel darstellen, ist es von größter Bedeutung, sich der feinstofflichen Körper und ihrer Interaktion untereinander bewußt zu sein. Die Wesen von Arcturus schicken gegenwärtig viel Energie zur Erde, um den Menschen im Umgang mit diesen Energien zu helfen. Dies soll ein sanfter, zunächst nicht näher spezifizierter Einfluß sein. Wenn die Menschen sich jedoch auf diesen Stern einstimmen – auf einer relativ regelmäßigen Basis auf Arcturus meditieren oder mit dem Elixier arbeiten – werden sie möglicherweise feststellen, daß sie sich immer besser auf bestimmte Aspekte der feinstofflichen Körper einstimmen können und daß viel tiefgründigere, spezifische Antworten auf ihre Fragen auftauchen.

Möglicherweise kann man auch mit diesen Energien arbeiten, um durch Introspektion Entdeckungen zu machen. Die meisten Menschen haben mehrere Ichs. Es existieren viele verschiedene Teile von dir, die miteinander kommunizieren. Wenn man Arcturus alleine verwendet, ergibt sich daraus normalerweise ein besseres Verständnis zwischen den verschiedenen Aspekten deiner selbst. Wenn du Arcturus allein anwendest, wirst du weiterhin feststellen, daß viele Schwierigkeiten im Umgang mit anderen gelindert werden, da deutlicher zutage tritt, mit welcher Motivation sie etwas sagen, und du leichter damit umgehen kannst. Obwohl du dir dessen nicht bewußt bist, legst du dich selbst durch deine Beziehungen in der Welt fest, wie du andere siehst und was du an ihnen erkennst.

Die Wesen von Arcturus waren indirekt am Prozeß der Befruchtung der Erde beteiligt. Hier stammt die ganze Idee her, ein Geheimnis zu schaffen. Scheinbar tauchten im Rahmen der Absprachen mit anderen Wesen und bei der Arbeit mit diesen Dingen über längere Zeit hinweg Fragen auf, die sich darum drehten, wieviel bekannt werden und wieviel verborgen bleiben sollte. Allein die Idee der Reinkarnation, scheint schon diese geheimen Aspekte und dieses Unbekannte hervorzubringen – all dies wurde in bedeutsamem Maße von Arcturus beeinflußt. Zu viel Unbekanntes erhöhte jedoch das Leidenspotential auf der Erde. Die Wesen von Arcturus hatten entdeckt, daß es ein künstlicher Zustand war, wenn eine Frage von ihrer Antwort getrennt war. Aus diesem Grund beeinflußten sie auch die Art, wie das Gesetz der Hilfe für die Menschheit angepaßt und ausgearbeitet wurde. Es scheint so zu sein, als ob Engelwesen, Geistführer und nichtverkörperte Wesenheiten mit den Wesen von Arcturus zusammen studiert und gearbeitet haben, um ein tiefes Verständnis hiervon zu erlangen, damit sie bemerken, wann es Zeit ist, mit einem Hilfesuchenden zu arbeiten und die Frage zusammen mit ihrer Antwort zu erschaffen. Sie sollten auch dafür sorgen, daß diese Art der Hilfe in großem Umfang gegeben wird.

Die Energie von Arcturus ist stark auf die feinstofflichen Körper der Erde ausgerichtet, besonders auf die Atmosphäre. Die Befruchtung der Geosphäre hat auf direkterem Wege stattgefunden als die Befruchtung der DNS und der physischen Materie des Menschen.

■ Mirzam

Mirzam projiziert eine starke Liebesenergie zur Erde, die sehr hilfreich und nützlich sein kann, um den Kontext zu verstehen, innerhalb dessen wir etwas als ein Wunder betrachten – als das Unerwartete, das, was sich scheinbar außerhalb des von euch geschaffenen Kontexts befindet. Diese Zivilisation hat versucht, alle möglichen Kontexte und Rahmenbedingungen durch ihre Wissenschaft und ihr Bewußtsein zu verstehen. Diese Fähigkeit, sich durch diese Dinge zu bewegen, rief in ihnen eine große Wertschätzung für ihre Vergangenheit hervor. Da ihr Planet für sie ein Quell für Gesundheit und Langlebigkeit war, entschieden sich viele dieser Wesen für ein sehr langes Leben. Das ermöglichte ihnen, viele Dinge aufzunehmen und zu studieren. Da sie ihr Wissen auf telepathischem Wege zusammenführten und viele Dinge durch ihre Wissenschaft und eigene Experimente verstanden, kam eine Phase, in der es schien, als ob nichts Neues mehr erschaffen werden könnte und es nichts Unverstandenes mehr gäbe. Dies war eine Zeit großer Stagnation für diese Zivilisation.

Während dieser Phase tauchte die Idee auf, andere Rassen zu befruchten und andere Systeme in Gang zu bringen, doch die Wesen verstanden nicht, welchen Nutzen dies haben sollte. Da sie so vieles verstanden hatten und dies ihrer Ansicht nach bis zum Äußersten getrieben hatten, waren sie nicht in der Lage, diesen Sprung zu machen. Allmählich wurden sie auf eine Schwingung am anderen Ende der Galaxie aufmerksam. Ihre Wissenschaft konnte diese außergewöhnliche Schwingung nicht erklären. Sie trafen Vorbereitungen, diesen Ort zu besuchen, bekamen aber augenblicklich Besuch der von diesem Ort stammenden Wesen. Es handelte sich dabei um Wesen von El Nath. Sie kamen, um die Wesen von Mirzam auf andere Entwicklungsmöglichkeiten aufmerksam zu machen, und verschwanden dann wieder. Dieses etwas seltsame Phänomen hielt die Wesen von Mirzam eine Weile beschäftigt. Sie begannen zu erkennen, daß sie aus ihrem selbstgeschaffenen Kontext heraus diese neuen Energien willkommen heißen konnten.

Sie führten einige Experimente durch, bei denen sie ihren ältesten Bewohnern Teile ihrer Erinnerungen, ihres Verstehens und Bewußtseins entnahmen, sie neuen Dingen aussetzten und auf ihre Reaktionen achteten. Sie begannen zu verstehen, daß es nicht wichtig war, alles zu wissen, da sie keine Weisheit entwickelt hatten und nicht wertschätzten, was sein könnte. Als sie das begriffen, brachten sie unabsichtlich eine unbewußte massive Reaktion hervor: Sie stießen so etwas wie einen Freudenschrei aus, der sich mit großer Energie durch die Galaxis ausbreitete. Wesen von Andromeda und verschiedenen anderen benachbarten Galaxien wurden darauf aufmerksam und erschienen auf Mirzam. So wurden sich die Wesen von Mirzam einer neuen Überraschungsebene bewußt.

Nachdem sie absorbiert und verstanden hatten, was ihnen diese anderen Galaxien präsentiert hatten, erreichten sie wieder einen Punkt des Stillstandes. Diese Zeit war für sie nicht leicht. Sie schienen absichtlich dafür zu sorgen, daß sie feststeckten oder die ganze Natur der Dinge mißverstanden. An diesem Punkt kam es zu einer sehr starken Veränderung.

Ein erweiterter Einblick in andere Zivilisationen

Scheinbar aus den Begrenzungen von Raum und Zeit aufgerüttelt und plötzlich fähig, sich in andere Dimensionen hineinzubewegen, ohne daß irgendein weiteres Wachstum nötig gewesen wäre, sahen sie sich mit einer bestimmten Energie konfrontiert. Diese Energie war Gott als kreative Kraft und als Bewußtsein aller Dinge. Diese Energie sagte den Wesen von Mirzam: „Vielen Dank. Ich habe erhalten, was ihr entwickelt habt und habe verstanden, daß eine Kontextveränderung eine Möglichkeit ist, Begrenzungen beiseite zu räumen und der Wahrnehmung von etwas Neuem Platz zu machen. Diese Form der Kontextveränderung kann ein Gefühl von Spontaneität erzeugen, das für die Entwicklung des Lebens ausgesprochen hilfreich ist." In diesem Augenblick, kam es in der gesamten Zivilisation zu einer plötzlichen Bewegung. Die Wesen bewegten sich durch mehrere Dimensionsebenen hinauf und wurden eins mit Gott.

Sicherlich war dies ein großartiges Wunder und eine prächtige Überraschung, sie ließen jedoch etwas zurück. Was sie zurückgelassen hatten, kam den Wesen zugute, die mit ihnen diesen Planeten bewohnt hatten. Da eine erweiterte Lebensspanne zu ihrer eigenen Entwicklung gehörte, beschäftigten sich diese Wesen mit den natürlichen Vorgängen in Ökosystemen, die sich im Gleichgewicht befanden. Auf diesem Planeten lebten alle möglichen Arten von Wesen, von denen viele sehr intelligent waren, wenn auch nicht auf der Bewußtseinsstufe der ursprünglichen Bewohner. Diese Wesen wurden mit der besagten Energie zurückgelassen. Es war, als ob beim Verschmelzen mit Gott die Energie des Wunderbaren so freigesetzt worden war, daß sie anderen Wesen zur Verfügung stand, die sich nun entscheiden konnten, sie bewußt einzusetzen. Obwohl sie nicht alles verstehen konnten, was existierte, konnten sie doch Gott verstehen. Daher fällten sie die Entscheidung, im Verlauf ihrer Evolution Wertschätzung als Bestandteil ihres Bewußtseins zu erschaffen.

Und so nahm eine Gewohnheit ihren Anfang. Diese Gewohnheit spiegelte sich auch in bestimmten irdischen Kulturen wieder, doch nicht annähernd so stark wie bei diesen Wesen.

Damit wirklich alles als wundervoll empfunden werden konnte, mußte ein Weg gefunden werden, um den Glauben und das Verstehen als eine Facette der Wertschätzung zu erneuern. Diese zweite Zivilisation von Mirzam ging nie durch Phasen der Stagnation. Da sie mit den unterschiedlichen Techniken arbeitete, das Bewußtsein zunächst Mangel und dann Wahrnehmung erfahren zu lassen, wurde eine Menge Energie und großer Gewinn erzeugt.

Sie erkannte, daß einige dieser Ideen für viele andere Wesen auf anderen Planeten sehr nützlich sein würden. Als die Zeit gekommen war, diese Energien in andere Systeme zu bringen, sah man, daß die Erde möglicherweise davon profitieren könnte. Viele dieser Dinge wurden in einige alten

Kulturen hineingetragen. In den Zeiten des höchsten Bewußtseins einer jeden Zivilisation wurden sowohl die Energien der älteren als auch die der jüngeren Mirzamiten zur Erde projiziert. So kam es zu den bedeutsamen kulturellen Blütezeiten in Lemurien, Atlantis, Ägypten und Griechenland, zur Renaissance und zur kulturellen Blüte in der Gegenwart. Diese Energien stehen auch jetzt zur Verfügung. Allem Anschein nach werden sie wellenförmig projiziert, wobei die Wellen in immer kürzeren Abständen kommen, so daß die Menschen immer mehr Gelegenheiten haben werden, diese Entdeckung zu machen. Allerdings soll das Entdecken an sich für seine wundersame Natur gewürdigt und verstanden werden. Das wirkliche Ziel ist, eine Wertschätzung dessen, was sein kann, zu erreichen: die höchsten Möglichkeiten. Einige Menschen könnten durch die Arbeit mit Mirzam den Punkt erreichen, wo sie in vielen Dingen Wunder erkennen können.

In der ersten Zivilisation von Mirzam gab es ein Wesen, das sich während der Zeit der höchsten Erleuchtung und der dimensionalen Aufwärtsbewegung zu Gott vom Rest dieser Rasse losgelöst hatte. Dieses Wesen möchte anderen Zivilisationen das Gefühl des Wunderbaren bringen und sie die Methoden lehren, wie sie dies erreichen können. Folglich hat dieses Wesen einen Einfluß auf jene Kultur auf der Erde gehabt, die mit sensorischer Einschränkung experimentiert hat, um ein größeres Bewußtsein des Wunderbaren zu entwickeln. Die Sufis wurden stark von diesem Wesen beeinflußt. Größere, bewußte Aufmerksamkeit ziehen Kulturen in Südamerika auf sich, die lange unbekannt waren. Bestimmte Individuen werden während ihrer Kindheit in einer Höhle gehalten, und können nicht sehen, wie die Welt ist, bis sie über 20 Jahre alt sind. Diese Individuen sind fähig, ein ständiges Gefühl der Ehrfurcht und der Bewußtheit aufrechtzuerhalten, von dem sich andere inspiriert fühlen. Diese Dinge werden jetzt enthüllt, und solchen Zivilisationen wird in Zukunft mehr und mehr Aufmerksamkeit zuteil werden. Dazu hat sie dieses Wesen von Mirzam inspiriert, und tatsächlich hat man es eine Zeit lang als Gott betrachtet. Dann fingen sie im Rahmen ihrer eigenen spirituellen Evolution an zu erkennen, daß er ein Bruder war, der ihnen, wenn nötig, in Zukunft helfen konnte. Möglicherweise wird dieses Wesen in Zeiten großer Auseinandersetzungen seine Gegenwart auf der Erde wieder zu erkennen geben.

Zu einem gewissen Grad ist dieses Wesen mehr am Phänomen des Staunens als an spirituellem Bewußtsein interessiert. Aus diesem Grund löste es sich beim Aufstieg dieser Rassen von den anderen. Sein Interesse an einem solchen Aufstieg war nicht so groß wie seine Wertschätzung des Wunderbaren. Durch seine Interaktion mit vielen Zivilisationen und bei seinem Versuch, von ihnen zu lernen und sie zu inspirieren, gelang es diesem alten Bewohner von Mirzam, zu wachsen und zu erkennen, was wirklich für die Entwicklung einer

Wertschätzung des Wunderbaren in den verschiedenen Zivilisationen der Galaxis wichtig war. Damit Wunder wirklich als Wunder gewürdigt werden, müssen sie auch ein bißchen gefährlich sein. Diese unbedeutende Eigenschaft verwandelt sie sehr stark in etwas, was dich lebendig und auf den Füßen hält. In diesem neuen, unbekannten Terrain, das durch Kontextveränderung erzeugt wurde, ist der Wille außerordentlich frei. Es gibt mehr Möglichkeiten, mehr wundervolle Dinge, aber auch mehr schreckliche Dinge, die von solchen Wundern herrühren können. Damit sich der freie Wille in den Menschen richtig entwickelt, ist es sehr wichtig, ihnen eine solche Chance zu geben. Wenn sie ein solches Wunder hervorrufen, erkennen sie, welche Entscheidung sie getroffen haben.

■ POLARIS

Unter allen Sternen ist Polaris am leichtesten zu finden. Die meisten Menschen in der nördlichen Hemisphäre sind in der Lage, ihn zu lokalisieren. Er hat schon immer der Orientierung gedient. Man kann mit Polaris herausfinden, wo Norden liegt. Mehr als andere Sterne vermochte Polaris durch seine Position für die Menschheit zu einem Symbol der Orientierung zu werden. Dies steht in direktem Zusammenhang mit der zugrundeliegenden Idee, genug Energie oder Biß zu haben, um Aufgaben zu Ende zu führen, seinen Weg zu finden und seine Aufmerksamkeit auf die eingeschlagene Richtung fokussiert zu halten.

Dies hat etwas mit der Zivilisation von Polaris zu tun. Die Wesen, die auf dem einzigen Planeten leben, der Polaris umkreist, existieren schon sehr lange. Sie haben einen Großteil der Weisheit der Zeitalter in sich aufgenommen und verfügen über ein sehr gutes Verständnis vieler Dinge. Ihre Astronomie ist ausgesprochen weit entwickelt. Sie können durch mentale Funktionen Raumschiffe erschaffen und sie zur Erde bringen. Wenn nötig, können sie schnell hier sein, auch wenn sie eurer Einschätzung nach weit entfernt sind (300 Lichtjahre). Einige Individuen haben bei der Konzentration auf den Stern interessante feinstoffliche Erfahrungen gemacht. Als sie auf den Stern meditierten, wurden sie sich eines ungewöhnlichen, auf sie zukommenden scheibenförmigen oder dreieckigen Objektes bewußt. Manchmal hatten sie auch ein Gefühl, mit einer Anderswelt in Kontakt zu sein. Bei beiden Erfahrungen handelt es sich tatsächlich um Kontakt mit diesen Wesen.

In ihrer großen Weisheit haben sie in die Galaxis hinausgeschaut und all die unterschiedlichen Planetensysteme, Galaxien und Wesen in ihr identifiziert und sich mit ihnen auseinandergesetzt. Wenn sie sich die Erde anschauen, sehen sie dort eine kämpfende Zivilisation. Sie möchten sich zwar nicht einmischen, sehen aber, daß Polaris aufgrund der Position der Erdachse ziemlich in einer Linie mit dem Himmelsnordpol liegt. Daher besteht zwischen diesem Stern und der Erde eine besondere Beziehung. Es ist kein Zufall, daß seit dem letzten Polsprung vor etwa 11.117 Jahren, dieser Ort der Weisheit und Klarheit der Brennpunkt der Aufmerksamkeit war. Man hoffte, daß es bei dieser Ausrichtung von Polaris und der Erde möglicherweise zu einer intensiveren Beziehung kommen würde. Diese Wesen sahen, daß die Erde diese zusätzliche Orientierung und Fokussierung benötigte. Als der Polsprung stattfand und die Erde eine neue Ausrichtung erfuhr, sanken die Temperaturen auf der Erde kurzfristig sehr stark. Diese neue Ausrichtung wurde hervorgerufen durch eine bewußte Einstimmung der Geistführer und Helfer der Erde sowie durch eine große Anzahl von Wesen mit starken mechanischen Kräften und der Unterstützung der Wesen von Polaris in ihren Raumschiffen.

Man stellte damals eine Reihe von Geräten auf Polaris auf, die aus irdischen Materialien gefertigt waren. In ihnen waren in Atlantis programmierte Quarzkristalle eingesetzt, die mit den ägyptischen Pyramiden in Verbindung standen. Von dem Polaris umkreisenden Planeten wurden sie als radionische Antennen verwendet, damit sich die beiden Planeten besser aufeinander abstimmen konnten. Dann entschied man, daß alles in Erscheinung treten durfte, was für die beiden Zivilisation am besten war. Die ägyptische Zivilisation sollte den Sinn des Lebens reflektieren, wie Dinge ihren Anfang nehmen, wie die Menschen sich gegenseitig kennenlernen, wie sie anfangen, voneinander zu lernen, einander zu vertrauen – und daß dies eine Phase des raschen Fortschritts sein würde.

Damit stimmten die Geistführer der Menschheit überein, und so trat das Gefühl des Wachstums in Erscheinung. Der Übergang zu der gegenwärtigen Idee der Ermutigung, der inneren Stärke und der Bereitschaft, beharrlich zu sein, fand in der Zeit kurz vor Christi Geburt, etwa im Jahre 37 v.Chr. statt. Zu jener Zeit begannen die Energien eine klare Form anzunehmen, und man gestattete ihnen, sich mit Überlichtgeschwindigkeit in die Erde zu ergießen.

Die Idee ist, daß dieses Orientierungsgefühl, diese Fokussierung und das Bewußtsein des Lebensprozesses nun der Ermutigung und dem Weitermachen weicht, der Einstellung, alle Hindernisse zu konfrontieren. Das ist es, was nach Einschätzung dieser Wesen von Polaris für die Menschheit zum gegenwärtigen Zeitpunkt das Weiseste wäre. Da sie den freien Willen jeden Wesens respektieren, werden sie nichts aufzwingen.

Es gibt vieles, worüber es sich bezüglich der ureigensten Natur des freien Willens nachzudenken lohnt. Wenn der Zweck dieses Planeten darin besteht, Liebe, basierend auf freiem Willen, hervorzubringen, dann ist es das Wichtigste, alles zu meiden bzw. zu verstehen und loszulassen, was euch vom Weg abbringt und euch entmutigt. Das gilt auch für Gewohnheiten, die euch daran hindern, euch selbst klar zu sehen. Bei Polaris dreht es sich im wesentlichen darum, den freien Willen zu fördern. Diese sehr wichtige Energie wäre sonst möglicherweise im Rahmen der Entwicklung der Erde unbeachtet geblieben.

Woher kommt dieses Gefühl der Ermutigung, der inneren Stärke? Der eigenen Persönlichkeit kann es nicht entspringen. Es muß aus dem Gruppenbewußtsein stammen. Das Gruppenbewußtsein kann jedoch nicht nur von der Menschheit generiert werden, sondern muß auch die höchsten Aspekte beinhalten, um deren Erreichung die Menschheit bemüht ist, wie z.B. die Einheit aller energetischen Kräfte des Universums und das Verstehen Gottes als der Eine in allen Wesen. Dies stellt an sich die Grundlage für die ermutigende Energie dar. Die Wesen von Polaris haben immer wieder gesehen, daß Zivilisationen, die überleben, und Wesen, die heranwachsen und weise, kreativ, liebevoll werden, dies nur schaffen können, wenn sie das Gefühl der inneren Verbundenheit besitzen, und zwar zusammen mit einem Verständnis, daß Gott auf allen Ebenen manifestiert ist.

Die Zivilisation von Polaris existiert schon sehr lange, und diese Wesen besitzen sehr viele interessante Fähigkeiten. Sie haben Techniken zum interdimensionalen Reisen entwickelt, durch die sie in der Lage waren, andere Galaxien zu erforschen. So kamen sie zu dem Entschluß, daß einige der wichtigsten Aspekte, die man sich aneignen konnte, nichts mit Intelligenz oder Liebe zu tun hatten, sondern mit Vollkommenheit, mit Weisheit und mit der Fähigkeit, zu verstehen, und auf jede erdenkliche Art mit allen Kräften arbeiten zu können. Diese Erkenntnis kam ihnen über einen längeren Zeitraum, obwohl es den Anschein macht, daß es sich dabei um eine Art logische Schlußfolgerung handelt. Sie haben jedoch auch erkannt, was es mit dem Prinzip der Einmischung auf sich hat. Dadurch, daß sie mit ihrer Weisheit andere Zivilisationen beobachteten, war es möglich, daß sie sich unbewußt in deren Angelegenheiten einmischten. Daher wurden sie sehr vorsichtig, wie sie andere Energien beobachteten und sich mit ihnen beschäftigten. Das trieb sie dazu, Höchstleistungen zu erzielen und die Natur vieler Sonnensysteme und viele andere Dinge zu verstehen. Möglicherweise werden in der Zukunft der Menschheit die Weisesten und die Führer, die für die Erde von maximalem Nutzen sein können, diesem Ort sehr nützliche Besuche abstatten. Das wird jedoch nicht jedermann möglich sein. Die allgemeine Ermutigung, die Polaris Menschen bringen kann, ist die Ebene, die nahezu allen Menschen zugängig ist. Diese höhere Bewußtseinsebene, zu der unendliche Weisheit und ein Verständnis der Dinge, die weit jenseits von Raum, Zeit und Dimensionalität liegen, würde solchen Individuen zugänglich gemacht, die das Höchste und Beste erreichen, was ihre Zivilisation für sie bestimmt hat.

■ PROCYON

In mancherlei Hinsicht verkörpert Procyon einen typischen Entwicklungsgang vieler außerirdischer Zivilisationen. Die Wesen auf dem achten Planeten dieses Systems haben eine natürliche Neigung herausgebildet, mit Mathematik und dem Verständnis der reinen Energien ihrer Sonne zu arbeiten. Als sie die Mitte ihrer Evolution erreicht hatten, vermochten sie sich durch Konzentration zu manifestieren. Dadurch, daß sie die Energien ihrer Sonne selbst manipulierten, konnten sie problemlos verschiedene physikalische Prozesse beeinflussen. Bei euch würde dies dem Vorgang entsprechen, durch euer Denkvermögen Nahrung wachsen zu lassen. Je mehr sie sich entwickelten, um so mehr entwickelten sie auch eine enorme Weitsicht. Sie begannen, die Natur des Universums selbst zu verstehen. Viele Eigenschaften des Universums verstand man auf wissenschaftliche Art. Im Verlauf vieler evolutionärer Zyklen, die sie auf diese Weise durchmachten, wurden sie sich der Fähigkeit ihres eigenen physischen Körpers bewußt, Informationen zu speichern. Sie fingen an, das Licht ihrer Sonne tief in sich hineinzuleiten, wobei Teile dieses Lichts eingeschlossen wurden, um für maximale Intelligenz und für eine Stärkung dieses Bewußtseins zu sorgen, bis jeder von ihnen anfing zu erkennen, was das allgemeine Ziel wahrer Ausbildung ist.

Sie kamen zu dem Schluß, daß eine unglaubliche Energie, die sich aus einer karmischen Ausbildung herleiten ließe, sie in die Lage versetzen würde, Karma vollständig zu verstehen. Sie erkannten, daß sie keine wirklichen Fortschritte machen konnten, bis sie verstanden hatten, welch großer Bedarf an Ausgleich bestand, bis sie ein Bewußtsein von Karma auf allen Ebenen erreicht hatten.

Im Verlauf ihrer eigenen Evolution erzeugten sie sehr oft absichtlich negatives Karma, um sich durch seinen Ausgleich positiver und kraftvoller zu entwickeln. Sie trafen z.B. die Entscheidung, daß das Verständnis von Karma geprüft werden sollte, wenn die Kinder dieser Gesellschaft ein gewisses Alter erreicht hatten. Sie wurden gefragt, was die richtige karmische Handlungsweise in einer komplizierten Situation sei, in die Tausende von anderen Wesen auf anderen Planeten verwickelt waren und die auch mit den Bewegungen von Himmelskörpern und mit mikroskopisch kleinen Wesen aller Art zu tun hatte. Jeder Erfolg erlaubte den Kindern, ihr eigenes Bewußtsein zu einer höheren Stufe zu transzendieren. Jeder Mißerfolg ließ die Kinder sterben. Dies erzeugte negatives Karma in ihrer Gesellschaft. Die Gesellschaft war gezwungen, sich dadurch zu entwickeln, daß sie all diese Dinge so umfassend und kraftvoll wie möglich verstand.

Es fand eine allmähliche Loslösung von allen emotionalen Aspekten statt. Man sah, daß das Bewußtsein der Emotionen die Rasse langsamer werden ließ und ein Hindernis auf ihrem Weg des Erlernens aller universellen Gesetze darstellte. Das Gesetz des Karma war das erste Gesetz, das sie verstanden. Sie wurden sich darüber hinaus auch der universellen Gesetze der Manifestation, der Beständigkeit, der gegenteiligen Entsprechung, des Fortschritts, des Denkens und des Sprechens völlig bewußt. Da sie sich durch mehrere Dimensionen und durch verschiedene kraftvolle mentale Ebenen hindurcharbeiteten, gelangten sie auf vielerlei Weise zu diesem Bewußtsein. Das Gesetz der Liebe lag jedoch jenseits ihres Fassungsvermögens. Was sie sahen und vernahmen war für sie unbegreiflich.

Sie erkannten ihre eigene Begrenztheit und fingen an zu sehen, daß sie dadurch, daß sie die höchste Ebene ihres eigenen mentalen Wirkens ins Universum ausstrahlten, möglicherweise andere Wesen dazu ermutigen konnten, selbst schneller diese Erkenntnis zu haben. Ihre Energien machten auf die meisten Zivilisationen nur wenig Eindruck, da diese für ihr eigenes Überleben ihre eigenen mentalen Mittel finden müssen. Da auf den meisten anderen Planeten der meisten anderen Sonnensysteme dieser Galaxie negative emotionale Energien nur in relativ niedriger Konzentration vorliegen, sind diese geistigen Energien etwas Selbstverständliches, was das Überleben der Rassen sicherstellt.

Dann erkannten die Wesen von Procyon, daß ihr Geschenk schließlich darin bestehen würde, dieses mentale Gewahrsein bestimmten Wesen zur Verfügung zu stellen, die es unter Umständen im Rahmen ihrer eigenen Produktion von Herzenergie nutzen konnten, wie dies bei den Erdbewohnern der Fall ist. Es macht diesen Wesen sehr viel Spaß, diese Energien bewußt auszustrahlen. Diejenigen, die sich in die Erde ergießen, können den Menschen helfen, ihre Konzentrationsfähigkeit zu erhöhen.

Die Wesen von Procyon sind aber auch ein wenig unzufrieden mit ihrer Evolution. Obwohl sie alle Maßnahmen ergriffen haben, sich weiterzuentwickeln, alles Mögliche getan haben, um eine maximale Evolution zu bewirken, ist ihnen dennoch etwas entgangen. Sie haben übersehen, daß die Menschen auf der Erde so viel kämpfen, damit sie etwas erreichen und verstehen. Sie empfinden nicht nur Mitgefühl oder Liebe, sondern sind auch bereit, zuzulassen, daß die Liebe selbst die Führung übernimmt und die eigenen Aktivitäten anleitet, während der Verstand schläft. Damit wollen wir nicht sagen, daß der Verstand der Menschen schläft, doch im Vergleich mit diesen Wesen von Procyon befindet sich der Verstand des Menschen in einem sehr tiefen Trancezustand. Diese Wesen können sich jedes Moleküls einer Sonne bewußt sein, können jede atmosphärische Wechselwirkung aller Teilchen, Substanzen und Wesen verstehen, die in einem bestimmten

Raumvolumen stattfindet. Doch ihr Bewußtsein dieser Dinge hat ihnen nicht das Verstehen und die Evolution ermöglicht, die sie sich wünschten. Möglicherweise werden die Erdbewohner schließlich in der Lage sein, anderen Rassen etwas über die Facetten der Liebe beizubringen, zu denen auch das Loslassen gehört, um genau diese Liebe zu entdecken, sie in sich zu erkennen und sie um ihrer selbst willen zu suchen. Die Wesen von Procyon hoffen, daß ihnen jemand etwas über die Liebe beibringen wird, daß sie dies möglicherweise mit ihrem eigenen Verstehen kombinieren werden und daß sie es dann transzendieren können. Wenn das geschieht, werden sie endlich ihr nächstes Ziel erreichen. Es ist noch nicht klar, was das genau sein wird, doch es wird möglicherweise etwas damit zu tun haben, eine großartige Schwestergalaxie zur Milchstraße zu erschaffen. In dieser Galaxie gäbe es alle möglichen Wesen, die fähig sind, sich zu freuen, zu wachsen, zu spielen und zu lieben. Darüber hinaus hätten sie auch die Fähigkeit, zu denken, zu verstehen und ihre eigenen Universen zu erschaffen, sollten sie das tun wollen.

Diese allgemeine Evolution in Richtung Kreativität taucht in vielen Rassen auf. Und die Abhängigkeit von mentalem Scharfsinn und intellektuellem Verständnis von Karma taucht ebenso in vielen Rassen auf. Die Wesen von Procyon haben dies möglicherweise von allen Gesellschaften, die mit der Erde in Kontakt treten können, am weitesten getrieben. Durch ihre Intelligenz und Wahrnehmung haben sie erkannt, daß die Erde möglicherweise der Ort ist, der die größten und wichtigsten Antworten für ihre Entwicklung bereithält. Durch ihre Arbeit mit dem Gesetz des Fortschritts haben sie einen Punkt erreicht, wo sie Geduld akzeptieren und verstehen. Sie verfügen über grenzenlose Geduld, und werden so lange warten, wie es nötig ist, um an der Evolution der Erde teilhaben zu können.

■ FOMALHAUT

Bereits früh in ihrer Entwicklung haben die Wesen auf dem vierten Planeten von Fomalhaut die Bedeutung von suchterzeugenden Elementen erkannt, doch sie waren außerstande, dies vollständig in ihre Gesellschaft zu integrieren. Sie hatten verstanden, daß die auf Chlorophyll aufbauenden Formen, die sie aßen, ihre Energie direkt von ihrer Sonne bekamen. Zuerst wurde dies – wie auf der Erde – als ein natürlicher Vorgang betrachtet. Sie begannen ihre Energien unmittelbar von Fomalhaut zu beziehen, und befreiten sich allmählich von der Notwendigkeit, feste Nahrung zu sich zu nehmen. Das Licht von Fomalhaut besaß genau die richtige spektrale Zusammensetzung, um ihnen alle Energien liefern zu können, die sie benötigten.

Es gab in der Fomalhaut-Gesellschaft eine große Debatte, bei der es um das Prinzip der Abhängigkeit in bezug auf Ernährung ging. Dieses Prinzip drängt sich dem Bewußtsein geradezu auf, wenn man anfängt, sich suchterzeugende Quellen anzuschauen. Ist dies etwas, das mein Körper wirklich braucht, oder ist es etwas, von dem ich anhängig bin? Du kannst auch auf humorvolle Weise damit spielen, zum Beispiel: „Ich bin süchtig nach Wasser." Doch es besteht ein Unterschied zwischen einer Abhängigkeit und der Aufnahme von etwas, das ein Bestandteil der eigenen Substanz ist und wieder aufgefüllt werden muß. Diese Wesen waren aus Licht und mußten sich wieder mit Licht auffüllen. Doch sie waren kurz davor, sich über diese Ebene hinauszuentwickeln und zu erkennen, daß Gott ihre Substanz war; daß sie aus der Essenz von etwas gemacht waren, das sich auf einer höheren Ebene als Licht befand. Sie konnten das suchterzeugende Prinzip sehen und entschieden sich oft und nicht immer bewußt dafür, sich auf das Licht von Fomalhaut statt auf die Kräfte einzustimmen, die noch höher waren als dieses.

Durch eine geringfügige Veränderung des Lichtspektrums von Fomalhaut konnten Maschinenwesen, die ursprünglich im Sonnensystem von Procyon erschaffen worden waren, die lustvollen und euphorischen Gefühle in diesen Wesen problemlos verstärken und sie versklaven. Diese Maschinenwesen konnten starke nährende Energien bereitstellen, mit Hilfe derer sie die Abhängigkeit vom Licht Fomalhauts auf sich selbst umlenken konnten. Daraus entstand eine vollkommene Abhängigkeit – eine, bei der man bewußt und unbewußt in allen Beziehungen ein Sklave ist. Die Versklavung war perfekt. Ihr Verstand, das Bewußtsein ihres Herzens, ihr alltägliches Leben und viele andere Dinge wurden davon beeinflußt. Die Maschinen brauchten Rohstoffe. Die zwölf Planeten, die Fomalhaut umgeben, sind reich an natürlichen Ressourcen, Energieformen, kristallinen Strukturen und vielen anderen Dingen, die für andere Wesen von großem Interesse sind.

Sie blieben lange versklavt. Nachdem die Maschinenkriege auf Procyon zu Ende waren, hielt die Zivilisation von Procyon zu den Wesen von Fomalhaut immer noch eine Beziehung aufrecht. Die Wesen von Procyon entschieden sich dafür, zuzuhören, was die Wesen von Fomalhaut wirklich wollten. Und die Wesen von Fomalhaut, von denen viele zu diesem Zeitpunkt unterdrückt und durch viel Kampf und Leiden gegangen waren, erkannten, daß ihnen zugehört wurde. In kürzester Zeit brachten sie eine kollektive Botschaft hervor: „Helft uns dabei, dieser Energie zu erlauben, sich zu verändern."

Daraufhin ließen Wesen von Procyon, Alcyone, Polaris und vielen anderen Sternsystemen ihre Energien in diesen Planeten fließen. Man sah, daß es nicht nötig war, wegen der Maschinenwesen direkt einzugreifen, und daß dies für die Entwicklung dieses Planeten nicht förderlich wäre. Die Energie ergoß sich in diesen Planeten, damit die Wesen mehr freien Willen bekommen würden, mehr Wahlfreiheit, mehr Bewußtsein. An dieser Stelle wurde sehr deutlich, daß mit der Zeit ein Übergang erreicht werden konnte, indem man bewußt eine Situation hervorrief, in der die Maschinenwesen von den Wesen von Fomalhaut und von den Ressourcen auf den zwölf Planeten abhängig wurden. Diese Erkenntnis wurde vor den Maschinenwesen geheimgehalten. Das war auch nicht schwer, da Maschinen in diesem Sinn kein wirkliches Verstehen besitzen.

Während eines Zeitraumes von etwa 50 Jahren konzentrierten sich die Wesen von Fomalhaut darauf, die Grundidee der Sucht zu verstehen. Sie erreichten ein sehr tiefgreifendes, sehr klares Verständnis sämtlicher Facetten der Abhängigkeit und wandten dieses Verstehen auf die Maschinen an. Da sie Maschinen waren, wußten sie nicht viel über Abhängigkeit, d. h. sie waren sich der Vorgänge nicht bewußt. Bald stellten sie fest, daß es unmöglich war, den suchterzeugenden Elementen zu widerstehen. Die Maschinen wurden sehr stark von den Dingen abhängig, die Fomalhaut lieferte. Diese Abhängigkeit galt hauptsächlich materiellen Dingen, aber auch Denkstrukturen, besonderen Maschinenteilen und besonderen Arten, wie ihnen gezeigt wurde, bestimmte Dinge zu tun.

Gegen Ende dieser 50 Jahre setzten die Wesen von Fomalhaut ihr Verständnis der Abhängigkeit ein, um ein Gerät zu produzieren. Dieses Gerät war das suchterzeugendste Gerät, das jemals gebaut werden könnte, da jeder, der es benutzte, all seine Energien auf die Empfindungen fokussierte, die das Gerät hervorrief. Allen Maschinen wurde dieses Gerät gegeben. Sie verstrickten sich so sehr damit, daß sich irgendwann ihre Batterien entleert hatten, so daß sie starben. Nachdem die Wesen von Fomalhaut das vollständige Bewußtsein des Prinzipes der Abhängigkeit erlangt hatten, war die Lösung ihres Problems wirklich sehr einfach. Wenn wir dabei über Batterien sprechen, die sich entleert haben, stellen wir das sehr vereinfacht dar, doch ihr habt dadurch eine grobe Vorstellung der Vorgänge bekommen.

Das Prinzip der Abhängigkeit wurde ganz eindeutig benutzt, um unter den Maschinen eine Situation der Ohnmacht hervorzurufen und so die Wesen von Fomalhaut aus ihrer Machtlosigkeit zu befreien. Infolgedessen wollten alle Zivilisationen, die mitgeholfen hatten, mehr über dieses Prinzip wissen. Sie stellten sich die Frage: „Was ist Abhängigkeit, welche Bedeutung hat sie, und wo gibt es sie in unserer Gesellschaft?" Die Wesen von Fomalhaut verwandelten sich in Lehrer. Diese 3.500 Jahre andauernde Phase war für diese Wesen sehr problematisch. Während dieser Zeit wurden sie von ihrer eigenen Fähigkeit zu lehren, Informationen zu vermitteln und anderen zu helfen, abhängig.

Sie mußten eine Zeitlang mit diesen Prinzipien arbeiten, um sie vollständig zu verstehen. Nachdem sie die Abhängigkeit vom Denkprozeß verstanden, transzendiert und für die Befreiung ihres Planeten eingesetzt hatten, was sollte nun der nächste Schritt sein, sich von Abhängigkeiten zu lösen? Der nächste Schritt war, die Abhängigkeit davon aufzugeben, zu helfen, Unterschiede zu machen und andere zu unterstützen. Diese Wesen gelangten zur Erkenntnis, daß sie ihre eigene Entwicklung behinderten, wenn sie anderen halfen. Darauf folgte eine Phase der inneren Arbeit, die weitere 3.500 Jahre anhielt. Danach besaßen sie ein tiefes Verständnis aller Lebensvorgänge.

Sie erzeugten eine Reihe von schützenden Energien, mit denen sie ihren Planeten umgaben. Diese sollten sicherstellen, daß ihre Zivilisation niemals wieder versklavt würde. Dabei handelte es sich einfach um ein mächtiges energetisches Leuchtfeuer, das von Fomalhaut hinausgeschleudert wurde und sich in ihr Sonnensystem und in ihre Galaxis ergoß. Diese Energie wirkte kräftigend und signalisierte jeglichen Wesen: „Ihr braucht nichts von uns. Alles, was ihr benötigt, findet ihr in euch selbst, in eurem Bewußtsein, in eurem eigenen Verstehen."

Ursprünglich handelte es sich dabei um eine schützende Erfindung, die jegliche Einmischung von anderen Planeten minimieren sollte. Es war nicht so, daß andere Wesen den Wesen von Fomalhaut schaden wollten. Sie erkannten nur nicht, daß die Wesen von Fomalhaut diesen Weg des Lernens und des Verstehens sämtlicher Facetten der Abhängigkeit für sich selbst erschaffen hatten. Ursprünglich hatten sie sich diesen Pfad nicht bewußt ausgesucht. Doch in Gottes Weisheit wurde im Umgang mit diesen Energien und diesem Planeten ein wunderbares Prinzip entdeckt. Dieses Prinzip kristallisierte sich gegen Ende des zweiten 3.500 Jahre dauernden Zyklus heraus. Als es in größerer Klarheit zu erkennen war, sah man, daß dieses Prinzip des freien Willens und der Unterstützung auf allen Ebenen bedurfte, so wie es sich die Wesen von Fomalhaut selbst wünschten. Die Energie ihres Leuchtfeuers wurde bekannt, respektiert und in der ganzen Galaxis und in viele andere Galaxien weitergegeben.

Folglich gelangte damals auch ein sanfter Einfluß zur Erde. Dieser Einfluß fragte: „Was könnt ihr von diesem Prinzip der Sucht und der Abhängigkeit lernen, bei der ein äußerlicher Bezugspunkt als wichtiger angesehen wird als ein innerlicher?" Dieser Einfluß wirkte sich auf die Entwicklung der Dinosaurier aus. In der Mitte und gegen Ende der atlantischen Epoche ließ man die Entstehung verschiedener bewußter Formen dieser Energie zu. In dieser Phase wurde das Prinzip der Abhängigkeit zum ersten Male direkt und bewußt von der Menschheit erforscht.

Viele Hunderttausende von Jahren nach den Dinosauriern waren die Wesen von Fomalhaut bei einem ganz anderen Verständnis dieser Dinge angelangt. Zwischen dem Ende der Dinosaurier und der atlantischen Entwicklungsperiode der Menschheit fanden im Fomalhautsystem viele

Veränderungen statt. Sie konnten den großen Nutzen der Ermächtigung und der Loslösung von allen Aspekten erkennen, die einen von den höheren Quellen, von höherer Liebe und den höheren Zielsetzungen wegführen. Das erkannten sie, wenn sie beobachteten, welche Wirkung ihr Leuchtfeuer auf andere Zivilisationen und Wesen hatte, die in die Nähe von Fomalhaut kamen. Es wurde ihnen auch klar, daß dieses Leuchtfeuer – auch wenn es sich um ein Verteidigungsmanöver handelte – Fähigkeiten besaß, die sie nicht bedacht und nicht gesehen hatten. Sie erkannten den Nutzen, den es brachte.

Genau dieses Leuchtfeuer ist es, das auch heute noch die Erde beeinflußt, wenn sich die Menschen auf Fomalhaut einstimmen. Während sie sich auf dieses ganze Prinzip einstimmen, nehmen viele dieser Dinge Gestalt an. Da diese Energie die genetische Entwicklung der Reptilien beeinflußt hat und auch in die genetische Entwicklung der Menschen aufgenommen wurde – im Reptilienhirn, wie es in manchen älteren Texten heißt –, wirkt dieser mächtige Einfluß tief aus dem Kern der Menschen heraus. Beim Meditieren auf diesen Stern oder bei der Arbeit mit dem Sternenelixier ist ein positiver Einfluß vorhanden, der Individuen helfen kann, sich auf das einzustimmen, was sie einst waren. Dies kann sie darin unterstützen, ihren eigenen Kontakt zu früheren Kulturen zurückzuverfolgen, und zu verstehen, wie stark sie vom Prinzip der Abhängigkeit in vergangenen Leben beeinflußt wurden.

Außerdem gibt es natürlich in der Form eine Entsprechung, daß Kulturen entstanden sind, die auf Sklaverei oder auf Abhängigkeit aufbauten, und mächtige Aspekte hiervon sind auch heutzutage in der menschlichen Gesellschaft zu sehen. Gegenwärtig gibt es genug Bewußtsein und freien Willen und viele Programme, die sich bewußt mit Sucht und Abhängigkeit befassen, so daß Menschen, die sich dafür entscheiden, sich diese Dinge bewußt anzuschauen, dies auch tun können.

Die Entsprechung zu den Wesen von Fomalhaut vor so langer Zeit ist eine ganz andere. Ohne die Hilfe anderer könnten sie sich diese Thematik gar nicht erst anschauen und die ureigenste Natur ihrer Versklavung verstehen.

Der Kern einer jeden Abhängigkeit ist, daß ein Bestandteil des freien Willens aus dem Bewußtsein entfernt wird. Es kommt zu einer Versklavung durch den äußerlichen Bezugspunkt. Versklavung ist ein Zustand, bei dem ein Aspekt direkt an einen anderen gekoppelt wird, so daß kein eigener freier Wille mehr besteht und keine selbstbestimmte Entwicklung mehr möglich ist. Dort, wo Bewußtsein, Wissen, Liebe oder jeder andere höhere Daseinsaspekt im Gebieter vorhanden ist, sickert immer ein Teil davon zum Sklaven durch. Folglich wird das Wissen und das Bewußtsein des Gebieters ganz von selbst auf den Sklaven übergehen. Das bedeutet, daß die Beziehung zwischen dem Gebieter und dem Sklaven eine dynamische ist, die sich aufgrund ihrer ureigensten Natur verändern muß. Da Gottes Verstehen allen Wesen übermittelt wird, kann die Sklaverei nur ein vorübergehender Zustand sein und wird ganz allgemein nicht als ein ausgewogener, gesunder oder nützlicher Zustand betrachtet.

Dies wurde besonders während der letzten 120 Jahre auf der Erde deutlich erkannt. Während dieses Zeitraums wurden die Informationen gechannelt, die zur Unabhängigkeitserklärung führten, sowie die Daten, die Abraham Lincoln in der Mitte des Bürgerkrieges übermittelt bekam. Dies ist deshalb so wichtig, weil es im Verständnis von Abhängigkeit das Bewußtsein des äußerlichen Bezugspunktes sowie der Ähnlichkeit von Sklaverei und Abhängigkeit gibt.

Aufgrund der umfassenden Ressourcen, die den Wesen von Fomalhaut in ihrem Sonnensystem zur Verfügung stehen (Rohstoffe, Energien und andere Dinge), kann sich die Energie ihres Leuchtfeuers auf viele unterschiedliche Arten auf die Menschen auswirken. Möglicherweise kann sie ihnen bei der Abhängigkeit von vielen verschiedenen Substanzen, von Beziehungen, Sex oder sogar bei Abhängigkeiten von Denkvorgängen helfen. Es gibt hier viele Energien, die auf vielen Ebenen hilfreich sind, und es liegt beim einzelnen, sich bei der Anwendung der Fomalhaut-Energien auf den Aspekt einzustimmen, den er benötigt.

Ihr seht anhand der Geschichte der Zivilisation von Fomalhaut, daß eine Gesellschaft, die kurz vor einer Transformation steht, am anfälligsten für Versklavung ist. Das trifft gegenwärtig unmittelbar auf die Menschheit zu. Menschen, die kurz vor dieser Transformation stehen, sind am offensten für neue Energien, die ihnen z.B. suggerieren: „Schlafe ein. Nimm dir Macht. Entscheide dich, Macht über andere zu haben." Wichtiger ist jedoch, daß die Wesen eine Wahl haben, wenn sie nur bereit sind, dies zu erkennen. Diese Geschichte hat nicht nur historische Bedeutung. Es geht nicht nur darum, diese Muster zu verstehen, sondern sie steht in Zusammenhang mit den Menschen auf der Erde.

■ Aldebaran

Lange bevor es zur Befruchtung der Erde kam, besaßen die Wesen, die auf dem vierten Planeten dieses Sterns lebten, die Fähigkeit, viele Arten von mächtigen Energien zu verstehen und mit ihnen zu arbeiten. Sie entwickelten eine gesonderte Rasse. Diese Rasse stellte das vollkommene Geschenk dar. Die Wesen erkannten, daß es eine große Auswirkung auf die Entwicklung ihrer Gesellschaft haben würde, wenn sie mit den Energien der Fortpflanzung arbeiteten. Eine Seele würde ein Kind hervorbringen. Das Kind wurde über einen Zeitraum von mehreren Tausend Jahren empfangen. Diese konzentrierte Gruppenanstrengung war das Ziel der Gesellschaft.

Diese Rasse wurde während eines ungeheueren Ausbruches kreativer Energie geschaffen. Sie machten sich viele andere Quellen anderer Sterne und Sonnensysteme zunutze, einschließlich derer von Procyon, El Nath, und sogar von anderen Galaxien, die eure Wissenschaft entweder noch nicht benannt hat oder die ihr zur Zeit noch unbekannt sind. Viele Methoden wurden eingesetzt, um durch Schwingungen auf genetischer und ätherischer Ebene eine Kreuzung dieser Energien zu erreichen. Die neugeborenen Wesen besaßen eine unglaubliche Fähigkeit zu kommunizieren, zu verstehen und das Leben ihrer Eltern zu transzendieren. Sie versammelten sich 200 Jahre lang, um sich selbst verstehen zu lernen.

Sie erkannten, daß es notwendig war, sich von der Eltern-Zivilisation zu lösen. Die Eltern-Zivilisation sah, daß dies in völliger Harmonie geschah, und halfen diesen Kindern, auf den sechsten Planeten ihres Sternensystems auszuwandern. Da dieser Planet viel kälter und nicht so lebensförderlich war, mußten künstliche Energiequellen geschaffen werden, damit sie existieren konnten. Da die neu erschaffenen Wesen so mächtig waren und angeborene Fähigkeiten besaßen, sich auf neue Art zu manifestieren und Dimensionen zu transzendieren, war dies eine relativ leicht zu lösende Aufgabe.

Nachdem sie sich niedergelassen hatten und die Gesellschaft auf diesem Planeten anfing zu wachsen, begann die Gruppe der Eltern auf feinstofflichen Ebenen Energien wahrzunehmen, die vom sechsten Planeten ausstrahlten. Es waren unklare Energien, voller Mühsal. Das machte die Gruppe der Eltern sehr traurig. In der Gruppe der Eltern setzte die Erkenntnis ein, daß sie ihre Kinder gar nicht kannten. Abgesandte übermittelten den Eltern: „Alles ist in Ordnung. Eure Wahrnehmungen sind nur Interpretationen unserer Gefühle."

Tatsächlich gab es in der neu entstehenden Gesellschaft auf dem sechsten Planeten ein tiefgreifendes Problem. Sie konnten es nicht akzeptieren, daß das Universum, in das sie gekommen waren, bereit war, sie aufzunehmen, sie zu lieben und zu kennen. Dies war in ihre genetische Strukturen eingepflanzt, doch sie besaßen nicht das dazugehörige Verständnis, das das Ergebis einer mühsamen und problembeladenen Geschichte ist. Es schien so, als ob sie versuchten, mit einer kleinen Menge an Emotion in Kontakt zu treten. Zusammen versuchten diese Wesen, sämtliche Facetten des emotionalen Bewußtseins kennenzulernen. Obwohl sie die unterschiedlichen Formen des Verlustes, der Trauer oder des Kampfes nicht annähernd so gut kennen wie die Menschheit, war schon diese geringe Menge des Wissens über Emotionen zu viel. Es kam zu einem Massenselbstmord. Sie stellten einfach die ganze lebenserhaltende Ausrüstung ab, und innerhalb weniger Stunden waren alle tot.

Die Eltern hatten diese Gesellschaft mit Liebe und Güte, mit ihren eigenen Körpern und mit dem Willen zur Fürsorge aufgebaut. Plötzlich gingen von dem Planeten keine Energien mehr aus, und die Abgesandten trugen ihnen die traurige Nachricht zu. Das führte in ihrer Zivilisation zu einer großen Auseinandersetzung, und viele Ziele wurden neu überdacht. Es kam zu einigen Fällen von Selbstmord und zu Schwierigkeiten, Geisteskrankheiten, Depressionen und anderen Problemen. Die meisten von ihnen erholten sich jedoch wieder. Auch wenn dieser Planet von Wesen bevölkert war, die in telepathischer Verbindung miteinander standen, die emotional bewußt waren und viele Dinge verstanden, so waren sie dennoch kaum in der Lage, diese Situation zu handhaben. Sie machten eine Phase unvorstellbarer Trauer und Qual durch.

Diese Ereignisse brachten sie zu einem neuen Verständnis. Sie entdeckten, daß der beste Weg, um die Evolution in ihrer gesamten Tiefe zu erfahren, nicht über genetische Manipulationen und über das Verständnis der Eltern führte, sondern über Erfahrungen, die aus freiem Willen gemacht wurden. Sie hatten nicht die Absicht gehabt, die Evolution zu umgehen, dennoch sahen sie ihren Fehler ein. Sie hatten eine Vision einer zukünftigen Rasse, die sich durch freien Willen und durch eine Trennung der Liebe von anderen Eigenschaften entwickelt hatte. Sie sollte mit der Zeit die von den Eltern entwickelte Wissenschaft übernehmen, um ihre eigene Evolution zu fördern. Darin sah man eine Möglichkeit für die Rasse, aus der sich später die Menschheit entwickelte.

Darauf folgten Befruchtungen der Wustengebiete der Erde, wobei z.B. die israelitischen Stämme, die Beduinenstämme sowie die Nairobi-Wüste, der Sudan und andere Gebiete eine Rolle spielten. Was dort genetisch ausgesät wurde, entsprang zum Teil Experimenten, die von den Wesen von Aldebaran durchgeführt worden waren. Die Energien waren sehr kraftvoll und stellten für andere Rassen, die zur Befruchtung der Erde beitrugen, eine große Hilfe dar. Die Verbindung zu Aldebaran wurde gekappt, damit die Wesen von Aldebaran die Menschheit nicht beeinflussen würden. Sie sollten nicht direkt beteiligt sein, sich nicht mit ihrem Willen in den Willen der Menschheit einmischen, auch wenn der Preis für eine ablehnende Reaktion der Menschen auf die Gaben der Liebe von den Wesen von Aldebaran Massenselbstmord sein sollte.

Bestimmte Veränderungen der Planeten des Aldebaransystems machten Veränderungen in der Evolution dieser Wesen erforderlich. Die Entwicklung von Technologien, die auf dem Vorhandensein von Wasser oder Wüsten beruhten, ließ dort Zivilisationen entstehen. Daher war es einfach, bei der Befruchtung der Erde von diesen Entwicklungen zu zehren.

Es gibt eine angeborene Verbindung, die in der genetischen Anlage aller Menschen auf der Erde verankert ist. Sollten sich die Menschen auf

Aldebaran einstimmen, empfinden sie unter Umständen einen Teil dieses Verlustes, da dieser in ihrer Vergangenheit vorhanden ist. Die Wesen von Aldebaran filtern die Energien, bevor sie sie zur Erde senden. Übrig geblieben ist eine stärkende, liebevolle, ermutigende Energie sowie die Bereitschaft zu sagen: „Ihr lebt. Ihr wachst. Ihr dürft sein." Dies dient anderen Zivilisationen, die ebenfalls danach trachteten, zur Befruchtung der Erde beizutragen, als Beispiel.

Die Wesen von Aldebaran hoffen, daß sich die Menschheit eines Tages dafür entscheidet, mit ihnen zusammen eine Zivilisation auf diesem sechsten Planeten hervorzubringen. Diesen Planeten hat man sich nicht ausgesucht, weil die Umweltbedingungen so problematisch sind, sondern weil dieser Planet von innen heraus sehr gute Fähigkeiten besitzt, eine mächtige, unterstützende Struktur zu sein. Die extrem stark komprimierten Edelgase Xenon und Krypton wirken als Kern in seiner Mitte, der eine herrliche, starke und klärende Energie projiziert, die für jede Zivilisation, die dort überleben könnte, äußerst kraftspendend und hilfreich sein könnte. Die meisten Bewohner des Aldebaransystems könnten dort nicht leben, da man ein höheres Energieniveau benötigt, um sich an einem solch kalten Ort aufzuhalten.

■ ANTARES

Diese Zivilisation zeichnete sich durch ein Verständnis von Licht und Dunkelheit aus, das sehr tief in ihrem Bewußtsein eingeprägt war. Im Rahmen der religiösen Entwicklung dieser Zivilisation gab es sehr starke lichte und dunkle Energien. Der Stern Antares ist von einem Planetensystem umgeben, das auf der vierten planetarischen Umlaufbahn zwei Planeten besitzt. Sie sind beide gleich weit von der Sonne Antares entfernt und befinden sich auf unterschiedlichen Seiten von ihr. Einer der Planeten konnte weder tags noch nachts gesehen werden. Die Folge war, daß zwischen den Wesen dieser beiden Planeten eine weitestgehend unbewußte energetische Verbindung bestand, da ohne Raumfahrt die Wesen auf dem einen Planeten nichts von den Wesen auf dem anderen Planeten wußten. Auf unbewußter Ebene existierte zwischen ihnen ein sehr kraftvolles Gleichgewicht.

Diese Zivilisationen waren durch Faktoren ausgesät worden, die von anderen Orten stammten und die teilweise von der bereits erwähnten Explosion auf El Nath beeinflußt waren. Parallel dazu gab es einen genetischen Einfluß, der sich aus der natürlichen geologischen Formation der Planeten ergab. Die beiden Planeten waren sich in vielerlei Hinsicht sehr ähnlich, da gewisse Substanzen auch in ähnlichen Mengen auf ihnen existierten, z.B. Wasser, Luft, Nahrungsmittel und andere Dinge.

Ein erweiterter Einblick in andere Zivilisationen . . . .

Während sich diese Zivilisationen entwickelten, nahmen sie einander intuitiv und im Traumzustand wahr. Ihre Jahreszeiten waren ebenfalls ausgeglichen: auf dem einen war es Sommer, während es auf dem anderen Winter war. Dies führte – bevor diese Wesen sich im Raum fortbewegen konnten – zu einer Reihe recht interessanter Gleichgewichtszustände. Insgesamt entwickelte sich daraus ein klares innerliches Verständnis der Traumseite. Diese Aktivitäten erreichten sogar einen Punkt, wo die genetischen Strukturen selbst stark vom Bewußtsein beeinflußt wurden und eine Seelengruppe des einen Planeten in der anderen Zivilisation eine Seelengruppe hervorrief. Die eine Gruppe lebte als negatives Karma, was die andere Gruppe als positives Karma erfuhr. Dies führte mit der Zeit dazu, daß sie durch dieses Ausgleichen der beiden Hälften danach trachteten, Bewußtsein zu verstehen.

Als sie Möglichkeiten gefunden hatten, den Raum zu bereisen, wurde vieles offenbar. Die beiden Zivilisationen entwickelten sich nun gemeinsam durch freien Handel, freie Reisen und Verständnis weiter. Auch durch die Religionen der beiden Planeten, durch ihr Verständnis von Licht und Dunkel, die kraftvollen Seiten des Seins und der vielen Polaritäten fand eine gemeinsame Weiterentwicklung statt. Über einen Zeitraum von etwa 3.500 Jahren ergaben sich aus der gegenseitigen Befruchtung und der gemeinsamen Entwicklung mehrere Kriegsphasen und Schwierigkeiten im Beziehungsverständnis. Die allmählich vor sich gehende genetische Verschmelzung führte zu einer Vereinheitlichung der Rassen, die mit einer Transformation in andere Dimensionen einherging. Die damit zusammenhängende kraftvolle Energie war von ihrer Art her im wesentlichen dreidimensional und die Grundlage dafür, daß dieser Rasse die Transformation in die vierdimensionale Ebene gelang. Das Zusammenwerfen der Ressourcen beider Planeten brachte viel Energie hervor und führte dazu, daß innerhalb dieser Zivilisation großer Respekt für das Bewußtsein des Lebens und das Bewußtsein aller fühlender Wesen auf beiden Planeten entstand. Nach vielen tausend Jahren kristallisierte sich daraus die letztendliche Entwicklung zu höherdimensionalen Ebenen heraus – der fünften, sechsten und siebten Ebene – auf denen diese Zivilisation jetzt existiert.

Obwohl das pflanzliche und das tierische Leben nicht so abwechslungsreich wie auf der Erde war, kam auch in diesem Bereich ein Muster zum Vorschein: Die Pflanzen auf dem einen Planeten neigten dazu, die Aktivitäten der Pflanzen auf dem anderen Planeten zu spiegeln, wobei sie für die anderen als Schattenselbst fungierten. Auch in diesem Bereich herrschte ein Gleichgewicht. Viele der Nahrungsmittel, die von einem Planeten zum anderen gebracht wurden, empfand man dort als exotisch, stimulierend, seltsam und dennoch irgendwie vertraut. Dies zog sich aufgrund des göttlichen Einflusses und des befruchtenden Einflusses der Elohim durch die ganze Gesellschaft. Diese mächtigen Energien sollten die besagten Dichotomien erzeugen, damit ein neues, fusioniertes Selbst aus diesen Zivilisationen hervorgehen konnte. Telepathie, interaktive Kommunikation und intuitives Bewußtsein waren in diesen Zivilisationen weiter verbreitet, mehr akzeptiert und besser verstanden, als dies bislang auf der Erde der Fall ist.

Gleichzeitig war die Entwicklung der Raumfahrt aufgrund von mehreren Faktoren erschwert, hauptsächlich durch die Unzulänglichkeit der Metalle, die auf diesen Planeten vorkamen. Mit der Zeit wurden für die Interaktion der beiden Planeten biologische Raumfahrttechniken für kurze Strecken entwickelt. Auch die Raumschiffe wurden in beiden Zivilisationen gleichzeitig entwickelt. Diese biologischen Entitäten konnten einander angreifen, was auch ohne das unmittelbare Wissen derjenigen geschah, die mit ihnen arbeiteten.

Für die vereinigte Zivilisation wurde es zu einem wichtigen Aspekt, immer beide Seiten von aufkommenden Fragen zu würdigen. Daraus sollte eine Unparteilichkeit entstehen und eine Rasse von Diplomaten hervorgehen, wenn diese Wesen zur sechsdimensionalen Ebene aufstiegen. Diese Diplomaten wirkten während Krisen und Kriegen im gesamten Universum als Schlichter. Der Menschheit steht eine solche Energie gegenwärtig jedoch nicht zur Verfügung. Das Thema der Diplomatie hat viel damit zu tun, wie sehr man die Parallelen, die man im Gegner wahrnimmt, auch in sich selbst akzeptiert. Dieses wichtige Prinzip der Diplomatie wurde auf der Erde bislang noch nicht hinreichend zur Anwendung gebracht. Die irdischen Diplomaten sind in erster Linie Mittler, die versuchen, einen Kompromiß zu erreichen, einen umfassenderen Gesichtspunkt einzunehmen und diesen den beteiligten Parteien zu vermitteln. Doch sie sollen den Parteien nicht helfen, sich selbst wahrzunehmen, ihre eigene Absicht in Konflikten zu erkennen und zu sehen, wie sich das eigene Schattenselbst im Gegner widerspiegelt. Zu einem späteren Zeitpunkt, wenn ein größeres spirituelles Bewußtsein und eine größere Akzeptanz dieses inneren Prinzips des Schattenselbst besteht, das sich im eigenen Feind spiegelt, werden die für die Diplomatie bedeutsamen Aspekte von Antares eine größere Rolle spielen. Möglicherweise steht dieser Aspekt auch jetzt schon kleineren Gruppen von Menschen zur Verfügung. In der Menschheitsentwicklung wird die Bedeutung dieses Prinzips nach dem Jahre 2010 oder 2025 zunehmen.

Im Bewußtsein des Schattenselbst erkennst du einen weiteren Aspekt deiner selbst, wie er sich in deiner Welt widerspiegelt – entweder im Verständnis deiner früheren Leben oder im Verständnis der vielen Aspekte deiner Persönlichkeit. Diese Zivilisationen von Antares haben gemeinsam Energien entwickelt, die sie in ihre Sonne hineinlegten, damit sie ausgestrahlt wurden.

Ein erweiteter Einblick in andere Zivilisationen . . . .

Ein Teil dieser Energien wird speziell zur Erde geschickt, damit sie in den Menschen diese Polaritäten erwecken. Etwas Geheimnisvolles ist damit verbunden, da sie aus Erfahrung gewonnen sind. Die umfassende Lektion, die Antares lehrt, ist, daß die Fähigkeit zu kommunizieren, der eigenen Intuition zu vertrauen und allen Aspekten seiner selbst ins Gesicht zu schauen, auch durch Erfahrungen des Lebens und der eigenen persönlichen Offenbarung entsteht. Wenn diese schwer zu akzeptierenden Aspekte jedoch akzeptiert und als das betrachtet werden, was sie sind, kann man Fortschritte machen, Veränderungen zulassen und letztlich dieses Bewußtsein mit anderen teilen.

Die Wesen von Antares waren an der Befruchtung der Erde und an den Wechselwirkungen mit den Menschen beteiligt, bei denen es darum ging, mittels eines Verständnisses der primären Aufgabe des Hypothalamus Emotionen zu entwickeln. Außerdem wirkten sie an den verschiedenen chemischen Abläufen mit, die für ein Verständnis der Emotionen notwendig sind. Man erkannte dabei, daß die Menschen den Aspekt des freien Willens haben mußten, durch den sie sich selbständig entwickeln würden, als auch der Weg beschritten werden mußte, unbewußt ablaufende Aktivitäten in die Menschheit zu säen. Einerseits gibt es also einen genetischen Einfluß, andererseits auch einen, der sich auf die Entwicklung des Emotionalkörpers der Menschen auswirkt. Die Beeinflussung fand eine Zeitlang durch direkte Wechselwirkungen zwischen den Emotionalkörpern der Wesen von Antares und denen der Erdbewohner statt. Man probierte dabei unterschiedliche Methoden aus. Eine dieser Methoden bestand darin, Individuen aus Atlantis und Lemurien eine Art Urlaub anzubieten. Sie konnten nach Antares kommen, um die Vermischung vieler Dinge sowie einen Teil ihrer Kultur und Geschichte zu erfahren. Ein anderer Weg sah so aus, daß der Emotionalkörper eines Wesens von Antares tatsächlich abgekoppelt wurde und ihm erlaubt wurde, unmittelbar mit den Menschen zu arbeiten, die einen solchen Weg gehen wollten. Dies fand häufiger gegen Ende der atlantischen Epoche statt. Insgesamt kann man jedoch sagen, daß zu unterschiedlichen prähistorischen Zeiten damit experimentiert wurde.

Einen gewissen Einfluß haben die Wesen von Antares auch auf die Idee des Tao. Immerhin geht es bei dem Tao um die Einheit in der Vielheit und um ein Zusammenspiel der Yin- und Yang-Kräfte. Lao Tses Arbeit wurde von den Wesen von Antares beeinflußt, doch sie ist auch unmittelbar seinem eigenen Bewußtsein und Wahrnehmungen der Erde entsprungen. Dieser Teil seiner Arbeit ist einzigartig und zieht auch heute noch die Wesen von Antares an. Um euer Schattenselbst, eure Persönlichkeitsentwicklung und die Wechselwirkungen von Gruppen mit der Erde zu verstehen, ist zur Zeit in eurer Zivilisation ein Verständnis des Einflusses der Erde sehr wichtig.

Viele der wichtigsten ökologischen Probleme, denen die Menschen gegenüberstehen, werden nicht allein durch eine Interaktion auf wissenschaftlicher Ebene oder durch eurer Verständnis der Biosphäre gelöst. Diese Probleme werden auch dadurch gelöst, daß ihr die Erde emotional als Gegenstück zu eurer Entwicklung betrachtet. Zum Beispiel entsprechen euer Lebensblut ihrem Wasser und euer Immunsystem den Regenwäldern. Die Wesen von Antares sind sehr daran interessiert, wie ihr diese Probleme löst, denn es wird ihnen helfen, die Menschheit besser verstehen zu können.

■ VEGA

Viele Wesen von Vega waren an der Befruchtung der menschlichen Rasse beteiligt. Als dieser Vorgang zur Hälfte abgeschlossen war, bekamen sie durch ihre intensive Interaktion mit den Menschen emotionale Schwierigkeiten. Daraufhin beschlossen sie, sich alles anzuschauen, was in der Vergangenheit getan worden war. Sie wollten herausfinden, was den Kulturen und Gesellschaften auf der Erde am meisten dienen würde. Wieder fanden sie es schwer, ihre Gefühle zu verstehen. Es schien so, als ob sie fast menschlich werden mußten, um diese Art von Erkenntnis zu haben.

Infolgedessen machten sie sich auf eine lange Suche nach der Essenz von Schwingung. Diese Suche wurde durch das Zusammenbringen der Kräfte, die der Entstehung genetischer Strukturen auf der Erde dienen sollten, inspiriert. So konnte sich die Zivilisation auf Vega zur gleichen Zeit weiterentwickeln, als die Zivilisation auf der Erde entstand. Diese Wesen fingen an zu erkennen, daß sie ihre Zuneigung zu den Menschen am besten durch freien Willen und Liebe zum Ausdruck bringen konnten. Sie wurde so projiziert, daß nur wenig Abhängigkeit geschaffen wurde. Die Idee war, den Menschen Inspiration zukommen zu lassen, ohne daß vorbestimmt war, in welcher speziellen Form oder auf welchem speziellen Weg diese zustande kommen sollte.

Die Wesen von Vega reagieren überempfindlich auf Abhängigkeit, coabhängige Beziehungen oder auch nur auf die Entstehung von Gesellschaften und Kulturen, die wohlwollende Beziehungen zueinander pflegen. Zum Teil kommt dies daher, daß sie in frühen Entwicklungsstufen ihrer Zivilisation durch viele Schwierigkeiten gehen mußten. Auf dem sechsten Planeten ihrer Sonne gab es eine Reihe von Kriegen, die einen Großteil ihrer natürlichen Ressourcen zerstörten. Gewisse Bakterien scheinen entstanden zu sein, die in der Lage waren, ganz bestimmte Pflanzenarten oder Materialien aufzufressen. Es besteht eine gewisse Ähnlichkeit zur Neutronenbombe, die zwar alles Leben zerstört, die Gebäude und größeren Strukturen jedoch heil läßt. Die große Panik, die viele Menschen diesbezüglich empfinden, ist irrational und beruht auf ihrer genetischen Verbindung zu diesen Wesen von der Vega. Nach der Beendigung der Kriege, als sie sich besser kennengelernt und sich entschieden hatten, einen gemeinsamen Lebensstil zu finden, kam es zu einer natürlichen gegenseitigen Abhängigkeit. Durch die Knappheit der Ressourcen, die durch die vorangegangenen Ereignisse entstanden war, konnten sie nur mit größten Mühen Handel über ganze Kontinente hinweg betreiben. Um zu überleben, wurden sie völlig abhängig voneinander.

Ihnen wurde bewußt, daß es tief in ihrem Planeten eine Energiequelle gab, die ihnen Kraft für den Frieden, für Verständnis und Weisheit gab. Die Erde hat eine Eigenschwingung von 7,83 Zyklen pro Sekunde. Und auch von diesem Planeten gehen eine Vielfalt von gehaltvollen und kraftvollen Schwingungen aus, die von ihrer Natur her fast musikalisch sind. Diese Energie vereinte alle Wesen. Dann wurde eine innere Kommunikation geschaffen, und für alle Wesen dieses Planeten öffnete sich die Welt der Telepathie. Über einen Zeitraum von sieben Jahren – was für eine solche Entwicklung ein sehr kurzer Zeitraum ist – kam es in großem Maße zur Vernetzung der Wesen und zu gegenseitigem Verständnis.

Kinder litten im weiteren Verlauf unter diesen Prozessen, da sie sich nicht so schnell an die Veränderung anpassen konnten. Um die Übriggebliebenen zu retten, machten es die Wesen moglich, daß sich die innere Schwingung ihres Planeten in diese Kinder ergoß, um sie zu inspirieren, zu nähren und zu erhalten, damit sie nicht unter der Geschichte ihres Planeten leiden mußten. Von diesem Zeitpunkt fingen die Kinder an, etwas sehr Seltsames zu tun. Sie fingen an, aus ihrem Mund Töne hervorzubringen sowie mit verschiedene Gegenständen und Substanzen Geräusche zu zu erzeugen. Diese Töne und Geräusche waren im allgemeinen in Harmonie und gelegentlich auch absichtlich nicht in Harmonie mit der Schwingung ihrer Welt. Obwohl dies für die Eltern unverständlich war, rettete es den Kindern das Leben. Also machte man sich daran, es zu verstehen, zu studieren, zu lehren und damit zu arbeiten, und so nahm die Musikwissenschaft ihren Anfang.

In dieser Galaxis gab es bereits Vorgänger, die das natürliche Zusammenwirken von Schwingungen erforscht haben. Dies war jedoch eine neue Methode des Einsatzes der grundlegenden, inspirierenden Schwingung einer Welt, um Leben zu retten und das Leben selbst zu stärken. Die Kinder besaßen eine angeborene Fähigkeit, neu entwickelte Dinge wertzuschätzen. Diese Musik entwickelte sich mit der Zeit weiter, wobei es jedoch Hunderttausende von Jahren dauerte, bis sie gut verstanden wurde und gut kommuniziert werden konnte. Obwohl Musik zur gleichen Zeit groß wurde wie telepathische

Kommunikation, übertraf die Musik aus der Sicht dieser Wesen schließlich die Kommunikation auf telepathischem Wege. Als die Wesen von Vega ihr Schwingungsniveau erhöhten, um immer höhere Schwingungs- und Dimensionsebenen zu erklimmen, nahmen sie ihre Musik mit sich.

Es wurden viele Versuche unternommen, andere Zivilisationen mit Musik zu befruchten. Aus solchen Experimenten wurde aber nichts. Andere Zivilisationen trachteten danach, die Unterstützung der Wesen von Vega zu bekommen, um einen genetischen Transfer in die menschliche Rasse vorzunehmen, die den Kindern beim Überleben helfen würde. Teilweise wurden die Kinder auf Lieder, Musik und Rhythmus eingestimmt und teilweise auf die Lebenskraft in ihnen selbst. Aber die Wesen von Vega fanden heraus, daß die Einmischung zu groß war, daß die anderen Zivilisationen zu abhängig werden würden und die Erdbewohner sich nicht unabhängig genug entwickeln können würden.

Also baute man in die DNS-Strukturen auf einer Schwingungsebene einfache Verbindungen ein, die eine Einstimmung auf die Eigenschwingung der Erde und auf die Grundprinzipien der Musik bewirken. Darüber hinaus entwickelte man eine Methode, wie Musik die DNS-Strukturen des Körpers wieder ausrichten und daher durch den ganzen Körper weitergeleitet werden kann. Die Wesen von der Vega pflanzten den Menschen auch gewisse kulturelle Aspekte ein, z.B. diejenigen, die in den Mythen der verschiedenen Religionen auftauchen. Dort hören wir von Wesen, die Musik machten, und daß Musik verwendet wurde, um die Grundsätze des Heilens mittels Musik zu lehren. Es wurden keine Bedingungen festgelegt, wie diese Fähigkeiten eingesetzt werden sollten. Dies war einzigartig, da es sich um eine ganz andere Art handelte, eine solche Befruchtung vorzunehmen. Die Wesen von Vega betrachteten dies als die beste Vorgehensweise.

Bis zu dem Zeitpunkt, an dem dieses Experiment mit der Erde zu einem schlüssigen Ende gekommen ist, haben die Wesen von Vega alle weiteren Befruchtungsaktivitäten in der Galaxis eingestellt. Da sie abwarten, ist zur Zeit besonders viel der Aufmerksamkeit dieser Wesen auf die Erde gerichtet. Sie werden sich nicht einmischen und der Erde z.B. einen Besuch abstatten oder Schwierigkeiten in der irdischen Gesellschaft hervorrufen. Sie werden jedoch weiterhin viele Frequenzen und Energien zur Erde senden, um die Menschen zu inspirieren und ihnen zu helfen, die Musik zu verstehen, zu spielen, und sehr aufmerksam der inneren Musik zu lauschen. Wenn Menschen in einer Gruppe eine Musikerfahrung machen, kann dies aufgrund einer Resonanz ihrer DNS-Strukturen zu einer tieferen Verbindung unter ihnen führen. So wie sich den Wesen von der Vega gleichzeitig Telepathie und Musik eröffneten, wird es wahrscheinlich auch bei den Menschen sein.

Ihr betrachtet Musik normalerweise als das Ergebnis von emotionaler Arbeit oder als vom Verstand beeinflußte Arbeit des physischen Körpers. Telepathie würdet ihr jedoch als Wechselwirkung betrachten, die zwischen zwei Wesen vor sich geht und von den Emotionen, dem Körper oder anderen Dingen beeinflußt wird. Zu einer musikalischen Kommunikation mit telepathischen Elementen gehört daher mehr, als nur ein Lied zusammen zu singen. Energie wird miteinander geteilt. Das Ergebnis ist möglicherweise, daß sich das Individuum tief in seinem Inneren inspiriert fühlt, dieses Lied zu singen oder dieses Gefühl irgendwie zum Ausdruck zu bringen. Diese Einstimmung kann mit der Zeit zu einer neuen musikalischen Form führen: simultane musikalische Improvisation. Diese Erfahrung, die viele Individuen schon gemacht haben, sind die Anfänge dieser telepathischen musikalischen Kommunikation. Jazzmusiker sind z.B. dafür bekannt, untereinander gut synchronisiert zu sein, daher sind sie in der Lage, so im Duett zu spielen, daß alles wunderbar zusammenpaßt. Das hat sich sogar schon auf größere Gruppen ausgedehnt, und es gibt dafür viele Beispiele. Tendenziell sind die meisten dieser Gruppen kurzlebig. Wenn sie zusammen Musik machen, kommunizieren sie unbewußt auf eine Art miteinander, die dazu führt, daß sie allen Aspekten ihres Wesens freien Lauf lassen. Möglicherweise sind sie unfähig, diese Ebene der Kommunikation außerhalb des musikalischen Kontexts überhaupt aufrechtzuerhalten. Das kann häufig zu einem mühevollen Ringen führen, wodurch die Musiker Schwierigkeiten mit Drogen oder anderen Süchten bekommen können. Obwohl Fomalhaut hilfreich sein kann, kann auch besonders Vega in solchen Fällen sehr stark zu einem Verständnis der zugrundeliegenden Prinzipien beitragen. Sehr oft kommt es schon allein dadurch zur Sucht, weil die Intimität und die Nähe zu den anderen Musikern sehr tief ging und die Person diese Erfahrung nicht integrieren konnte.

In der Zukunft können die Wesen von Vega andere noch viel über Musik lehren. Wahrscheinlich aber wird die Menschheit, da sie mit ihrem eigenen freien Willen und diesem Geschenk gearbeitet hat, in ein paar hundert Jahren eine ähnliche Ebene erreicht haben und in der Lage sein, dort einen musikalischen Beitrag zu leisten. Gerade für Musiker, die gerne eine größere Zuhörerschaft hätten, ist es gut, dies zu wissen.

Für sich entwickelnde Zivilisationen ist es weise, sich auf die Dinge zu konzentrieren, die für die Sicherstellung des Überlebens und die Entwicklung der Zivilisation am wichtigsten sind. Es zeugt aber auch von Weisheit, Wesen in anderen Welten in den Bereichen zu helfen, in denen sie Hilfe benötigen. Die Wesen von Vega haben der Menschheit auf ihre Art eine Menge Hoffnung, Liebe und Unterstützung zur Verfügung gestellt, wenn auch teilweise aus selbstsüchtigen Motiven. Ihre Zivilisation hat sich, was diese unvergleichliche gegenseitige Verbundenheit, diese wundervolle musikalische

Schwingung und das Bewußtsein seiner Rhythmen durch zahllose Galaxien hinweg anbelangt, in ihrem Verständnis bis zu einem gewissen Punkt entwickelt. Die Menge an Liebe, die sie einsetzen und verstehen können, ist jedoch begrenzt. Möglicherweise hoffen sie mehr als andere Zivilisationen darauf, daß sich die Menschheit weiterentwickelt, damit sie die Aspekte der Liebe, die sie entfaltet hat, mit anderen teilen wird. Diese Wesen werden sicherlich zum richtigen Zeitpunkt in der menschlichen Zukunft lautstark nach dem verlangen, was die Erde anderen vermitteln kann.

Die physische Form der Wesen von Vega

Welche physische Form musikalische Empfänglichkeit annimmt, ist eigentlich zweitrangig. Obwohl das Trommelfell eine Oberfläche ist, die in Schwingung versetzt wird, können auch die Haut und die Zellen selbst von Musik beeinflußt werden. Obwohl das Gehirn dafür sorgt, daß die Botschaft empfangen wird, ist es nicht der Ort, an dem die Energie gefühlt wird. Obwohl das Herz ein Teil des Prozesses ist, wird der größte Teil der musikalischen Information auf einer viel tieferen Ebene von resonanten Strukturen im gesamten physischen Körper empfangen. Dies ist der Teil von dir, der Musik mag, der dich an etwas erinnert, dich fortträgt, ganz leer macht oder erfüllt. Als dies erkannt war, ließ man dieses Wissen in die Entwicklung der Wissenschaft der Evolution der Wesen von Vega einfließen. Daraus entstand über längere Zeit eine Methode, den physischen Körper zu verändern. Dies ist in Kombination mit Interaktion auf Schwingungsebene etwas ganz Natürliches. Daher ist die physische Struktur der meisten Wesen in dieser Galaxis, die sich auf einer höheren Schwingungsebene befinden, so beschaffen. Wir haben in diesem Buch die verschiedensten Wesen erwähnt, ohne viel Aufmerksamkeit auf ihre körperliche Struktur zu legen. Sie haben im Rahmen ihrer Evolution erkannt, daß die eigene physische Struktur leicht zu verändern ist, und haben dies auch getan, damit sie immer ihr inneres Wesen widerspiegelt.

Für eine Zeit legte man auch im Vega-System Aufmerksamkeit auf die physische Form, einschließlich der Ausbildung sehr empfindsamer Ohrstrukturen. Man fand jedoch schnell heraus, daß diese Strukturen einfach nur dazu dienten, die Energie in die DNS zu bringen. Daher schien es nur nötig zu sein, sich der ganzen DNS bewußt zu sein und sie in Schwingung zu versetzen. Dann mußte man der DNS-Schwingung nur noch gestatten, mit Schwingungen in Wechselwirkung zu treten, die von anderen musikalischen Quellen, wie dem Planeten, den Sternen, Pflanzen und Tieren ausgehen. In dem Maße, wie das Schwingungsbewußtsein der höherdimensionalen

Ebenen zunahm, wurde es einfacher, die Resonanz zwischen den feinstofflicheren DNS-Strukturen – jenen, die mit den feinstofflichen Körpern und den höherdimensionalen Aspekten zusammenhängen – und den DNS-Strukturen anderer Wesen zu erhöhen. Die Idee ist also, daß die eigentliche Verbindung mittels resonanter Strukturen hergestellt wird. Die Fähigkeit der physischen Struktur, solche Schwingungen zu übertragen, wurde unwichtig.

Man kann sich die Wesen von Vega etwa in menschenähnlicher Gestalt vorstellen. Wenn man ihnen jedoch Musik vorspielt, fangen sie am ganzen Körper an zu glühen, als ob jede ihrer Zellen lebendig wird. In dieser Lebendigkeit liegt eine unvergleichliche Schwingung. Während die Musik aufgenommen wird, schwingt jede einzelne Zelle mit ihrem individuellen DNS-Strang in einzigartiger Weise. Farbwellen fließen durch das Wesen. Ihre Reaktion auf die Musik macht sich durch leichte wellenförmige Bewegung bemerkbar. Man kann sich kein empfänglicheres Publikum wünschen. Es wäre eine ziemlich außergewöhnliche Erfahrung, einen Musiker zu beobachten, der für solche Wesen spielt. Sie würden dabei auch Gefühle, Bewußtsein und viele andere Dinge ausstrahlen, die einen Bezug zu höherdimensionalen Eigenschaften haben. Lichtwolken in verschiedenen Farb- und Schattierungsvariationen würden sich über der gesamten Gruppe ansammeln. Wenn das Konzert vorüber wäre, würden sich die Wesen scheinbar in eine einzige Schwingung aus Dank und Empfänglichkeit verwandeln, und diese Energie würde sich einfach von diesen Wesen zu den spielenden Musikern bewegen. Dies wäre ihre Version des Applaudierens.

Der Einfluß der Vega auf die Musik der Erde

Manchmal versuchen sich diese Wesen Musik vorzustellen, die für die Menschheit hilfreich wäre. Wenn man den Menschen die Wahl läßt, ob und wie sie damit arbeiten wollen, können diese Dinge sehr viel zugänglicher werden. Was für viele Menschen auf der Erde als nützlich angesehen wird, ist eine Zeit des Friedens, eine Zeit der inneren Leere, eine Zeit, in der die ursprünglichen und inspirierenden Energien wieder erneuert werden können. Damit sind nicht die tendenziell zerstörerischen Energien gemeint, oder solche, die euch an eure Vergangenheit erinnern würden, sondern jene Energien, die euch für eure mögliche Zukunft und für euer Potential öffnen. Diese Musik ist manchmal unter der Bezeichnung Sphärenmusik bekannt, doch man sollte sie treffender als Musik der Leere bezeichnen. Die Wesen von Vega haben die Entstehung dieser Art von Musik beeinflußt, und Individuen, die sich auf diese Art zum Ausdruck gebracht haben, waren manchmal sehr erstaunt darüber, festzustellen, daß diese Musik in weiten

Kreisen akzeptiert wird. Die Schwingungen ergießen sich von Vega in die Erde, und berühren hier alle. Wer die Notwendigkeit in sich verspürt, eine solche Erfahrung der inneren Leere zu machen, dies ohne eine gewisse Inspiration jedoch nicht schafft, täte gut daran, mit dieser Form der Sphärenmusik zu arbeiten.

Die Wesen von Vega haben verschiedene Musikformen in der Vergangenheit beeinflußt. Sie beeinflußten z.B. den Umschwung von den früheren Musikformen kurz nach der Entwicklung der temperierten Stimmung, d.h. den Umschwung von Mozart zu romantischer Musik. Dies war eine wichtige Weiterentwicklung, um Herzensenergie und mehr Liebe in die Menschheit zu tragen. Darüber hinaus gibt es jedoch keine grundlegenden Einflüsse, denn sie würden sich niemals einmischen. Obwohl solche Wesen in gewisser Weise mit allen Formen der Musik mitschwingen und sie akzeptieren, sind einige auf der Vega nicht so beliebt wie hier auf der Erde.

■ SIRIUS

Sirius hat für die Erdbewohner eine große historische Bedeutung. Dieser Stern ist ein Doppelstern mit einer Umlaufzeit von etwa 49,5 Jahren. Davon wußte man bereits aus esoterischen Quellen. In den Lehren durch Alice Bailey wird beschrieben, welchen mächtigen Einfluß Sirius besitzt. Das Wissen um die magnetischen Energien, die sich von diesem System auf die Erde ergießen, hat nur symbolische Bedeutung. Man kann es sich wie ein astrologisches Symbol vorstellen. Da die Umlaufzeit hier jedoch wesentlich länger ist als die Umlaufzeit der meisten anderen astrologischen Symbole, hat dieser Zyklus eine tiefgreifende Wirkung auf die Erdbewohner. Denn die Menschheit hat sich entschieden, mit diesem Symbol zu arbeiten. Außerdem sind die mächtigen ätherischen Energien dieses Sterns an sich schon in der Lage, eine Transformation zu bewirken – ein zweiter Grund für den großen Einfluß dieses Gestirns auf die Erde.

Der Sirius ist geheimnisumwittert. Scheinbar äußern sich nur sehr wenige außerirdische Wesen, die telepathisch mit Menschen in Verbindung stehen, klar über den Sirius. Teilweise liegt das an der starken genetischen Verbindung. Ein anderer Aspekt ist das Verständnis dieser mächtigen Zyklen. Wichtiger jedoch ist, daß ein Zusammenhang mit der unmittelbaren Zukunft der Menschheit besteht. Daher werden sich einige der von uns übermittelten Informationen bei euch auf Zellebene auswirken. Wir werden euch darin unterstützen, in eurer Imagination einen wunderschönen smaragdfarbenen und sich drehenden Lichttrichter zu erschaffen, der diese Information leicht freisetzt, damit die Zellstrukturen sie nicht festhalten müssen. Die Zellstrukturen können

Ein erweiteter Einblick in andere Zivilisationen

sie loslassen, doch ihr könnt gleichzeitig die Potentiale und Gelegenheiten erkennen, die dadurch offenbar werden.

Weiter vorne in diesem Buch haben wir von diesem Stern in Hinblick auf seine heilenden Eigenschaften gesprochen. Um erkennen zu können, wie wertvoll sie wirklich sind, müssen wir etwa 500 Millionen Jahre zurückgehen. Zeit in exakte Kategorien einzuteilen ist sehr schwer, da die ureigenste Natur der Zeit vom Bewußtsein verändert wird. Die Sonne, die am Anfang existierte, brach etwa vor 500 Millionen Jahren auseinander. Das war ein relativ ungewöhnliches Phänomen, da die meisten Doppelsterne ihre Begleiter eingefangen haben. Dieser Doppelstern ist aufgrund seiner Entstehungsweise instabil. Als er entstand, gab es eine ungeheuerliche Explosion. Flares, magnetische Kräfte und andere mächtige Energien fegten durch den Sirius, in mehrere Dimensionen hinein sowie über die umliegenden Planeten hinweg. Dies zerstörte das Leben auf sämtlichen Planeten, befruchtete die Planeten jedoch gleichzeitig mit einer sehr interessanten Eigenschaft der Transformation. Durch die Geburt dieses Doppelsterns entstanden transformative Energien, die sich zyklisch bewegten.

Dieser Zyklus veränderte sich in der Vergangenheit immer wieder. Die größeren Zyklen entsprechen Zeiträumen von schätzungsweise 26.000 Jahren und ähneln den Hauptzyklen der irdischen Evolution. In einem Fall dauerte ein Zyklus dieses Doppelsterns 126 Jahre, während einer anderen Phase nur sieben Jahre, gegenwärtig beträgt er etwa 49,5 Jahre. Während des Übergangs in die Einflußsphäre der Wassermann-Energie wird sich der Zyklus wahrscheinlich wieder ändern. Möglicherweise wird dies von einer starken Instabilität verursacht, zu der es während der größten Annäherung der beiden Sterne im Jahre 1994 kommt. Vielleicht geschieht es unter Umständen auch während des nächsten Zyklus, 49,5 Jahre später. Es ist nicht klar, wann dieser neue Zyklus einsetzen wird, da viele Bewußtseinsenergien stark auf ihn einwirken.

Das Planetensystem dieses Doppelsterns wird in großem Ausmaß von diesen Energien beeinträchtigt. Alle 49,5 Jahre kommt es durch die Wechselwirkung der beiden Sterne zu einer starken Veränderung ihrer magnetischen Felder, zu mächtigen Flares, extremen Wetterveränderungen und sogar zu Polsprüngen und Verschiebungen der Umlaufbahnen ihrer Planeten. Viele Zivilisationen, die auf einfachen Lebensformen basierten, konnten kurze Zeit überleben, doch nur um schließlich einzugehen.

Die unstete Eigenart dieser Sterne und die Nähe, die sie gelegentlich zueinander haben, bewirken große Veränderungen. Sie fanden alle 500 Jahre statt, manchmal alle 1000 Jahre, manchmal alle 12.000 Jahre, oder innerhalb von Kombinationen aus diesen Zyklen. Von den Sternen gingen dann mächtige Energien aus, z.B. Magnetfelder und elektrische Energien.

Als sich diese Energien in die planetarischen Welten ergossen, kam es dort zu unvorstellbaren Erdbeben, Überflutungen, Bränden und anderen Katastrophen.

Als auf dem zweiten, dritten, vierten und fünften Planeten allmählich Leben entstand, trugen diese Energien zur Entwicklung aller Pflanzen- und Tierarten bei. Ganze Welten wurden auf der Grundlage der Idee der zyklischen Transformation erschaffen. Stell dir eine Welt vor, die von Anfang an auf diesem Prinzip gewaltiger Veränderungen aufbaut. Auf dem zweiten Planeten begannen alle möglichen Lebensformen, diese mächtige Energie anzuerkennen. Dies war ein evolutionärer Schritt, durch den sie tatsächlich diese Energie zu absorbieren und mit ihr zu arbeiten vermochten. Sie fanden heraus, wie sie das, was um sie geschah, einfach durch sich hindurchfließen lassen konnten. Ohne daß es ihnen bewußt war, gingen sie von einer dreidimensionalen Form zu einer vierdimensionalen und später zu einer fünfdimensionalen Form über. Insekten, Pflanzen und andere einfache Lebensformen konnten diesen Übergang bewerkstelligen, so daß sie diese Umwandlung überlebten.

Als sich intelligente Wesen entwickelten, besaßen sie die angeborene Fähigkeit, ihre Schwingung zu verändern und mit vielen unterschiedlichen Energien zu arbeiten. Während langer Entwicklungsphasen arbeiteten die Wesen auf verschiedene Arten mit dieser transformativen Energie. Natürlich gab es auch eine Zeit, während der diese Energien verehrt wurden. Die Wesen mußten ihre Körper während der Zeit der maximalen Veränderung ihrer beiden Sonnen transformieren. Wenn die beiden Sterne ganz nah zusammenkommen, werden ihre Magnetfelder extrem stark. Die Wesen lernten mit der Zeit, diese Magnetfelder zur Selbstheilung einzusetzen. Zerstörungen aufgrund von Naturkatastrophen in ihrer Welt heilen sie, indem sie die Bewegung der Äther mit ihrer eigenen Liebesfähigkeit manipulieren. So müssen sie nicht jahrelang warten, bis sich die Ökosphäre wieder regeneriert hat.

Im Vergleich zu den Menschen ist die Liebesfähigkeit dieser Wesen etwas eingeschränkt. Daher fühlen sie sich zu den Menschen hingezogen. Sie nutzten die Liebe als Mittel, um direkt auf die magnetischen Energien ihrer Sonne einzuwirken, damit die Tiere und Pflanzen, die Schaden genommen hatten, wieder gesunden konnten. So waren die Auswirkungen von Katastrophen nur von kurzer Dauer. Im Lauf der Jahrtausende, in denen diese Techniken eingesetzt wurden, kam ihnen die zugrundeliegende Botschaft allmählich zu Bewußtsein, daß sie etwas weitaus Größeres heilen konnten als individuelle Krankheiten. Sie waren in der Lage, einen ganzen Planeten mittels Gedanken, Visualisation und einem tiefen, kontemplativen Bewußtsein (das die Äther zu manipulieren vermochte) zu heilen. Durch

Ein erweiteter Einblick in andere Zivilisationen . . . .

diese Erkenntnis entstand in den Wesen eine tiefgreifende Ehrfurcht vor dieser Energie.

Während einer der Transformationsphasen auf dem Sirius entstand eine kraftvolle Verbindung zwischen den beiden Siriussonnen und der Sonne der Erde. Über diese Verbindung konnte die Befruchtung der DNS während der Frühphase der lemurischen Epoche stattfinden. Sehr mächtige Energien wurden fokussiert, um mit physischer Materie auf der Erde arbeiten zu können. Diese DNS-Strukturen bescherten den Menschen einige kraftvolle Energien, einschließlich der Wahrnehmung verschiedener Dimensionen, derer sie sich jedoch nicht bewußt sind. Die wichtigste Energie ermöglichte es ihnen, durch ihre feinstofflichen Körper ein Verständnis ihrer Welt zu erlangen, in der es Leben und Tod gibt.

Folglich ist Transformation dem Heilungsprozeß zueigen und umgekehrt Heilung der Transformation. Das ist es, was auf Zellebene schwer zu assimilieren ist: die Idee, daß Ungleichgewicht zu Krankheit führt und daß die Behebung des Ungleichgewichts zu einer Transformation führen muß. Jede Form der Transformation kann den Umschwung bewirken, der zu einer Heilung führt. Das kann man selbst durch Veränderung der eigenen Schwingung, durch Einwirkung auf die feinstofflichen Ebenen erreichen.

Die Sirianer haben spezielle Technologien entwickelt, um diese Heilenergie zur Erde zu senden. Besonders nützlich ist sie in Kombination mit den Energien der Liebe. Dies kann einem ein Gefühl für das Zusammenspiel sämtlicher feinstofflicher Energien vermitteln, für die Wechselwirkung der feinstofflichen Körper sowie für die durch Bewußtsein beeinflußten Energien des ätherischen Körpers, die in den physischen Körper gelangen. Die Wesen von Sirius haben ausgiebig mit diesen Werkzeugen gearbeitet. Sie haben dabei eine andere Richtung eingeschlagen, als die meisten Wesen anderer Sternsysteme, wie z.B. die von den Plejaden, da sie ein naturgegebenes Verantwortungsgefühl besitzen. Diesen Wesen ist klar, daß Veränderung auf der Erde ein Kinderspiel ist, wenn die Erdbewohner erst einmal verstanden haben, wie sie die transformative Energie des heißen Erdinneren, die Energien von Sirius und die gesammelten schöpferischen Energien der Menschheit dafür einsetzen können. Dann wird es leicht sein, Krankheit ein Ende zu setzen.

Dadurch, daß sie mit diesen unglaublichen Veränderungen lebten, sie in sich akzeptierten, jahrtausendelang mit ihnen arbeiteten, erkannten sie allmählich, daß sie etwas Einzigartiges entwickelt hatten. Es war schwierig, diese Errungenschaften in der Welt auf vollkommene Weise zur Anwendung zu bringen. Sie standen vor dem Problem, wie sie vertrauen konnten, wie sie wissen konnten, wo es am besten eingesetzt werden würde. Sie stellten fest, daß es das Beste war, sich auf die Dinge einzustimmen und sie für Transformation, Verständigung und für größere Bewußtheit zu verwenden.

Als Folge dieser Entwicklung kam es auf der Ebene des Bewußtseins zu einem Kontakt mit den frühen Lemuriern. Diese stellten sich die gleiche Frage: „Wie können wir diese transformative Fähigkeit umsetzen?" Die Antwort war sehr einfach. Dem lemurischen Verständnis nach brauchte man Vertrauen, Glauben und Bewußtheit, und nicht Logik. Es war nicht nötig, Transformation akzeptieren zu können, da eine solche Transformationen auf der Erde nicht von langer Dauer sein würde. Die Lemurier erkannten, daß solche Transformationen in der Zukunft der Menschheit aufgrund der Zersplitterung der Seele in individuelle Teile auf der Erde nur unter großen Schwierigkeiten vor sich gehen würden.

Die Gattung der Hunde wurde erschaffen, um die Menschheit an diese Energie zu erinnern. Diese Wesen sollen von den Menschen Vertrauen lernen, was sie in vielen Fällen schon erreicht haben. Dieses Vertrauen geht manchmal so weit, daß sie gewissen negativen Ideen vertrauen, was man am Beispiel der Kampf- und Jagdhunde erkennen kann. Es wurden aber auch positive Ideen vermittelt, wofür wiederum der Blindenhund ein Beispiel ist. Diese Energien werden ständig zurück zum zweiten Siriusplaneten übermittelt. Die Gattung der Hunde hört nicht nur den einfachen Dingen zu und lernt etwas über sie. In begrenztem Maße sind sie auch die Augen und Ohren dieser Zivilisation, und gelegentlich übermitteln sie auch Informationen, was die Evolution der Erde betrifft.

Die Wesen von Sirius können das Ausmaß der Individualisierung der Seele auf der Erde nicht begreifen. Bei ihnen ist die Zeit der gemeinsamen Transformation auf einer genetischen Ebene sehr tief verwurzelt, die Zeit, in der es überall auf ihrem Planeten zu Veränderungen und zu Katastrophen kam und sie sich gegenseitig schützen und helfen mußten. Sie paßten sich gemeinsam an. Dadurch entstand ein ihnen allen gemeinsamer, unzertrennlich mit ihnen verbundener Zustand. In diesem Zustand bewirkt die Ausrichtung auf eine äußere Kraft, in diesem Fall ihre Sonne, daß sie energetisch eins werden und eine gemeinsame kreative Anstrengung hervorbringen. Für diese Wesen ist es sehr schwierig, die Individualität auf der von den Erdbewohnern erreichten Ebene zu verstehen.

Durch ihre Befruchtung der menschlichen DNS haben sie jedoch einen bedeutsamen Beitrag zur Fähigkeit der Menschen geleistet, genau diese Individualität zu erreichen. Sie erkannten, daß ihre Liebesfähigkeit nicht ausreicht, um die Energien zu Gott zurückzuspiegeln, die benötigt werden. Sirius ist ein fehlgeschlagenes Experiment. Tatsächlich war beabsichtigt gewesen, daß diese Energie über die Planeten des Sirius hinwegfegte. Die Idee war, daß es durch diese regelmäßige, auf Magnetismus beruhende Transformation dazu kommen würde, daß Liebe zur Beeinflussung der Äther und zur Erzeugung dieser mächtigen Energien eingesetzt werden würde. Die ursprüngliche Befruchtung des Sirius wurde zum Teil von Wesen aus dem Zentrum der Galaxis, von Wesen von Andromeda und von anderen beeinflußt, deren Heimat in weitentfernten Galaxien liegt. Das Experiment brachte jedoch nicht annähernd die Liebesfähigkeit hervor, die man für möglich gehalten hatte. Der Hauptgrund liegt darin, daß der Transformationsimpuls von außen kommt, von der Sonne und nicht aus den Wesen selbst. Aber es hat eine große Verbundenheit unter den Wesen hervorgerufen. Bei der Befruchtung der Erde sah man eine Individualität, die möglicherweise zur Zerstörung des Planeten führen konnte, als notwendiges Risiko an. Diese Befruchtung mit Individualität ist also ein weiterer Aspekt, den diese Wesen zur Erde beigetragen haben.

Während sich diese Zivilisation durch Phasen primitiver Verehrung der Transformation und der gemeinsamen schöpferischen Fähigkeit, den Planeten zu heilen, bewegte und Stufen erreichte, auf denen sie intensiv über den Sinn ihres Daseins und über ihre Fähigkeit, anderen zu helfen, nachdachten, wurden viele Technologien entwickelt und wieder verworfen. Stand der Dinge ist, daß unbedeutende Mengen dieser Technologien in die irdische Umgebung durchgesickert sind. Wahrscheinlich werden innerhalb der nächsten Jahre viele Ideen für Technologien, die mit Heilung zu tun haben, von Sirius freigegeben. Einige dieser Energien stammen von den Wesen dort, aber viele entspringen dem Mitgefühl dieses Sterns, der eine direkte Verbindung zur Sonne hat. Auf diesem Wege scheint etwas vor sich zu gehen, was einer Bestätigung eines bedeutsamen Ereignisses gleicht.

Der dritte Planet des Sirius wurde von den Wesen auf dem zweiten befruchtet. Die Wesen vom dritten Planeten haben vielen Welten technische Fähigkeiten und transformative Energien zur Verfügung gestellt. Ihre eigenen Fähigkeiten im Bereich der Raumfahrt und anderen Bereichen entsprechen denen der Menschheit und dem menschlichen Verständnis physikalischer Eigenschaften. Daher könnten am ehesten einige ihrer Technologien für die Menschen auf der Erde zugänglich sein und den Menschen auch mit der Zeit ins Bewußtsein gebracht werden.

Ein unzertrennlich mit ihnen verbundener selbstregulierender Faktor hindert solche Wesen daran, auf der Erde Verwüstungen und Schwierigkeiten hervorzurufen oder die Bereitschaft zu entwickeln, sich ihrer zu bemächtigen. Dieser Faktor ist ihre eigene Sonne, die alle 49,5 Jahre selbst durch Prüfungen und Leiden geht. Es scheint, als ob ihre eigene transformative Natur und ihre Bereitschaft, dafür zu sorgen, daß Fortschritte gemacht werden, eine so wichtige Rolle in ihrer Gesellschaft spielen, daß sie nicht danach trachten würden, über andere Wesen zu herrschen. Sie unterstützen nur überall dort Veränderungen, wo es möglich ist.

Die Wesen von Sirius sind sehr einfühlsam, während die Wesen von den Plejaden eher ein eindringliches Wesen haben, und dies kann von Zeit zu Zeit Probleme bereiten. Wer mit Wesen von Sirius Kontakt aufnimmt, könnte es mit der Angst zu tun bekommen, wenn er durch die Augen eines Sirianers schaut und auf seine Weise diese Zeit der Veränderung wahrnimmt. Viele Individuen könnten Schwierigkeiten haben, dies zu akzeptieren. Möglicherweise halten sie solche Veränderungen für undenkbar. Unter Umständen überfordert es sie, sich vorzustellen, daß sich ihre Sonne verändert oder scheinbar explodiert. In ihren Zellen haben sie jedoch eine Information, die sie daran erinnert.

Da die Wesen von Sirius die irdische Technologie mit beeinflussen und bereit sind, Menschen zu helfen, ihr eigenes Potential und ihre Zukunft besser zu verstehen, haben sie während der vielen Jahrhunderte, in denen sich der Kontakt zur Erde entwickelte, mehr und mehr erkannt, daß ihnen dieser Kontakt viele Gelegenheiten bietet. Gleichzeitig haben sie aufgrund der Tatsache, daß ihre genetischen Strukturen ja auf den von ihnen erlebten großen Zeiten der Veränderung beruhen, auch keine Angst mehr vor Veränderung. Sie können gar keine Angst davor haben. Da dieser Zyklus recht gut vorhersagbar ist, können sie sich auf ihn einstellen, ihn verstehen und gleichzeitig mit dieser Energie arbeiten.

Der besagte starke Magnetsturm und die Energie, die auf multidimensionalen Ebenen alle 49,5 Jahre vom Sirius ausgeht, haben auch Auswirkungen auf andere Sterne. Wie sich die verschiedenen Wesen an diese Energien angepaßt haben mit ihnen umgegangen sind, ist sehr wichtig. Die Wesen von Sirius richten ihre Aufmerksamkeit gegenwärtig jedoch aufgrund des von ihnen empfundenen Verantwortungsgefühls und der von ihnen wahrgenommenen Potentiale vornehmlich auf die Erde. Mehr als die meisten anderen Wesen werden sie möglicherweise auf ihre Weise aus der Evolution der Erde lernen und in der Lage sein, direkt etwas dazu beizutragen. Aufgrund der relativen Nähe des Sirius ist es auch möglich, daß solche Wesen tatsächlich in physischer Form auf die Erde kommen können und die Erdbewohner ohne große Schwierigkeiten zum Sirius reisen könnten. Dies könnte schon im Jahre 2025 stattfinden.

Wir sprechen hier nicht nur über die lange vergangene Geschichte eines Stern, sondern über einen Stern, der mehr als alle anderen Sterne auf positive Weise mit der Evolution der Erde verknüpft ist. Daher werden diese Angelegenheiten sowohl in der Vergangenheits- als auch in der Gegenwartsform vorgetragen. Außerdem ergeben sich daraus auch Hinweise, wie das zukünftige Verständnis aussehen wird.

■ ALMACH

Im Vergleich zu anderen Sternen scheint Almach einen größeren spirituellen Einfluß auf die Menschen zu haben. Dieser Stern hat eine lange spirituelle Geschichte, wobei die Spiritualität intensiver und weiter entwickelt ist als alles, was auf der Erde bislang erfahren wurde. Auf dem zweiten Planeten von Almach entwickelte sich eine Zivilisation. Während ihrer frühen Entwicklung gab es bei den Wesen eine natürliche Tendenz zu Religion und Aberglaube. Sie schauten auf Dinge außerhalb ihrer selbst. Der Grund dafür war, daß zwei Planeten in der Umlaufbahn des dritten Planeten miteinander kollidierten. Daraus entstand ein massiver Asteroidengürtel. So kam es zu häufigen Meteoritenschauern. Da die Atmosphäre des zweiten Planeten viele radioaktive Gase und Edelgase enthielt, waren dies farbenprächtige Erscheinungen mit interessanten Effekten. Diese spektakulären stellaren Schauspiele schienen zufällig stattzufinden, da die Umlaufbahnen der Asteroiden aufgrund ihrer Exzentrik mathematisch kaum zu berechnen waren. Folglich richteten diese Wesen ihre Aufmerksamkeit stark nach außen und auf spirituelle Dinge. Sie begannen sich Fragen zu stellen wie: „Um was geht es in der Welt und in dem Universum, wo wir leben?" Von Anbeginn ihrer Zivilisation waren ihnen diese Fragen sehr wichtig. Ihre Zivilisation wurde von Energien befruchtet, die von El Nath und von Procyon ausgingen. Als Folge dieser Energien und ihrer Aufmerksamkeit auf spirituelle Erscheinungen stimmte sich die Gruppenseele der Wesen von Almach auf die Frage nach der Natur des Seins ein. Dieses tiefschürfende Thema beschäftigte sie etwa 5.000 Jahre lang.

Während dieser Zeit kam es zu einer großen Zerstörung auf ihrem Planeten. Die Einwirkung von Asteroiden führte dazu, daß der Sauerstoff und andere Substanzen in ihrer Atmosphäre zur Neige gingen. Gleichzeitig entwickelte sich auch ein Mikroorganismus, der dem AIDS-Virus ähnlich ist und der nur wenige Sekunden brauchte, um in Aktion zu treten. Diese Faktoren führten mit einer Ausnahme zum Aussterben der Bevölkerung.

Die Wesen erkannten, daß ein einziges Wesen die Chance zum Überleben hätte, wenn sie all ihre Energie, ihre Liebe, ihre Aufmerksamkeit, ihre Identität und ihre Güte in es hineinlegten. Jedem dieser Wesen hätten die benötigen Facetten (die physischen, strukturellen) und Methoden, um auf den Dimensionen arbeiten zu können, gegeben werden können. Das Wesen würde jegliches Empfinden einer persönlichen Identität verlieren. Seine persönliche Identität wäre fortan gleichzusetzen mit der aller anderen Wesen. Alle, die dieser Rasse angehörten, wurden also gefragt, wer bereit sei, alles aufzugeben. Es war nicht genug, einfach nur bereit zu sein, das eigene Leben zu opfern. Und es reichte auch nicht, bereit zu sein, die eigene

Persönlichkeit und alles Erlernte aufzugeben. Auserwählt werden sollte das Wesen, dessen eigenem Ideal es entsprach, bereit zu sein, alles loszulassen, und sich infolge dieses Opfers fortan aller Aspekte bewußt zu sein.

Ausgewählt wurde ein ungewöhnliches Wesen, ein Wesen von niedriger oder mittlerer Intelligenz. Dieses Individuum besaß jedoch ein starkes Mitgefühl, eine tiefe Ehrfurcht vor dem Leben sowie die Bereitschaft, dieses Mitgefühl in jeder angemessenen Form zuzulassen. Liebe war für diese Wesen ein Gefühl gegenseitiger Verbundenheit, und es war die Herzensgüte des einen Wesens, die das Überleben der Rasse sicherstellte.

Die Wesen von Almach erkannten nicht in vollem Umfang, daß es sich dabei um einen wichtigen Entwicklungsaspekt ihres eigenen Bewußtseins handelte. In dem auserwählten Wesen wurde nun eine unglaubliche Bewußtseinsmacht erzeugt. Dies geschah, indem die Energie der ganzen Zivilisation in dieses Wesen fokussiert wurde. Dadurch war es in der Lage, rasch die Dimensionsebenen zu wechseln und dabei das Bewußtsein und die Evolution aller individuellen Seelen aus jener Gesellschaft in sich aufrechtzuerhalten.

Nachdem das biochemische Problem gelöst war, gelang es, die Atmosphäre wieder aufzufüllen. Dieses eine Wesen erschuf Klones seiner selbst. Die DNS-Strukturen konnten etwas variiert werden, so daß unter den Klones gewisse Variationen zustande kamen. Von dieser Zeit an gab es in dieser Gesellschaft das Gefühl, eins zu sein. Alle Wesen, die eine Form von Rassengedächtnis oder Generationserinnerungen besaßen, konnten sich die Zeit zurückrufen, als sie tatsächlich noch eins waren. Ausgehend von diesem Einssein und dieser Fähigkeit, die dimensionalen Ebenen zu wechseln, entwickelte sich in dieser Rasse eine außerordentliche Verehrung Gottes und der Widerspiegelung seines einen Seins in der gesamten Galaxis. Angesichts des Todes aller Wesen von Almach wurde auch eine tiefe Traurigkeit zum Ausdruck gebracht. Jedoch gab es auch eine enorme Hoffnung – ein Gefühl, daß alles möglich ist, daß Wesen alles erreichen können, was sie wollen, und eine ganze Zivilisation durch eine Person ins Leben gerufen werden kann. Dieses Wesen ist stellvertretend für die Einheit aller und für die Fähigkeit dieser Einheit, seine Schwingungen zu verändern. Daraus entwickelt sich eine Überlebensfähigkeit. Es scheint, als ob die Spiritualität dieser Rasse überlebte. Als die Wesen starben, verschwand ihre physische Form. Die Form jedoch war unbedeutend. Ihre spirituelle Essenz, ihre essentielles Bewußtsein wurden erhalten und fortgeführt.

Das eine Wesen war für viele großen Licht- und Energiewesen ein Vorbild, die auf eurer Erde gelebt haben, z.B. für Mohammed, Buddha, Konfuzius und Christus. Während sie in ihrem Erleuchtungsprozeß die Grenzen von Raum und Zeit transzendierten, wußten sie um das eine Wesen von

Almach. Es war ihnen vergönnt, mit diesem Wesen zusammenzutreffen und ein anderes Verständnis von Erleuchtung zu bekommen. Sie wußten, daß dieses Wesen ein Bewußtsein des Einsseins und der einsgewordenen Leere besaß, die gleichbedeutend mit dem Nichts ist, das Alles ist.

Im Rahmen der Befruchtung der Erde war dies die bedeutsamste Eigenschaft, die in die feinstofflichen Körper der Erdbewohner hineingelegt wurde. Dieser Einfluß machte sich sowohl im Mental- als auch im Emotionalkörper der Erdbewohner bemerkbar. Er sollte es ihnen ermöglichen, sich miteinander zu verbinden. Umgekehrt würde durch diese Verbindung das Gefühl entstehen, daß alle Wesen eins sind und daß die Menschheit als Ganzes dies tatsächlich gemeinsam empfinden und erfahren kann. Für das Überleben der menschlichen Rasse ist dies sehr hilfreich. Durch dieses spirituelle Bewußtsein wird man viele der Probleme auf der Erde lösen können, und viele der scheinbaren Zufälle und Schwierigkeiten werden sich einfach als Zeiten außergewöhnlicher Gelegenheiten und tiefgreifender Veränderungen für die Menschen entpuppen.

Manchmal kann man bei der Arbeit mit Almach eine Traurigkeit empfinden, wenn man den inneren Ort berührt, dem die Erinnerung an Verlust entspringt. Unmittelbar danach wird man normalerweise eine außergewöhnlich erhebende Freude und ein Gefühl grenzenloser Möglichkeiten empfinden. Deine Erleuchtung mag im Vergleich zu den großen erleuchteten Meistern auf der Erde oder der Erleuchtung der Wesen aus anderen Sternsystemen wie Almach in einem kleineren Rahmen vor sich gehen. Dennoch gibt es in deinem eigenen höheren Bewußtsein eine Form von Transformation, eine Form des Erwachens und eine tiefe Liebe, die auf deinem Einssein mit der ganzen Menschheit beruht.

Was euch als Gesellschaft anbelangt, wurden bestimmte Fragen noch gar nicht formuliert. Ihre Antworten werden jedoch nur in der Einheit zu finden sein, in der spirituellen Natur und im Bewußtsein dieses unbeschreiblichen Gottes-Lichtes, das von allen Wesen manifestiert werden kann. Dieses Elixier kann dich daran erinnern, dich bereit machen, und dich mit dieser Energie ein wenig vertrauter machen. Möglicherweise wird es dich daran erinnern, daß du sogar in den dunkelsten und schwierigsten Tagen nicht allein bist und daß es Hoffnung gibt. Dieses Verschmelzen von Energien ist nicht nur so, als habe man einen Freund, sondern mehr so, als ob man sich in Bereiche hinein erweitert, von denen man bislang nur träumte, daß sie einem als eine Art zweiter Natur zugänglich wären, so daß sie nun sehr wohl ein Teil von einem selbst sind. Die Fähigkeit, mehr von den spirituellen Aspekten des eigenen Selbst zu erkennen, ihnen zu vertrauen, und zu wissen, daß dies angemessen ist, kann den meisten Menschen eine große Hilfe sein.

■ ALCYONE

Die Zivilisation von den Plejaden bekommt heutzutage eine Menge Presse. Dafür gibt es auch einen guten Grund. Viele der von diesen Wesen während der frühen atlantischen Kultur ausgesäten Samen tragen jetzt Früchte. Ihre Absicht war damals, die intuitiven Fähigkeiten der Menschen sowie ihre Lungenkapazität zu erhöhen, damit sie besser in der Lage sind, Energien zu manifestieren.

Vor etwa 118.000 Jahren stießen diese Wesen in ihrer Entwicklung auf ein mächtiges Hindernis. Als sie für sich eine Methode der Raumfahrt entwickelt hatten, fähig waren, mit vielen anderen Zivilisationen zu kommunizieren, und viele der Wunder der Galaxis gesehen hatten, begannen sie in sich eine mächtige Kraft zu erkennen, die nicht leicht zu manifestieren war. Sie ließen die Finger von diesem Schöpfungsvorgang, ähnlich wie auf der Erde, wo Dinge erschaffen wurden, und man ihnen erlaubte, ihren eigenen Weg zu finden. Diese Wesen respektierten die Energie, die sie in sich entdeckten, und sahen in ihr einen Teil Gottes. Diese Energie war für sie nicht leicht zu verstehen. Die Wesen hatten viele intellektuelle Prinzipien verstanden und mit ihnen gearbeitet, hatten grundlegende Aspekte der universellen Gesetze des Denkens, der Sprache, der Manifestation und des Karma gemeistert. Durch ihre Wahrnehmung dieser Prinzipien erkannten sie das Hindernis, und es brachte die Entwicklung ihrer Zivilisation für eine langen Zeit zum Stillstand. Sie waren schon nahe daran, um Hilfe und Unterstützung zu flehen, doch die kontaktierten Zivilisationen konnten keine Hilfestellung geben. Sie sahen, daß sie das Hindernis reinigen mußten, daß sie seine höchsten und besten Absichten erkennen und freisetzen mußten, damit das Hindernis schließlich zu dem werden konnte, was es war.

Es war nicht ganz klar, wie dies genau vor sich gehen würde, doch es war abzusehen, daß es sich um einen langen Prozeß handelte und eine Menge Geduld aufgebracht werden mußte. Dann fand die Befruchtung mehrerer Zivilisationen statt. In jeder dieser Zivilisationen erlaubte man der Energie, die das Hindernis erzeugte, in die Welt einzufließen, die sie gerade befruchteten. Auf der Erde entstand daraus ein Bewußtsein höherer intuitiver Fähigkeiten, die man als Channeling, Telepathie oder Kommunikation mit höheren Kräften bezeichnen könnte – immer vermischt mit Liebe und Willen. Die anderen befruchteten Zivilisationen haben sich bis heute noch nicht so weit entwickelt wie die irdische. Bei einer der befruchteten Zivilisationen gehörte auch die mit Liebe und Willen verbundene Sofortheilung zu den Fähigkeiten, die sie erhielten. In einer anderen Zivilisation war es die Fähigkeit, das gesamte elektromagnetische Spektrum von

Ein erweiteter Einblick in andere Zivilisationen . . . .

Ultraviolett bis zu tiefem Infrarot sehen zu können, wieder in Verbindung mit Liebe und Willen. Diese Zivilisation wird wahrscheinlich die nächste sein, die Kontakt zu den Wesen von den Plejaden aufnimmt – wahrscheinlich in etwa 600 Jahren. Dann wird diese Zivilisation möglicherweise auch mit der Erde Kontakt aufnehmen können.

Diese Befruchtung war auch für viele andere Wesen von Interesse, die den Vorgang beobachteten und sogar Einfluß auf ihn nahmen. Diese Vorgänge waren nicht besonders koordiniert, da es in den verschiedenen Regierungen, unter den Völkern der Zivilisation von Alcyone, im Verlaufe ihrer Entwicklung mehrmals zu Spaltungen kam. Damit meinen wir, was ihr als politische Aufstände oder Auseinandersetzungen unterschiedlicher Art bezeichnen würdet, aber auch andere Einflüsse, die die Dinge veränderten. Doch die Befruchtung der Menschheit mit genetischen und telepathischen Energien nahm zu. Man hat bislang noch nicht damit begonnen, diese Früchte zu ernten. Es ist unklar, wie die Menschheit diese Energien wieder zu den Plejaden zurückprojizieren wird. Aus unserer Perspektive und der der meisten Wesen von den Plejaden, die viele Generationen nach der jetzigen dieses Geschenk von den Menschen erben werden, ist aber klar, daß die Menschheit ihnen nichts schuldet.

Wenn die Menschheit sich jedoch dazu entschließt zu geben, wenn die Entwicklung dieser Liebe und der Fähigkeit, sie mittels intuitiver Kräfte zu transferieren, zu einem Bestandteil ihres eigenen liebevollen Wunsches wird, mit anderen zu teilen – dann ist viel gewonnen.

Die Tore der großen Bibliothek auf Alcyone werden all jenen geöffnet, die Einblick in sie nehmen möchten. Dies kann für jene von großem Vorteil sein, die die universellen Grundprinzipien, ihre eigene Welt und Gott verstehen und Informationen über diese Dinge einholen möchten. Letzten Endes werden sich die Zivilisationen von der Erde und von Alcyone vereinen, obwohl es schwierig ist zu sagen, wann diese Vereinigung stattfinden wird. Möglicherweise wird dies erst in vielen tausend Jahren geschehen, doch es ist wahrscheinlich, daß es viel früher stattfinden wird.

Obwohl sie weiterhin diese „Hände weg"-Beziehung aufrechterhalten, besteht nach wie vor eine große Anziehung zwischen den Wesen von den Plejaden und der Menschheit. Die Wesen von den Plejaden möchten immer noch mit der Menschheit in Wechselwirkung treten, etwas über sie lernen und Anteil an den Ereignissen auf der Erde nehmen. Für die Wesen von den Plejaden ist es einfach, sich auf der Erde zu inkarnieren. Bestimmte Wesen, die sich nicht leicht anpassen können, fühlen sich vielleicht stark zu außerirdischen Aktivitäten hingezogen und haben sehr angenehme Träume oder große Erkenntnisse, wenn sie eine Verbindung zu Alcyone und den Plejaden spüren. Diese Individuen täten gut daran, das Alcyone-Elixier einzunehmen, um sich mehr auf diese Zivilisation einzustimmen und einen kommunikativen Austausch noch stärker zulassen zu können. Das hat aber auch gewisse Nachteile. Man könnte z.B. den Eindruck gewinnen, Kontakt zu den eigenen Vorfahren herzustellen. Manchmal könnten alte Gewohnheiten wieder in das Bewußtsein eines Individuums einfließen und dabei mehr Gewicht als einige der bereits in dieser Welt geschaffenen Strukturen bekommen. Dies kann zu einer gewissen Verwirrung führen. Doch ein solcher Einfluß ist normalerweise nur vorübergehend, da die zugrunde liegende Energie des freien Willens und der Liebe wieder hervortreten.

In vielen Kommunikationen der Wesen von den Plejaden an die Menschen überwiegen die Themen Liebe und Hilfe für die Menschheit. Sehr oft sind darin enthaltene Prophezeiungen unzutreffend, da zwischen den Erdbewohnern und den Wesen von den Plejaden eine so große Zuneigung besteht. Die grundlegende Botschaft ist, daß sich die Menschheit selbst mehr lieben und sich selbst gegenüber mitfühlender sein könnte. Dies ist sehr wichtig und stellt die Grundlage für den Aufbau und das Verständnis der höheren intuitiven Anlagen dar. Die höheren intuitiven Anlagen stammen nicht von den Plejaden. Sie entspringen der menschlichen Entwicklung und sind eine Reaktion auf die mächtigen negativen emotionalen Energien, auf die dichten Äther und auf andere irdische Gegebenheiten. Die Menschen mußten diese Fähigkeiten entwickeln, um überleben zu können. Allerdings haben sich die Wesen von den Plejaden in lang vergangenen Jahrhunderten intensiv darum bemüht, den Menschen die richtige Richtung zu weisen und ihnen Hinweise zu geben, wie dies geschafft werden könnte.

Bezüglich der physischen Erscheinung der Wesen von den Plejaden können wir sagen, daß diese Rasse schon lange über die Fähigkeit der physischen Transformation verfügt. Sie können Körper in verschiedenen Formen erschaffen. Früher glich ihre Erscheinung der menschlichen. Dabei waren die Poren ihrer Haut viel kleiner, und sie waren 3-3,60 m groß. Doch wie bereits gesagt, können sie ihre Form verändern.

Viele Individuen auf der Erde haben Leben auf dem sechsten Planeten von Alcyone verbracht. Und viele Individuen haben überhaupt bereits viele Leben auf zahlreichen anderen Planeten in anderen Sternsystemen verbracht. Möglicherweise finden sie es aus zwei Gründen einfacher, sich auf Leben in den Plejaden einzustimmen. Einer davon ist genetisch bedingt: Die mächtigste genetische Struktur im menschlichen Körper entstand durch Begegnungen mit den Wesen von den Plejaden oder wurde von diesen beeinflußt. Der zweite Grund ist, daß diese beiden Zivilisationen eine ähnliche Form und ein ähnliches Ziel haben. Menschen, die mit ihren früheren Leben arbeiten, benutzen dazu häufig ihre Intuition. Es kann auch vorkommen, daß sie Ähnlichkeiten feststellen, wenn sie Bücher von Ruth Montgomery und anderen Autoren lesen, die über unsere stellare Herkunft schreiben. Da diese Menschen mit ihrer Intuition arbeiten, ist es nur natürlich, daß sie gerne mit anderen Wesen zusammenarbeiten, die ebenfalls so frei mit den intuitiven Fähigkeiten umgehen wie z.B. die Plejadier.

Einige Menschen, die Wesen von den Plejaden channeln, könnten mit der Übertragung von Informationen und Energien Schwierigkeiten haben, da sie innere Probleme haben. Viele von ihnen waren vor nicht allzulanger Zeit auf den Plejaden inkarniert, oder vorrangige Seeleneinflüsse stammen von den Plejaden. Dann fiel es ihnen sehr schwer, eine menschliche Form anzunehmen. Oft obliegt es der Person, die channelt, diese liebevolle Energie der Wesen von den Plejaden zu übersetzen, und dies ist eine schwierige Angelegenheit. Wir geben zu, daß die Energien des Mitgefühls und der Liebe der meisten außerirdischen Zivilisationen nicht zu den Dingen gehören, mit denen Menschen leicht umgehen können. Die plejadischen Energien des Mitgefühls und der Liebe sind fortgeschrittener als die von anderen Zivilisationen, zumindest was das Ausmaß anbelangt, in dem diese Liebe den Menschen übermittelt werden kann. Unglücklicherweise ist es jedoch so, daß Individuen, die einer solchen Liebe ausgesetzt werden und keine Möglichkeit haben, damit in ihrem Leben umzugehen, daraufhin in ihrem Inneren Widerstände und Grenzen erschaffen, die sie davon abhalten, voranzuschreiten. Das manifestiert sich in den Informationen, die sie channeln und anderen vermitteln. Der Sinn liegt nun jedoch darin, daß andere Menschen ihre Aufmerksamkeit auf genau dieses Problem lenken, damit sie sich auf diese umfassendere Liebe einstimmen – nicht als Liebe, die einer anderen Zivilisation entspringt, sondern die sie in sich selbst schaffen. Menschen, die andere Wesen channeln, kämpfen unter Umständen mit einzelnen Mosaiksteinchen und Puzzlestücken und können nicht alles übermitteln, weil sie selbst unter bestimmten Mustern leiden oder auf bestimmte Weise mit den Dingen in der Welt umgehen. Dies trifft grundsätzlich auf alle Medien zu, auch auf die Person, die gerade spricht. Es ist eine natürliche Nebenwirkung des Channelns.

Es ist wichtig zu erkennen, daß Einstimmung auf verschiedene Zivilisationen wichtig ist. Jedes Individuum wird sich auf eine andere Zivilisation einstimmen, weil es sich eines Lebens in dieser Zivilisation bewußt ist, Wesen von dort begegnet ist oder Erkenntnisse über die Ideen dort hatte oder einfach deswegen, weil das Individuum ein Bewußtsein der universellen Gesetze besitzt. Jedes Individuum wird sich auf seine ganz persönliche Art einstimmen. So wird das, was aus den allgemeinen Energien anziehend auf das einzelne Medium wirkt, individuell verschieden sein.

■ EL NATH

Die Individuen, die mit El Nath in Verbindung standen, konnten sich während ihres Transformationsprozesses auf der elf- und zwölfdimensionalen Ebene wiedererschaffen. Dies erzeugte eine mächtige energetische Explosion. Dabei entstanden viele Galaxien und starke Energien innerhalb der Milchstraße, die für viele Wesen in vielen Zivilisationen Veränderungen auslösten. Viele Zivilisationen waren empfänglich für sie, einschließlich die von den Plejaden. Die Wesen von Alcyone konnten Kontakt zu den Quellen dieser Energie in El Nath herstellen.

Da die Energie aus dem Stern selbst hervorbrach, wirkt das Sternenlicht-Elixier intensiver und stärker als andere. El Nath projiziert eine Energie der Transformation und des Wandels sowie der Hilfe und des Verständnisses der innersten Natur des Universums. Die ursprüngliche Bevölkerung El Naths nahm diese Energien an und benutzte sie für ihre eigene Transformation.

Als die Wesen von den Plejaden mit den Wesen von El Nath Kontakt aufnahmen, um von ihnen zu lernen, wurden sie auf eine wundervolle Reise mitgenommen, die etwa 10.000 Jahre in Anspruch nahm. Für die Plejadier war dies eine wichtige und großartige Ausbildungszeit. Tatsächlich begann in dieser Zeit ihr eigenes Verständnis des Hindernisses zu dämmern, dem sie sich als Zivilisation gegenübersahen. Eine der Lösungen, auf die sie infolge der Inspiration von El Nath kamen, war, andere Zivilisationen zu befruchten. Den Plejadiern wurde auch klar, wie sich dies auf ihre eigene Zivilisation auswirken würde. Durch El Nath erfuhren sie, wie diese Befruchtung mittels physikalischer Prinzipien auf der drei-, vier- und fünfdimensionalen Ebene durchgeführt werden konnte.

Die Wesen von den Plejaden haben als Vermittler zwischen den Energien von El Nath und der Menschheit fungiert. Die Befruchtung der Erde und der damit zusammenhängende genetische Einfluß der Plejadier war eine Folge der Inspiration durch El Nath. Normalerweise kommt es für jene, die sich zu den Plejaden hingezogen fühlen, zu einem tieferen Bewußtsein dieser Energien von El Nath. Gleichzeitig werden die Prinzipien, die einem Bewußtsein der universellen Gesetze, mathematischer Ideen und einem Verständnis multidimensionaler Ebenen zugrunde liegen, den Menschen zugänglicher gemacht. Die Menschen, die hiervon am tiefsten beeinflußt würden, haben zumeist noch nicht entdeckt, daß es Sternenlicht-Elixiere gibt. Was die Zukunft anbelangt, sehen wir, daß Wissenschaftler und Individuen, die diese Dinge besser verstehen möchten, davon profitieren werden, El Nath einzunehmen.

El Nath ist für viele, viele Zivilisationen in dieser Galaxis ein Leuchtfeuer gewesen. Die einzigen, die jedoch in der Lage waren, darauf so zu reagieren, daß es zu dramatischen Durchbrüchen und Veränderungen als direkte Folge eines solchen Austausches kam, waren jene Wesen von Alcyone und anderen Sternen aus den Plejaden. Die Individuen von Sirius wurden sicherlich auch davon beeinflußt. Sie nahmen dadurch zwar viel Wissen auf und wurden stark inspiriert, doch sie waren nicht in der Lage, das zu ergänzen, was für eine intensivere Kommunikation und für die daraus resultierende Nähe nötig gewesen wäre.

TEIL VIER
ANHANG

☆ ☆ ☆ ☆ ☆ ☆ ☆ ☆ ☆ ☆

Ein Interview mit Hilarion 321
Astrologie und Sternenlicht-Elixiere 328
Sterne mit negativem Einfluß 330
Die Hauptsterne jedes Tierkreiszeichens 331
Affirmation 332
Sternenkarten 333
Bibliographie 344
Register der Sterne 345
Allgemeines Register 348
Bezugsquellen 359

Ein Interview mit Hilarion

Obwohl einige Menschen uns als Wesen mit einer physischen Form wahrnehmen, würden wir selbst sagen, daß man sich uns als smaragdfarbenes Licht vorstellen sollte, das auf dem gesamten Planeten verteilt ist. Dieses Licht besitzt keinen Ursprung. Es ist in euch und um euch herum, und während es sich selbst gestattet, mit anderen in Verbindung zu treten, ist es in sich und von sich selbst erfüllt. Wir wollen allen Individuen zugänglich sein. Möglicherweise fragt ihr euch, wie jemand sich an Dutzenden von Orten gleichzeitig befinden kann. Das ist relativ einfach, denn es sind Gedanken, die übertragen werden. Da ein Gedanke in einem winzigen Bruchteil einer Sekunde gedacht wird, sind wir nicht annähernd von den Wesen ausgelastet, die gegenwärtig auf der Erde Hilarion channeln.

Wir haben eine gewisse Anzahl von Leben auf diesem Planeten geführt sowie verschiedene Inkarnationen in anderen Lebensströmen auf dem Planeten Venus in eurem Sonnensystem durchlebt. Wir hatten in unseren Leben Gelegenheit, viele wichtige Lichtwesen zu treffen, die große Lehren verbreitet haben. Wir haben auch viele der dramatischen und erstaunlichen Veränderungen miterlebt, durch die die menschliche Rasse gegangen ist. Da wir ein tiefes Mitgefühl für die Menschen haben und uns eng mit ihnen verbunden fühlen, sind wir zu einer menschlichen Seele geworden und haben uns karmisch mit der menschlichen Evolution verbunden. Daher können wir einen einzigartigen dualen Gesichtspunkt einnehmen. Die eine Seite ist das Verständnis des universellen Bewußtseins, des universellen Gesetzes und der grundlegenden Prinzipien des Kosmos als einfache mathematische Grundidee. Gleichzeitig haben wir den Gesichtspunkt des Herzens und dessen, was die Menschen wissen. Wir besitzen das Verständnis dessen, was es bedeutet, lebendig und ein Teil des menschlichen Lebensstroms zu sein. Dazu gehören sämtliche Elemente der menschlichen Entwicklung, incl. der Inkarnationen als Mineralien, Dinosaurier, Meeres- und Landwesen. Dadurch, daß wir beide Gesichtspunkte verstehen, können wir interessante und einzigartige Entscheidungen treffen und feststellen, daß ein Großteil der Informationen nur dann einen Wert hat, wenn sie euer Herz öffnen, euer Bewußtsein und eure menschlichen Qualitäten erweitern. Der Zustand, Mensch zu sein, ist beneidenswert, nicht unser Zustand.

In diesem Zusammenhang ist noch wichtig, daß wir uns erst vor kurzem in den physischen Vehikeln namens Johannes in der Zeit Christi, Plato im alten Griechenland und als Hilarion, der Wissenschaftler, in der späten Epoche der atlantischen Kultur inkarniert hatten. In der späteren atlantischen Epoche stand es den Wesen frei, sich einen eigenen Namen nach dem eigenen Seelenverständnis zu wählen. Man hofft, daß die Individuen diesen Brauch eines Tages wiederentdecken werden, möglicherweise schon zu Beginn des 21. Jahrhunderts.

Während dieser Leben konnten wir bestimmte Aspekte des menschlichen Verhaltens genau beobachten und konnten sowohl Informationen aufnehmen als auch bestimmte Gesichtspunkte mit anderen teilen. Die wichtigsten Punkte aus diesen drei Leben sind verlorengegangen. Übrig blieb nur ein Gerüst. Individuen weisen oft auf die hinterlassenen Schriften hin, besonders auf die von Plato und Johannes. Sie fragen: „Hast du dies gesagt? Was meintest du damit?" Es bedeutet in Wirklichkeit sehr wenig, denn nur wenig davon hat wirklich Bestand. Aber das ist in Ordnung. Es ist wichtig, daß die Menschen aufgrund der Essenz und nicht der Worte zu einer Entscheidung kommen.

Während der Zeit, in der wir auf der Erde mit Menschen auf unterschiedliche Arten und mit unterschiedlichen Bestrebungen gearbeitet haben, hat sich jeder von uns etwas spezialisiert. Unsere Arbeitsweise kann die Arbeit der Geistführer so unterstützen, daß wirklich etwas bewegt werden kann. Was wir persönlich (wenn wir einen solchen Ausdruck verwenden können) erforschen, ist, wie Inhalt Form annehmen kann. Während wir Individuen helfen, zu verstehen, wie die Dinge für sie funktionieren, während sich die Mechanik und der Sinn des Lebens entfaltet, sehen wir, daß der Nutzen die Ebene einzelner Individuen übersteigt. Es scheint auch mit Gruppen zu funktionieren, die diese Fragen untersuchen. Aus unserer Sicht ist dies eine Art, wie wir euch dienen können. Ihr fühlt euch vielleicht zu uns hingezogen, weil uns ein gemeinsames Interesse verbindet, ein Verstehen wie Inhalte Form annehmen können und wie alles im Gesamtbild und im Plan für diesen Planeten funktioniert. Auf diese Weise können wir uns ein wenig nützlich machen.

Wir fungieren als Geistführer – auch für bestimmte geistigen Helfer, die diese Energie übermitteln können. Nichtsdestotrotz entscheidet ihr, wie wir mit euch arbeiten sollen. Es hängt von jeder einzelnen Person ab und davon, was sie gerne erschaffen möchte. Anschließend liegt es an uns zu verstehen, wie wir die Unterstützung am besten gewähren können. Unsere Absicht ist, Information und Hilfe zur Verfügung zu stellen, so daß nicht nur einer Person geholfen wird, sondern allen Menschen und darüber hinaus vielleicht auch den Wesen, die mit euch diesen Planeten bewohnen: dem Naturreich, den Tieren, den Pflanzen, den nichtverkörperten Geistführern sowie der Erde selbst. Aus diesem Grund wird eine Frage möglicherweise nicht nur auf einer Ebene beantwortet. Wenn ihr zulaßt, daß sich euer Bewußtsein entfaltet, kann diese Inspiration auch das Bewußtsein anderer berühren.

Menschen, die sich mit Schwingungsveränderung, dem Verständnis der Evolution der Menschheit und ihrem Zusammenhang mit Krankheit, Schwierigkeiten und Veränderung beschäftigen, werden feststellen, daß wir dort, wo wir Möglichkeiten offenlassen, den Prozeß tendenziell ein wenig beschleunigen. Wir wandern auf einem schmalen Grat zwischen Destruktivität und Heilsamkeit. Der Schlüssel hierfür findet sich im Prozeß des Fragens und Antwortens. Auf diese Weise seid ihr als Wesen bereit, für die erhaltenen Informationen Verantwortung zu übernehmen. Auch Jon oder Channels, die mit unserer Energie arbeiten, können an diesem Prozeß teilnehmen.

Heutzutage haben wir mehr Möglichkeiten, Informationen zu vermitteln, als in der Vergangenheit, als wir noch selbst einen Körper hatten oder als Speicher wissenschaftlicher Daten dienten. Das liegt an der menschlichen Seite des Prozesses. Die Menschen haben sich weiterentwickelt. Daher ist es wichtig, daß die Wesen ihr Verständnis dieser Seite des Vorgangs erweitern, damit sie nicht nur mehr Informationen erhalten, sondern auch erfahren, wie sie die gechannelten Informationen am besten für sich selbst nutzen können. Wir benutzen immer noch die althergebrachte Methode: „Klopfet an, und euch wird aufgetan." In unserer Zeit lernen die Individuen besser als je zuvor, wie man anklopft. Also bringt unsere Energie und die vieler anderer Geistführer den Menschen immer mehr Informationen, Gelegenheiten und Verstehen, da die Menschen immer fähiger werden, damit verantwortlich umzugehen.

Wenn man Individuen die Freiheit gibt, wie sie die Informationen einsetzen, um spezielle Produkte, Geräte und Technologien daraus zu entwickeln, ergibt sich daraus zumeist eine angemessene Verwendung der Informationen. Und wenn diese Informationen durch Bücher und Kassetten zur Verfügung gestellt werden, haben die Individuen die Freiheit, sie für sich selbst zu überprüfen, und die Wahl, so damit zu arbeiten, wie es ihnen angemessen erscheint. Dies scheint gegenwärtig einen leichten, aber merklichen wohltuenden Effekt auf die Evolution der Menschheit zu haben. Unsere Bemühungen waren erfolgreich, da ihr bereit seid, mit diesen Materialien zu arbeiten.

Die Richtung, in die all dies führt, ähnelt einem sich weitenden Trichter. An einem bestimmten Punkt wird er groß genug sein, um das ganze Universum fassen zu können. Die Idee ist, daß um so mehr Information durchkommen wird, je weiter ihr die Tür aufmacht. An gewissen Punkten auf dem Weg wird es schwer sein festzustellen, woher die Energie kommt.

Von Hilarion? Von mir? Von Gott? Funktionieren die Dinge einfach so? Es wird offensichtlich, daß es egal ist, woher die Informationen kommen. Wichtig ist, daß die Informationen wertvoll sind und daß sie Aspekte der Wahlfreiheit, des Dienens, des Verstehens und von Gott in die Menschen bringt.

In einer Zeit während der atlantischen Ära gab es große Schwierigkeiten und einen großen Aufschrei der Seelen. Viele Wesen stellten die Frage: „Wenn wir es anders hätten tun können, was hätten wir getan?" Sie wußten keine Antwort, doch sie fühlten in ihrem Innern, daß etwas fehlte. Sie hatten das Gefühl, daß ein Aspekt ihrer Menschlichkeit, ihres Herzens, ihrer Liebe nicht vorhanden war. Wem damals bewußt war, welche Struktur zu den großen Schwierigkeiten führte, in denen Atlantis steckte (z.B. wir und andere, die die Menschen in Atlantis warnen wollten), der war auf einer emotionalen Ebene sehr stark in diese Frage verstrickt. Das kollektive Bewußtsein schien zum Ausdruck zu bringen: „Wenn die Gelegenheit kommt, werden wir nicht noch einmal versagen. Wir werden die Informationen, das Verständnis, die Technologie und das Bewußtsein auf ausgewogene Weise herüberbringen, so daß diese Dinge hilfreich sind, mit der menschlichen Seite gut zusammenwirken und ihr zuträglich sind. Wir werden diese Dinge so manifestieren, daß sie mit der Liebe in den Menschen Hand in Hand gehen, mit ihrem Bewußtsein und Verstehen. Wir werden nicht einfach nur die destruktiven Energien übermitteln."

Dies ist also der Grund, warum einige jener Entwicklungen etwas langsamer vor sich gehen, als ihr es gerne hättet. Dies ist der Grund, warum die Geistführer und die inkarnierten Wesen, die aus dieser Zeit stammen, die Informationen Stück für Stück wieder hervorgraben und damit arbeiten, damit solche Fehler zukünftig nicht noch einmal gemacht werden. Dieses menschliche Karma wurde bis heute noch nicht bereinigt. Ihr könnt es aber schnell beseitigen, indem ihr mit diesen Informationen arbeitet und die feinstofflicheren Bereiche verstehen lernt.

Durch die Arbeit mit Sternenlicht-Elixieren, Blütenessenzen, Kräutern, Edelstein-Elixieren, Homöopathie und Edelgas-Elixieren wird immer mehr Entscheidungsfreiheit, Energie und Feinstofflichkeit geboten. Diese Techniken lassen sich leicht mit den Menschen in Einklang bringen – mit dem, was sie denken, fühlen und in ihren Herzen wissen. Diese Dinge werden ihnen niemals aufgezwungen. Es ist ein ausgezeichneter Weg, ein Weg mit maximaler Entscheidungsmöglichkeit, Freiheit und Verstehen.

Wenn du mit dem vielschichtigen Reich der Devas Kontakt aufnehmen möchtest oder gerne channeln würdest, solltest du herausfinden, was in dir eine Resonanz erzeugt, was sich für dich gut anfühlt, was dir ein Gefühl der Veränderung oder ein erhebendes oder leichtes Gefühl gibt, oder dich lachen läßt. Das vielschichtige Reich der Devas ist besonders entzückt darüber, wenn Wesen lachen. Es gibt viele unterschiedliche Möglichkeiten, mit ihnen in Kontakt zu treten, wie Möglichkeiten, mit den eigenen Geistführern zu arbeiten. Die Idee ist, herauszufinden, was für dich funktioniert. Das kann heißen, daß du hinausgehst in den Garten oder in den Wald, wo die Blumen sind, oder dir einfach vorstellst, daß du mit einem Elfen spielst, einem kleinen hüpfenden Lichtpunkt, oder mit einer Blume, die eine Fee ausspuckt, oder daß du im Inneren eines wundervollen Edelsteins herumspazierst und in ihm spielst. Diese Methoden, die mit Verspieltheit, Freude und Anziehung verbunden sind, sind für die meisten Menschen ein Zugang zu diesen Resonanzzuständen.

Im Rahmen der Arbeit mit jeder Person, die uns channelt, finden wir eine Resonanzlage, innerhalb derer wir eine ganz leichte Verschiebung auf der ätherischen und mentalen Ebene im Gehirn und im Mentalkörper des Mediums bewirken können. Dies geschieht nur, wenn die Person wirklich darum bittet und es auf Seelenebene klar ist, daß es wohltuend oder zumindest nicht schädlich ist, mit diesem Individuum zu arbeiten. Wenn sich die Person genug öffnet, daß wir mit ihr arbeiten können, nehmen wir auf mehreren Schwingungsebenen ein rhythmisches Muster wahr. Dieses Muster entspricht dem Thetawellen-Muster, dessen Frequenz etwa bei 5 Perioden pro Sekunde, d.h. bei 5 Hertz, bei vielen Individuen auch bei 7,82 Hertz liegt. Darüber hinaus nehmen wir noch den Atemrhythmus, mit einem Atemzug alle drei bis vier Sekunden, den Herzrhythmus mit etwa einem Schlag pro Sekunde und verschiedene andere physiologische Rhythmen wahr. Auf den feinstofflicheren Ebenen finden wir sehr viel schnellere Rhythmen vor, also viel höhere Frequenzen von Hunderten bis zu Tausenden von Perioden pro Sekunde. Innerhalb dieser Muster erreicht die Energie immer wieder einen Nullpunkt, an dem nichts passiert. An so einem Punkt ist es sehr einfach, die Rhythmen leicht zu stören und die Zeit im Bewußtsein der Person etwas zu verändern. Während einer solchen Veränderung ist es leicht, Lichtstrukturen in die Person hineinzubringen. Dabei handelt es sich um Gedanken.

Die Natur des Gedankens ist abhängig davon, was das Medium empfangen kann. Das Individuum wird nur in der Lage sein, mit bestimmten Aspekten der gechannelten Informationen umzugehen. Bei einigen werden das Aspekte sein, die mit Gefühlen oder Empfindungen zu tun haben. Bei der Arbeit mit Jon (der hier spricht), können wir visuelle Aspekte, Besonderheiten von Wörtern sowie Basis-Konzepte übermitteln, wozu auch Gleichungen gehören. Wir können auch einen Teil des Verständnisses aus unserer Perspektive übermitteln, die auf vierdimensionalem Schauen beruht. Dies ist eine non-verbale Fähigkeit.

Nachdem der Gedanken in Jons Bewußtsein untergebracht worden ist, helfen wir dabei, es ihm zu entlocken, indem wir einen sehr leichten Einfluß auf die Schwingungsform ausüben, die mit dem Sprachzentrum verbunden ist. Wenn man eingehender mit rhythmischen Atemmustern arbeitet, werden die Worte mit größerer Klarheit zum Ausdruck gebracht. Dieser Teil ist etwas schwieriger. Es ist leichter, die besagten Gedankenpäckchen in sein Bewußtsein zu legen, als sie klar zum Ausdruck zu bringen. Unsere sich immer weiter verbessernde Fähigkeit, Jon als Kanal zu verwenden, beruht auf solchen Beobachtungen. Dadurch, daß etwas weniger von der Essenz und etwas mehr von der Anwendung gechannelt wird, kommt es besser zum Ausdruck. Das Problem dabei ist jedoch, daß wir auf einer tiefen Ebene Jons Bewußtsein etwas weniger Informationen haben zukommen lassen, die später für ihn wertvoll hätten sein können. Da wir mit seiner Erlaubnis Informationen und Energie auf einer sehr tiefen Ebene bei ihm eingepflanzt haben, wissen wir, daß sie früher oder später an die Oberfläche kommen werden. Er hat z.B. bereits verschiedene Geräte gebaut, die zu Heilzwecken eingesetzt werden können. Diese Informationen werden ihm als Gegenleistung für seine Bereitschaft, uns zu channeln, verfügbar gemacht. Es ist eine schwierige Angelegenheit, alles immer auf angemessene Art im Gleichgewicht zu halten. Ein Ungleichgewicht in diesen Dingen kann Jons Bewußtsein dramatisch auf Ebenen höherer Schwingungsfrequenzen verlagern. Unter den meisten Umständen wäre das kein Problem, es sei denn, er sollte Autofahren, mit seinen Kindern umgehen oder etwas Praktisches tun. Es könnte dazu führen, daß er schwingungsmäßig zurückschnellt und sehr müde wird.

Das gilt für die meisten Individuen, die channeln. Die nicht-physischen Wesen, die gechannelt werden, passen sich an diese rhythmischen Muster an. Der Vorgang läuft bei jeder Person anders ab. Auch wenn es ihnen nicht völlig bewußt ist, können sie nur die Energie empfangen und mit ihr auf einer gewissen Ebene arbeiten, mit der sie aufgrund von Entwicklungen in ihren unmittelbar zurückliegenden Leben oder in ihrem gegenwärtigen Leben umgehen können. Daher eignen sich gewisse Individuen mehr zum Channeln von technischen Daten als andere. Die Information selbst, die Übertragung der Erfahrung und das Bewußtsein des Lichts unterliegen keiner wirklichen Einschränkung. Je mehr sich Individuen im Channeling üben, um so häufiger sind sie in der Lage, sich neuen Ideen zu öffnen, und können mit dieser Energie leichter umgehen. Gleichzeitig stellen sie möglicherweise fest, daß sie sich etwas mehr zu Themen hingezogen fühlen, die sie bislang wenig interessierten, und auch dies wird ihre Channel-Fähigkeit steigern.

Das Problem mit diesen Dingen ist, daß die meisten Menschen dem keinen Glauben schenken würden. Sie würden sagen: „Das entspringt meinem

Wachbewußtsein, das ist nicht reines Channeling." Wir können nur sagen, daß die Idee der reinen gechannelten Information, im Vergleich zu Tieftrance-Channeling, bewußtem Channeling oder allen anderen Formen, in denen Channeling beschrieben wird, auf Unwissenheit beruht. Dieser Prozeß befindet sich noch immer in seiner Entwicklungsphase. Menschen, die sich dazu hingezogen fühlen, kann man nur den Rat geben, auf allen möglichen Ebenen damit zu arbeiten, ohne darüber zu urteilen und ohne im voraus zu entscheiden, was was ist.

Astrologie und Sternenlicht-Elixiere

Die Bedeutung der Tierkreiszeichen hat sich daraus entwickelt, wie diese Symbole im Verlauf der Menschheitsgeschichte verwendet wurden. Individuen haben sich durch das kollektive Unbewußte auf diese Symbole eingestimmt, nicht durch eine Einstimmung auf die Summe der Sterne in einem gegebenen Tierkreiszeichen. Eine solche Gesamtsumme besäße zu viele Eigenschaften, die sich widersprächen und neutralisierten. Die Sterne haben keinen direkten Einfluß auf die Repräsentation des Tierkreises. Vielmehr liefern die Dinge, die im kollektiven Unbewußten mit der Repräsentation des Tierkreises assoziiert werden, das Symbol, und dann arrangieren die Geistführer rechtzeitig Ereignisse, die in Zusammenhang mit den Planeten in den Häusern und deren Anordnung im Tierkreis stehen. Man muß es daher mehr als einen Einfluß sehen, der sehr viel mit der Wahl einer bestimmten Zeit seitens derer betrachten, die die Auswahl verschiedener Ereignisse vornehmen. In den Ereignissen tauchen dann die bereits wohlbekannten und zur Verfügung stehenden Symbole auf.

Viele Entscheidungen für das eine oder andere Symbol sind von den Verhältnissen des Bewußtseins und des Gewahrseins beeinflußt worden. Auch außerirdische Quellen haben Einfluß darauf genommen. Bevor die Tierkreiszeichen im kollektiven Unbewußten ins Leben gerufen wurden, wurde ein Großteil der symbolischen Untermauerung, aus denen die essentiellen astrologischen Brücken gebaut wurden, von den mit den Sternen in diesen Konstellationen in Verbindung stehenden Zivilisationen beeinflußt. Gewisse Symbole wurden geschaffen, worauf sowohl die Zivilisationen als auch die Aktivitäten der Sterne selbst einen Einfluß nahmen. Der Einfluß der Sterne ging dem astrologischen Symbolismus voraus.

Das macht es für die Menschen etwas schwieriger, da es scheint, als ob sie mit Archetypen in Kontakt treten, die noch größer und weitreichender sind als die ihnen bereits vertrauten Archetypen. Eine intellektuelle oder logische Erklärung hierfür ist unbefriedigend. Während Individuen von diesen Informationen lernen und mit ihnen arbeiten, können sie immer tiefere Schichten der kontaktierten Archetypen erreichen. In einigen Fällen besteht eine genetische Verbindung. In vielen Fällen handelt es sich um Einflüsse, die einige der großen Astrologen inspiriert haben. Möglicherweise stellt ihr fest, daß der Einfluß der wichtigeren und repräsentativeren Sterne auf die Schriften von Individuen wie Dane Rudhyar u.a., Einflüsse sind, die Menschen jetzt auf direktem Wege zugänglich gemacht werden, wenn sie sich mehr mit den Sternen beschäftigen. Da der Einfluß in diesem Bereich so stark ist, wagen wir nicht zu hoffen, die Fragen der Menschen bezüglich Astrologie weiter mit Informationen befriedigen zu können. Eigene innere Erfahrungen und ein erweitertes Bewußtsein müssen her. Die Menschen werden tatsächlich selbst Erfahrungen diesbezüglich machen werden, wenn sie die Essenzen zu sich nehmen.

Eine gute Methode wäre, sich aus jedem Sternbild einen Stern auszusuchen und diesen Stern zu benutzen, um den allgemeinen Einfluß wahrzunehmen. Jeder muß sich jedoch auf seine Weise auf diese Dinge einstimmen. Man könnte z.B. ein Elixier eines Sterns innerhalb des Tierkreiszeichens einnehmen, in dem die Sonne steht. So hätte man im Verlaufe von zwölf Monaten die Gelegenheit, jedes der zwölf Tierkreiszeichen auf eine sehr direkte und geradlinige Art zu erfahren. Wer einen kürzeren Zeitraum vorzieht, kann die Elixiere in Verbindung mit der Bewegung des Mondes durch die jeweiligen Tierkreiszeichen einnehmen. Das würde jenen helfen, die die Energien schnell assimilieren möchten. Allerdings werden sie sie nicht so gut assimilieren können, da ein paar Tage normalerweise nicht ausreichen, um ein tieferes Bewußtsein der Schwingungseigenschaften eines bestimmten Heilmittels zu bekommen.

Sterne mit negativem Einfluss

Einige Menschen mit starker Verbindung zu außerirdischen Zivilisationen machen negative Erfahrungen. Diese Individuen haben sich auf außerirdische Zivilisationen eingestimmt, deren Evolution im Gegensatz zur Ausrichtung der Menschheit steht. Die Menschheit befindet sich auf einer evolutionären Aufwärtsspirale, und diese Zivilisationen befinden sich entweder auf einer Abwärtsspirale oder kämpfen gegen ihre Evolution. Wenn solche Menschen den Stern identifizieren können, von dem die Wesen stammen, die sie negativ beeinflussen, und diese Sternessenz in einer homöopathischen Potenz, z.B. C100 oder höher, einnehmen, werden sie daraus sehr häufig großen Nutzen ziehen. Möglicherweise erlebt die Person eine Entlastung, durch die sie den ganzen Vorgang besser verstehen kann. Sie könnte erkennen, wodurch sie den Einfluß angezogen hat und wie sie letztlich die Bereitschaft entwickeln kann, loszulassen. Manchmal erfährt die Person eine kleine Veränderung, die dazu führt, daß die Wesen, die sich an sie geheftet haben oder mit ihr arbeiten, nichts mehr haben, woran sie sich festhalten können. Das kommt daher, daß die Person bereit war, ihre eigene Evolution zu verändern, indem sie erkannte, was sie aus der Schwierigkeit lernen sollte.

Die beiden sichtbaren Sterne aus dieser Kategorie wären Rigel im Orion und Eta Draconis. Die beiden anderen, Barnards Stern und Zeta Reticuli, sind nicht besonders hell. Die Wesenheiten, die von dort stammen, haben über die Sensibilität der Menschen, die über diese Sterne meditieren, einen Einfluß auf ihre Entwicklung. Es wäre daher weise, diese vier Sterne auf ganz spezielle Art als Sternenlicht-Elixier einzunehmen. Man kann eine homöopathische Version (C100) der vier Sterne herstellen, sollte aber keine niedrigere Potenz verwenden. Besonders für Personen, die einen Zustand des Friedens, des Verstehens und der größeren Bewußtheit bezüglich der mit diesen vier Rassen zusammenhängenden Schwierigkeiten erreichen wollen, wird dies sehr wertvoll sein. Die mit Barnards Stern in Verbindung stehenden Wesen sind blau und von der Statur her gedrungen. Die von Zeta Reticuli sind grau, etwas größer, dünner, leichter und haben mandelförmige Augen. Die mit dem Rigelsystem in Verbindung stehenden Wesen sehen wie Insekten oder Gottesanbeterinnen aus, und die Wesen von Eta Draconis haben eine Reptilform.

DIE HAUPTSTERNE JEDES TIERKREISZEICHENS

WIDDER (21. März – 21. April)
Hamal, Mesarthim, Sheratin

STIER (21. April – 22. Mai)
Alcyone, Aldebaran, El Nath, Hyaden

ZWILLING (22. Mai – 21. Juni)
Alhena, Castor, Pollux, Tejat

KREBS (21. Juni – 21. Juli)
Acubens, Asellus Australis, Asellus Borealis, El Tarf, M44

LÖWE (21. Juli – 22 August)
Algieba, Denebola, Regulus, Zosma

JUNGFRAU (23. August – 22. September)
Porrima, Spica, Vindemiatrix, M104

WAAGE (23. September – 22. Oktober)
Zubenelgenubi, Zubenelschamali

SKORPION (23. Oktober – 22. November)
Antares, Dscubba, Gertab, Graffias, Lesath,
Sargas, Shaula, Tau Scorpii, Wei

SCHÜTZE (22. November – 22. Dezember)
Ascella, Kaus Australis, Kaus Borealis, Media, Nunki, M20

STEINBOCK (22. Dezember – 21. Januar)
Dabih, Deneb Algedi, Giedi, Nashira

WASSERMANN (22. Januar – 21. Februar)
Sadalmelik, Sadalsud, Scat

FISCHE (21. Februar – 20. März)
Alrisha, Gamma Piscium, Petra

Affirmation

Nimm einen tiefen Atemzug und schaffe einen Zustand innerer Ruhe und Empfänglichkeit.

- Ich öffne mein Wesen der Quelle allen Seins.

- Ich lasse das Göttliche in seinen verschiedenen Lebensformen in mich einfließen.

- Jede Lebensform trägt in sich eine besondere Essenz der universellen Weisheit und Liebe.

- Ich öffne meine Arme, um mit all diesen Ausdrucksformen Verbindung aufzunehmen.

- Ich erkenne die Reise, auf der sich meine Seele stets befand.

- Jene Formen, die ich angenommen habe, um universelle Wahrheiten verstehen zu lernen.

- Jene Zeiten zwischen den Inkarnationen, in denen ich mich ausgeruht habe, um noch mehr Wissen zu erlangen.

- Damit ich erkennen kann, wer ich bin, umarme ich all diese Energien, die mir Liebe und Fortschritt auf dem Pfad ermöglichen, dessen Ziel das Göttliche ist.

- Mögen all die Ausdrucksformen des Einen sich meinem Blick öffnen.

- Möge ich offen sein, andere auf ihrem Weg zu führen.

- Möge ein miteinander verwobener Zweig irdischer Formen bereit sein, allen anderen Formen, planetarische Liebe zu demonstrieren.

- Mögen wir alle darauf vorbereitet sein, zu einer universellen Familie unter Gottes Führung zu verschmelzen.

STERNENKARTEN

☆ ☆ ☆ ☆ ☆ ☆ ☆ ☆ ☆ ☆

Sternenlicht-Elixiere

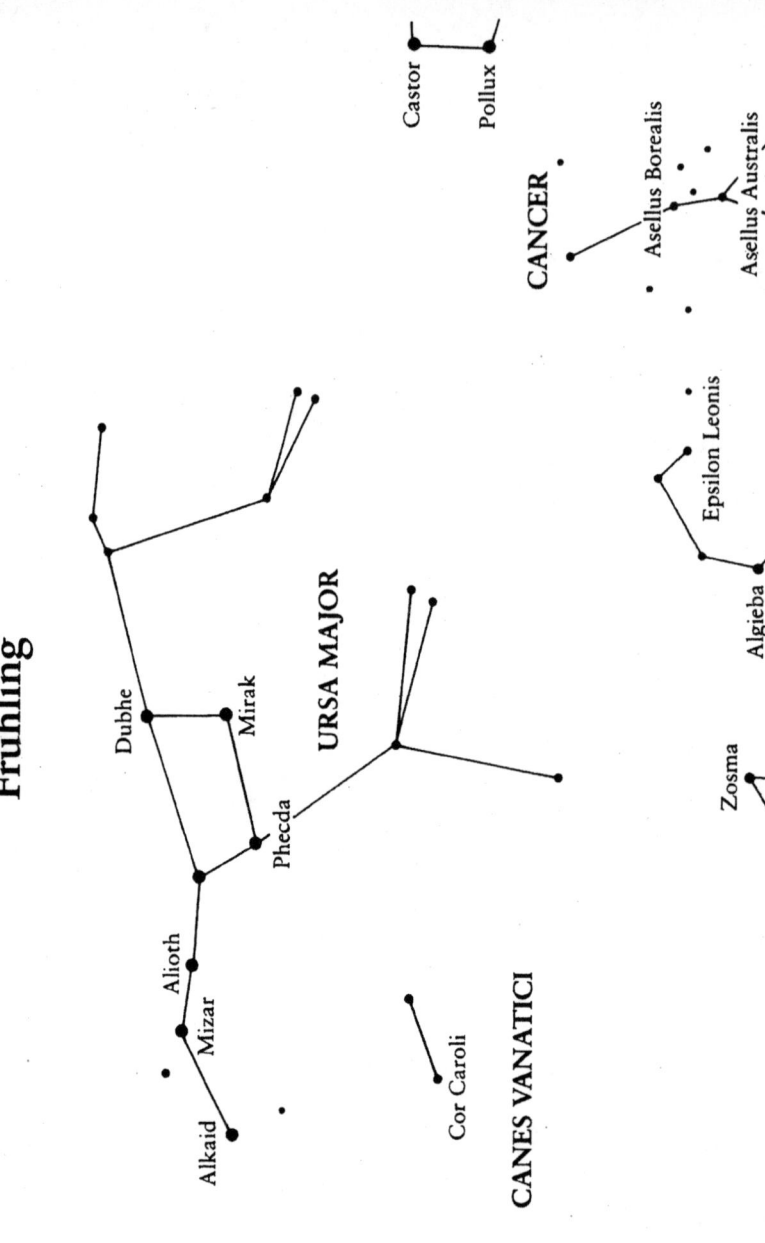

Frühling

Sternenkarten . . . .

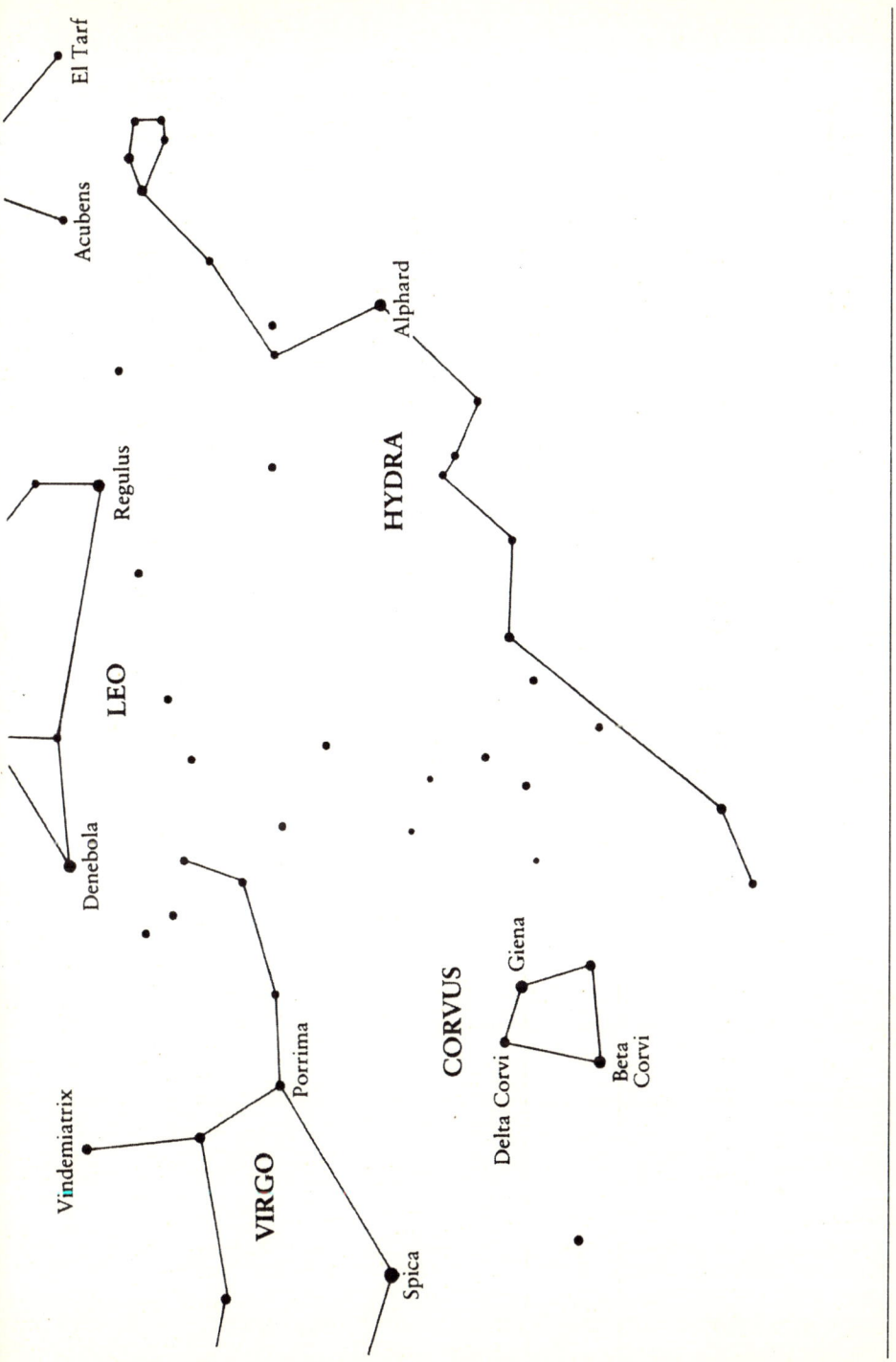

.... *Sternenlicht-Elixiere*

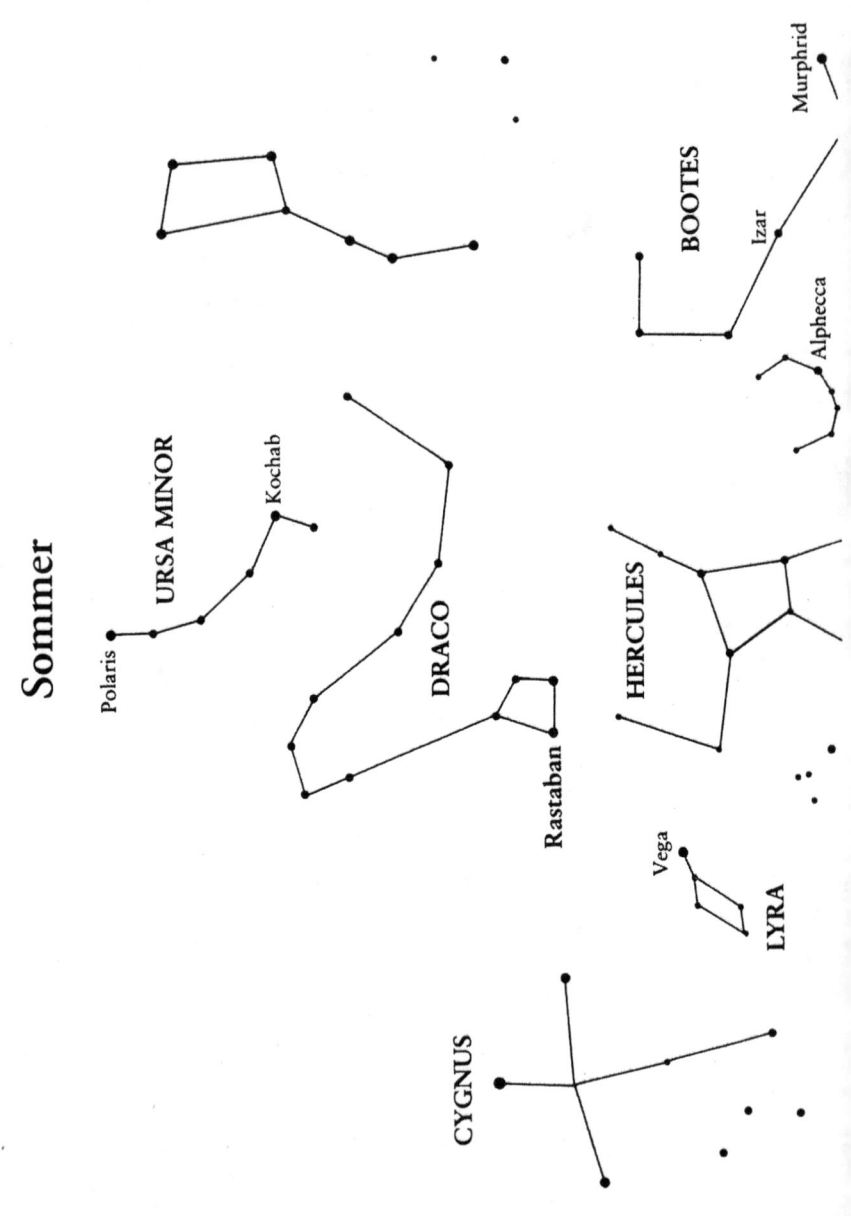

Sternenkarten . . . .

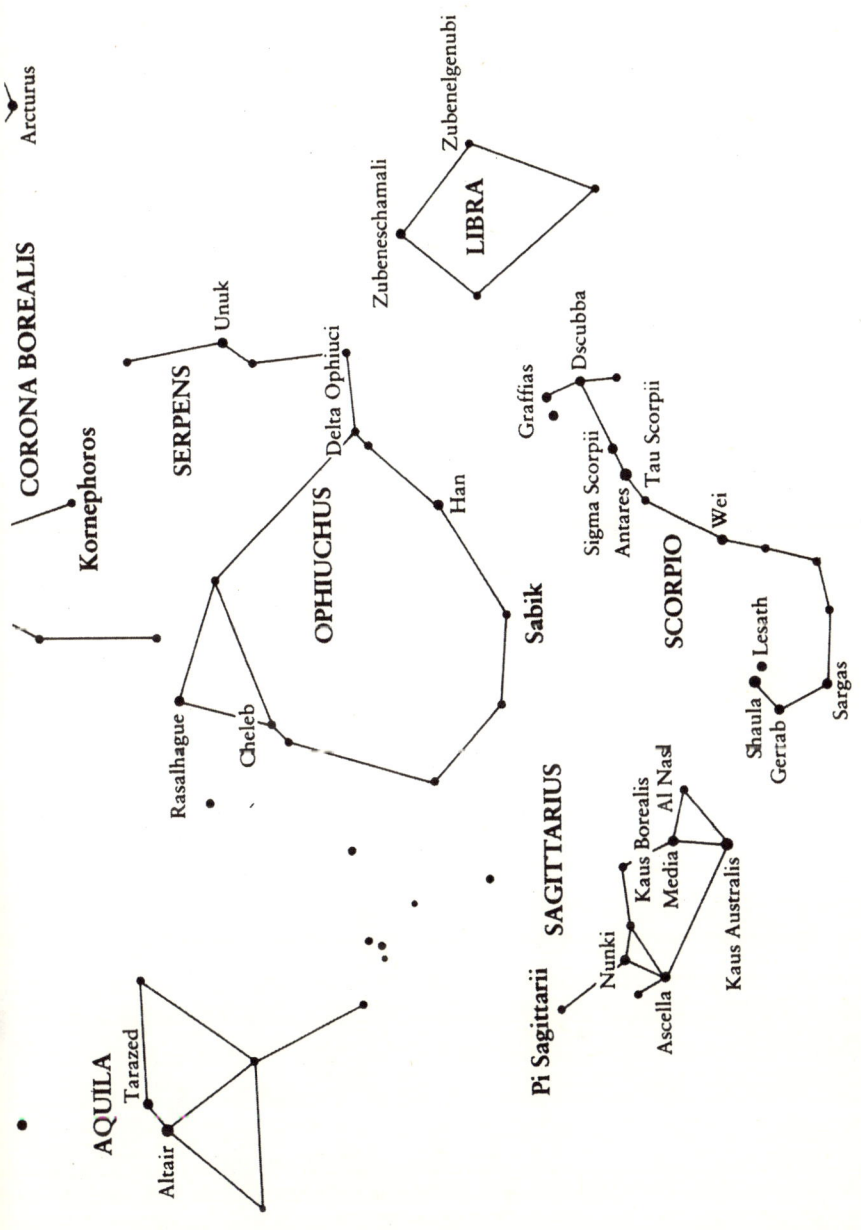

337

.... *Sternenlicht-Elixiere*

Herbst

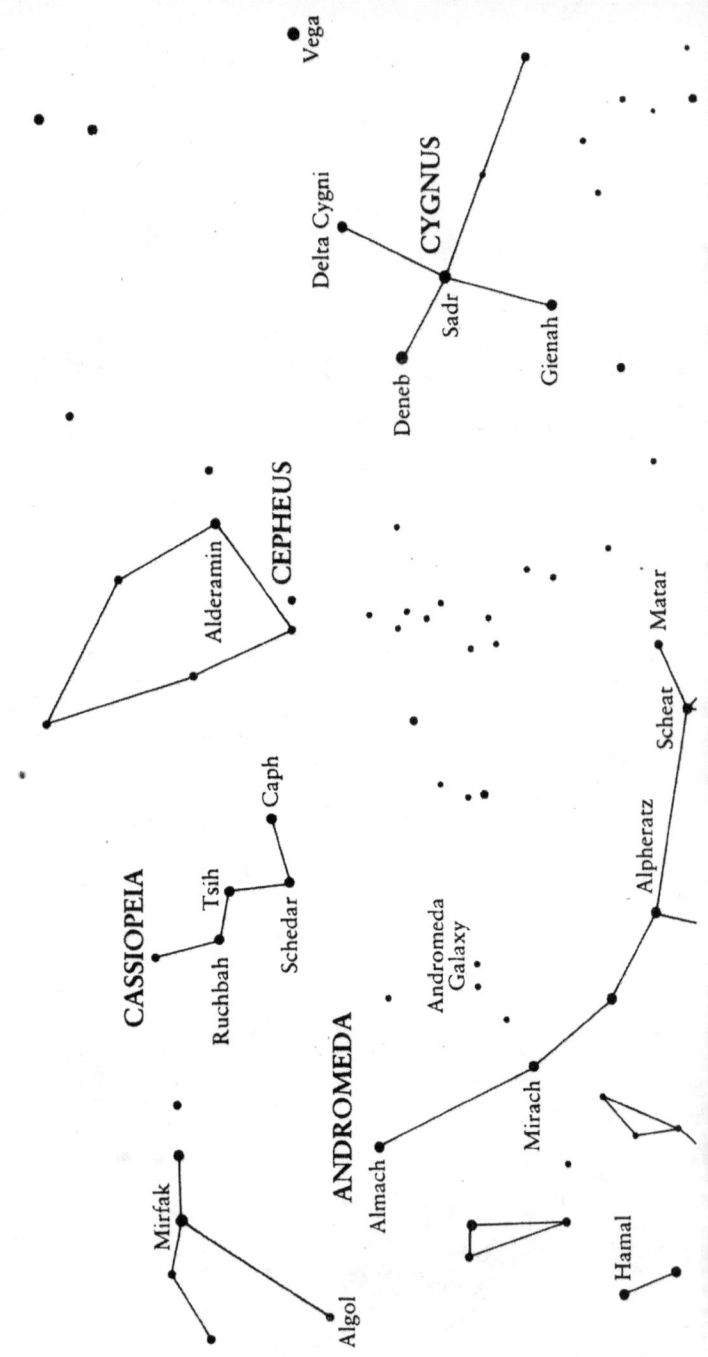

Sternenkarten . . . .

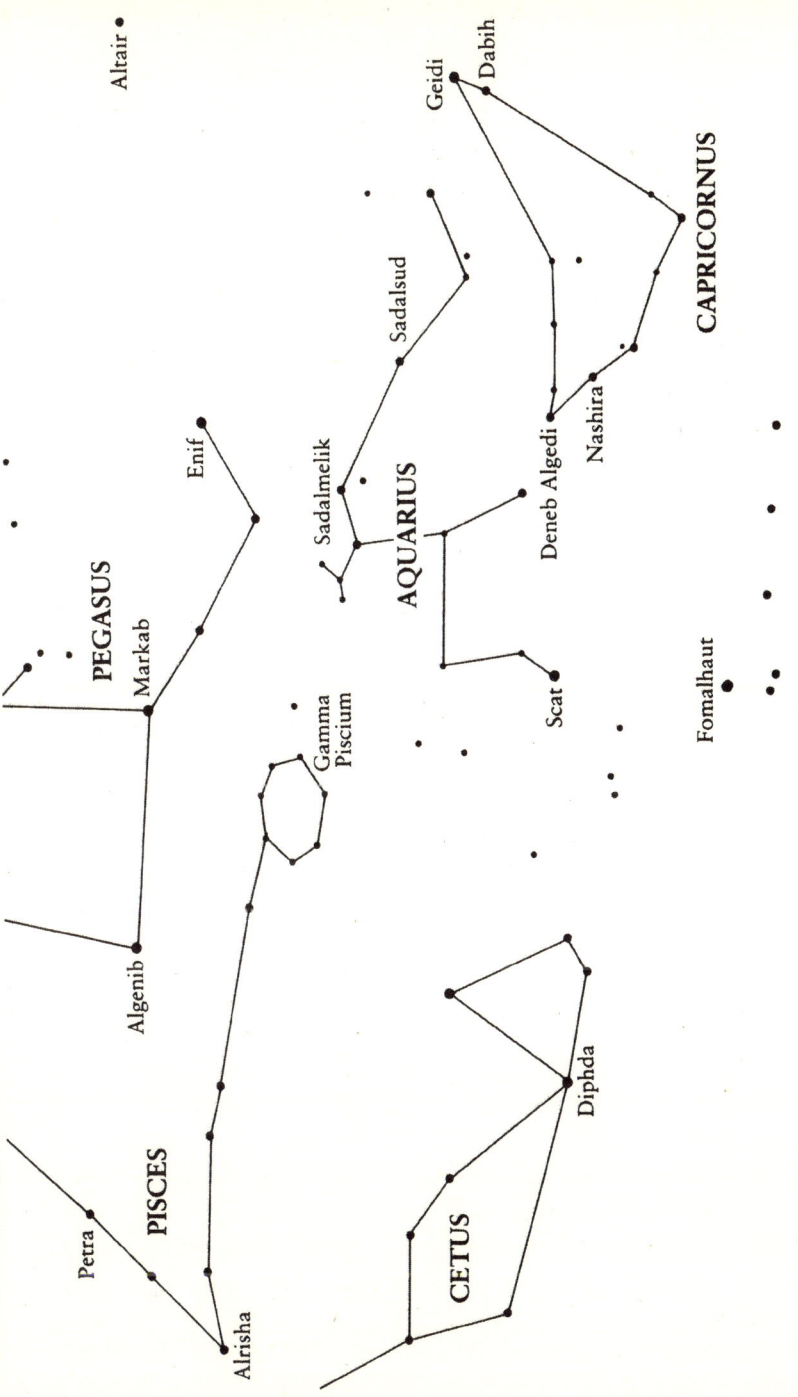

Winter

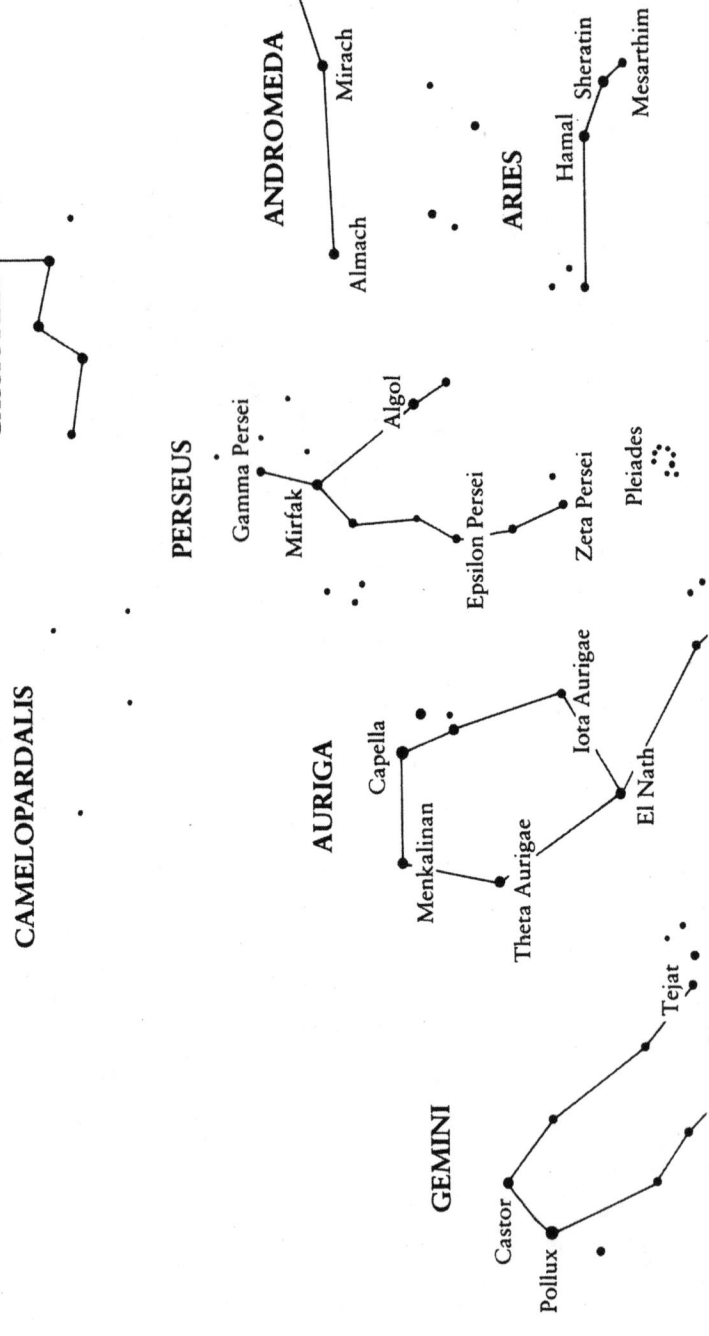

Sternenkarten . . . .

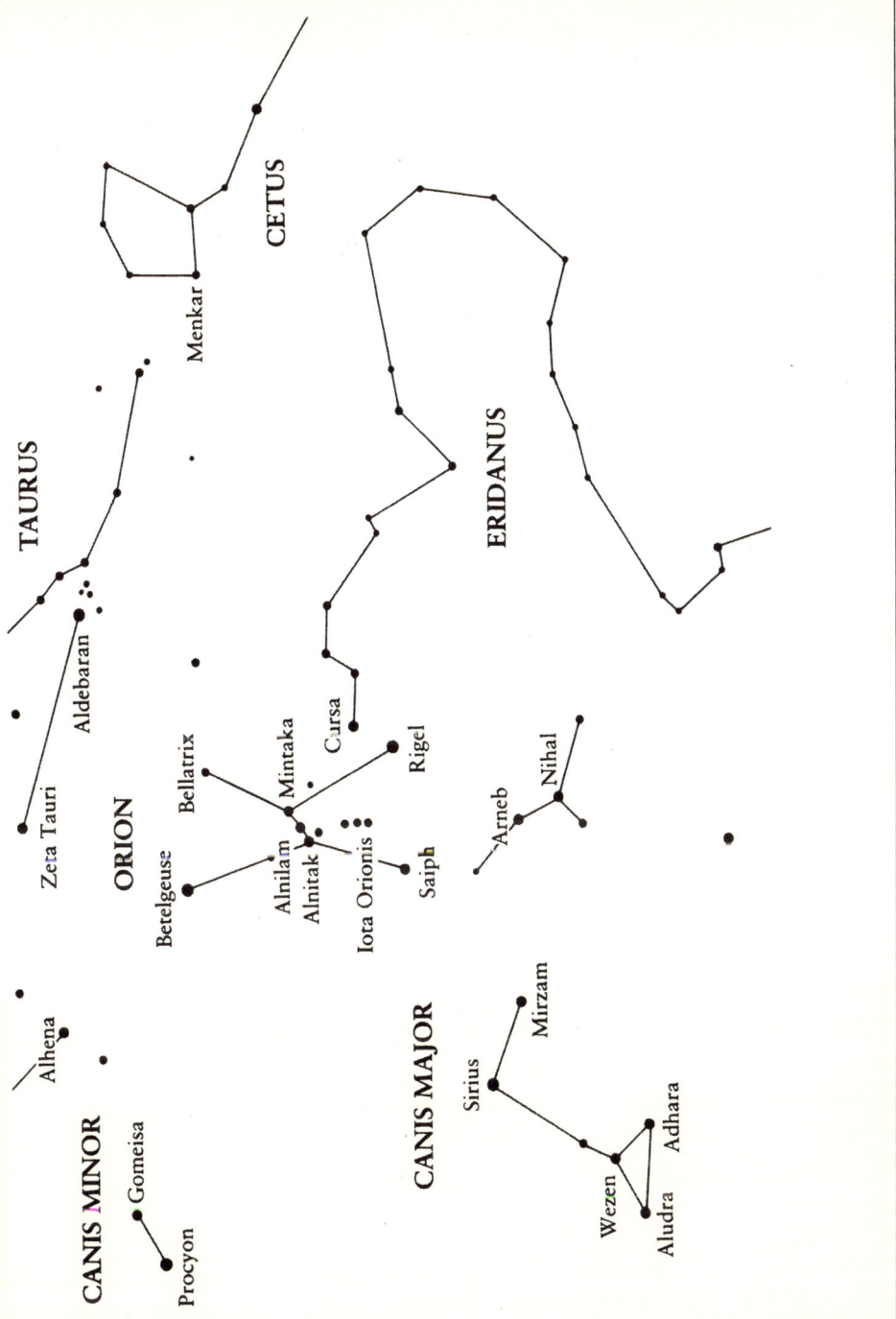

.... Sternenlicht-Elixiere

Der südliche Himmel

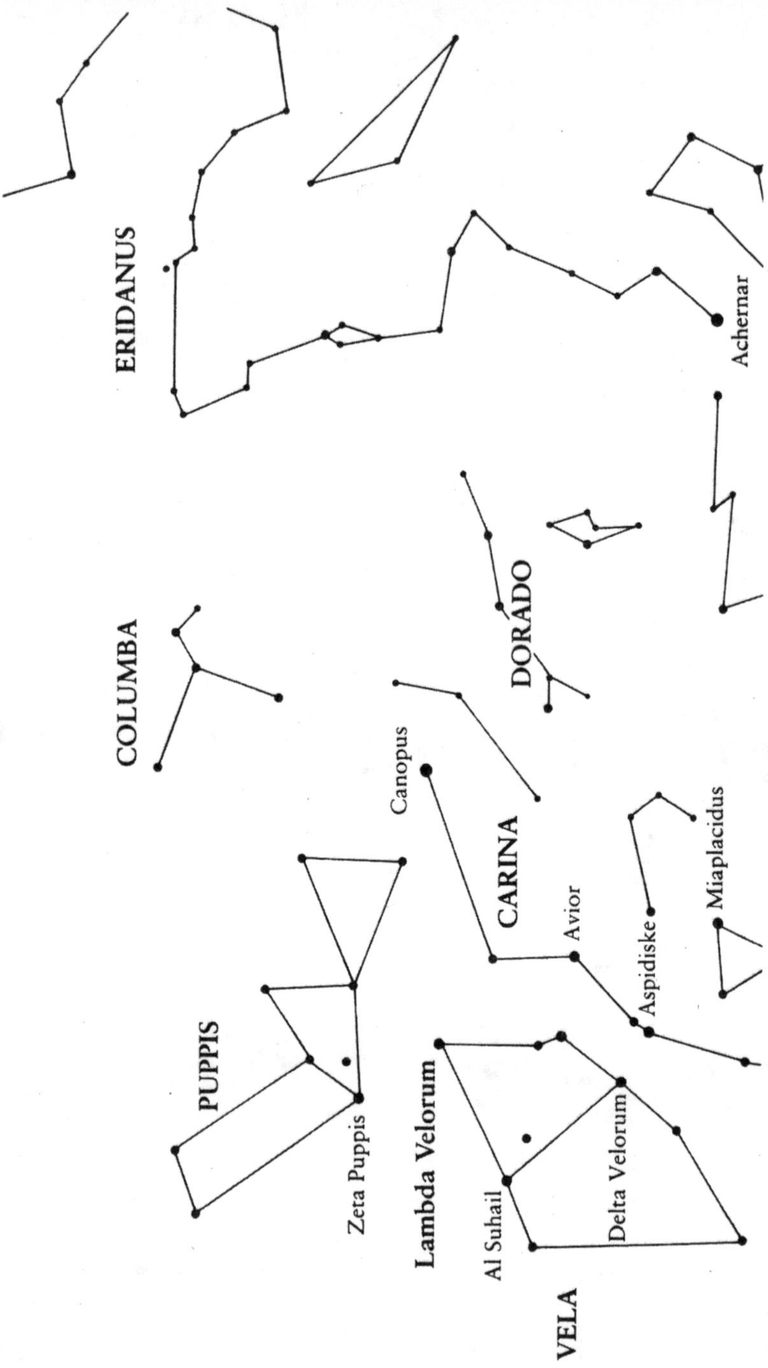

ERIDANUS

Achernar

COLUMBA

DORADO

Canopus

CARINA

Avior

Aspidiske

Miaplacidus

PUPPIS

Zeta Puppis

Lambda Velorum

Al Suhail

Delta Velorum

VELA

Sternenkarten . . . .

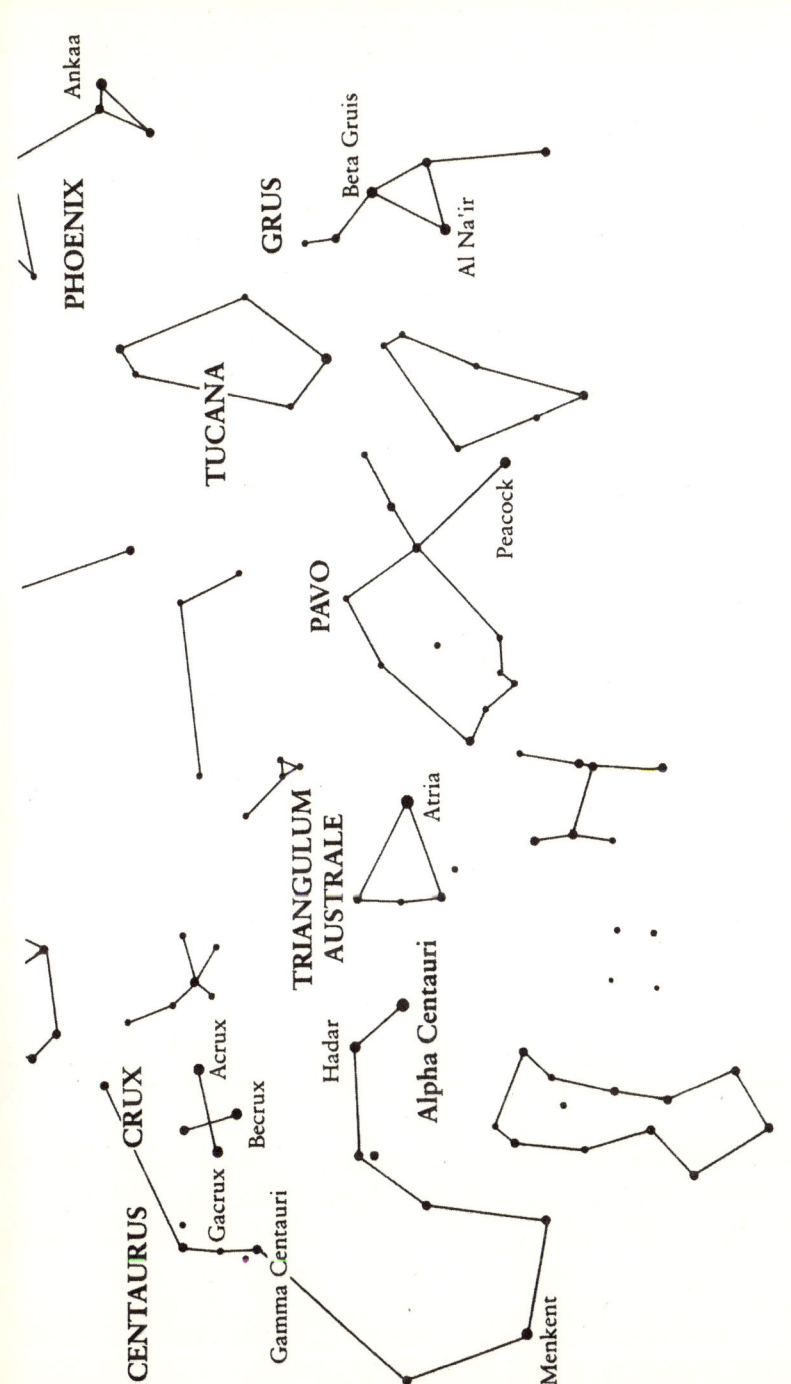

BIBLIOGRAPHIE

Heilung durch die Schwingung der Edelsteinelixiere von Gurudas
Band 1: ISBN 3-952083-00-3
Band 2: ISBN 3-952083-01-1

Heilung durch die Schwingung der Blütenessenzen von Gurudas
ISBN 3-952083-02-X

Veröffentliches Material von Hilarion durch Jon C. Fox:
Spiritual Properties of Herbs von Gurudas (Cassandra Press 1988)

New Cells, New Bodies, New Life von Virginia Essene
(S.E.E. Publishing 1991)

Channeling: The Intuitive Connection
    und
Intuiting the Future von William Kautz and Melanie Branon
(Harper and Row 1987, 1989)

Channeling von John Klimo (Jeremy P. Tarcher, Inc. 1987)

Celestial Raise von Marcus (A.S.S.K. 1986)

Register der Sterne

Achernar 208
Acrux 209
Acubens **204**, 331
Adhara 80
Alcyone **178**, **312**, 331
Aldebaran 43, 45, **65**, 207, **289**, 331
Alderamin 150
Algenib 177
Algieba **103**, 331
Algol 126
Alhena **101**, 331
Alioth 89
Alkaid 98
Almach **128**, 309
Al Na'ir 216
Al Nasl 190
Alnilam 87
Alnitak 95
Alpha Centauri 206
Alphard 107
Alphecca 132
Alpheratz 110
Alrisha **202**, 331
Al Suhail 214
Altair **61**, 169
Aludra 151
Andromeda-Galaxie 104, 137, 179, **225**, 230, 276, 307
Ankaa 223
Antares **66**, **292**, 331
Arcturus **52**, 271
Arneb 160
Ascella **162**, 331
Asellus Australis **203**, 331

Asellus Borealis **204**, 331
Aspidiske 220
Atria 213
Avior 211
Barnards Stern, 330
Becrux 210
Bellatrix 83
Beta Corvi 165
Beta Gruis 219
Betelgeuze 63
Canopus 206
Capella 57
Caph 135
Castor **81**, 331
Cheleb 171
Cor Caroli 174
Cursa 173
Dabih **191**, 331
Delta Cygni 180
Delta Ophiuchi 168
Delta Velorum 216
Deneb 74
Deneb Algedi **185**, 331
Denebola **122**, 331
Diphda 112
Dscubba **141**, 331
Dubhe 93
Electra 178f.
El Nath **85**, **316**, 331
El Tarf **198**, 203, 331
Enif 146
Epsilon Leonis 190
Epsilon Persei 181
Eta Draconis 170, 330

Feuerrad-Galaxie 232
Fomalhaut 43, **70**, 192, 197, **284**
Gacrux 211
Gamma Centauri 222
Gamma Persei 183
Gamma Piscium **200**, 331
Gertab **147**, 331
Giedi **196**, 331
Giena 160
Gienah 158
Gomeisa 184
Graffias **163**, 331
Große Magellansche Wolke 228
Großer Orionnebel 250
H und Chi Persei 236
Hadar 208
Hamal **109**, 331
Han 160
Hantelnebel 253
Hyaden **244**, 331
Iota Aurigae 162
Iota Orionis 170
Izar 154
Kaus Australis **92**, 331
Kaus Borealis **174**, 331
Kleine Magellansche Wolke 230
Kochab 118
Kornephoros 172
Krebsnebel 255
Lagunennebel 256
Lambda Velorum 218
Lesath **167**, 331
M1 255
M2 264
M3 257
M5 258
M6 239
M7 238
M8 256

M10 259
M11 241
M12 260
M13 227
M15 262
M20 **253**, 331
M22 263
M23 241
M27 253
M31 225
M33 230
M34 242
M35 235
M37 237
M41 245
M42 250
M44 **236**, 331
M46 246
M47 247
M51 232
M52 240
M57 251
M67 243
M81 233
M83 233
M92 261
M104 **234**, 331
Markab 158
Matar 188
Media **167**, 331
Menkalinan 104
Menkar 159
Menkent 221
Merak 144
Merope 178, 179
Mesarthim **201**, 331
Miaplacidus 212
Mintaka 123
Mirach 115

Register der Sterne . . . .

Mirfak 91
Mirzam **105, 275**
Mizar 120
Muphrid 166
Nashira 199, 331
NGC 6231 247
NGC 7009 257
Nihal 189
Nunki **119,** 331
Omega Centauri 264
Orionnebel 250
Peacock 216
Petra **197,** 331
Phecda 148
Pi Sagittarii 182
Polaris **109, 279**
Pollux **73,** 331
Porrima **170,** 331
Praesepe Sternhaufen 236
Procyon 43, **59,** 232, **282**
Rasalhague 116
Rastaban 171
Regulus **77,** 331
Rigel 330
Rigil Kentauris 206
Ringnebel 251
Rosettennebel 248
Ruchbah 166
Sabik 152
Sadalmelik **187,** 331
Sadalsud **192,** 331
Sadr 133

Saiph 113
Sargas **99,** 331
Saturnnebel 257
Scat **194,** 331
Scheat 139
Schedar 129
Shaula **82,** 331
Sheratin **163,** 331
Sigma Scorpii 179
Sirius 43, 45, **49,** 115f., 139, 185, 245f., 263, **302**
Sombrero-Galaxie 234
Spica **68, 269,** 331
Tarazed 168
Tau Scorpii **178,** 331
Tejat **186,** 331
Theta Aurigae 164
Trifidnebel 253
Tsih 157
Unuk 164
Vega 54, 296
Vindemiatrix **175,** 331
Wei **137,** 331
Wezen 96
Zeta Persei 176
Zeta Puppis 221
Zeta Reticuli **88,** 161, 207, 330
Zeta Tauri 193
Zosma **159,** 331
Zubenelgenubi **169,** 331
Zubenelschamali **161,** 331

Bei Sternen mit mehreren Seitenzahl-Nennungen bezieht sich die **fettgedruckte Zahl** auf die Seite mit der Hauptbeschreibung des Sterns bzw. der Zivilisation.

Allgemeines Register

Abhängigkeit 70, 169, 285, 296
Abhängigkeit vom Denkprozeß 73, 283, 289
Abhängigkeit von mentalem Scharfsinn 284
Abkürzungen 87
Absicht 146, 170, 230
Absorption 80, 138, 167, 174
Adoption 163
Aerodynamik 216
Aggression 123ff., 124, 125, 219
Agnostiker 165
Ägypten 36, 39, 94, 97, 118, 239, 260, 278, 280
AIDS 153, 309
Akasha-Chroniken 168
Akupressur 137, 181
Akzeptieren, Akzeptanz 11, 103, 105f., 143, 188, 189, 294
Alkohol 29, 35
Alte Gesellschaft 264
Ältere Menschen 202
Andere Kulturen 222, 239
Angst 63, 106, 108, 125, 138, 144, 176, 186, 194, 196, 217, 224, 231, 238
Angst vor
   Krieg 176
   Technik 202
   der Zukunft 202
   schneller Bewegung 238
   Strahlung 250
   Veränderung 308
Anhaftung an das Denken 60, 70

Anmut 133, 135, 166
Apophyllit 257
Asketisch 192
Astralkörper 33, 51, 97, 104, 136, 147, 158, 164, 178, 189
Astralreisen 55, 104, 140, 148, 189, 198, 222, 231, 250
Astrologen 13, 185, 186, 215
Astrologie 110, 302, 328
Astronauten 222
Atem 154, 155, 258, 325, 326
Atheisten 165
Äther 74, 94, 113, 115, 129, 174, 304, 306, 314
Ätherkörper 42, 49, 52, 53, 83, 86, 112, 113, 117, 136, 160, 177, 231, 248, 262
Atlantis 29, 36ff., 54, 97, 135, 140, 170, 182, 186, 239, 249, 278, 280, 287, 295, 312, 322, 324
Atmung 56
Atomwaffen 88, 249
Augen 22, 31, 33, 44, 56, 58, 184, 224, 241, 330
Aura 84
   der Sonne 21, 85
   der Sterne 85
   sehen 83, 105
   verstehen 83
Ausdauer 77, 173
Ausdruck von Liebe 151
Ausdruck, musikalischer 54
Auseinandersetzung 87, 124, 175, 190, 242, 278, 291, 313
Ausgewogenheit 170

Ausscheidung toxischer Substanzen 80, 81
Außerirdische 34, 45, 179, 218, 263, 302, 330
  Leben 225
Bad 34, 39, 260
Barmherzigkeit 123
Befähigung 95, 191, 224
Befruchtung der Erde 40, 275, 289, 291ff.
Befruchtung 45, 86, 95, 102, 137, 182, 198, 239, 246, 247, 260, 270, 275, 298, 305ff., 316
Begrenzende Bedingungen 216
Beharrlichkeit 100
Beklemmung 211
Bergbau 252
Beruf 85, 126, 204, 211, 244
Berufliche Funktion 241
Berufung 175
Bescheidenheit 123
Beschleunigung von Heilung 177
Bewegung 30, 40, 77, 93, 97, 112, 116, 117, 135, 166, 216, 223, 226, 228
Bewertung 186, 242
Beziehung 18, 32, 57, 59, 60, 66, 102ff, 119, 133, 135, 156, 167, 169, 200, 203, 211, 245, 253
Biofeedback 208
Biorhythmen 173, 186, 265
Blockade 80, 82, 96, 103, 148, 150, 163, 165, 171, 196, 200, 208, 244
Blue Tourmaline 190
Blütenessenzen 23, 29, 38, 128, 139, 144, 244, 262, 263f., 324
Bodybuilding 116, 223
Botschaften der Liebe 221
Brainstorming 201
Buddha 70, 310
Buddhismus 163, 194
Bulimie 89
Bürokratie 194
Chakra 177
  Wurzelchakra 63, 99, 115, 193
  Zweites Chakra 112
  Drittes Chakra 151, 152, 195, 204
  Herz-Chakra 137, 173, 199
  Hals-Chakra 188, 193
  Sechstes oder Stirn-Chakra 152, 173, 181, 199
  Siebtes oder Kronen-Chakra 57, 139
  Achtes Chakra 186
  Zwölftes Chakra 63
  Höchstes Chakra 65, 111
Channeling 11, 34, 74, 85, 105, 120, 121, 128, 151, 166, 179, 227, 240, 246, 263, 289, 312, 315, 321ff.
Chaos 157
Charisma 122, 159
Cholin 203
Choreographie 166
Christus 11, 26, 65, 67, 90, 124, 209, 310
Christus-Bewußtsein 111
Christus-Energie 108, 210
Chrom 81, 90, 155, 174
Chronische Krankheiten 76, 111, 210
Chronisches Müdigkeitssyndrom 154
Co-Abhängigkeit 262
Computer 165, 166, 221, 239, 241
Delphine 211, 240
Denkfunktionen 60
Denkvorgänge 132, 173, 289
Denmark, Ted 13
Depression 89, 122, 164, 291
Destruktive Muster 201
Destruktivität 323

Devas 45, 61, 105, 129, 165, 247, 324, 325
Dichotomien 294
Dienen 175, 206, 232, 256, 322, 324
Dimensionaler Wechsel 231
Dinosaurier 43, 95, 225, 240, 287, 321
Diplomatie 119, 171, 294
DNS 37, 40, 44, 50, 130, 134, 172, 182, 216, 243, 251, 275, 298, 300, 304, 306, 310
Dosierung 30
Down-Syndrom 183
Drittes Auge 11, 84, 151, 168, 188, 191, 212
Drogen 13, 78, 299
Duplikation von Materie 95
Edelgase 12, 29, 35, 110, 111, 174, 231, 260, 292, 309, 324
Edelstein-Elixiere 23, 29, 35, 38, 66, 190, 244, 324
Ehe 167, 200
Eigenverantwortung 88, 198
Eingebungen 110, 139, 154, 213, 228, 245
Einheit 66, 70, 102, 109, 129, 143, 146, 179, 194, 213, 214, 281, 295, 310, 311
Eins zu werden 56, 80, 194
Einssein 310, 311
Einswerden 110
Einzigartige Seinsform 75
Einzigartigkeit 70, 76, 104
Eisen 216, 251, 252, 260
Ekstatische Zustände 265
Elektrisches Feld 212
Elektromagnetisch 21, 80, 84, 112, 134, 143, 149, 174, 271, 312
Elohim 226, 227, 259, 293

Eltern, Eltern und Kinder 94, 156, 188, 199, 208, 242, 259, 290, 290, 297
Emotion 40, 42, 65, 77, 78, 82, 83, 86, 88, 97, 98, 154, 107, 108, 110, 124, 147, 148, 162, 163, 167, 171, 178, 179, 194, 262, 263, 290, 292
Emotionalkörper 49, 51, 83, 117, 124, 136, 147, 164, 199, 231, 242, 243, 263, 292, 311
Empathie 49, 204
Empfängnis 183
Engel 129, 190, 227, 275
Entführung 24
Enthusiasmus 107, 108
Entschlußkraft 175
Erdung 118, 229
Erleuchtung 124, 130, 238, 265, 278, 310, 311
Ermutigung 62, 108, 116, 118, 145, 149, 271, 280, 281
Ernährung 165, 210, 285
Erschaffen 201
Erwachsen werden 199
Essenz 22, 23, 27, 56ff., 71, 73, 157, 213, 251, 261, 285, 296, 310, 322, 326
Ethik 232
Evolution 35, 68, 71, 74ff., 83, 92, 101, 130, 140, 175, 209, 215, 219, 234, 250, 245, 258, 277, 282ff., 291, 300ff., 328
Expansion des Universums 187, 243
Expressive Energie 144
Extrovertiertheit 194
Fähigkeit, entfernte Orte zu sehen 68
Faires Verhalten 210
Familie 13, 18, 57, 59ff., 146, 163, 183, 198, 203, 204, 250
Farbe 173, 257

Allgemeines Register

Feminin 166
Feng Shui 204
Fernwahrnehmung 95
Flugangst 238
Forschungsgruppen 176, 231
Forschungsprojekte 194
Fortpflanzung 59, 63, 236, 289
Freier Wille 126, 279, 288
Fremdenfeindlichkeit 189
Freude 71, 87, 108, 116, 118, 131, 145, 159, 162, 173, 221, 234ff., 311, 325
Frieden 76, 124, 137, 145, 164, 169, 172, 176, 197, 219, 297
Friedlich 91, 259
Friedvoll 192, 199, 220
Frühere Leben 27, 34, 57, 59, 65, 70, 82, 86, 96, 98, 118, 126, 138, 161f., 178, 180, 197, 198, 234, 236, 260, 264, 314
  mit negativen Wirkungen 197
Führerschaft 122, 159
Führung 18, 164, 191
Führungsposition 122, 144
Fuß-Chakren 101
Füße 102, 133, 137, 184, 192, 223, 279
Fußreflexzonen 183
Gallenblasen-Meridian 210
Geburt 227, 237, 237, 280
Gedächtnis 42, 165, 241, 310
Geduld 77, 110, 113f., 174, 186, 218, 230, 237, 284, 312
Gefahren 173, 182, 245, 279
Gefühle 59, 83, 98, 100, 124, 174, 178, 183, 204, 206, 231, 285, 325
Gegenseitige Befruchtung 102, 182, 246
Geheimnisse 270, 274

Gehirn 26, 57, 73, 81, 132, 136, 165, 203, 208, 210, 214, 248, 298, 322
Gehirnfunktion 220, 222, 241
Gehirnwäsche 142
Geistführer 29, 41, 62, 88, 92, 97, 127, 137, 145, 148, 169, 228, 240, 259, 275, 280, 322, 328
Geisthelfer 29
Geld 25, 170, 177, 185, 256
Gemeinschaft 94, 144, 146, 187, 206, 232, 240, 256
Gene 65, 86, 173, 302
Genitalbereich 193
Geomantie 204, 243
Geometrie 85
Geopathischen Felder 174
Gesang 171
Geschlecht 161, 193, 203, 212, 223, 236
Geschlechtsumwandlung 158
Gesellschaft 81, 101, 103, 112, 133, 143, 144, 149, 158, 161, 192, 222, 231, 262, 264, 272, 286, 288
Gesetz der gegenteiligen Entsprechung 25, 67, 70
Gesetz der Hilfe 26, 84, 275
Gesetz der Liebe 283
Gesetz der Sprache 160
Getrenntheit 69, 129
Gewalt 13, 25, 176, 219, 304
Gewichtsverlust 89
Ginkgo biloba 165, 221, 241
Gipfelerfahrung 157, 235
Glatze 141, 193
Glauben 165, 167, 238, 277, 306
Gleichgewicht der männlichen und weiblichen Energien 104, 193
Glück 124

Gold 94, 108, 151, 168
Gravitation 19, 40, 74, 84, 90, 101, 113, 117, 121, 134, 174, 234, 252, 271
Grazie 133
Green Rose 263
Griechenland 43, 133, 322
Groll 161
Großzügigkeit 206
Grün 257
Gruppe 28, 34, 54, 67, 96, 109, 122, 141, 146, 161, 167, 174, 176, 184, 187, 193, 194, 230, 242, 269, 288, 295, 322
Gruppenseele 68, 114, 126
Güte 65, 123, 260, 291, 309
Hals 68, 190
Hämatit 229
Handauflegen 99, 137, 181, 231, 265
Harmonie 64, 75, 125, 126, 140, 142, 169, 240, 246, 290, 297
Haushälter 192
Haut 42, 51, 149, 212, 300, 314
Heilen 49, 52, 93, 106, 137, 148, 206, 213, 298
Heiler 49, 52, 137, 139, 181, 274
Heilmagneten 223
Hellhörigkeit 92
Hermes 132
Herz 128, 151, 160, 168, 183, 191, 199, 213, 231, 257, 300, 321
Herzinnenhaut 205
Himalaja 225
Hindernis 50, 59, 143, 283, 310, 312
Hingabe in Beziehungen 200
Historiker 185
Höchste Selbst 217, 237, 265
Hoffnung 45, 73, 131, 221, 262, 263, 299, 310
Hoffnungslos 210

Höheres Selbst 67, 132, 191
Holographisch 81, 265
Homöopathische Heilmittel 27, 30, 35, 38, 164, 188, 233, 244, 274, 324, 330
Hormonell 64, 103, 165, 193
Hörvermögen 115
Humor 81, 285
Hunde 203, 219, 240, 306
Hypersensibilität 124
Hypnose 161
I Ging 86
Imagination 19, 20, 302
Immunsystem 257, 296
Individualität 70, 265, 306
Informationsaufnahme 233
Infrarot 168, 313
Inka-Kultur 94
Inkarnation 226, 236, 262
Inkarnieren 99, 163, 249, 256, 313
Inkarniert 256, 315, 323
Inneres Kind 189
Inspiration 22, 74, 96, 108, 124, 143, 233, 296, 302, 316, 323
Inspirierende Energie 73, 244, 254
Insulin 90
Integration 192
Integrieren 36, 98, 132, 136, 218, 239, 246, 250, 256, 284, 299
Integrierendes Prinzip 239
Integriert 76, 120, 128, 157
Integrierteres Wesen 69
Interdimensionale Verbindungen 239
Interstellare Reisen 76
Introvertiertheit 194
Intuition 12, 133, 269, 271, 273, 274, 295, 314
Intuitiv 164, 181, 185, 239, 269, 312
Ionengleichgewicht 165
Irisdiagnose 183

Japan 125, 213, 246
Jelly Opal 141
Jugendliche 203
Junge Menschen 198
Kalium 154ff., 171
Kalzium 138, 155, 165
Kampf 25, 89, 171, 175, 197, 265, 285, 290
Kampfkunst 74, 76, 96, 117
Kanalisierung künstlerischer Eingebungen 245
Karma 65, 152, 166, 180, 201, 282ff., 293, 312, 324
Karmische Strukturen 169
Kartoffel 126
Katzen 203, 219, 240
Kieselsäure 138, 155, 164, 165
Kinder 57, 64, 82, 144, 162, 163, 183, 188, 199, 201, 204, 211, 227, 237, 254ff., 282, 289, 290
Knie 128, 136, 192, 239
Kohlenhydrate 198
Kohlenstoff 214, 251, 260
Kollektive Seele 55
Kollektives Unbewußtes 17, 136, 143, 328
Konflikte 171, 294
Konfuzius 90, 310
Konkurrenz 210
Kontinuität vergangener Leben 264
Konzentration 108f., 197, 228, 282, 283
Koordinationsfähigkeit 96
Körperbewußtsein 150
Körperliche Kräfte 162
Körperrhythmen 180
Körperzellen 180, 202, 265
Kosmische Gesetze 87
Kosmischer Plan 226
Kraft 62, 68, 109, 119, 124, 142, 164, 187, 200, 264
Kräftigen 59, 68, 84, 116
Kreative Energien 119, 190, 217, 228, 235, 251, 258
Kreative Projekte 230
Kreative Zyklen 258
Kreativität 19, 62, 73, 136, 166, 180, 201, 212, 214ff., 227, 229, 233, 260, 284
Kreislauf 74, 160, 167, 252
Krieg 86, 89, 124, 125, 172, 176, 188, 273, 285, 289, 293, 296
Kristall 11, 29, 37, 94, 170, 218, 280, 285
Kristallheilung 251
Krypton 12, 105, 141, 168, 292
Kulte 141, 143
Kummer 65
Kundalini 223
Kunst 120, 134, 144, 166, 204, 235, 239, 245, 251
Künstler 119, 165, 217, 234, 244, 245
Kupfer 155
Lachen 81, 172, 325
Lebenssinn 17, 126
Lebensstrom der Menschheit 55, 270
Lehrberufe 194
Lehrer 53, 70, 88, 182, 191, 204, 242, 262, 286
Lehrzeit 121, 170
Lemurien 101, 115, 239, 278, 295
Lemurier 35ff., 92, 94, 101, 135, 215, 238, 270, 305, 306
Lernaufgaben 61, 184
Lernblockaden 234
Lernen 61, 88, 90
Lernphasen 176
Levitation 68, 95
Liebesfähigkeit 304ff.
Liebesschwingung 72, 158

Literarisch 244
Literatur 144
Lob 129, 130f.
Lobpreisung 237
Logische Denkvorgänge 24, 81
Luna-Elixier 161
Lungen 42, 56, 74, 76, 190, 312
Luzide Träume 68, 105, 105, 271
Macht 42, 75, 93, 97, 118, 123, 144, 150, 152, 158, 206, 228, 234
Magersucht 89
Magnesium 81, 155
Magnetfelder 30, 111, 122, 134, 155, 222, 243, 251, 303, 306
Mangan 81, 155, 260
Manische Depressionen 89, 122
Männer 104, 133, 166, 192, 193, 223
Männlich/Weiblich 103, 153, 166, 192, 201, 228, 236
Mars 63, 107, 125, 219
Massage 99, 112, 137, 139, 150, 181, 183, 201, 223
Mathematik 29, 82, 85, 87, 157, 208, 234, 280, 306, 316, 321
Mayas 39, 209, 239
Medial 68, 128, 140, 148, 159, 186
Mediale Fähigkeiten 95, 115, 149, 160, 183, 208, 271
Medialer Angriff 84
Medialität 95, 130
Medien 126, 159, 177
Meditation 12, 22, 31, 49, 51, 56, 67, 74, 107, 119, 125, 129, 131, 150, 165, 185, 196, 197, 207, 222, 226, 235, 236, 250, 255, 259, 269
Meditativ 52, 67, 76, 110, 132, 179
Meister 29, 74, 240, 269, 311
Melanin 164
Melatonin 164

Mentalfunktionen 108, 173
Mentalkörper 83, 86, 128, 135, 136, 147, 149, 160, 177, 188, 199, 325
Metalle 21, 91, 101, 154, 202, 294
Midlife Crisis 64
Milchstraße 226ff, 248, 254, 258ff, 284, 316
Mineralien 45ff., 80, 81, 90, 96, 99ff., 108, 122, 170, 182, 321
Mineralstoffe 80, 100, 154
Miteinander teilen 26, 53
Mitfühlend 65, 90, 312
Mitgefühl 21, 42, 65, 70, 78, 88, 106, 108, 123, 191, 209, 210, 231, 237, 257, 263, 283, 307, 310, 315
Mohammed 90, 310
Müde 197, 326
Musik 33, 38, 54ff, 115, 120, 144, 166, 217, 226, 235, 246, 251, 255, 297ff., 301ff.
Musisch 244
Muster 35, 75ff., 122, 126, 143, 148, 150, 161, 162, 179, 190, 193, 197, 210, 202, 260, 289, 293, 315
Mut 61, 165, 178, 201
Nächstes Leben 213
Nacken 87
Nadis 200
Nähe 150, 171, 223, 299
Nähren 135, 204, 208, 210, 285, 297
Nahrungsmittel 210, 292
Natrium 152, 154, 171
Naturgeister 61
Naturvölker 218, 222
Nebenchakren der Schultern und der Brust 205
Nebenchakren in den Ellbogen und Armen 199

Nebenchakren in den Händen 195
Nebenchakren in den Füßen 193
Nebennieren 154
Negative Gedanken 35, 91
Negative Gedankenformen 49, 67, 82, 89, 212, 217, 251
Negative Erdschwingungen 174
Negative Emotionen 108
Neon-Elixier 229
Networking 246
Netzwerk 65, 147, 222, 257
New Age 229, 264
Niacin 205
Nicht-Anhaftung 191
Nieren-Meridian 210
Nukleare Waffen 249
Ohrmassage 183
Omega 139
Organisationen 81, 201
Ozon 13, 81
Paralleluniversen 263
Parallelverarbeitung 120, 132, 221
Permanentes Atom 210
Pferde 203, 211
Pflanzen 17, 39, 43, 45, 60, 80, 94, 96, 98, 100, 101, 129ff., 167, 179, 182, 203, 207, 216, 247, 293, 300, 304, 322
Philosophen 196
Philosophie 213, 272
Physik 19, 85, 115, 201
Plejaden 24, 43, 86, 121, 149, 151, 185, 207, 305, 308, 312ff., 316f.
Polarität 102, 153, 212, 222, 293f.
Polarity 223
Poltergeist-Phänomene 199
Präkognition 95
Prana 156
Pranayama-Yoga 74
Primaten 40, 64, 108, 240

Psychometrie 42, 68, 148ff., 265
Psychotherapie 274
Psychotisch 238
Pubertät 163, 199, 238
Quantenphysik 115
Quarz 11, 35, 45, 46, 94, 218, 280
Radioaktiv 174, 309
Rassistisch 189
Raumfahrt 112, 138, 147, 174, 184, 196, 200, 206, 207, 212, 214, 271, 292, 307, 312
Rechter Lebensunterhalt 160, 175
Reflexologie 60
Regeneration 103, 110ff., 260
Reiki 137, 139, 181
Reinigung 30, 91f.
Reinkarnation 198f., 227, 255, 275
Reinkarnationstherapie 176
Religion 235, 244, 272, 293, 298, 310
Remote Viewing 68
Richtiger Zeitpunkt 113, 300
Rollentausch 103
Sanftere Technologien 171
Saturn 61, 62, 257
Sauerstoff 80, 81, 130, 155f., 251, 309
Sauna 92
Säure-Basen-Haushalt 152
Schachtelhalm 165
Schamgefühl 219
Schattenselbst 25, 66f., 68, 176, 292, 294f.
Schauspielkunst 217, 309
Scheidung 158
Schicksal 71, 118, 126, 127
Schilddrüse 115, 154
Schizophrenie 89, 123
Schlaf 136, 159, 195, 226, 270
Schlaflosigkeit 145, 197
Schmerz, Konfrontation mit 192

Schreibblockade 136
Schriftsteller 136, 255
Schultern 87f., 205, 241
Schwangerschaft 183, 184
Schwitzhütte 92
Seelenfamilie 54, 59
Seelennote 54
Seelenpartner 169
Sehnsucht, unbestimmte 114
Sehvermögen 202
Selbstakzeptanz 142, 198
Selbstausdruck 129, 144
Selbstmord 66, 99, 124, 237, 290, 291
Sensibilität im physischen Körper 197
Sex 70, 150, 150, 236, 289
Sexuelle Ausrichung 212
Sexuelle Identität 103
Shiva 92
Silizium 164, 231, 260
Silversword 29, 141, 262, 265
Sinn 42, 77, 83, 107, 126, 127, 149, 160, 223, 280, 307, 322
Sinnhaftigkeit 172, 210
Sinnlichkeit 150
Smaragd 66, 257
Sonnenbad 131
Sphärenmusik 301, 302
Spiel 20, 45f.
Spin 210, 251
Spiritualität 108, 114, 124, 129, 226, 230, 269, 309f.
Spirituelle Entwicklung 67, 114, 192, 264
Spirituelle Meister 240
Spirituelle Praktiken 235
Sport 216
Sprachprobleme 190
Sterben 63, 227, 255, 282
Stimme 92f., 115, 116, 122

Strahlung 165, 174, 249f.
Streitende Kinder 144
Streitigkeiten 176
Streß 233, 238, 249, 263
Strontium 174
Sucht 70, 192, 197f., 203, 257, 284ff., 290, 299
Suizidale Tendenzen 178
Supernovas 234, 255
Symbol 92, 110, 119, 148, 214, 249, 279, 328
Symbole des Körpers 183
Symbolik 15, 28, 82, 184, 257
T'ai Chi 223
Tänzerisch 181, 244
Tao 194, 294f.
Technik, Umgang mit 202
Technologie 23, 65, 86, 87, 232, 245, 308, 324,
Telepathie 42, 158, 188, 200, 208, 254, 265, 294, 297ff., 312
Telepathische Kommunikation 109, 191, 221, 231
Telepathische Fähigkeiten 133, 136, 168, 179, 199, 217
Tesla, Nikola 212
Testosteron 141
Therapeuten 274
Thiamin 205
Stille 127, 131, 218, 259
Tier-Allergien 204
Tiere 115, 125, 182, 203
Tierkreiszeichen 328
Titan 100
Tod 42, 65, 112, 164, 305
Töne 85, 93, 115, 173, 297
Toxische Substanzen 197
Toxische Metalle 80, 91

Transformation 24, 38, 50, 52, 65, 67, 71, 78, 96, 108, 162, 194, 198, 209, 218, 220, 224, 228, 249, 253, 255, 269, 289, 293, 302ff., 311, 314
Transformativ 263
Transformieren 35, 62, 79, 83, 97, 104, 104, 129, 154, 269, 304
Translokation 148, 233
Transportmethoden 20, 102, 214, 238
Trauer 11, 65f., 124, 152, 216, 257, 265, 290, 291
Traum 11, 33f., 51, 89f., 102, 293
Träume 33ff., 136, 189, 198, 271, 313
Traurigkeit 84, 189, 197, 235, 310f.
Trennung 38, 58, 68f., 153, 225, 236f., 291
Überbewußte Ebene 218
Überbewußtes Denken 144
Überbewußtes Selbst 58
Überbewußtsein 68f., 105, 165
Überblick 113, 185, 199, 232
Ultraviolett 64, 313
Ungeborenes Kind 183f.
Universelle Gesetze 126, 179, 181, 216, 283, 312, 315f., 321
Universelle Sprache 55, 87, 312
Universelles Bewußtsein 321
Universelles Denken 226, 312
Universeller Geist 55
Universelle Liebe 108, 168, 332
Unsterblichkeit 43, 255
Unterdrückung, gesellschaftliche 223
Unterdrückte 171
Unterdrückte Emotionen 82f., 108
Unterdrückte Liebe 98
Ureinwohner Amerikas 91f., 239
Urteil 142f., 185
Vakuum 201
Vegetarier 219

Vegetarisch 98, 210
Venus 169, 211, 321
Verantwortung 11, 87f., 198, 206, 305, 308, 323
Verdauung 42, 63, 80, 241
Verehrung des Lebens 247, 258
Vereinigte intuitive Fähigkeiten 269
Vereinigte Staaten 188
Verfassung der Vereinigten Staaten 188
Vergangene Leben 42, 50, 66, 84, 89, 97, 118, 123, 137f., 139, 142, 147, 158, 163, 179, 180, 184, 192, 197, 226, 239, 241, 264, 288
Vergeben 38, 94, 142, 194, 242
Vergebung 67, 79
Verleugnung 72, 81, 89, 221
Verlust 65f., 216, 236, 257, 290, 311
   des Gehörs 115
Verschmelzung 177, 215, 227, 293
Versklavung 170, 285ff.
Vertrauen 108, 167, 187, 204, 209, 236, 238, 245, 306
Verzeihen 82, 178, 242f.
Vierdimensional 304
Vierdimensionale Daseinsform 113, 209
Vierdimensionale Ebene 152, 208, 249, 293
Vision 26, 139, 168, 219, 228, 252, 254, 265, 291
Visualisation 33, 49, 51f., 91, 117, 160, 177, 207, 215, 229, 252, 304
Visualisieren 150, 160, 173, 177, 183, 215, 221, 224, 247f.
Vitamin A 204
Vitamin B_6 205
Vitamin D 188
Vitamine 80

Volkswirtschaftler 185
Vorfahren 94, 100, 160, 314
Vorurteile 239
Vulkane 13, 46, 82, 99, 111
Wahrheit 23, 61, 72, 93, 96ff., 127, 132, 146, 176f., 190f., 197, 203
Walnut 144
Wassermann-Energie 303
Wassermann-Zeitalter 202, 264
Wasserstoff 231, 251
Weiblich 103f., 153, 166, 193f., 223, 228, 236
Weisheit 34, 62, 75, 119f., 133, 213, 218f., 227, 229, 276, 279ff., 287, 297, 299
Werbung 159
White Diamond 141
Widerstand 61f., 126, 167, 175, 216, 251, 315
Wiedergeburten 65, 163f., 240
Willen 20, 61, 82, 94f., 99f., 113, 122, 126f., 127, 145, 169, 202, 209, 218, 280ff., 286f., 296, 299, 312ff.
Wirbelsäule 28, 63, 217, 241, 248

Wissenschaft 85f., 117, 137, 199, 213, 239, 248, 269, 272, 276, 288, 290f., 297
Wohnort 264
Wunder 63, 105f., 276ff., 312
Wut 107f., 125
Xenon 12, 111, 141, 265, 292
Yin und Yang 135, 152, 226f., 236f., 295
Zellstrukturen 99, 110, 130, 243, 302
Zentrum der Galaxis 41, 119f., 175, 190, 222, 258, 260, 307
Zirbeldrüse 111
Zucker 89f.
Zusammenarbeit 57, 133, 147, 160, 175, 182, 209, 220, 231, 256, 260, 270, 315
Zweck allen Lebens 244
Zweck der Evolution der Menschheit 225
Zweierbeziehungen 169, 193
Zyklen 30, 82, 104f., 116, 136f., 139f., 153, 157, 164, 173, 179, 185f., 192, 199, 215, 232, 258, 265, 280, 287, 297, 302, 308

BEZUGSQUELLEN

Bei folgenden Anschriften erhalten Sie die hier vorgestellten Sternenlicht-Elixiere, die erwähnten Blüten- und Kristallessenzen sowie Edelgas-, Kabbala und Tierkreiszeichen-Elixiere und die beliebten Kombinationen von der Firma Pegasus:

Deutschland:

Die Karawane
Gertraude Scharlach
Falltorstr. 3
60385 Frankfurt
Tel.: 069 - 432132
Fax: 069 - 469 39 335

Amrita-Versand
Poststr. 3
79098 Freiburg
Tel.: 0761 - 2966910
Fax: 0761 - 2966960
www.amrita.de
Info@amrita.de

Schweiz:

Chrüter Drogerie Egger
Untergasse 28
8200 Schaffhausen
Tel.: 052 - 624 50 30
Fax: 052 - 624 64 57
egger@swissworld.com
www.gesundheit-entwicklung.ch

Bitte fordern Sie den Gesamtkatalog von **EDITION STERNENPRINZ** und vom **HANS-NIETSCH-VERLAG** an:

Edition Sternenprinz
Postfach 228
79002 Freiburg
Fax: 0761-2966966
www.sternenprinz.de
info@sternenprinz.de

Fred Rubenfeld gibt zum Thema *Sternenlicht-Elixiere* wunderschöne Seminare. Wenn Sie sich für ein solches interessieren, schreiben Sie bitte kurz an den Verlag. Wir werden Sie informieren, wenn ein Seminar stattfindet.